rororo

rororo

Zu diesem Buch

«Es ist vernünftig anzunehmen, dass das menschliche Denken unvernünftig ist» – so lautete die Maxime des ersten Buches *Die Logik der Unvernunft* von László Mérö. Während Mérö auf der Basis von Neumanns Spieltheorie darstellte, wie uns unsere eigene Psyche auf dem Weg zu rationalen, optimalen Entscheidungen immer wieder einen Strich durch die Rechnung macht, widmet er sich in *Grenzen der Vernunft* der Frage, wie menschliches Denken und dessen Auswirkungen überhaupt zustande kommen. Dabei betrachtet er gleichwertig die Funktionsweisen des logisch-rationalen und des intuitiven Denkens. Vor allem Letzteres befähigt uns, in «höhere», spirituelle Bewusstseinszustände zu gelangen. Keine der beiden Denkweisen ist für uns wertvoller oder Zeichen von mehr Intelligenz. Nur in der Verknüpfung beider Fähigkeiten liegt der Schlüssel zu komplexem Denken. Indem wir mehr und wertfrei über die Möglichkeiten und Grenzen unseres Verstandes erfahren, führt uns dies zu einem tieferen Verständnis und Erkennen unserer ureigenen Denkweisen.

László Mérö ist Mathematiker und Psychologe. Als Dozent für experimentelle Psychologie an der Universität Budapest hat er sich auf die Bereiche künstliche Intelligenz und rationales Denken spezialisiert. Bei *science* bereits erschienen: «Die Logik der Unvernunft» (60821)

László Mérö

Die Grenzen der Vernunft

Kognition, Intuition und komplexes Denken

Deutsch von Anita Ehlers

Rowohlt Taschenbuch Verlag

Originaltitel: *Új Észjárások. A racionális gondolkodás ereje és korlátai. (Habits of Mind. The Power and the Limits of Rational Thought.)*

rororo science
Lektorat Angelika Mette

Deutsche Erstausgabe
Veröffentlicht im Rowohlt Taschenbuch Verlag GmbH,
Reinbek bei Hamburg, August 2002

Die ungarische Originalausgabe erschien 2001 bei Tericum Kiadó
unter dem Titel Új Észjárások. A racionális gondolkodás ereje és korlátai.

Fachliche Beratung der Reihe Eva Ruhnau,
Humanwissenschaftliches Zentrum,
Ludwig-Maximilians-Universität, München
Redaktion Annalisa Viviani
Umschlaggestaltung any.way, Barbara Hanke
(Foto: The Stock Market © by Chris Collins)
Grafik Seite 285 von Peter Palm, Berlin
Gesetzt aus der AdobeGaramond PostScript, PageMaker, bei
Pinkuin Satz und Datentechnik, Berlin
Druck und Bindung Clausen & Bosse, Leck
Printed in Germany
ISBN 3 499 61419 7

Die Schreibweise entspricht den Regeln der neuen Rechtschreibung.

Inhalt

Vorwort

In meinem Buch *Die Logik der Unvernunft* habe ich behauptet, es sei vernünftig, dass menschliches Denken unvernünftig sei. Dort setzte ich mich mit der Vielfalt menschlichen Denkens und dem Wesen der Vernunft aus der Sicht der von John von Neumann erarbeiteten Spieltheorie auseinander. Das vorliegende Buch betrachtet dieses Thema hauptsächlich aus der Sicht der kognitiven Psychologie und der Kognitionswissenschaft und stellt einige Ergebnisse dieser beiden Disziplinen dar. Es setzt die Kenntnis des Buchs *Die Logik der Unvernunft* nicht voraus und überschneidet sich inhaltlich nicht mit ihm.

In der abendländischen Kultur spielt eine auf Logik basierende rein rationale Form der Klugheit eine herausragende Rolle. Mit Recht, denn diese Art des Denkens hat die hervorragenden Leistungen der Naturwissenschaft ermöglicht und damit die Voraussetzungen für eine nie da gewesene technische Entwicklung geschaffen. Diese hat ihre Daseinsberechtigung und Macht zweifelsfrei unter Beweis gestellt; zu Recht nimmt sie in der Erziehung und in Debatten einen großen Raum ein.

Möglicherweise bestimmt aber diese Form der Klugheit übermäßig stark die öffentliche Meinung. Ich habe viele kluge Frauen so etwas sagen hören wie: «Denken ist nicht meine Stärke. Ich habe das mehr im Gefühl.» Diese Frauen halten sich nicht für besonders klug, obwohl Menschen in ihrer Umgebung (Kollegen, Freunde, Verwandte und Bekannte) sie ausnahmslos für sehr klug halten. Wenn sie sich einem Intelligenztest unterzögen, würde sich bestimmt herausstellen, dass sie einen sehr hohen Intelligenzquotienten haben. Wir haben also Gründe zu der Annahme, dass sie sehr klug sind. Aber strenge logische Herleitungen sind wirklich nicht ihre Stärke. Obwohl sie solche Überlegungen leicht nachvollziehen können, wenn andere sie machen, argumentieren sie selbst jedoch meistens nicht so. Wenn sie die logischen Argumente anderer überzeugend finden, stellen sie diese Argumente oft in einer Form dar, die keineswegs rein logisch ist – selbst wenn sie die Absicht haben, von einer Sache zu überzeugen.

Diese Art von Klugheit ist auch bei Männern nicht selten, aber Männer sind möglicherweise weniger bereit, sie offen zuzugeben; darum hören wir vielleicht solche Aussagen meistens von Frauen. Andererseits gibt es viele kluge Frauen, die nicht so empfinden und deren Stärke das rein logische Denken ist. Es ist also nicht vorrangig eine Sache des Geschlechts (obwohl es zu einem gewissen Grad schon damit zusammenhängt), sondern es ist vielmehr ein Zeichen dafür, dass es viele Formen der Klugheit gibt.

Das Problem ist nicht neu. Diotima, die weise Priesterin aus Mantinea, die den jungen Sokrates die wichtigen Dinge des Lebens – Klugheit und Liebe – lehrte, führte folgendes Gespräch mit ihrem Schüler, der die Frage stellte:

«Ist Eros hässlich und schlecht?»

«Willst du wohl nicht lästern!«, rief sie. «Oder meinst du, was nicht schön sei, das müsse notwendig hässlich sein?»

«Ganz gewiss.»

«Und also auch unwissend, was nicht weise ist? Oder hast du nicht gemerkt, dass es ein Mittleres zwischen Weisheit und Unwissenheit gibt?»

«Was ist das?»

«Das Meinen des Richtigen, ohne Rechenschaft darüber geben zu können. Weißt du nicht», sagte sie, «dass das weder ein Wissen ist (denn wie könnte etwas, für das man keine Gründe anzugeben weiß, ein Wissen sein?) noch Unwissenheit (denn wie wäre das Unwissenheit, was doch das Seiende trifft?). Also ist offenbar die richtige Meinung so ein Mittleres zwischen Einsicht und Unwissenheit.»[1]

Wo ist die Macht des vernünftigen Denkens, das die gewaltige Entwicklung der Naturwissenschaft ermöglichte? Und welche Grenzen sind dieser Macht gesetzt, welche Formen der Klugheit konnten sich ihr entziehen? Dieses Buch sucht nach Antworten auf diese Fragen.

Für wertvolle Anregungen, Hinweise, Vorschläge und konstruktive Kritik danke ich Csaba Andor, László Antal, Éva Bányai, Miklós Barabás, Zoltán Baracskai, Ilona Barkóczi, Anikó Bódi, Judit Bokor, Ferenc Bródy, György Csaba, Valéria Csépe, István Czigler, Harold Delaney, Andrea Dúll, Péter Esterházy, Péter Fábry, István Fekete, Ágnes Fraller, Éva Gartner, János Geier, Csilla Greguss, Jásnos Herczeg, Douglas R. Hofstadter, Róbert Horváth, Sándor Illyés, András Joó, Péter Koch, Anikó Kónya, Éva Kovács, Éva Kovácsházy, Attila Krajcsi, David Kramer, Tom Kremer, Csaba Mérö, Katalin Mérö, Vera Mérö, Irén Murányi, Nóra Nádasdy, János Pataki, Anna Pavlov, Csaba Pléh, Éva Radványi, István Siklaki, István Silkósi, Erika Sipos, Endre Somos, Eszter Szabó, István Szamosközy, Gábor Szász, Péter Tátray, Enikö Tegyi, Sándor Téri, Róbert Urbán, Zoltán Ülkei, Péter Vágó, Tibor Vámos, Katalin Varga, András Vargha, Zoltán Vassy, László Vekerdy und Zsuzsa Votisky. Die Vorbereitung dieses Buches wurde großzügig unterstützt vom Grant Nr. T-025201 der OTKA an den Verfasser.

László Mérö

Budapest

Die Vielfalt des Denkens

1. Trance-Logik

Die Logik ist zwar unerschütterlich, aber einem Menschen, der leben will, widersteht sie nicht.

Franz Kafka[1]

Der Bonner Chemieprofessor Friedrich August Kekulé von Stradonitz hatte sich oft gefragt, wie die Atome des Benzols, dieses wichtigen Lösungsmittels, angeordnet sein könnten. Er wusste, dass dieses Molekül aus sechs Kohlenstoff- und sechs Wasserstoffatomen besteht, sich aber von vielen ähnlichen Stoffen mit ähnlichen Komponenten durch gewisse interessante chemische Eigenschaften unterschied. Offensichtlich kam es nicht nur auf die Atome an, aus denen das Molekül bestand, sondern auch auf die Art und Anordnung der Verbindungen. Dann sah Kekulé einmal im Traum einen Kreis von sechs Affen, von denen jeder den vorangehenden in den Schwanz biss. Auf diese Weise entdeckte Kekulé die Ringstruktur des Benzols.

Die Wissenschaftsgeschichte kennt eine Unzahl ähnlicher Legenden. Viele von ihnen sind sicherlich wahr. Diese Geschichte beispielsweise hat Kekulé selbst erzählt. Aber Wissenschaftler (etwa ein in der Forschung tätiger Psychologe, der Kekulés Traum aus einem Abstand von fast hundertfünfzig Jahren analysierte) haben festgestellt, dass jeder solcher Fall individuell und unwiederholbar ist, und sind skeptisch. Kekulé könnte die Geschichte ja auch erfunden haben, um die Entdeckung interessanter zu machen. Oder die Geschichte könnte wahr sein, aber der Traum hatte nichts mit der Entdeckung zu tun, denn Kekulé könnte die Struktur des Benzolrings schon im Kopf gehabt haben, ohne dass es ihm bewusst war, und der Traum fiel einfach mit der Entdeckung zusammen. Vielleicht verursachte auch die unbewusste Entdeckung den Traum. Warum führten Kekulés sonstige Träume nicht zu ähnlich wichtigen Entdeckungen?

Natürlich spürt selbst ein skeptischer Wissenschaftler im Grunde seines Herzens, dass die Geschichte echt und wahr ist und mit der Entdeckung der Ringstruktur des Benzols etwas zu tun hat. Da er aber keinerlei Chance sieht, das Phänomen zu wiederholen – geschweige denn, es im Rahmen kontrollierter wissenschaftlicher Experimente herbeizuführen –, ist er zu der Entscheidung gezwungen, dass dieses Phänomen selbst dann, wenn es existiert, außerhalb seines Forschungsbereichs liegt, weil er es mit seinen Methoden nicht erfassen kann. Aber vielleicht erweisen sich andere Phänomene mit ähnlichen Mechanismen als wiederholbar, und vielleicht ließen sich auch über die Mechanismen in Kekulés Traum vernünftige Schlüsse ziehen, wenn man mehr über sie wüsste. Wir können die Bewegungen der Himmelskörper nicht im Experiment nachahmen (dafür sind Labors zu klein), und doch haben Menschen aufgrund wohlüberlegter Laborversuche und mit Hilfe logischen Denkens die Gesetze der Himmelsmechanik herausgefunden.

Veränderte Bewusstseinszustände

Ein träumender Mensch lässt sich mit wissenschaftlichen Methoden auch dann schlecht untersuchen, wenn er nicht gerade zufällig die Ringstruktur des Benzols entdeckt. Zwar können wir seinen Atemrhythmus, seine Hirnströme, seine Augenbewegungen und vieles andere messen, jedoch kaum auf seine Gedanken schließen. Träumende können nicht sagen, was sie gerade denken, sind nicht in der Lage, ihnen gestellte Aufgaben zu bewältigen, deren Lösung wir dann beurteilen können. Mit unseren jetzigen Methoden können wir nicht herausfinden, ob Träumer über die Welt Erkenntnisse gewinnen, die sie vorher noch nicht hatten – ob sie also in der Lage sind, beim Träumen zu denken oder nicht.

Wir haben Gründe zu der Annahme, dass unser Hirn beim Träumen ganz anders arbeitet als im normalen Wachzustand. Auch wenn dies nicht wissenschaftlich zweifelsfrei nachweisbar ist, stellt wohl kaum jemand, der einmal geträumt hat, das infrage. Es gibt jedoch Zustände, in denen sich unsere Hirnfunktionen deutlich von denen im normalen Wachzustand unterscheiden. Wir erfahren sie in tiefer meditativer Versenkung, unter der Wirkung mancher Drogen, in der Hypnose und manchmal auch, wenn wir verliebt sind. Wir bezeichnen solche Zustände gewöhnlich als *veränderte Bewusstseinszustände.* Natürlich ist die Frage berechtigt, ob wir all diese Zustände (einschließlich des Träumens) mit einem gemeinsamen Namen bezeichnen dürfen. Weist diese Benennung auf irgendein definierbares gemeinsames Kennzeichen hin oder auf Phänomene, die bei allen von ihnen vorliegen – oder erfinden wir damit nur einen neuen Namen für etwas, das wir nicht verstehen?

Wir haben gute Gründe anzunehmen, dass alle veränderten Bewusstseinszustände Gemeinsamkeiten aufweisen. So ließen sich beispielsweise in der im Elektroenzephalogramm (EEG) aufgezeichneten Hirnstromtätigkeit Muster nachweisen, die sich deutlich von denen im normalen Wachzustand unterscheiden, aber in allen veränderten Bewusstseinszuständen sehr ähnlich sind. Auch lassen sich in Experimenten viele gemeinsame Phänomene nachweisen, die kein Instrument registriert, über die aber Versuchspersonen übereinstimmend berichten. Gewöhnlich nehmen Menschen in veränderten Bewusstseinszuständen beispielsweise Raum und Zeit verzerrt wahr.

Jedenfalls lohnt sich eine sehr sorgfältige Untersuchung auch der nicht angezweifelten Berichte. Stellen wir uns die folgende Situation vor: Die unter dem Einfluss von LSD stehende Versuchsperson berichtet dem Beobachter: «Sie und ich sind eins, wir haben keine getrennten Egos.» Der Beobachter berichtet natürlich, die Versuchsperson habe «ein gestörtes Selbstgefühl und verzerrte Denkprozesse», denn was er hörte, kann nicht buchstäblich wahr sein. Die unter Drogeneinfluss stehende Versuchsperson bemerkt, dass sie und der Beobachter nicht auf derselben Wellenlänge sind, und stellt fest, dass der Beobachter ein Idiot sein muss, weil er nicht einmal die einfachsten und offensichtlichsten Dinge begreift. Deshalb spricht sie jetzt mit ihm wie mit einem Idioten. Der Beobachter bemerkt, dass «die verbalen Äußerungen der Versuchsperson extrem einfach wurden und eine mentale Funktionsstörung eintrat». Die unter Drogeneinfluss stehende Person sagt das, was ihr offensichtlich erscheint, der Beobachter hingegen das, was für ihn evident ist. Vermutlich ginge aus dem Bericht des Beobachters niemals hervor, ob einer der «unklaren» Gedanken der unter Drogeneinfluss stehenden Person nebenbei zur Entdeckung der Ringstruktur des Benzols führte.

Unter kontrollierten Versuchsbedingungen lässt sich von allen veränderten Bewusstseinszuständen am besten die Hypnose untersuchen. An jeder Hypnosesitzung nimmt eine erfahrene Person (der Hypnotiseur) teil, und es liegt im Wesen der Dinge, dass diese Person die Vorgänge kontrolliert, und zwar in ihrem normalen Wachzustand. Eine Versuchsperson akzeptiert von Anfang an, dass ein im normalen Wachzustand befindlicher Mensch in ihr einen veränderten Bewusstseinszustand herbeiführt und sie psychologisch beeinflusst. Die Versuchsperson zeigt dann viele der typischen und gewöhnlichen Kennzeichen des veränderten Bewusstseinszustands, ist in der Lage, sich mitzuteilen und Aufgaben zu lösen, die der Hypnotiseur ihr stellt, und kann so, während sie noch in einem veränderten Bewusstseinszustand ist, Daten liefern, die sich wissenschaftlich auswerten lassen.

Simulanten

Kritische Wissenschaftler sind besonders dann ungläubig, wenn sie einem so spektakulären Phänomen wie der Hypnose begegnen. Eine wichtige Frage ist, ob die hypnotisierte Person aufgrund der Bemühungen des Hypnotiseurs wirklich in eine Art von verändertem Bewusstseinszustand gelangt oder nur gehorsam die Erwartungen des Hypnotiseurs erfüllt und die ihr zugeteilte Rolle spielt. Die Erfahrungen von Menschen, die in tiefer Hypnose waren, sprechen eindeutig für die erste Annahme. Aber wir können schließlich nicht wissen, ob jemand lügt. Was, wenn jemand, nachdem er hypnotisiert ist, nur weiterhin seine Rolle spielt und das sagt, was der Hypnotiseur zu hören erwartet, also *nolens volens* lügt? Welche von außen beobachtbaren Kriterien zeigen deutlich, ob jemand wirklich im Zustand der Hypnose (oder zumindest in einem veränderten Bewusstseinszustand) ist?

Ähnliche Probleme stellten sich auch in der medizinischen Forschung, als man erkannte, dass es in vielen Fällen unabhängig vom Wirkstoff der Arznei schon heilsam war, wenn ein Patient eine Arztpraxis aufsuchte, der Arzt dem Patienten Aufmerksamkeit widmete und ein Rezept ausschrieb, der Patient in die Apotheke ging, die Arznei kaufte und wie verordnet regelmäßig einnahm – also die Rolle des Patienten übernahm und sie auch spielte. Vor allem wenn es um eine neue Arznei geht, kann die Verschreibung unabhängig von der Wirksamkeit des Medikaments sehr wohltuend wirken. Die Naturwissenschaft steht in hohem Ansehen – schon das kann heilen. Und wenn jemand nicht an die Naturwissenschaft glaubt? Dieselbe Wirkung erreichen auch eine Reihe von Wundermitteln und viele Wunderheiler. Wirkt möglicherweise die Hypnose ähnlich? Verhilft schon die Übernahme der Rolle der hypnotisierten Person dem hypnotisierten Menschen zu Erfahrungen, gibt es also gar keinen von der Hypnose ausgelösten Bewusstseinszustand?

Um das zu überprüfen, haben Mediziner die so genannten Placebo-Studien entwickelt. Dabei verläuft in einer Gruppe von Patienten alles wie in einer Kontrollgruppe, aber diese Patienten erhalten ein Placebo-Medikament, etwa Tabletten, die genauso aussehen und verpackt sind wie die wirkliche Arznei, aber keinen Wirkstoff enthalten. (Dabei wissen nicht einmal die Ärzte, wer ein Placebo erhält.) Wenn der Patient mit diesen Placebos geheilt wird, war nicht die Tablette, sondern das Verfahren wirksam. Placebo-Studien sind sehr aufschlussreich – wie sich herausstellt, kann eine Kur mit einer Arznei, die einen Wirkstoff enthält, genauso langwierig und genauso anstrengend sein wie eine Kur mit einem Medikament ohne Wirkstoff. Dass soll nicht heißen, dass Medikamente unwirksam sind. Placebo-Studien haben auch gezeigt, dass außer der Heilwirkung der Verfahren auch der Wirkstoff des Medikaments hilft. Für uns ist wichtig, dass sich bei einem klugen Versuch zwei heilende Komponenten unterscheiden lassen, die bei einem normalen Heilungsprozess untrennbar einhergehen.

Das von Medizinern entwickelte Verfahren lässt sich auf die Untersuchung der Auswirkungen der Hypnose übertragen. Im

Verlauf gewöhnlicher Hypnose-Experimente wurden insgeheim einige der Versuchspersonen gebeten, sich nicht in Hypnose versetzen zu lassen, sich aber dem Hypnotiseur gegenüber so zu verhalten, als ob sie in tiefer Hypnose seien, also den Hypnotiseur zu täuschen. Die Frage ist, ob der Hypnotiseur bemerkt, dass der hypnotische Zustand simuliert ist. Falls er es bemerkt, hätten wir einen Hinweis auf etwas, das den Unterschied zwischen normalem und hypnotischem Bewusstseinszustand ausmachen könnte – etwas, das einer weiteren Untersuchung bedarf. Bemerkt der Hypnotiseur die Täuschung nicht, so wäre dies ein verdächtiges Zeichen dafür, dass die wirkliche Hypnose nur ein Rollenspiel-Verhalten und all die spektakulären Bewusstseinsänderungen das Produkt der Vorstellung der Versuchspersonen sein könnten – denn ein Simulant könnte alle diese Effekte auch erzeugen, ohne sie Hypnose zu nennen oder sie also interessant zu finden.

Der Hypnotiseur war in keiner einfachen Lage, als ihm nach Abschluss des Experiments gesagt wurde, dass sich unter den Versuchspersonen Simulanten befanden, und als er raten sollte, wer die echten Versuchspersonen und wer die Simulanten waren, die ihn absichtlich hatten täuschen wollen. Die Aufgabe fiel ihm auch dann nicht leichter, als er die Videoaufzeichnungen der Sitzungen beobachtete. Die Simulanten spielten ihre Rolle hervorragend: Sie entspannten sich, wenn sie sich entspannen sollten; sie halluzinierten gehorsam, wenn ihnen Halluzinationen suggeriert wurden; sie boten sogar das Schauspiel, dass sich ihr Körper zwischen zwei Stühlen versteifte, wenn sie dazu aufgefordert wurden, und nur Hals und Fesseln auf den Stuhllehnen ruhten. Sie hätten das nie für möglich gehalten, aber als der Hypnotiseur ihnen den Auftrag gab, führten sie ihn erfolgreich durch. In einem anderen Experiment, bei dem auch ein EEG erstellt wurde, erzeugten die Simulanten sogar dieselben elektrischen Aktivitätsmuster, die man für ein Kennzeichen veränderter Bewusstseinszustände hält.

Damit stellte sich die Frage: Wurden die Simulanten gegen ihren Willen hypnotisiert? Dies lässt sich nicht ausschließen, obwohl sich die Versuchsleiter schon bei der Planung des Experiments gerade darum bemühten, diese Möglichkeit auszuschließen. Erstens baten sie solche Versuchspersonen, zu simulieren, die sich in früheren Hypnosesitzungen als nicht hypnotisierbar erwiesen hatten. Zweitens baten sie die Simulanten, einen Bericht über ihre Empfindungen zu geben, und dabei schilderten die Simulanten nie Erfahrungen, die für veränderte Bewusstseinszustände typisch sind. Aber all das könnte nur die Kehrseite der Medaille sein: «Nicht hypnotisierbare Menschen» sind vielleicht ebenfalls in einem veränderten Bewusstseinszustand, spielen aber genau die entgegengesetzte Rolle. In diesem Fall wären sie auch hypnotisiert, ohne dass die Experimente es zeigen. Bis die Simulanten irgendwie ertappt werden, hat dieses Experiment keine Aussagekraft.

Beim Ertappen von Simulanten haben selbst ziemlich grobe Tests versagt. So suggerierte der Hypnotiseur: «Der linke Arm fühlt keinen Schmerz» und hielt (um Schmerz zu verursachen, ohne zu verletzen) ein brennendes Streichholz an den Arm der Versuchsperson, aber die Simulanten zuckten nicht einmal mit der Wimper. Nach der Hypnose, beim Nachgespräch über die Erfahrungen, stellte sich ein sehr wichtiger Unterschied zwischen den hypnotisierten und den simulierenden Versuchspersonen heraus: Die echten Versuchspersonen sagten, sie hätten nichts gespürt, während die Simulanten berichteten, starke Schmerzen empfunden zu haben. «Natürlich hat es wehgetan! Aber wir sollten doch den Hypnotiseur täuschen, oder nicht?», sagten sie stolz. Wenn die hypnotisierten Versuchspersonen die Schmerzempfindung verneinen, beweist das nicht, dass sie keinen Schmerz gespürt haben, denn sie haben ihre Rolle vielleicht auch nach der Hypnose weitergespielt, weil sie die Rolle gern spielten. Vielleicht war ihnen dieses gute Gefühl, das Erleiden von Schmerz, ähnlich viel wert wie den Simulanten die Freude über den Erfolg beim Täuschen des Hypnotiseurs. In diesem Fall verneint die echte Versuchsperson den Schmerz auch später noch (auch vor sich selbst und glaubt vielleicht wirklich, es habe nicht wehgetan), und der Simulant behauptet stolz, er habe den Schmerz ohne Wimpernzucken ausgehalten.

Ertappte Simulanten

Zu den großen Leistungen von Martin T. Orne gehört es, Versuchsbedingungen geschaffen zu haben, die es erlauben, Simulanten zu ertappen. Besonders interessant ist dabei, dass der Weg zum Ertappen nicht über die herkömmlichen spektakulären Phänomene der Hypnose führte, sondern über das Provozieren des Denkens und des Schlussfolgerns hypnotisierter Versuchspersonen. Betrachten wir nun eine Situation, in der sich Simulanten vollkommen anders verhielten als echte Versuchspersonen:

Wenn die Versuchspersonen in tiefer Hypnose waren (oder die Simulanten tiefe Hypnose vortäuschten), suggerierte der Hypnotiseur: «Stellen Sie sich vor, es ist Weihnachten. Mitten in diesem Zimmer steht ein schöner Weihnachtsbaum. Öffnen Sie die Augen. Sehen Sie den Baum?» Bis zu diesem Punkt gab es keinen Unterschied zwischen den hypnotisierten Versuchspersonen und den Simulanten: Beide sagten: «Ja», und fügten manchmal sogar hinzu, wie schön die Kerzen brannten. Dann sagte der Hypnotiseur überraschend: «Oh, da ist etwas auf Ihrer

Kleidung. Kommen Sie her, ich nehme es weg.» Das war der Augenblick, in dem die Simulanten sich plötzlich völlig anders verhielten als die echten Versuchspersonen. Alle standen auf und gingen zum Hypnotiseur – und der Weihnachtsbaum? Liebe Leser, denken Sie kurz nach. Was würden Sie tun, wenn Sie in der Rolle eines Simulanten wären? Würden Sie den nicht existierenden Weihnachtsbaum ignorieren? Nun, die Simulanten gingen um ihn herum und wurden darum ertappt, während die echten Versuchspersonen mitten durch den Weihnachtsbaum hindurchgingen, obwohl sie ihn eben noch wirklich gesehen hatten.

In der Psychologie sollte man die Angabe hundert Prozent am besten vergessen – praktisch gibt es sie nie, nicht einmal bei den markantesten Phänomenen. Wir sollten also den obigen Satz nicht wörtlich nehmen: Zutreffender wäre der folgende Satz: Achtzig Prozent der Simulanten vermieden den Weihnachtsbaum, während neunzig Prozent der echten Versuchspersonen hindurchgingen. Die genauen Prozentzahlen schwankten von einem Versuch zum nächsten, aber der Trend ging in diese Richtung. Der Einfachheit halber formuliere ich meine Aussagen ähnlich pauschal – wer an den Einzelheiten interessiert ist, kann sie in den im Literaturverzeichnis angegebenen Abhandlungen nachlesen.

Jedenfalls wurden die meisten Simulanten bei diesem Test wirklich ertappt, und die Fehlerquote (das «Ertappen» echter Versuchspersonen) war gering. Dieser Test bewährte sich also ausgezeichnet, besonders wenn man bedenkt, dass selbst ein gut ausgebildeter Hypnotiseur die echten und die simulierenden Versuchspersonen nicht – oder kaum besser als zufällig – unterscheiden konnte. Am wertvollsten ist bei dem Simulanten-Test mit dem Weihnachtsbaum jedoch, dass alle Außenstehenden das Ergebnis beobachten konnten, unabhängig davon, ob sie die Existenz von veränderten Bewusstseinszuständen akzeptierten oder bezweifelten. Zumindest liegt aber ein objektiver Test vor, mit dem zuverlässig bestimmt werden kann, wer die echten und wer die simulierenden Versuchspersonen sind. Es ist allerdings noch nicht klar, was dieser Test über veränderte Bewusstseinszustände besagt, aber er weist in eine Richtung, in der es sich lohnt, weiterzuforschen.

Betrachten wir nun einen anderen Test:

Zu Beginn dieses Versuchs saß eine Assistentin auf dem Stuhl neben der Versuchsperson. Diese wurde gefragt, ob es ihr recht sei, wenn die Assistentin dort die ganze Zeit säße, um gewisse Daten (wie den Atemrhythmus) aufzuzeichnen, die auf einer Videoaufzeichnung nur schwer zu erkennen sind. Die meisten Versuchspersonen stimmten zu. Wenn die Versuchsperson dann schon in tiefer Hypnose war, ging die Assistentin leise weg und ließ einen leeren Stuhl zurück. Im Verlauf der Sitzung sagte der Hypnotiseur zur Versuchsperson (tatsächlich war das eine Suggestion, die von den Einzelnen *wirklich* wahrgenommen wurde): «Erinnern Sie sich? Da saß zu Beginn des Experiments eine Assistentin neben Ihnen. Sie sitzt da immer noch und macht Notizen. Schauen Sie hin, können Sie sie sehen?» Wieder gab es keinen Unterschied zwischen den echten und den simulierenden Versuchspersonen. Auch die Simulanten nahmen die suggestiven Worte des Hypnotiseurs wahr und antworteten: «Ja, ich sehe sie.» Dann fragte der Hypnotiseur: «Sehen Sie auf dem Stuhl etwas Interessantes?» In Wirklichkeit klebte aber ein Bild an der Stuhllehne (beispielsweise das eines blauen Elefanten), das die Assistentin zu Beginn der Sitzung verdeckt hatte. Und dabei wurden Simulanten wieder ertappt: Sie sagten, sie könnten nichts sehen. Das ist eine logische Antwort, weil eine Assistentin nicht durchsichtig ist. Aber die echten Versuchspersonen riefen überrascht: «Ach ja, da ist ein blauer Elefant!»

War die Assistentin für die hypnotisierten Versuchspersonen wirklich verschwunden? Nein, das war sie nicht, aber das interessierte sie in diesem Augenblick nicht. Die hypnotisch suggerierte Halluzination verschwindet nur, wenn der Hypnotiseur die Suggestion aufhebt. Wenn er wieder von der Assistentin spricht, wird die Versuchsperson sie wieder sehen, ihr Atmen hören, ihr Parfüm riechen und den blauen Elefanten hinter ihr nicht sehen. Auch der Weihnachtsbaum war nicht verschwunden, sondern nur in dem Moment uninteressant. Wenn der Hypnotiseur die Versuchspersonen, nachdem sie durch den Baum hindurchgegangen waren, nachfragte: «Der Weihnachtsbaum steht noch in der Mitte des Raums. Hat er Sie nicht gepiekst, als Sie herkamen?», antworteten die Versuchspersonen gelassen: «Nein, hat er nicht.» Die Versuchspersonen verstanden die Frage gar nicht richtig, sie wussten nur, dass dies keiner von den stacheligen Weihnachtsbäumen war. Und sie hatten Recht, das war er *wirklich* nicht.

Es wäre logisch, die Versuchspersonen zu fragen, wie es möglich war, dass sie durch die Assistentin hindurchblicken oder durch den Weihnachtsbaum hindurchgehen konnten. Leider war das in der gegebenen Situation nicht möglich: Wenn diese Frage ernst genommen würde, kämen die Versuchspersonen aus dem Hypnosezustand heraus, und zwar mit Kopfschmerzen oder anderen unangenehmen körperlichen Symptomen als Begleiterscheinung. Eine Frage wie diese kommt offenbar aus einem anderen Bewusstseinszustand, sie verletzt die Regeln, die im Augenblick gültig sind, und verursacht Reaktionen, die der Situation ähnlich sind, die die Verständigung eines unter Drogeneinfluss stehenden Menschen mit seinem Gesprächspartner verhindert. Die Lage wäre sogar noch schlimmer, denn dabei würde der Hypnotiseur ihr Vertrauen verlieren. Drogenbenutzer haben sich selbst in einen veränderten Bewusstseinszustand versetzt, für sie ist nicht der Wissenschaftler verantwortlich.

Die Versuchsergebnisse haben unsere früheren Zweifel beseitigt. Einerseits hat sich herausgestellt, dass es einen Unterschied gibt zwischen dem Bewusstseinszustand von wirklich hypnotisierten Menschen und von Simulanten. Andererseits hat es sich auch gezeigt, dass Simulanten nicht hypnotisiert wurden, sonst wären auch sie durch den Weihnachtsbaum hindurchgegangen und hätten durch die Assistentin hindurch den Elefanten gesehen, als der Hypnotiseur danach fragte. Bei weiteren Versuchen erwies sich auch, dass die anfängliche Vorsichtsmaßnahme, nur nicht beeinflussbare Personen aufzufordern, einen hypnotischen Zustand zu simulieren, unnötig war. Als hoch hypnotisierbare Menschen gebeten wurden zu simulieren, verhielten sie sich wie die weniger beeinflussbaren. Auch sie verfielen nicht in Hypnose, auch sie hielten den Hypnotiseur zum Narren, gingen ebenfalls um den Weihnachtsbaum herum und leugneten, einen blauen Elefanten zu sehen.

Der Begriff der Trance-Logik

Orne fasst die Ergebnisse dieser (und vieler ähnlicher) Versuche (auf einige kommen wir später noch zurück) folgendermaßen zusammen: Unter Hypnose gibt es anscheinend eine spontane Toleranz gegenüber den Unvereinbarkeiten und Nichtübereinstimmungen ihrer Umgebung und der Welt. In diesem Zustand machen einem die kleineren oder größeren Unvereinbarkeiten in der Umgebung nichts aus, man ist nicht schockiert, wenn man einen Augenblick lang durch ein sonst nicht durchsichtiges Objekt hindurchsehen kann oder wenn man andere, offensichtlich ungereimte Zusammenhänge wahrnimmt. Man verhält sich trotzdem rational und realistisch. So geht man beispielsweise auf dem kürzesten Weg zum Hypnotiseur, unter Nichtbeachtung des pieksenden Weihnachtsbaums, weil man weiß, dass dieser Weihnachtsbaum irgendwie durchlässig ist – und das ist er wirklich.

Orne nannte dieses Phänomen Trance-Logik. Der erste Teil des Ausdrucks ist leicht zu verstehen: Das Phänomen hat mit einem Trance-Zustand zu tun, denn in unserem normalen Bewusstseinszustand denken wir nicht so. Aber wo ist hier die Logik? Eine erste Antwort ist, dass das Verhalten der hypnotisierten Person viel logischer ist als das eines Simulanten: Sie vermeidet durchlässige Objekte nicht unnötig und leugnet nicht ab, einen auffälligen Gegenstand zu sehen. Sie folgt der natürlichen Logik für das Funktionieren der Dinge um sie herum. Diese Dinge sind eine Mischung aus halluzinierten und realen Dingen, aber das hat dann keine Bedeutung, da sie das in dem gegebenen veränderten Zustand nicht unterscheiden kann. Sie hat jedoch ein Gefühl für ihre Logik. Das Verhalten der hypnotisierten Person ist konsequent, obwohl es unserem Alltagsdenken unlogisch erscheint. Wenn die hypnotisierte Person sähe, wie ein Simulant um den Weihnachtsbaum herumgeht, hielte sie ihn genauso für einen Idioten wie eine unter Drogeneinfluss stehende Person den wissenschaftlichen Beobachter: Der Simulant erkennt nicht einmal das Offensichtliche und macht unnötige Umwege.

Trotzdem lässt sich die Trance-Logik lediglich als ein *Zustand* bezeichnen, der unter Hypnose eintritt, nicht als eine Form wirklicher Logik oder eine Methode vernünftiger Deduktion. Orne hat diesen Zustand so bezeichnet. Aber in diesem Zustand kommt es, wie wir später sehen werden, zu bemerkenswerten Schlussfolgerungen.

Das nächste Experiment zeigt besonders deutlich, wie logisch sich ein hypnotisierter Mensch im Zustand der Trance-Logik verhalten kann. Wieder saß zu Beginn der Hypnosesitzung eine Assistentin rechts von der Versuchsperson, während links von der Versuchsperson ein leerer Stuhl stand. (Diesmal klebte auf keinem von beiden ein blauer Elefant.) Als die Versuchsperson schon in tiefer Hypnose war, setzte sich die Assistentin leise auf den linken Stuhl.

Der Hypnotiseur suggerierte, dass die Assistentin noch immer auf der rechten Seite saß und der linke Stuhl leer war. Bis zu diesem Punkt stimmten die echten und die simulierenden Versuchspersonen überein: Sie halluzinierten die Assistentin auf dem rechten Stuhl und sahen als ein Ergebnis negativer Halluzination niemanden auf dem linken Stuhl. Dann bat der Hypnotiseur die Versuchspersonen, sich auf den linken Stuhl zu setzen (den sie für leer hielten). Die Simulanten waren einen Augenblick verwirrt, dann setzten sie sich auf den Schoß der Assistentin. Die wirklich hypnotisierten Menschen reagierten auf eine der beiden folgenden Arten: Diejenigen, die nichts dagegen hatten, sich auf den Schoß der Assistentin zu setzen (die also die Assistentin sexuell nicht unsympathisch fanden oder denen es nichts ausmachte, ob die Assistentin dasselbe Geschlecht hatte wie sie oder nicht), setzten sich, ohne lange nachzudenken, dorthin und merkten nicht, dass sie nicht auf einem leeren Stuhl saßen. Diejenigen, denen es nicht behagte, auf dem Schoß der Assistentin zu sitzen, fanden Möglichkeiten, das zu vermeiden. Sie standen beispielsweise langsam auf, drehten sich herum und setzten sich auf den leeren Stuhl, der jetzt links von ihnen war. Wenn der Hypnotiseur sie fragte, was sie getan hatten, antworteten sie sinngemäß, sie hätten gedacht, der Hypnotiseur hätte den Stuhl links von ihm selbst gemeint.

Wieder können wir nicht sagen, dass die hypnotisierten Versuchspersonen unlogisch gehandelt hätten. Die Trance-Logik ist widerspruchsfrei, wenn auch ganz anders als normale Alltagslogik. Hätten die hypnotisierten Versuchspersonen in der Hypnose automatisch genauso reagiert wie im normalen Bewusstseinszustand, hätte es sofort zu einem Widerspruch geführt, denn die Ergebnisse zeigten, dass die *wirklich* hypnotisierten Versuchspersonen irgendwie auch immer wussten, dass in Wirklichkeit der Stuhl links von ihnen besetzt war. Diese Trivialität störte das trancelogische Denken nicht, oder falls sie es tat, fand die hypnotisierte Versuchsperson sofort einen für sie logischen Ausweg.

Zur menschlichen Kognition

Woher wissen wir, dass sich die Erde um die Sonne dreht und nicht die Sonne um die Erde? Keiner unserer Sinne eignet sich dazu, diese Frage zu beantworten. Was sehen wir? Die Sonne geht morgens auf und abends unter. Wir können weder sehen, wie die Erde aufgeht, noch, wie sie untergeht. Wir können uns zwar vorstellen, wie wir das von der Sonne aus sehen würden, aber das hilft uns nicht bei der Entscheidung, was sich worum dreht. Das beste uns zugängliche Ergebnis besagt, dass beide Fälle möglich sind. Geruchssinn, Tastsinn und die anderen Sinne helfen uns noch weniger bei der Suche nach einer Antwort.

Wir wissen, dass sich die Erde um die Sonne dreht, weil wir Experimente durchgeführt und viel nachgedacht haben. So stieg beispielsweise Galilei auf den Turm von Pisa und ließ eine große und eine kleine Kugel fallen. Die Naturhistoriker sind sich immer noch darüber uneinig, ob Galilei wirklich hinaufkletterte oder nicht, aber das ist für uns jetzt nicht relevant – Galilei mag dieses Experiment nicht so effekthascherisch durchgeführt haben, aber der englische Physiker George Atwood verbrachte jedenfalls im 18. Jahrhundert viele Jahre seines Lebens damit, komplizierte Fallmaschinen zu konstruieren, um die Gesetze des freien Falls so gut wie möglich zu klären. Nach diesen und vielen anderen Experimenten und der Anwendung vieler Schritte der formalen Logik konnte hergeleitet werden, dass sich nur der kleinere Körper um den größeren drehen kann und niemals umgekehrt. Die formale Logik hat sich hier und in vielen anderen Fällen als geeignete Methode erwiesen, die Welt kennen zu lernen.

Vielleicht ist dies das Wesen der menschlichen Kognition: Wir beginnen mit Beobachtungen und Erfahrungen, die in unseren Sinnen verwurzelt sind, dann schreiten wir unserem Verstand folgend weiter und gelangen so zu Wahrheiten über die Welt, die wir mit keinem unserer Sinne, und nicht einmal in der Vorstellung, unmittelbar wahrnehmen können. Vor allem war es die formale Logik, die diese mentalen Schritte ermöglichte.

Glücklicherweise erweisen sich die von der Naturwissenschaft untersuchten Phänomene in einem wohl gewählten Denkschema als widerspruchsfrei. Aber sie schienen lange Zeit sehr widersprüchlich zu sein, und das gilt für viele immer noch. So stießen die Wissenschaftler beispielsweise vor einigen hundert Jahren auf viele widersprüchliche Phänomene, als sie das Rätsel zu lösen versuchten, warum manche Dinge dazu neigen wegzufliegen oder warum Phlogiston, der hypothetische Feuerstoff, gelegentlich negatives Gewicht hat. Beispielsweise wird Holz beim Brennen leichter, Eisen jedoch schwerer. Damals kam man mit reiner Logik nicht weiter, sondern nur kluges Experimentieren konnte die Lage klären helfen. Als Galilei und später Newton ihre Gesetze aufstellten oder als Lavoisier die

Existenz von Sauerstoff entdeckte (oder vielmehr herleitete), wurden Widersprüche aufgehoben, und die formale Logik konnte an die Macht gelangen.

Im zweiten Kapitel werden wir sehen, dass die formale Logik sicherlich ein ungeeignetes Mittel ist, mit Dingen umzugehen, solange Widersprüche im Spiel sind. Das ist eine *mathematische* Tatsache. Aber die Alltagswelt ist voller Widersprüche. Bei Saint-Exupéry sagt der kleine Prinz: «Die Blumen sind so widerspruchsvoll.» Und doch konnte der Fuchs, den der kleine Prinz gezähmt hatte, eine Wahrheit über die Welt herausfinden, nämlich dass der kleine Prinz irgendwo eine eigene Rose hatte. Der Fuchs verriet dem kleinen Prinzen sein Geheimnis: «Das Wesentliche ist für die Augen unsichtbar.» Der Fuchs dachte nicht logisch – das hätte er unter solch widerspruchsvollen Bedingungen auch nicht können –, sondern nur vernünftig. Der Fuchs sagte: «Man sieht nur mit dem Herzen gut.»[2] Das ist natürlich für den wissenschaftlichen Verstand zu metaphorisch, aber es zeigt, worauf es ankommt. Mit aller Wahrscheinlichkeit gibt es außerhalb der formalen Logik andere Verfahren, um gewisse Tatsachen der Welt zu erfahren.

Der Zustand der Trance-Logik ist ein verheißungsvolles Gebiet, um ähnliche nicht logische, aber vernünftige Denkweisen experimentell zu untersuchen. Obwohl wir aus den oben geschilderten Fällen nicht ersehen können, dass hypnotisierte Menschen Wahrheiten über die Welt erfahren, die sich nicht durch einen ihrer Sinne nachweisen lassen, ist dieses Gebiet doch vielversprechend. Wir haben erkannt, dass man in diesem Zustand Widersprüche tolerieren kann, dass also die rein formale Logik ausgeschlossen ist, und man sich doch folgerichtig und vernünftig verhalten kann. Sind aber auch wirkliches Denken und Kognition möglich?

Kognition in der Trance-Logik

Wieder saß die Assistentin auf dem Stuhl rechts neben der Versuchsperson, und wieder setzte sie sich auf den Stuhl links, als die Versuchsperson schon in tiefer Hypnose war. Diesmal jedoch suggerierte der Hypnotiseur nur, dass die Assistentin noch rechts säße, ohne den linken Stuhl zu erwähnen. Wieder verhielten sich die echten Versuchspersonen und die Simulanten gleich: Sie sagten, sie sähen die Assistentin auf dem rechten Stuhl sitzen. Dann fragte der Hypnotiseur: «Erinnern Sie sich? Zu Beginn der Sitzung stand ein weiterer Stuhl links. Schauen Sie, sehen Sie etwas Interessantes?» An diesem Punkt zeigte sich wieder ein deutlicher Unterschied zwischen den Reaktionen der wirklichen und der simulierenden Versuchspersonen.

Die Simulanten erklärten entweder, sie könnten nichts sehen, oder, sie sähen eine fremde Person. Die wirklich hypnotisierten Versuchspersonen sahen problemlos die Assistentin auf dem linken Stuhl. Dann schauten sie zum leeren Stuhl und von dem zurück zur Assistentin und wieder zurück zum Stuhl. Schließlich sagten sie, sie könnten dieselbe Person zweimal sehen. Als der Hypnotiseur fragte, wie das möglich sei, meinten die Versuchspersonen, das müsse durch Spiegel oder einen Zaubertrick bewerkstelligt worden sein. Sie fanden es vielleicht etwas seltsam, waren aber überhaupt nicht verwirrt. Sie fühlten sich wohl, waren unter Hypnose und ließen sich durch solche Kleinigkeiten nicht stören.

Dies war der Augenblick, in dem der Hypnotiseur es riskieren konnte, die Versuchsperson auf die Unmöglichkeit der Sache aufmerksam zu machen. Schließlich tat die Versuchsperson nichts Unlogisches (wie in dem Versuch mit dem Weihnachtsbaum oder dem blauen Elefanten), sondern sie sah nur etwas Seltsames. Einige, aber nicht alle Versuchspersonen konnten, während sie in tiefer Hypnose waren, dazu gebracht werden, zu merken und zu sagen, dass sie eine der Assistentinnen halluzinierten und die andere die echte war. Aber auch sie waren weder besonders interessiert noch verwirrt. Sie fühlten sich weiter in der Hypnose wohl und fanden es natürlich, dass es auf der Welt sowohl Phantasieprodukte als auch wirkliche Dinge gibt. Dann fragte der Hypnotiseur: «Können Sie mir sagen, welche Assistentin die wirkliche ist?»

Sie, liebe Leser, befinden sich in diesem Augenblick vermutlich nicht in einem Trancezustand. Stellen Sie sich vor, Sie seien eine der simulierenden Personen und wurden noch nicht ertappt, weil man Ihnen all das, was Sie bis hierher gelesen haben, erzählt hat, bevor Sie mit der Simulation begannen. Jetzt sitzen Sie also da, täuschen Hypnose vor und haben schon gesagt: «Offensichtlich halluziniere ich eine der Assistentinnen.» Was würden Sie sagen, um den Hypnotiseur erfolgreich zu täuschen? Könnten Sie entscheiden, welche die echte Assistentin ist? Und wenn ja, wie würden Sie es tun? Wenn Sie weiterlesen, werden Sie erfahren, was *wirklich* hypnotisierte Versuchspersonen tun, und im nächsten Abschnitt werden Sie sehen, was andere Menschen in ähnlichen Situationen auf diese Frage antworten.

Genau wie bei schwierigen logischen oder mathematischen Aufgaben konnten nicht alle hypnotisierten Versuchspersonen diese Aufgabe lösen, sondern nur relativ wenige. Selbst solche, die am Ende versagten, suchten einige Lösungen, aber als der Hypnotiseur sah, dass sie nicht erfolgreich waren, beendete er die Aufgabe, bevor sie den Hypnosezustand verließen. Nur sehr wenige echte Versuchspersonen gaben falsche Antworten. Wenn jemand eine Lösung fand, erwies sie sich gewöhnlich als richtig. Im Folgenden werden zwei typische Lösungen beschrieben:

Eine der Versuchspersonen schaute eine Weile abwechselnd nach rechts und links und sagte dann mit Entschiedenheit, die Assistentin links sei die wirkliche. Als der Hypnotiseur fragte, wie sie es herausgefunden hätte, antwortete sie: «In meiner Vorstellung habe ich beide gebeten, die Hand zu heben. Ich bat sie in meinem Inneren lange und sehr freundlich darum, und am Ende hob eine die Hand und die andere nicht. Da erkannte ich, dass die Assistentin, die die Hand gehoben hat, nur das Produkt meiner Phantasie war, denn wie könnte die wirkliche wissen, dass ich sie in Gedanken bat, die Hand zu heben?»

In einem anderen Fall war zu Beginn der Sitzung spürbar, dass die männliche Versuchsperson sich stark zu der Assistentin hingezogen fühlte, aber keine Gelegenheit hatte, mit ihr zu sprechen oder sich sonst mit ihr zu verständigen. Ein Beobachter sah, dass sich der Mann langsam dem leeren Stuhl zuwandte, sich zu ihm hinneigte, die Lippen spitzte und flüsterte: «Küss mich.» Dann lächelte er und wandte sich, immer noch in tiefer Hypnose, an den Hypnotiseur und wies auf die andere Assistentin: «Das ist die richtige.» Als der Hypnotiseur fragte, woher er es wisse, sagte er, er hätte sich bestimmt nicht getraut, diese Bitte ohne irgendwelche Vorbereitung an die richtige Assistentin zu richten. Aber im Traum, mit einer Traumfrau? Völlig ungefährlich.

Beide Lösungen sind fast wissenschaftlich streng: Beide Versuchspersonen experimentierten und überlegten. Genauso wie man in den Naturwissenschaften zwischen wissenschaftlichem Experiment und wissenschaftlicher Beobachtung unterscheidet, kann man sagen, dass die erste Versuchsperson ein wirkliches Experiment durchführte, die unterscheidbaren Assistentinnen eine Aufgabe verrichten ließ und aus dem Ergebnis Schlüsse zog, während die zweite Versuchsperson sorgfältig das Verhalten der Versuchsperson (in diesem Fall ihr eigenes) beobachtete und daraus einen Schluss zog. Beide Versuchspersonen konnten eine Wahrheit über die Welt erfahren, für die sie überhaupt kein Sinnesorgan hatten. Man kann zu Recht sagen, dass sie eine zutiefst kognitive Leistung vollbrachten. Sicherzustellen ist allerdings noch, dass die hypnotisierten Menschen für diese Leistung wirklich keines ihrer Sinnesorgane benutzten.

Für einen hypnotisierten Menschen ist das halluzinierte Objekt so wirklich – besser gesagt: so psychologisch wirklich – wie die realen Gegenstände der Welt. Wenn wir den leeren Stuhl berühren, fühlen wir den Stoff der Kleidung der Assistentin, und wenn wir schnuppern, riechen wir ihr Parfüm. Es gehört zum Wesen von Halluzinationen, dass alle Sinne betroffen sind. Deshalb könnten wir sagen, dass sich keiner der Sinne der Versuchsperson zur Wahrnehmung eignete, dass die Assistentin auf der linken Seite die richtige war. Aber die Versuchsperson konnte durch Experimentieren und Nachdenken die Wahrheit herausfinden oder herleiten. Sie tat das sicherlich nicht mit Hilfe rein formaler Logik, denn die hätte beim ersten Widerspruch (zwei ununterscheidbare Personen sind zu unterscheiden) versagt. Das 2. Kapitel befasst sich mit der mathematischen Tatsache, dass formale Logik selbst bei kleinsten Widersprüchen völlig intolerant ist.

Es gibt also in der Trance-Logik unlogische, aber sicherlich intelligente und kluge Arten des Denkens. Bis jetzt haben wir die Trance-Logik für eine Art Kennzeichen für den Zustand der Hypnose gehalten und nicht für eine wirkliche Logik oder eine Methode des Schlussfolgerns. Unsere jetzigen Befunde machen es jedoch wahrscheinlich, dass wir von der Trance-Logik in einem dem ursprünglichen Wortsinn von Logik ähnlichen Sinn als einer Methode klugen Schlussfolgerns sprechen können, auch wenn wir ihre Wirkungsweise noch nicht formal definieren können.

Trance-Logik in normalen Bewusstseinszuständen

Wir können Menschen in ihrem normalen Wachzustand vom doppelten Halluzinationsexperiment erzählen bis zu dem Punkt, an dem die hypnotisierte Person erkennt, dass sie eine der beiden Assistentinnen nur halluziniert. Dann können wir diese Menschen auffordern, sich selbst in die Rolle der Simulanten zu versetzen und herauszufinden, was sie in dieser Situation getan und wie sie den Hypnotiseur getäuscht hätten. In diesem Fall finden wohl nur wenige Menschen eine gute trancelogische Lösung. Jedenfalls kamen nur etwa fünf Prozent der untersuchten Studenten zu einem ähnlich guten trancelogischen Ergebnis.

Es gab einige typische falsche Lösungen: Viele Studenten fanden die Aufgabe von Anfang an hoffnungslos und absurd und versuchten überhaupt nicht, sie zu lösen, indem sie sagten: «Ich glaube, das kann ich nicht entscheiden.» Wie wir sahen, verhalten sich echte Versuchspersonen anders: Sie erfassen das Problem und versuchen, es zu lösen, und sie haben entweder Erfolg oder nicht. Andere versuchen, ihre Sinne, wie Geruchs- und Tastsinn, zu Hilfe zu nehmen. Auch das ist, wie wir wissen, keine Lösung. Die echten Versuchspersonen versuchten das nicht einmal, weil sie schon wussten, dass es in eine Sackgasse führte. Wieder andere suchten nach einer «logischen» Lösung und folgerten etwa, die später vorgestellte Assistentin müsse die wirkliche sein, weil der Hypnotiseur keinen Hinweis gegeben hatte, dass auf jenem Stuhl eine Assistentin zu sehen sei. Auch das ist keine «trancelogische» Lösung, da die echte Versuchsperson nicht weiß, was ihr suggeriert worden und was aus der wirklichen Welt gekommen ist. Wenn einem Menschen beispielsweise suggeriert wird, dass sein Arm durch ein schweres Gewicht nach unten gezogen wird und er ihn nicht heben kann, fühlt er nur, dass der Arm schwer ist, weiß aber nicht, dass dies auf der Suggestion beruht. (In dem Versuch, der zu der ersten Lösung des Problems mit den beiden Assistentinnen führte, wurde *wirklich* eine solche Armlähmung suggeriert; dies könnte die Versuchsperson auf die Idee gebracht haben, die Assistentinnen aufzufordern, ihren Arm zu heben.)

Die Aufgabe ist zweifellos selbst für hypnotisierte Versuchspersonen schwierig. Die Situation der Menschen im normalen Wachzustand war zudem durch die Tatsache erschwert, dass ihnen das Problem nicht als Simulanten in einer Hypnose-Situation gestellt wurde, sondern sozusagen abstrakt. Tatsächlich war dieser Fall eine Simulation der Simulation – die natürlich nicht wie eine doppelte Verneinung wirkt und nicht etwa eine wirkliche Hypnose bedeutet. Im Gegenteil, bei diesem Experiment wurde sogar vermieden, den Simulanten eine hypnotische Einführung zu geben.

Darum verwundert es einen nicht, dass nur wenige das Problem lösen konnten. Es überrascht eher, dass etwa fünf Prozent der an dem Test teilnehmenden Studenten das Problem doch lösten und ähnlich witzige Lösungen fanden wie die wirklichen Versuchspersonen. Dieses Ergebnis zeigt auch, dass gewisse Menschen selbst in ihrem normalen Bewusstseinszustand die Fähigkeit zu *richtigem* trancelogischen Denken haben. Höchstwahrscheinlich wenden sie dieses Verfahren der Kognition beim Lösen anderer Probleme ihres Lebens oft an.

Dies ist jedoch nur die Spitze des Eisbergs. Trancelogische Aufgaben wie die mit dem Weihnachtsbaum oder dem blauen

Elefanten werden eher von Menschen in normalem Bewusstseinszustand gelöst. Ähnlich wie für die formale Logik sind manche Menschen anscheinend für die Trance-Logik begabter als andere, einige sogar hervorragend. Diese Begabung korrelierte jedenfalls bei der getesteten Studentengruppe nur wenig mit dem gewöhnlichen Intelligenzquotienten. Es handelt sich also eher um zwei unterschiedliche Arten geistiger Fähigkeiten.

Man fand auch keinen Zusammenhang zwischen den trancelogischen Fähigkeiten, die im normalen Bewusstseinszustand gemessen wurden, und der Beeinflussbarkeit durch Hypnose. Das überrascht einerseits nicht, wenn man bedenkt, dass auch der herkömmliche Intelligenzquotient nicht mit dem Grad der hypnotischen Beeinflussbarkeit korreliert; andererseits erstaunt es, weil das Phänomen der Trance-Logik bei der Hypnoseforschung entdeckt wurde und mit dem Wesen der Hypnose verknüpft zu sein scheint, denn die Hypnose-Simulanten werden gerade fast ausschließlich mittels solcher Phänomene ertappt. Trotz allem sollte die Fähigkeit zu trancelogischem Denken nicht unbedingt mit dem hypnotischen Zustand verknüpft werden. Möglicherweise lässt sich diese Fähigkeit in veränderten Bewusstseinszuständen leichter mobilisieren, aber die Versuchsergebnisse lassen vermuten, dass sie bei unserem täglichen Denken eine Rolle spielt und in unserem Speicher für Problemlösungen einen wichtigen Platz einnimmt.

2. Formale Logik

So haben wir in der Sprache unklare Begriffe und eine in ihrem Anwendungsbereich in unbekannter Weise eingeschränkte Logik, und doch gelingt es, damit Klarheit in unser Verständnis der Natur zu bringen.

Niels Bohr[1]

Die Logik ist nach Kant die Wissenschaft, «welche nichts als die formalen Regeln alles Denkens ausführlich darlegt und strenge beweist», also die Wissenschaft vom richtigen Denken und Schlussfolgern. Diese Definition scheint eindeutig zu sein, aber es stellt sich bald heraus, dass sie viele unterschiedliche Interpretationen zulässt. Ein Grundsatzproblem besteht darin, wie man die logische Erklärung der Logik angehen kann, bevor die Logik erklärt ist. Das gilt natürlich nicht für die Trance-Logik. Wenden wir zunächst unsere Aufmerksamkeit den herkömmlichen Formen der Logik zu.

Im Sinn der oben gegebenen Definition lässt sich auch die Trance-Logik als eine Art der Logik verstehen, denn auch sie kann ja, wie bereits dargelegt, zu richtigen Folgerungen führen. Aber wir werden bald merken, dass wir mit diesem sehr allgemeinen Verständnis der Logik zu einem Widerspruch kommen. Deshalb brauchen wir genauer definierte Begriffe. Wir fangen jedoch mit dieser einfachen und vernünftigen Definition an und schauen einmal, wie weit wir kommen.

Die Logik der Dinge

Wenn der Benzintank eines Autos leer ist, kann das Auto nicht fahren. Wir halten diese Überlegung für vollkommen logisch, und das tun wir nach unserer Definition zu Recht, denn sie ist richtig. Sie kommt uns ganz natürlich vor, aber wir denken nicht *wirklich* darüber nach, warum wir sie für richtig halten, sondern beschäftigen uns sofort mit dem nächsten Schritt und fragen uns, wie wir Benzin bekommen oder wie wir unser Ziel ohne Auto erreichen können. Bei diesem Beispiel haben wir akzeptiert, dass das Eintreten gewisser Ereignisse notwendigerweise zum Eintreten anderer Dinge führt, deren Erkundung nicht lohnt, denn sie sind ihrem Wesen nach wahr. In diesem Fall sprechen wir von der *Logik der Dinge*.

Wenn der Motor nicht anspringt, ist der Benzintank leer. Diese Überlegung halten wir nicht für logisch, weil wir genau wissen, dass es viele andere Gründe geben kann. Diesen Schluss ziehen wir aufgrund der Logik der Dinge. Wenn wir sehen, dass der Benzinanzeiger in einer Mittelstellung ist und das Auto doch nicht fahren will, suchen wir die Ursache des Versagens natürlich irgendwo im Motor oder in den elektrischen Leitungen. Auch Menschen, die sich gut mit Autos auskennen, finden diesen *wirklich* seltenen Grund dafür, dass der Motor nicht anspringt, vielleicht erst nach langer Suche: Der Zeiger klemmt, und das Auto fährt nicht, weil der Tank leer ist. Vielleicht ist der Fahrer etwas peinlich berührt, wenn er das Problem erkennt, aber er hat nicht das Gefühl, er habe unlogisch gedacht: Irgendwie war der Defekt «unlogisch».

Dieser Fahrer denkt tatsächlich logisch, selbst wenn ihm diesmal das logische Denken bei der Suche nach dem einfachen Fehler hinderlich ist. Er weiß, wie ein Auto funktioniert, und sucht den Grund für das Versagen in Übereinstimmung mit der

Logik der Dinge. Deshalb muss er womöglich lange suchen, bis er den Schaden findet. Er findet ihn schließlich, wenn es keine andere Möglichkeit mehr gibt, nachdem er alle «logischen» Ursachen für das Versagen ausgeschlossen hat. Wie der Fahrer die Ursache des Kummers findet, lässt sich zu Recht logisch nennen, denn seine Suche beruht auf richtigen Grundsätzen und führt notwendigerweise zu einer Lösung. Diese Lösung kann einfach sein, ist aber nicht unbedingt offensichtlich. In diesem Sinn wird der Ausdruck «logisch» gewöhnlich auch dann verwendet, wenn er die Methode richtigen Denkens bezeichnet, also die Fähigkeit, die *wirklichen* Verbindungen zwischen Dingen zu finden und ihre Folgen zu erkennen. Wir werden diese Art der Interpretation *Alltagslogik* nennen.

Schon die alten Griechen wussten, dass im Lauf richtigen Denkens gewisse Elemente regelmäßig immer wieder vorkommen. Das folgende ist ein klassisches Beispiel: Wenn wir wissen, dass alle Menschen sterblich sind, und wenn wir wissen, dass Sokrates ein Mensch ist, halten wir die Aussage «Sokrates ist sterblich» für wahr. Mit anderen Worten: Wenn wir die beiden Sätze «Alle Menschen sind sterblich» und «Sokrates ist ein Mensch» für wahr halten, können wir schließen: «Sokrates ist sterblich». Ähnliche Folgerungen ziehen wir in einem fort. Im Allgemeinen und unabhängig von dem besonderen Inhalt scheint es sehr logisch (bis auf weiteres wegen der Logik der Dinge), die folgende Art von Überlegung für richtig zu halten:

Wenn wir wissen, dass *B* aus *A* folgt und dass *A* wahr ist, akzeptieren wir die Aussage «*B* ist wahr» ohne weitere Untersuchung der Tatsachen.

Diese Form des Schlussfolgerns heißt *modus ponens*. Auch heute halten wir sie für richtig und empfinden es als überzeugend, wenn jemand seinen Gedankengang auf eine ähnliche Art von Aussagen gründet.

Andere Arten des Schlussfolgerns dagegen akzeptieren wir nur ungern. Betrachten wir den Beweis der Gleichung 4 × 7 = 32. Eine ältere Dame tippte sechs Richtige im Lotto und gewann viel Geld. Jemand fragte sie, wie sie das gemacht habe: «Na ja», sagte sie, «ich habe in der Nacht vorher von fliegenden Schafen geträumt, die auf dem Rücken Punkte hatten wie Glückskäfer. Jedes Schaf hatte vier Beine und sieben Punkte. Deshalb habe ich die Zahlen 4 und 7 angekreuzt. Hintereinander geschrieben lassen sie sich als 47 lesen, also habe ich die Zahl angekreuzt. Ihre Summe ist 11 – das war meine vierte Zahl – und wenn man sie multipliziert, erhält man 32, deshalb war das meine fünfte Zahl.»

«Aber 4 × 7 = 28, nicht 32!», wandte der Gesprächspartner ein. «Doch», erwiderte die Dame, «es muss 32 sein, hätte ich sonst gewonnen?»

Diese Dame ließe sich wohl nur sehr schwer davon überzeugen, dass ihr Gedankengang nicht richtig war, denn seine Beweiskraft ist ziemlich stark. Ihr Gesprächspartner wird vermutlich niemals alle sechs Richtige tippen, auch wenn er noch so gut rechnen kann. Warum widerstrebt es uns dann so sehr, ihrer Überlegung zuzustimmen, dass 4 × 7 = 32 ist?

Formale Logik

Der am wenigsten überzeugende Einwand gegen den Gedankengang der Dame ist, dass wir in der Schule 4 × 7 = 28 gelernt haben und nicht 4 × 7 = 32. In jedem Buch gibt es Druckfehler. Warum sollte nicht genau dies ein Druckfehler im Rechenbuch gewesen sein? Die Wahrscheinlichkeit dafür ist nicht kleiner als die, aus 49 Zahlen zufällig 6 richtige Zahlen herauszugreifen, womit die alte Dame argumentiert. Vielleicht sind alle Einmaleinstafeln der Welt gerade dort verdruckt.

Uns geht es nicht darum, ob 4 × 7 gleich 32 ist oder nicht, sondern um das Schlussfolgern. Das Ergebnis von 4 × 7 lässt sich theoretisch aufgrund eines Systems von Regeln herleiten: Es ist entweder 32 oder nicht. Zu diesem Regelsystem gehören jedoch weder Träume noch fliegende gepunktete Schafe. Letztlich richtet sich unser Einwand also nicht gegen den Inhalt, sondern gegen die Form. Wir akzeptieren die Form der Überlegung nicht, unabhängig davon, ob das Ergebnis richtig ist oder nicht. Wir würden diesen Beweis auch nicht akzeptieren, wenn er für 4 + 7 = 11 geführt wurde, obwohl die Dame hier das richtige Ergebnis angab. Viele griechische Philosophen des Altertums sahen es als ihre Hauptaufgabe an, die Form der allgemein gültigen Überlegungen und Beweisführungen zu finden. In seinem *Organon* definiert Aristoteles die Schlussfolgerungsformen, die seiner Meinung nach als richtig gelten können.

Wir wissen aus Erfahrung, dass philosophische Dispute (besonders jene, bei denen es um allgemeine Seinsfragen geht und nicht um die eng gefassten Probleme philosophischer Systeme) gern zu Auseinandersetzungen über die richtigen Arten des Argumentierens führen. Die Griechen versuchten, diese Schwierigkeit zu bewältigen, indem sie die Formen der bei Disputen erlaubten Schlussfolgerungen festlegten. Syllogismen nennt man die anerkannten Formen des Schlussfolgerns vom Allgemeinen auf das Besondere. Es gehörte sich für anständige Philosophen, Argumente und Schlüsse nur in solchen Formen vorzutragen.

Natürlich lassen sich aus den einzelnen Syllogismen weitere und notwendigerweise richtige Formen des Schlussfolgerns herleiten. Die Systematik dieser Formen hat sich zu einem eigenen

Zweig der Wissenschaft, der Lehre von den Systemen der formalen Logik, entwickelt. Der Plural ist berechtigt, denn es lassen sich mehrere Systeme aufstellen, die jeweils von den anfangs aufgestellten Syllogismen abhängen. Die herkömmliche Logik hat nur mit wahren oder falschen Aussagen zu tun. Andere Zweige der Logik befassen sich mit Formen des Schlussfolgerns, die auch mit Ideen wie Notwendigkeit, Möglichkeit, Wahrscheinlichkeit, zeitlicher Anordnung usw. zu tun haben.

Wir erwarten mit Recht, dass ein logisches System nicht zu Widersprüchen führt und dass sich mit seiner Hilfe die Wahrheiten der Welt erfassen lassen. Diese beiden Annahmen sind einerseits zweifellos logisch (im Sinn der Logik der Dinge, wenn wir also fragen, warum überhaupt ein komplexes formales System errichtet werden sollte, wenn das nicht unser Ziel gewesen wäre). Andererseits jedoch ist das Ziel sehr ehrgeizig, denn mit welchem Grund sollten wir annehmen, dass die verwickelten und verwirrenden Dinge der Welt solch einfache Bausteine haben? Die Bedeutung des Problems lässt sich an der Tatsache aufzeigen, dass selbst die Schöpfer des kompliziertesten formal logischen Systems von nicht mehr als zehn bis zwanzig Syllogismen ausgehen. Sie tun das nicht, um die Dinge nicht unnötig zu komplizieren, sondern weil sie trotz aller Suche nicht mehr Formen des Schlussfolgerns finden, die sie mit gutem Gewissen als allgemein gültig annehmen können, und die nicht aus den früheren folgen.

Auf dem Gebiet der wissenschaftlichen Logik interessieren sich die Forscher für logische Systeme, also ihre Kennzeichen, ihre Struktur und ihre Aussagekraft, womit die sich im Rahmen des Systems ergebenden neuen Formen der Herleitung gemeint sind. Am wichtigsten aber sind diesen Forschern die Antworten auf die folgenden Fragen:

1. Kann das vorliegende logische System je zu einem Widerspruch führen? Ist es also möglich, dass mit den Mitteln ein und desselben Systems eine Aussage und ihr Gegenteil gefolgert werden können? Mit anderen Worten: Ist das gegebene System der Logik *widerspruchsfrei*?
2. Ist das gegebene System *vollständig*? Kann eine Aussage, die eine Wahrheit der Welt ausdrückt und die im Rahmen des gegebenen logischen Systems formuliert werden kann, auch immer im Rahmen des Systems hergeleitet werden?

Über zweieinhalbtausend Jahre lang waren die Logiker davon überzeugt, dass beide Fragen in einem wirklich guten logischen System mit Ja beantwortet werden können. Außerdem waren sie sicher, dass man früher oder später ein logisches System finden würde, in dem sich diese beiden wichtigen grundlegenden Eigenschaften mit rein logischen Mitteln (also innerhalb des Systems) beweisen lassen.

Der aus Brünn stammende Mathematiker Kurt Gödel entdeckte jedoch 1931 einen Satz, der klarstellte, dass ein solch vollkommenes logisches System niemals gefunden werden wird. Ein logisches System kann niemals im Sinn von Punkt 2 vollständig sein. Aus dem Gödel'schen Satz folgt übrigens auch, dass ein logisches System zwar widerspruchsfrei sein kann, seine Widerspruchsfreiheit aber nicht mit den im System selbst geschaffenen Mitteln bewiesen werden kann. Auf den Gödel'schen Satz werden wir in Kapitel 5 genauer eingehen.

Nach einem solchen deutlich negativen Ergebnis könnte sich die Frage stellen, warum wir uns überhaupt weiterhin mit der Logik beschäftigen, statt sie uninteressant zu finden und sie als verheißungsvolle Gedanken, Ideen und Mittel beiseite zu schieben, die sich jedoch als irreführend herausstellten. Die Antwort auf diese Überlegungen hängt davon ab, ob wir die Frage im Rahmen der Gedanken von Punkt 1 oder Punkt 2 stellen.

Im Rahmen von Punkt 1 können wir die Logik wie folgt verteidigen: Obwohl die Widerspruchsfreiheit eines Systems der formalen Logik nicht durch logische Verfahren beweisbar ist, kann das System doch widerspruchsfrei sein. Denn wir können auch das Gegenteil nicht beweisen: Es ist uns bis jetzt nicht gelungen, einen einzigen Widerspruch zu finden. Der Gödel'sche Satz allein ist kein hinreichender Grund, diese wohl erprobte Methode zu verwerfen. Außerdem liefert die Logik selbst einen guten Grund, an ihre Widerspruchsfreiheit zu glauben. Dieser Grund ist der folgende Satz, der sich bisher in allen Systemen der formalen Logik als gültig erwiesen hat: Wenn es in einem logischen System der Logik nur einen einzigen Widerspruch gibt, dann lässt sich in diesem System jede Aussage beweisen. Wenn wir also eine einzige beweisbare Aussage finden, deren Gegenteil auch beweisbar ist, können wir $2 \times 2 = 4$ ebenso beweisen wie $2 \times 2 = 5$ oder $2 \times 2 = 6$. Kurz: Ein System der Logik kann nicht nur ein wenig widersprüchlich sein. Wenn es widersprüchlich ist, dann durch und durch. Wäre unsere Logik so brüchig, hätten die Gelehrten in zweieinhalbtausend Jahren sicherlich zumindest einen kleinen Widerspruch gefunden. Da sie keinen fanden, haben wir Grund zu der Annahme, dass die Logik widerspruchsfrei ist, auch wenn wir das mit den Verfahren der reinen Logik nicht beweisen können. Tatsächlich haben wir in Anbetracht dieser Tatsache Grund, auf die Stärke unserer Logik stolz zu sein, denn mit ihrer Hilfe konnten wir beweisen, dass ihre Widerspruchsfreiheit nicht beweisbar ist, also immer eine Glaubenssache bleiben wird, unabhängig davon, wie viele Argumente zu ihren Gunsten gefunden werden.

Als wir in Kapitel 1 feststellten, dass die Versuchspersonen, die herausfinden konnten, welche Assistentin die echte war, sicherlich keinen rein logischen Gedankengang verfolgten, haben wir uns auf die oben dargestellten *mathematischen* Tatsachen bezogen. Diese Versuchspersonen mussten von der Tatsache ausgehen, dass die Welt, die sie sehen, *widersprüchlich ist*, weil sich die beiden Assistentinnen nicht irgendwie empirisch unterscheiden lassen, denn für sie sind beide gleich gültige psychologische Wirklichkeit.

Im Rahmen von Punkt 2 könnten wir die Logik folgendermaßen rechtfertigen: Obwohl der Gödel'sche Satz gezeigt hat, dass die Logik nicht der Stein der Weisen ist, der Kenntnis über alle Wahrheiten der Welt vermittelt, kann sie doch als geeignetes und sogar unentbehrliches Mittel zur Beantwortung vieler relevanter und schwieriger Fragen der Welt dienen. Jedes Werkzeug (vom Hammer bis zum Computer) hat seine Grenzen. Aber das hindert es nicht daran, die Aufgaben zu erfüllen, für die es bestimmt ist.

Wissenschaftler und Ingenieure genauso wie Rechtsanwälte und Historiker können weiterhin ihre Gedankengänge beruhigt auf formale Logik gründen. Da nun aber die Logik nachweisbar nicht der Stein der Weisen ist, wenn es um das Begreifen der Welt geht, könnten andere Methoden geeigneter sein, um gewisse wichtige Aspekte der Welt kennen zu lernen: Was sind die Stärken des vernünftigen, rein logischen Denkens, und wo sind die Grenzen der Vernunft?

In der Psychologie kamen Forscher aus anderer Richtung zu ähnlichen Fragen. Sie interessierten sich dafür, wie mächtig die abstrakten Formen der Logik – die Syllogismen – in uns und in unserem Denken sind. Die Frage bezieht sich natürlich auf unsere Versuche, rein logisch zu denken – wenn wir lediglich

Trance-Logik anwenden, ist diese Frage, wie wir sahen, ohnehin irrelevant. Die Psychologen erforschten diese Probleme mit den herkömmlichen wissenschaftlichen Methoden der Naturwissenschaften: Sie führten Experimente durch und bemühten sich, die Ergebnisse der Experimente zu verallgemeinern. Betrachten wir eines der vielen Experimente, die sie in diesem Zusammenhang durchführten.

Das Kartenproblem

Vor uns liegen vier Karten. Wir wissen, dass bei jeder Karte auf der einen Seite ein Buchstabe und auf der anderen eine Zahl steht. Auf den vier sichtbaren Seiten der Karten sehen wir die folgenden Zeichen:

E	K	4	7

Diese Karten können gültig oder ungültig sein. Eine Karte mit einem Konsonanten ist immer gültig. Eine Karte mit einem Vokal ist nur dann gültig, wenn auf der anderen Seite eine gerade Zahl steht, sonst ist sie ungültig. Die Aufgabe besteht darin herauszufinden, welche Karten gültig sind. Offenbar muss man einige Karten umdrehen, um die Rückseite zu betrachten, aber unsere Aufgabe ist es auch, möglichst wenig Karten umzudrehen.

Welche Karten würden Sie, liebe Leser, umdrehen, um ihre Gültigkeit herauszufinden? Es lohnt sich, ein wenig darüber nachzudenken, denn die Aufgabe erweist sich unerwartet als Fangfrage.

Die britischen Psychologen P. C. Wason und P. N. Johnson-Laird erhielten bei ihrem Experiment mit Psychologiestudenten an der Universität von Sussex (also mit intelligenten Menschen, die mit der formalen Logik nicht besonders gut vertraut waren) die folgenden Ergebnisse: Sechsundvierzig Prozent der Studenten drehten die Karten E und 4 um, dreiunddreißig Prozent nur E. Nur vier Prozent drehten die Karten E und 7 um, was die richtige Antwort ist. Die übrigen siebzehn Prozent gaben andere falsche Antworten oder beantworteten die Frage überhaupt nicht.

Es ist leicht zu sehen, dass die Karte E umgedreht werden muss, denn sonst können wir nicht wissen, ob die Zahl auf der Rückseite gerade ist oder nicht. Wenn auf der Rückseite eine ungerade Zahl steht, haben wir eine ungültige Karte erwischt. Es ist klar, dass die Karte K nicht umgedreht zu werden braucht, denn sie ist jedenfalls gültig, unabhängig davon, was die Rückseite zeigt. Jetzt wird es schwierig. Was kann passieren, wenn wir die Karte mit der 4 umdrehen? Wenn auf der Rückseite ein Konsonant steht, ist sie gültig, und wenn dort ein Vokal steht, auch. Sie ist unabhängig davon gültig, was auf der Rückseite steht, deshalb brauchen wir sie nicht umzudrehen. Die Karte mit der 7 jedoch muss umgedreht werden, denn ein Vokal auf der Rückseite zeigt, dass sie ungültig ist, ein Konsonant jedoch nicht.

Dieser Gedankengang scheint nicht sehr schwierig zu sein. Das Problem besteht darin herauszufinden, warum so viele intelligente Menschen es so schlecht lösten. Selbst von den Studenten, die mathematisches Programmieren lernten und sich gut mit der formalen Logik auskannten, fanden nur fünfzig Prozent in den ersten Minuten die richtige Lösung.

Syllogismen scheinen uns also doch nicht so allgemein klar zu sein. Mit dem *modus ponens* gibt es praktisch kein Problem: Fast jeder drehte Karte E um. Es gibt einen anderen Syllogismus, der *modus tollens* heißt. Danach können wir schließen, dass A falsch ist, wenn wir wissen, dass A zu B führt und B falsch ist. Dies ist die Art von Überlegung, die besagt: «Wenn kein Benzin im Auto ist, kann es nicht fahren – wenn das Auto also fährt, ist Benzin im Tank.» Diese Regel ist auf die Karten anzuwenden, die eine Zahl zeigen. Das aber bereitete anscheinend Schwierigkeiten.

Sind wir wirklich so unlogisch und dumm? Bevor wir Schlüsse aus dem erschreckend schlechten Ergebnis des Kartenproblems ziehen, schauen wir uns ein anderes Experiment an.

Das Scheckproblem

Vor uns liegen vier Schecks, und wir sehen das Folgende:

Vorderseite	Vorderseite	Rückseite	Rückseite
$ 10	$ 50	unterschrieben	nicht unterschrieben

Wir wissen, dass die Vorderseite des Schecks immer den Betrag angibt und dass die Unterschrift auf die Rückseite gehört. Schecks unter $ 30 sind ohne Unterschrift gültig, über einen höheren Betrag nur mit Unterschrift. Welche Schecks sollten umgedreht werden, um die Gültigkeit der Schecks zu überprüfen?

Die meisten Menschen erkennen bald, dass sie den Scheck über $ 50 und den nicht unterschriebenen umdrehen müssen und dass das Umdrehen der anderen beiden überflüssig ist, weil sie ohnehin gültig sind. Wir wundern uns nicht, dass dieses Problem so einfach zu lösen ist, denn wir haben das Gefühl, die Lösung sei offensichtlich.

Aber dieses Problem ist formal dem vorigen mit den Buchstaben und Zahlen sehr ähnlich, das sich als so unerwartet schwierig erwies. Es ist nicht nur sehr ähnlich, sondern ist *ge-*

nau gleich strukturiert: Wenn Summen über $ 30 Konsonanten bedeuten und die unter $ 30 Vokale, während das Vorliegen der Unterschrift für eine gerade Zahl und ihr Fehlen für eine ungerade Zahl steht, verwandelt sich das eine Problem in das andere. Diese beiden Probleme sind logisch isomorph. Wenn wir *modus ponens* und *modus tollens* als korrekte Syllogismen akzeptieren und eines der Probleme mit ihrer Hilfe lösen, haben wir auch das andere Problem gelöst.

Hier lassen sich also zwei vollkommen vernünftige Überlegungen gegeneinander ausspielen: Die eine besagt, dass die beiden Probleme logisch gleich kompliziert sind und die Lösung des einen nicht schwieriger ist als die des anderen und keine von beiden tieferes Denken erfordert. Von den Versuchsergebnissen ausgehend zeigt die andere Überlegung, dass das erste Problem psychologisch viel schwieriger ist als das zweite, denn die meisten Menschen lösen das erste falsch, das zweite aber richtig. Auch die Versuchspersonen, die beide richtig lösen, finden die Lösung im zweiten Fall rascher.

Logiker brauchen dieses Versuchsergebnis nicht zu beachten, denn es liegt außerhalb ihres Forschungsbereichs. Die Form der Überlegung kann richtig sein, auch wenn sie für Außenstehende schwieriger nachzuvollziehen ist, oder sie kann auch dann falsch sein, wenn es Menschen gibt, die einander mit solchen Überlegungen erfolgreich überzeugen können. Die Richtigkeit, Vollständigkeit, Widerspruchsfreiheit und Aussagekraft formal logischer Systeme werden durch diese Tatsachen aus dem Alltagsleben nicht beeinflusst.

Psychologen jedoch sind solchen Tatsachen gegenüber aufgeschlossener, denn sie bemühen sich, die Mechanismen menschlichen Denkens so klar wie möglich zu beschreiben. Für sie wäre es verführerisch bequem, wenn die Wissenschaft der formalen

Logik zu diesem Zweck ein vollständiges, klares und relativ einfaches Hilfsmittel zur Verfügung stellen könnte. Es ist eine zweieinhalbtausend Jahre alte Überzeugung, dass unser Denken seinem Wesen nach logisch geschlossen ist, dass sich die Grundregeln seiner Mechanismen nach den Regeln der Logik beschreiben lassen und wir nur das für diesen Zweck geeignete logische System zu finden brauchen. Diese Überzeugung wird durch Versuchsergebnisse wie die obigen untergraben, die die Wissenschaft der Psychologie zwingen, entweder den Kreis der Gültigkeit der formalen Logik innerhalb ihrer eigenen Sphäre der Brauchbarkeit zu begrenzen oder nach anderen Erklärungen zu suchen.

Alltagslogik

Was macht das zweite Problem so viel einfacher als das erste? Wir spüren wohl, dass der Schlüssel zu dem Geheimnis irgendwie damit zu tun hat, dass das zweite Problem nicht «aus der Luft gegriffen» ist, also nicht, wie das erste, losgelöst ist von den realen Dingen der Welt, sondern etwas betrifft, was wir aus dem Alltagsleben kennen. Gewiss ist das noch keine klare und genaue Erklärung; sondern nur eine Hypothese und keine Tatsache. Zur besseren Untersuchung der Struktur des Phänomens wurden die Versuchsbedingungen weiter variiert.

In einem besonders witzigen, von Italienern durchgeführten Experiment ging es um eine Variante des Scheckproblems. Auf einem Tisch lagen Briefumschläge, auf deren Vorderseite entweder eine Briefmarke für 40 oder 50 Lire klebte und die, wie die Rückseite zeigte, entweder zugeklebt oder offen waren. Mitte des letzten Jahrhunderts musste in Italien laut Gebührenordnung ein unverschlossener Briefumschlag mit 40 Lire frankiert werden, ein verschlossener aber mit 50 Lire. Bei diesem Experiment schnitten junge Menschen fast so schlecht ab wie bei dem Problem mit den Vokalen und Konsonanten, während ältere Menschen das Problem fast so gut lösten wie das Scheckproblem. Bei anderen Aufgaben unterschieden sich die Leistungen der beiden Altersgruppen nicht wesentlich. Möglicherweise beruhte dieser deutliche Unterschied darauf, dass ältere Menschen aufgrund ihrer größeren Erfahrung wussten, dass das Porto für verschlossene Briefe teurer war als für offene, während diese Regelung für die jüngere Generation nur lebensfremd und absurd war. Andere Versuche führten zu ähnlichen Ergebnissen.

So klar ist die Situation sicher nicht. Die Vorführung der Versuchspersonen, denen das Problem mit den Schecks mit der Bedingung gestellt wurde, dass Schecks mit einem Wert über $ 30 ohne Unterschrift gültig waren und die unter $ 30 nur mit Unterschrift, war genauso gut wie die derjenigen, die die entgegengesetzte Anweisung erhielten. Sie störten sich gar nicht an den unsinnigen Bedingungen der Aufgabe: Es ist ja offensichtlich sinnlos, Schecks über hohe Beträge ohne Unterschrift auszuzahlen, solche mit niedrigen Beträgen aber nur mit Unterschrift einzulösen. Die Umstände und der Stoff der Aufgabe waren den Teilnehmern vertraut, und deshalb verhinderte das kleine Unsinn-Element, obwohl es dem gesunden Menschenverstand widersprach, nicht das folgerichtige Überlegen. Dieses Phänomen könnte der Tatsache zugrunde liegen, dass alberne und unsinnige Kinderreime dem Verstand von Kindern nicht schaden (wie irritierte Erwachsene manchmal annehmen); im Gegenteil, mit ihrer Ausgefallenheit und ihrem Humor wirken sie sogar anregend.

Im Lauf dieser Experimente kam ein weiteres seltsames Phänomen ans Licht. Als den Versuchspersonen eine Menge ähnlicher Probleme vorgelegt wurde, wobei abstrakte und konkrete Aufgaben gemischt waren, lösten die meisten später mehr lebensnahe konkrete Problemen richtig, nicht aber die abstrakten; ein Lerneffekt zeigte sich allenfalls erst nach fünf bis acht Aufgaben.

Im Lauf der Zeit betrieben die auf diesem Gebiet arbeitenden Psychologen eine Art Massensport: Lasst uns logisch isomorphe Probleme schaffen, deren Lösungszeiten sich möglichst stark voneinander unterscheiden. Das Ziel ist dabei, Aufgaben zu finden, die viele Menschen lösen können, wobei einige aber die Lösung rascher finden als andere. Dieses Spiel wurde nicht um seiner selbst willen gespielt, obwohl es natürlich aufregend ist, sich auf einen Sport einzulassen und Rekorde zu brechen. Die besten Ergebnisse erreichten dabei diejenigen, die am besten begriffen, wie die Denkmechanismen der Menschen ausgelöst oder gehemmt werden können. Auf diese Weise gelang es den Forschern, (logisch völlig isomorphe) Problempaare zu finden, in denen die Lösungszeit für die schwierigere Aufgabe zehn- bis zwölfmal so lang war wie die der einfacheren.

Ein allgemeiner Schluss aus diesen Experimenten war, dass *die formale Logik gewöhnlich sogar dann nicht beachtet wird, wenn es um solche Schlüsse geht, die sich mit den Mitteln der formalen Logik ausgezeichnet beschreiben lassen.* Auch in solchen Fällen versuchen wir, die Alltagslogik anzuwenden. In vielen Fällen hat diese Denkweise große Ähnlichkeit mit dem trancelogischen Denken aus Kapitel 1, als die Versuchspersonen die wirkliche Assistentin von der halluzinierten unterscheiden sollten.

Wir können leicht und gut Schlüsse ziehen, wenn wir die innere Logik und die Struktur der Dinge kennen, wenn wir eine richtige Idee über die Mechanismen der fraglichen Dinge haben. Aber wozu ist dann die formale Logik gut? Warum hat sie sich im Lauf der Jahrhunderte als so effektiv erwiesen? Dies wird zwar in diesem Buch ausführlich im Teil «Das Wesen der Fachkompetenz» erörtert, an dieser Stelle sei aber Folgendes vorweggenommen: Die formale Logik ist kein primäres Denkwerkzeug, sondern vielmehr effizient bei der Wissensvermittlung. Sie ist auf einem Niveau zwischen zwei extremen Stadien der Kognition unentbehrlich, also auf den Kompetenzniveaus zwischen dem rudimentären Wissen des Anfängers und dem eindrucksvollen Können des Großmeisters.

Männliche und weibliche Logik

Zögen wir unsere alltäglichen Schlüsse auf der Grundlage der Regeln der formalen Logik, wäre der Ausdruck «weibliche Logik» offensichtlich sinnlos. Im Rahmen der formalen Logik gibt es Geschlechtsunterschiede so wenig wie fliegende Schafe. Wenn unser Denken jedoch von unseren früheren Erfahrungen und unserem Wissen abhängt, wundert es nicht, dass sich die Denkweise von Männern und Frauen unterscheidet. Obwohl diese Unterschiede weit davon entfernt sind, mit der Genauigkeit von Chromosomentests Geschlechtsmerkmale nachzuweisen, stellen sie sich im Durchschnitt doch als ziemlich definitiv heraus.

Es ist typisch für den Beginn einer großen Liebe, dass der Mann seine Partnerin schmachtend anschaut: «Oh! Welch wunderbare Art, die Zahnpastatube auszudrücken! In der Mitte …!» Etwa zehn Jahre später hingegen meckert er: «Verdammt nochmal. Kannst du nicht einmal eine Zahnpastatube richtig ausdrücken? Die Hälfte ist noch drin!» Aus weiblicher Sicht gilt dasselbe für Zigarettenstummel, die in einer Blumenvase herumschwimmen. Dann gibt es kein Pardon mehr!

Männer und Frauen halten in ihrer Umwelt oft Unterschiedliches für wichtig. Gelegentlich ist etwas, das für eine Frau eine abstrakte Möglichkeit darstellt, für einen Mann eine wirkliche, alltägliche Erfahrung und umgekehrt. So tragen beispielsweise Männer viel häufiger eine theoretische Auseinandersetzung mit einem körperlichen Wettstreit aus. Andererseits gibt es charakteristische Formen der Aggression, die bei Frauen verbreiteter sind. Ein Beispiel dafür ist die so genannte passive Aggression, die den Gegner absichtlich durch Nichtstun, beispielsweise durch beharrliches Schweigen, verletzt.

Dementsprechend kommt es oft vor, dass einer der Partner in einer bestimmten Situation, die für den anderen ein fast unlösbares Problem darstellt, fast selbstverständlich zu einer logischen Folgerung kommt, genauso wie es bei den Problemen mit den Konsonanten und mit den Schecks war. Man kann also ohne den geringsten abschätzigen Oberton von männlicher und weiblicher Logik sprechen. Natürlich möchte ich betonen, dass wir hier über typische oder durchschnittliche Fälle sprechen und wir uns gewaltiger individueller Unterschiede durchaus bewusst sind.

Das lässt jedoch die Frage unbeantwortet, ob es zwischen den rein formalen logischen Fähigkeiten von Männern und Frauen Unterschiede gibt oder nicht. Die Antwort auf diese Frage lautet: Man kann etwaige Unterschiede so messen, dass man sie findet, und auch so, dass man sie nicht findet. Damit sage ich jedoch nicht, dass einer dieser Messungen Betrug oder eine bewusste Irreführung zugrunde liegt.

Lassen Sie mich etwas weiter ausholen. Intelligenztests zeigen keine geschlechtsspezifischen Unterschiede. Das liegt vor allem daran, dass sie so beschaffen sind – denn das entspricht den Erwartungen der Gesellschaft und der Kultur. In IQ-Tests wurden Fragen, die Geschlechtsunterschiede zeigen, entweder von Anfang an verworfen oder sorgfältig ausgewogen, sodass genauso viele Fragen Männer begünstigen wie Frauen. In Kapitel 10 beschäftige ich mich genauer mit den Grundlagen für die Erstellung von Intelligenztests.

Genauere Untersuchungen weisen jedoch auf Unterschiede hin, die Männer begünstigen, und auch auf solche, die Frauen bevorteilen. Im Allgemeinen entwickeln sich die verbale Ausdrucksfähigkeit und der Wortschatz bei Mädchen rascher als bei Jungen und bleiben auch im Erwachsenenalter bei Frauen besser als bei Männern. Hingegen ist die visuell-räumliche Orientierung von Männern besser als die der Frauen.

Es ist schwer, die Frage zu beantworten, ob sich diese Unterschiede auf biologische oder soziokulturelle Ursachen zurückführen lassen – wahrscheinlich spielen beide eine Rolle. Deutliche Unterschiede zwischen den Geschlechtern zeigen sich in der Entwicklung der beiden Hirnhälften und in ihrer Arbeitsteilung – das ist vermutlich biologisch bestimmt. Es wurde auch nachgewiesen, dass die verbalen Fähigkeiten von Jungen *und* Mädchen, die früh geschlechtsreif wurden, denen von Menschen mit späterer Geschlechtsreife überlegen sind. Die Entwicklung der visuellen Fähigkeiten verläuft jedoch genau umgekehrt. Auch die Tatsache, dass Mädchen früher geschlechtsreif sind als Jungen, könnte bei den Unterschieden in den Fähigkeiten eine Rolle spielen.

Unterschiede, die soziokulturelle Gründe haben, lassen sich leicht finden. Die Spiele von Knaben sind entweder der Logik konkreter Dinge näher oder ausgesprochen abstrakt, während die Spiele von Mädchen enger mit der Logik der menschlichen Beziehungen und der Gesellschaft verknüpft sind. Das könnte auch erklären, warum Jungen bei der Lösung rein abstrakt logischer oder geometrischer Probleme bessere Ergebnisse erzielen, während Mädchen Mathematikaufgaben, die in einen Textzusammenhang eingebettet sind, leichter lösen. Was sollte man für das richtiges Maß formal logischer Fähigkeiten halten?

Wie bereits erörtert, lässt sich durch korrekte Messungen beweisen, dass es keine geschlechtsbedingten Unterschiede in Bezug auf die Fähigkeiten zum formal logischen Schlussfolgern gibt und dass die Unterschiede zugunsten beider Geschlechter sind. Wenn aber unsere Mechanismen des Schlussfolgerns ohnehin nicht auf der formalen Logik beruhen, ist diese Frage möglicherweise überhaupt sinnlos. Wir können über mathematische Fähigkeiten reden (denn dies ist schon eine Art der Erfahrung, wenn auch in einer abstrakten Sphäre), über die Fähigkeit zum Schachspielen oder die, jemanden zu überzeugen, die Fähigkeit zu abstraktem formal logischem Denken jedoch könnte eine Begleiterscheinung sein, ein so genanntes *Epiphänomenon.*

Abstrakte und spezielle Fragen

Die folgenden (logisch isomorphen) Fassungen des Kartenproblems und des Scheckproblems beruhen auf den Erkenntnissen, über die wir bis jetzt, mehr als zwanzig Jahre nach den ersten solchen Experimenten mit Karten, verfügen.

In dem Land, in dem das folgende Experiment durchgeführt wurde, ist es Personen unter achtzehn Jahren verboten, in der Öffentlichkeit Alkohol zu trinken. In einer Gaststätte beobachten wir Folgendes:

Alter 15 Jahre	Alter 24 Jahre	Trinkt alkoholfreies Getränk	Trinkt Alkohol

Wir haben die Aufgabe herauszufinden, ob jemand gegen das Gesetz verstößt, und müssen entscheiden, wer von den vier Personen genauer beobachtet werden muss. Wir sollen aber keine unnötigen Inspektionen machen.

Diese Aufgabe ist logisch isomorph zum Karten- und Scheckproblem. Psychologisch ähnelt es dem Scheckproblem: Die meisten Menschen lösen es relativ rasch und fehlerlos. Das Ergebnis überrascht kaum und wird aufgrund des vorigen auch erwartet. Die Aufgabe wurde jedoch den Versuchspersonen auch in anderer Form gestellt. Dabei wurden ihnen die folgenden vier Karten gezeigt:

Alter 15 Jahre	Alter 24 Jahre	Er trinkt Cola	Er trinkt Wein

Der einen Hälfte der Versuchspersonen wurde zuerst die erste Fassung vorgelegt und dann, nach einigen anderen Aufgaben, die zweite. Die andere Hälfte der Versuchspersonen sah zuerst die zweite Fassung und erst später die erste. Die Ergebnisse stimmten jedoch in beiden Gruppen überein: Beide Male gab ein höherer Prozentsatz der Versuchspersonen die richtige Lösung der Aufgabe in der zweiten Fassung als in der ersten. Die Aufgabe in der zweiten Fassung wurde im Durchschnitt auch rascher gelöst, wobei der Zeitunterschied zum Finden der richtigen Antwort viel größer war, als es der längere Text der ersten Aufgabe rechtfertigte.

Das Ergebnis ist umso interessanter, als die zweite Fassung der ersten nicht völlig gleichwertig ist: In der zweiten Fassung ist im Vergleich zur ersten ein zusätzlicher mentaler Schritt nötig. Für eine richtige Lösung muss man feststellen, dass Wein ein alkoholisches Getränk ist, Cola aber nicht. Aber nach den Ergebnissen brauchte diese Entscheidung keine zusätzliche Zeit, sondern sogar «negative Zeit».

Offensichtlich ist Informationsverarbeitung in «negativer Zeit» absurd. Vielmehr brauchte die Informationsverarbeitung in der ersten Fassung länger, obwohl die erste Fassung die Information in einer aufbereiteten Form gab und die zweite nur implizit. Dies zeigt auch, dass unser Denken enger mit der Logik der Dinge verknüpft ist als mit abstrakter formaler Logik.

Wir bestellen in einem Gasthaus oft Cola oder Wein, während wir nach der Logik der Dinge genau wissen, ob wir ein alkoholisches oder ein nichtalkoholisches Getränk bestellt haben. Wir bitten den Wirt nie: «Bringen Sie mir bitte ein alkoholisches Getränk.» Obwohl es für diese Aufgabe vollkommen unwichtig ist, welches alkoholische oder nichtalkoholische Getränk gemeint ist, gab die spezielle Art des Getränks eine Information, die einfacher zu verarbeiten war als die abstrakte Aussage.

In keiner der Fassungen war der Unterschied zwischen Männern und Frauen groß: Der Prozentsatz der Menschen, die das Problem richtig gelöst haben, war in beiden Gruppen etwa gleich, und auch die erforderliche Zeit war etwa gleich. Klügere Menschen (der Einfachheit halber meinen wir damit solche mit höherem IQ) lösten, unabhängig vom Geschlecht, beide Probleme rascher und zuversichtlicher als die weniger intelligenten, aber selbst für die Klügsten erwies sich die zweite Fassung als einfacher. Unser Denken baut viel leichter auf der Logik der Dinge auf als auf den abstrakten Syllogismen der formalen Logik.

Die Logik der Dinge ist jedoch keineswegs widerspruchsfrei. Das Messer, mit dem wir Brot schneiden, ist ein nützliches und wichtiges Hilfsmittel, aber es ist eine gefährliche Waffe, wenn damit ein Mensch erstochen wird. In unserem Alltagsleben müssen wir mit dem ähnlich widerspruchsvollen Wesen von

Messern (und sonstigen Dingen) leben. Die Logik der Dinge kann nicht rein rational sein, denn wir sahen, dass in der Welt der reinen Vernunft, in der Welt der formalen Logik, kein System nur etwas widersprüchlich sein kann. Und die Logik der Dinge ist nicht *völlig* widersprüchlich, nicht bis in den Kern. So kann beispielsweise ein Messer keineswegs jedes lebensgefährliche Ding ersetzen; beispielsweise ist es als Lenkrad völlig ungeeignet.

All das weist darauf hin, dass das Funktionieren der Alltagslogik mehr mit Trance-Logik zu tun hat als mit formaler Logik. Unser Denken gründet selbst in den in diesem Kapitel dargestellten rein logischen Aufgaben mehr auf der Logik der Dinge als auf formaler Logik. Menschliches Denken ist im Wesentlichen nicht rational, auch nicht in Fällen, in denen sich die Methoden der reinen Logik sehr effektiv anwenden lassen.

3. Rätsel und die Naturwissenschaften

Jemand sagt: «Ich habe einen jüngeren Bruder. Der will Polizist werden wie ich. Er hat allerdings keinen älteren Bruder.» Wie kann das sein?

Ein wesentliches Merkmal von Rätseln ist es, dass sie eine Lösung haben. Wer sich vornimmt, ein Rätsel zu lösen, kann sicher sein, dass er sein Ziel erreicht, wenn er geschickt und gewitzt genug ist. Jemand hat sich das Rätsel ausgedacht, darum muss er die Lösung kennen. Aber warum machen wir uns die Mühe, selbst die Lösung zu suchen, statt gleich nachzufragen? Gewöhnlich braucht man dazu nicht einmal den Urheber zu kennen, weil uns die Lösung wenige Seiten oder Tage später verraten wird. Gesamtwirtschaftlich gesehen ist das Rätsellösen eine große Verschwendung. In aller Welt verbringen Menschen jedes Jahr Milliarden Stunden damit.

Wenn dieser gewaltige Aufwand nicht ganz konkret dem Fortbestand der Menschheit nützen würde, hätte sich schon längst eine neue Rasse herausgebildet, die keine Rätsel löst, und sie hätte unter Nutzung der so eingesparten Energie mit dem *Homo sapiens* aufgeräumt, der seine Energie darauf verwendet, mit großem Arbeitseinsatz Lösungen zu entdecken, die sich leicht finden lassen. Welchen Nutzen könnte das Rätsellösen für das Überleben der Menschheit haben? Diese Frage sieht selbst wie ein Rätsel aus. Sie muss eine Antwort haben, denn wir sahen gerade, dass wir andernfalls heute ganz andere Menschen wären. Rätsel in Zeitschriften jedoch sind von ganz anderer Art – unsere Frage gehört eher in den Bereich wissenschaftlicher Arbeiten.

Das Umfeld von Rätseln

Nehmen wir trotzdem einmal an, eine Zeitschrift stelle das Rätsel: Welche Bedeutung spielt das Rätsellösen für das Überleben der Menschheit? Wir würden vermutlich über die Frage nachdenken und auf interessante Gedanken kommen. Aber wir würden die dort gegebene Lösung des Rätsels vermutlich ziemlich skeptisch betrachten. Wir wären wohl auch sicher, dass wir dort eine andere Lösung finden als unsere eigene. Eine Frage wie diese lässt sich nicht direkt beantworten, sondern fordert zu einer Debatte heraus. Aber Rätsel und Debatten passen nicht zusammen. In Bezug auf Rätsel herrscht stillschweigende Übereinstimmung, dass jedes eine eindeutige und klare Lösung hat. Die Rätselfrage selbst kann so dunkel und geheimnisvoll sein wie nur möglich, aber wenn die Lösung bekannt ist, muss deutlich sein, dass unter allen möglichen Antworten auf diese Frage diese und nur diese Antwort zu der Frage und ihrem Umfeld passt.

Betrachten wir beispielsweise folgende Angabe aus einem Kreuzworträtsel: «Schüttelt jedem die Hand (6 Buchstaben).» Im Fernsehen sehen wir, dass der «Praesident» jedem die Hand schüttelt, aber irgendwie fehlt etwas. Diese Lösung ist nicht real. Außerdem hat sie 10 Buchstaben. Vielleicht besteht der Witz darin, dass es sich nicht um einen Menschen handelt. Gelegentlich findet man rasch die Antwort, manchmal erst, wenn man einige Buchstaben kennt. Aber sowie die Lösung KLINKE auftaucht, ist sofort klar, dass dies die einzige Lösung ist. «Sieht vorwärts und rückwärts durch den Nebel hindurch

(5 Buchstaben).» Was könnte dieses geheimnisvolle «Vorwärts und Rückwärts» bedeuten? Erfahrene Rätsellöser vermuten bald, dass es sich auf ein Wort bezieht, das vorwärts und rückwärts gelesen gleich lautet. Aber auch unerfahrene Rätsellöser erkennen sofort die Bedeutung des geheimnisvollen «Vorwärts und Rückwärts», wenn sie die Lösung (RADAR) hören. Ein drittes Beispiel: «Es kann zahllos und zahlreich sein (4 Buchstaben).» Wenn wir die Lösung (VIEL) kennen, wird die seltsame Angabe sofort klar – selbst ohne den langen Gedankengang, den wir in Kapitel 4 nachvollziehen werden.

Gut gestellte Rätsel

Der Bezugsrahmen von Rätseln ist der gesunde Menschenverstand, also das System unseres Alltagswissens und -denkens. Der russische Psychologe Rubinstein sagte einmal: «Die so genannten Rätsel sind nicht etwa eine Art Kuriosa, bei denen die allgemeinen Regeln für das Denken nicht gelten. Sie stehen vielmehr in einer besonderen, aber untrennbaren Beziehung zu den allgemeinen Regeln des Denkens. Tatsächlich sind die Erfinder von Rätseln und Knobeleien empirische Spezialisten für diese Gesetze.»[1] Gute Rätsel führen unseren Verstand auf natürliche, jedoch selten begangene Wege des Denkens. Sie veranlassen uns, ungewöhnliche, aber vernünftige Verknüpfungen herzustellen; sie zwingen uns, logische, aber selten vorkommende Schlüsse zu ziehen. Sie mobilisieren unser Wissen in einer ungewöhnlichen Struktur und bereiten damit auch den Boden für die Aufnahme neuen Wissens.

In Kapitel 2 verhalf uns das Auto zu einem guten Rätsel, bei dem der Benzinanzeiger klemmte und das allem Anschein zum Trotz aufgrund des einfachsten aller Gründe, eben weil der Benzintank leer war, nicht startete. Oft gibt uns die Umwelt mit den uns umgebenden Dingen Probleme auf, die man für gut gestellte Rätsel halten könnte. Genauer: Nur einige Probleme sind ihrem Wesen nach Rätsel, denn sonst würden wir die Lösung sofort finden können, und dann wären sie keine guten Rätsel. Aber selbst wenn sich nur ein Tausendstel der Probleme als gute Rätsel erweist, können wir beim Rätsellösen doch nützliche Erfahrungen machen.

Die Geschichte vom Uhrmacher ist allen wohl bekannt: Er repariert eine alte, wertvolle Schweizer Uhr mit einem leichten Hammerschlag und berechnet dafür 100 Dollar. Als der Kunde den Preis beanstandet, spezifiziert der Fachmann die Rechnung: 1 Dollar für den Schlag und 99 Dollar für das «Gewusst, wo». Wenn besagter Uhrmacher der fünfte war, der den Auftrag erhielt, die Uhr zu reparieren, nachdem vier seiner Kollegen dabei versagt hatten, kann dieser Fachmann, der offensichtlich ein schwieriges Rätsel gelöst hat, weiterer Aufträge gewiss sein. Wenn aber jeder Uhrmacher den Trick mit dem Hammer kennt, ist unser Spezialist bald arbeitslos, weil er zu teuer ist.

Unsere materielle und soziale Umwelt ist voller Rätsel, aber die als Rätsel erdachten «harten Nüsse» sind von anderer Art. Rätsel haben ihre eigene Sprache. Ein Beispiel dafür ist der geheimnisvolle Ausdruck «vorwärts und rückwärts» in dem Radar-Rätsel. Wer den Jargon kennt, tut sich bei der Lösung der Rätsel in den Zeitschriften leichter. Der Sprachstil gehört jedoch nicht zum Wesen des Rätsels. Er kommt uns nur seltsam vor, weil Rätsel absichtlich die häufigsten Stereotypen des Denkens vermeiden; deshalb werden in der Welt der Rätsel häufig andere als die bekannten Wege begangen. Ein typisches Beispiel ist das Rätsel im Motto dieses Kapitels. Die Lösung: «Jemand» war eine Frau.

Warum stellen Rätsel unsere Fähigkeiten zum formal logischen Denken so oft auf die Probe, wenn sie doch mit der Alltagslogik verknüpft sind? Weil der Gebrauch von Syllogismen eine seit dem Altertum akzeptierte und legitime Art des Denkens und Überzeugens ist. Dadurch ist die formale Logik mit der Alltagslogik verknüpft, deshalb interessieren uns Probleme, die zu formalisiertem Denken herausfordern. Aber auch diese Probleme sind keineswegs völlig von der Alltagswirklichkeit losgelöst. Sie sind nicht an bestimmte Voraussetzungen geknüpft wie: «Wenn *A* wahr ist, dann ist auch die Verneinung von *B* und *C* wahr», sondern ihre Aussage ist beispielsweise: «Ein Norweger trägt ein rotes Hemd und hält keine Giraffen.» Rätsel erschaffen eine Miniaturwelt, und während wir ein Rätsel lösen, leben wir in jener Welt. Die Erschaffer von Rätseln wenden unwissentlich das an, was sich aus dem lernen lässt, was am Schluss von Kapitel 1 erörtert wurde, und selbst Aufgaben, die rein formal logische Gedankengänge hervorrufen, gehören in eine konkrete Welt. Sonst könnte das Rätsellösen nicht seine wichtigste Rolle erfüllen und so viel Spaß machen.

Ein gut gestelltes Rätsel stört diese Miniaturwelt nicht durch überflüssige Elemente. Die Teile des Rätsels lenken unser Denken ab, indem sie in der richtigen Lösung eine ungewöhnliche Rolle spielen. Bei einer gut gestellten Schachaufgabe kommen keine überflüssigen Schachfiguren vor; es trübt nur die Schönheit einer Schachaufgabe, wenn eine Figur lediglich dazu dient, eine zweitrangige Lösung zu verhindern. Andere Rätsel stellen nicht immer so strikte Anforderungen an die Ästhetik, aber es beeinträchtigt die Schönheit eines jeden Rätsels, wenn etwas lediglich die Lösung erschweren soll.

Beim Rätsellösen ist die Bedeutung der Teilangaben zunächst meistens unklar. Deshalb freuen sich Rätsellöser, wenn sie die Rolle einer zusätzlichen Bedingung herausfinden, wenn sie also bei einer Schachaufgabe plötzlich erkennen, dass ein bis dahin anscheinend unnötiger Springer eine sinnvolle Aufgabe hat oder es für die Lösung eines Krimis plötzlich wichtig wird, dass die Heldin zwei Stubenmädchen hatte. Wir können die Aktivierung jedes neuen Datums als einen Schritt zur Lösung sehen; höchstwahrscheinlich ist sie es wirklich auch.

Der Rahmen der Naturwissenschaften

Zu Beginn dieses Kapitels wurde darauf hingewiesen, dass die Frage, was das Rätsellösen zum Überleben der Menschheit beiträgt, keine gute Rätselfrage ist. Sie ist als solche schon deshalb ungeeignet, weil sie nicht in das Umfeld des gesunden Menschenverstands gehört, denn sie ist fast ausschließlich im Umfeld der Naturwissenschaften sinnvoll. Aber warum sollte sich die Wissenschaft für eine solche Frage interessieren? Die halbe Antwort lautet: Wir wissen von vornherein, dass die Frage eine Antwort hat. Wie bereits erörtert, beruht unser Gedankengang auf wissenschaftlicher Evidenz, nämlich auf der Darwin'schen Evolutionsbiologie. Um die andere Hälfte der Antwort zu finden, müssen wir uns zunächst damit befassen, worum es in der Wissenschaft geht.

Wie Thomas S. Kuhn in *Die Struktur wissenschaftlicher Revolutionen* schreibt, erweist sich «das wissenschaftliche Unternehmen als Ganzes […] von Zeit zu Zeit als nützlich, eröffnet neue Gebiete, zeigt eine Ordnung auf und prüft anerkannte Auffassungen. Und dennoch tut das *Individuum*, das an einem normalen Forschungsproblem arbeitet, *fast niemals etwas Derartiges.* Hat es sich erst einmal darauf eingelassen, so ist seine Motivierung ganz anderer Art. Was den Einzelnen dann herausfordert, ist die Überzeugung, dass er, wenn er nur geschickt genug ist, beim Lösen eines Rätsels Erfolg haben wird, das vor ihm noch keiner gelöst oder so gut gelöst hat. Viele der größten Wissenschaftler haben ihre ganze fachliche Aufmerksamkeit solchen anspruchsvollen Rätseln gewidmet. Bei den meisten Gelegenheiten bietet ein besonderes Spezialgebiet gar keine andere Möglichkeit, eine Tatsache, die es, wenn sich ihm der Richtige verschrieben hat, nicht weniger faszinierend macht.»[2]

Die Naturwissenschaften sind zunächst nichts anderes als Rätsellösen, denn sie befassen sich nur dann mit einem Problem, wenn es von Anfang an klar ist, dass es gelöst werden kann. Deshalb beschäftigen sich die Naturwissenschaften nicht mit dem Problem der Existenz Gottes oder dem Wesen von Ufos. Die Existenz einer Lösung allein garantiert jedoch nicht, dass sich das Problem für die Zwecke eines Rätsels eignet. Wie wir sahen, gehören Rätsel in einen wohl bestimmten Rahmen, innerhalb dessen eindeutig bestimmt werden kann, ob eine Lösung richtig ist oder nicht. Dieser Rahmen hat bei Rätseln mit dem gesunden Menschenverstand zu tun. Wissenschaftliche Probleme haben ebenfalls ihren eigenen Rahmen, innerhalb dessen sich entscheiden lässt, ob ein bestimmtes wissenschaftliches Ergebnis annehmbar ist oder nicht. Genau wie der Rahmen eines Rätsels vom gesunden Menschenverstand bestimmt wird, so ist der Rahmen der Naturwissenschaften das Regelsystem, das sich aus der allgemein akzeptierten *Weltanschauung* der sie betreibenden Wissenschaftler ergibt.

Es scheint wenig sinnvoll, von der allgemein akzeptierten *Weltanschauung* der betroffenen Gelehrten zu sprechen, weil es so viele Weltbilder gibt wie Menschen. Es gibt auch unter den Wissenschaftlern Gläubige, Atheisten und Gleichgültige. Das ist Privatsache der Wissenschaftler. Was die engen Berufsprobleme des jeweiligen Wissenschaftsbereichs betrifft, werden nur solche als demselben Beruf zugehörig gezählt (und nur *deshalb* jene als Wissenschaftler akzeptiert), die das in dem jeweiligen Wissenschaftszweig gängige Weltbild vertreten. Nur jene, die das allgemeine Regelsystem akzeptieren, haben in diesem Bereich eine Existenzberechtigung. Sie sind in einer ähnlichen Lage wie diejenigen, die Kreuzworträtsel lösen und auch Wettbewerbe organisieren, aber alle Teilnehmer entrüstet zurückweisen, die alle Felder blitzschnell ausfüllen, indem sie in jedes ein *A* schreiben und behaupten, gewonnen zu haben, weil sie die Felder als Erste fertig ausgefüllt haben.

Das allgemein akzeptierte Regelsystem wird als *Paradigma* des jeweiligen Wissenschaftsbereichs bezeichnet. Die Paradigmen koordinieren die Ordnung der Tatsachen und des Wissens und geben auch Hinweise auf mögliche künftige Forschungsrichtungen. Teile des Wissens und die Richtung eines Forschungsbereichs werden zu einer Wissenschaft, wenn sich um sie herum ein von den Beteiligten allgemein akzeptiertes Paradigma entwickelt und dadurch die gesamte Forschungsrichtung als System Bedeutung gewinnt.

Alle Wissenschaftszweige halten übereinstimmend die Syllogismen der formalen Logik für den einzigen Weg, der zu richtigen Schlussfolgerungen und Ergebnissen führt. Was sich nicht auf diese Weise gewinnen lässt, fällt aus dem Rahmen der Wissenschaft heraus. Alle Wissenschaftler sind fest davon überzeugt, dass mit der obigen Einschränkung (jedenfalls in ihrem jeweiligen Interessengebiet) keine wesentliche Botschaft verloren gehen kann; sonst hielten die Kollegen sie nicht für Wissenschaftler. In Kapitel 17 werden wir auf diese Frage zurückkommen.

Durch diesen Ansatz unterscheiden sich die Naturwissenschaften natürlich von sehr vielen anderen Bereichen und konstituieren sich zu einer starken, sich selbst bewertenden kleinen Gemeinde. Es ist aber nicht zu leugnen, dass sich dieser Ansatz als erfolgreich erwiesen hat. Man denke nur an die rasche Entwicklung der Naturwissenschaften in den letzten zwei- bis dreihundert Jahren, die zu einer großen Anzahl technischer Errungenschaften geführt hat, die das Leben entschieden angenehmer gemacht haben.

Im Grunde verhält sich der Naturwissenschaftler wie ein Betrunkener, der im Lichtkegel einer Straßenlaterne den Fußweg absucht. Auf die Frage, was er suche, antwortet er, er habe in einem Torweg seine Schlüssel verloren. «Aber warum suchen Sie dann hier?» – «Weil es nur hier hell ist!»

Und doch ist das Verhalten der Naturwissenschaftler nicht unlogisch. In der Geschichte der Naturwissenschaften haben wir schon oft beobachtet, dass wir aufgrund der sorgfältigen Suche in den beleuchteten Bereichen ziemlich gute Folgerungen auch über die Eigenschaften der dunklen Bereiche ziehen konnten. Diese Suche ist oft besser als Herumtappen im Dunkeln. Ein typisches Beispiel für dieses Verfahren konnten wir in Kapitel 1 beobachten. Da sich das Denken in Trance-Zuständen nicht direkt erfassen lässt, diente uns die Hypnose als Modell. Dieser Ansatz führte uns auch zur Entdeckung des trancelogischen Denkens.

Gut gestellte wissenschaftliche Fragen

Kehren wir zurück zu der Frage, ob die Naturwissenschaften sich damit auseinander setzen sollten, welchen Nutzen das Rätsellösen für das Überleben der Menschheit haben könnte. Die erste Hälfte der Antwort war «ja», weil die Frage gewiss eine Antwort hat. Um die zweite Hälfte der Antwort zu finden, muss man untersuchen, ob die Frage dem Paradigma eines Wissenschaftszweigs entspricht.

Der zu betrachtende Wissenschaftszweig muss mit der Evolutionstheorie zu tun haben. Also muss sich insbesondere die Biologie damit befassen, obwohl sie gewöhnlich Probleme anderer Art behandelt.

Unsere Frage hat Ähnlichkeit mit der, ob der zeit- und energieraubende Brauch der Balz vor der Paarung dem Überleben einer Art nützt oder nicht. Vielleicht ist er nützlich, weil das Männchen beim Balzritual so viel Energie verliert, dass ihm nach der Paarung die Kraft fehlt, das Weibchen zu verlassen, und weil sie als Paar bessere Chancen haben, ihre Nachkommen aufzuziehen. Aber wenn alle Männchen einmal gelernt haben, dass Treue sich lohnt, sind Weibchen, die kein Balzritual erwarten, schließlich gegenüber den anderen enorm im Vorteil, weil sowohl ihre Partner als auch sie selbst viel Energie sparen. Folglich würden früher oder später untreue Männchen auftauchen. Ist es möglich, dass sich ein Gleichgewicht einstellt, sodass sich in Prozenten angeben lässt, wie viele Weibchen lange umworben sein wollen und wie viele Männchen treu sind?

In den letzten zwanzig Jahren hat sich ein biologisches Paradigma herausgebildet, das sich mit ähnlichen Fragen beschäftigt. Dieser neue Wissenschaftszweig ist die so genannte *Soziobiologie*. Es lohnt sich, unsere Frage in diesem Rahmen zu formulieren, wenn wir sie auch nicht genau in der ursprünglichen Form stellen können, weil die Frage «Welchen Nutzen hat das Rätsellösen?» ebenfalls außerhalb des Paradigmas dieses Bereichs liegt. Dieser Bereich kann nicht darüber Aufschluss geben, wozu die Balz dient. Es bleibt einem unbenommen, dies zu ergründen, aber die Soziobiologie hat kein Interesse daran, vielmehr ist sie bestrebt herauszufinden, wie groß die Wahrscheinlichkeit ist, dass sich unter der Annahme eines bestimmten Modells die betreffende Eigenschaft einstellt. Beim Aufstellen des Modells hatten wir die Rolle des Balzverhaltens im Sinn, aber die taucht in der quantitativen Studie nicht auf. Der wirkliche Nutzen der Balz kann ein ganz anderer sein, solange die Folgerungen daraus dem oben beschriebenen Mechanismus entsprechen.

Formulieren wir die Frage anders: Stellen Sie sich vor, dass Menschen, die keine Rätsel lösen, viele relativ einfache Probleme lösen können, weil sie genug Zeit haben. Rätsellöser haben weniger Zeit, lebensnahe Probleme zu lösen, sind aber wohl in der Lage, auch schwierige Situationen zu bewältigen. Mit einer gewissen Wahrscheinlichkeit muss jeder in seinem Leben schwierige Probleme lösen, um zu überleben. Wer andererseits keine Zeit hat, die einfachen Probleme zu lösen, ist im Nachteil. In dieser Form (und unter etwas komplizierteren Bedingungen) ist die Frage sinnvoll: Geht die rätsellösende Spezies zugrunde oder kann ein bestimmter Prozentsatz überleben? Oder gehen die Nicht-Rätsellöser zugrunde? Auch wenn wir die Methoden nicht genauer beschreiben, mit denen sich das Problem erörtern lässt, ist es doch klar, dass wir uns in dieser Form an ein Regelsystem gehalten haben: Wir sind in der Hochburg der Soziobiologie. Wenn wir eine Spezies finden, in der es sowohl Individuen gibt, die Rätsel lösen, als auch solche, die das nicht tun (und so etwas kann in der Natur vorkommen, wie ein anschauliches Beispiel am Anfang von Kapitel 5 zeigen wird), dann können wir theoretisch unsere Hypothese auch experimentell überprüfen, indem wir die Häufigkeit des Auftretens schwieriger Situationen vergrößern und verringern.

Wir sind also bei einer gut gestellten wissenschaftlichen Frage angekommen. Oder besser gesagt: Unsere Frage hat eine Art Metamorphose durchgemacht: Eine allgemeine Frage ist zu einer wissenschaftlichen Frage geworden. Wer die Frage in dieser

Form nicht interessant genug findet, kann weiter darüber nachdenken, welchen Nutzen das Rätsellösen haben könnte, aber dann bleibt die Frage außerhalb des Rahmens der Wissenschaft.

Gut gestellte wissenschaftliche Fragen haben Ähnlichkeit mit Rätseln, bei denen das jeweilige Paradigma der Wissenschaft die Rolle der Begriffe und Regeln des gesunden Menschenverstands übernimmt. Es gibt jedoch einen grundlegenden Unterschied zwischen einem gut gestellten Rätsel und einer gut gestellten wissenschaftlichen Frage: Rätselerfinder gehen von der Lösung aus, eine wissenschaftliche Frage dagegen ist schon dann gerechtfertigt, wenn das Paradigma die Existenz einer Lösung garantiert. Da wir in der Wissenschaft keinen Erfinder fragen können, was die Lösung ist, sind oft auch vielversprechende Teilergebnisse – also Schritte, die zu neuen Daten führen oder neue Tatsachen in das System eingliedern – bedeutsam.

Eine gut gestellte wissenschaftliche Frage ähnelt einem guten Rätsel, denn auch sie erträgt keine unnötigen Figuren und überflüssigen Bedingungen. Das altbewährte Prinzip, wonach unter mehreren wissenschaftlichen Theorien jene bevorzugt werden sollte, die am wenigsten voraussetzt, wird nach dem scholastischen Philosophen und Theologen Wilhelm von Occam auch «Occams Rasiermesser» genannt.

Das Lösen von Rätseln lehrt uns, in einem bestimmten Rahmen zu arbeiten und, falls nötig, das System zu verlassen und auf höherem Niveau zu einer Lösung zu gelangen, dabei aber immer im Rahmen des Paradigmas zu bleiben. Ein klassisches Beispiel: Sechs Streichhölzer sollen zu vier gleichen Dreiecken gelegt werden, bei denen jede Seite so lang ist wie ein Streichholz. Wenn Sie Lust haben, über dieses Rätsel nachzudenken, sollten Sie jetzt nicht weiterlesen, denn der nächste Absatz verrät die Lösung.

Die meisten Menschen haben in ihrem Leben schon viele Streichholzaufgaben gesehen und gewöhnlich nach einigen Versuchen die gewünschte Anordnung gefunden. Hier ist das anders: Man muss die Tischebene verlassen. Sobald man auf die Idee gekommen ist, liegt die Lösung gleichsam auf der Hand: Man lege aus drei Streichhölzern ein gleichseitiges Dreieck und bilde dann mit den restlichen drei darüber eine *Pyramide*. Die Seiten dieses Tetraeders bilden vier gleichseitige Dreiecke.

Verspielte Mathematiker haben das Rätsel noch komplizierter gestellt. Wie kann man aus zehn Streichhölzern zehn gleichseitige Dreiecke erhalten? Falls Sie über die Aufgabe nachdenken wollen, sollten Sie nicht weiterlesen, denn nun folgt die Antwort. Vielleicht findet mancher sie empörend, weil sie eine vierte Dimension braucht. Ein vierdimensionales Tetraeder hat, wie aus der Mathematik bekannt ist, zehn Kanten und zehn gleich lange Seiten. Dieses Problem gehört nicht in die Kategorie der Rätsel, denn es beruht auf viel tieferem mathematischem Wissen, als es uns im Alltagsleben begegnet, ist aber auch keine Wissenschaft. Vielleicht sollten wir es als wissenschaftliches Divertimento bezeichnen.

Holismus und Reduktionismus

Die Begriffe Holismus und Reduktionismus haben in den philosophischen Debatten des 20. Jahrhunderts eine wichtige Rolle gespielt. Der *Holismus* behauptet, dass das Ganze mehr ist als die Summe seiner Teile. Bis hierhin ist er offensichtlich: Eine Melodie ist selbstverständlich mehr als die Folge ihrer Töne, eine Kathedrale mehr als die Summe der Steine, aus denen sie gebaut wurde. Das wird auch von den extremsten Reduktionisten nicht bestritten. Der *Reduktionismus* vertritt die Überzeugung, dass sich das Ganze, auch wenn es eine andere Qualität hat als die Summe seiner Teile, doch ausgezeichnet verstehen lässt, wenn seine Bestandteile sowie die Art, Grundsätze und Motive seiner Konstruktion bekannt sind. Diese Annahme wird vom Holismus zurückgewiesen, denn ihm zufolge können sich in dem Ganzen neue Grundsätze und Qualitäten einstellen, über die weder die Komponenten noch die Art ihrer Konstruktion irgendetwas Wesentliches aussagen.

Beide philosophische Richtungen sind viel differenzierter, als diese kurze Zusammenfassung vermuten lässt. Die Wissenschaft des Abendlandes hat sich streng der Philosophie des Reduktionismus verschrieben; von Zeit zu Zeit jedoch vertritt sie radikal neue Grundsätze, die man holistisch nennen würde, wenn man nicht wüsste, welcher Weg zu ihnen geführt hat. Einige der bekanntesten Beispiele sind der Energieerhaltungssatz, das Brechungsgesetz, das von Ernst Haeckel aufgestellte, aber nicht mehr gültige phylogenetische Grundgesetz (wonach die Ontogenese eine Rekapitulation der Phylogenese ist), Darwins Evolutionstheorie, die Entdeckung des Unbewussten, die Relativitätstheorie.

Der Reduktionismus schließt also nicht aus, dass wir bei sorgfältiger Betrachtung der Bestandteile des Ganzen und der Art ihrer Zusammensetzung Beziehungen und allgemeine Regeln erkennen, die nicht für die Teile gelten, sondern für das Ganze. Andererseits leugnet der Holismus nicht, dass diese allgemeinen Regeln durch die sorgfältige Untersuchung ihrer Teile zustande kommen: Er leugnet nur, dass sich jedes wichtige Kennzeichen des Ganzen so verstehen lässt.

Die Wissenschaft arbeitet mit *Modellen*. Dem wissenschaftlichen Ansatz entsprechend ist es von Anfang an aussichtslos, die Welt in ihrer Komplexität zu verstehen, deshalb betrachten Wissenschaftler nur gewisse Aspekte der Phänomene der Welt.

Sie wählen sorgfältig einige wenige Begriffe, Phänomene und Beziehungen aus, mit denen sie, wie sie hoffen, noch als Ganzes umgehen können, und bilden daraus die Modelle der Phänomene des jeweiligen Wissenschaftszweigs. Wenn die Wissenschaftler Glück haben, diese Begriffe gut wählen und sie die Eigenschaften des errichteten Systems gut genug kennen, erweist sich das so gewonnene Wissen aufgrund des abstrakten Wesens der Modelle möglicherweise als allgemeiner, als wenn sie versucht hätten, alle Phänomene der Welt global zu erfassen. Ein typisches Beispiel ist die Physik Newtons, die es aufgrund weniger Begriffe und mit nur drei Grundgesetzen ermöglicht, die komplizierten Bewegungen von Körpern zu verstehen und technisch zu nutzen. Die Modelle der Naturwissenschaften sind künstliche Konstrukte, jedes ihrer Elemente ist eine menschliche Schöpfung, deshalb können wir jedes ihrer Elemente kennen und auch wissen, wie diese Elemente zu einem Ganzen zusammengefügt werden.

Aus Sicht der Naturwissenschaftler gibt es in diesem System einfach keinen Platz für verstehbares Wissen, das nicht aus den Bestandteilen des Modells und ihrem Zusammenwirken in dem Modell folgt. Man muss nur schlau genug sein und die Rätsel lösen können, die das Modell stellt. Das Lösen von Rätseln ist von Natur aus reduktionistisch.

Hingegen können wir gemäß der holistischen Denkweise nicht einmal ein künstlich erschaffenes Modell restlos kennen: Beispielsweise trägt jedes Modell eine Spur der Motivation, der Beweggründe, des Ehrgeizes und Denkens seines Planers. Es ist also nicht unbedingt wahr, dass die Wissenschaft alles über die Komponenten ihrer Modelle und die Art ihrer Zusammensetzung weiß. Alles ist mit allem verknüpft, und das Wirken selbst eines abstrakten Modells lässt sich nicht allein durch die Analyse des Modells verstehen. Selbst wenn jede Nervenzelle des Gehirns mit all ihren Verbindungen und all ihren physikalischen und chemischen Eigenschaften in ein Modell – etwa ein Computerprogramm – eingebaut wäre, könnten wir nicht die ganze Welt der Gedanken und Emotionen des gegebenen Modells kennen, denn es ist mehr als die Summe seiner Teile. So können wir beispielsweise keiner einzelnen Zeile eines Computerspiels entnehmen, ob sich damit gut oder schlecht spielen lässt. Das ist ein Kennzeichen nur des ganzen Spiels.

Reduktionistische Wissenschaftler jedoch argumentieren mit der Frage: Welche Komponente, welcher Programmteil des fertigen Modells könnte etwas enthalten, das nicht aus dem Programm selbst erfahren werden kann? Und welche unserer Nervenzellen oder Synapsen könnten diese Dinge enthalten? Sie vertreten die Ansicht, dass wir dem Programm-Code eines Computerspiels nur deshalb nicht entnehmen können, ob ein Spiel Spaß macht, weil wir nicht wissen, wie die gegebenen Programmzeilen und ihre Zusammenhänge den ganzen Spielprozess beeinflussen.

Der Verfasser sollte sich wohl zu einer dieser beiden Richtungen bekennen. Ich tue das aber weder jetzt noch später. In meiner alltäglichen wissenschaftlichen Arbeit (also beim Rätsellösen) halte ich mich natürlich streng an die Normen der Wissenschaft – und das nicht hauptsächlich deswegen, weil mich sonst die wissenschaftliche Gemeinde verstoßen würde, sondern weil sich das Betreiben von Wissenschaft und das Lösen von Rätseln nur in dem gegebenen strengen Rahmen lohnt. Das jedoch hindert uns nicht daran, unsere tägliche Arbeit gelegentlich von einem Blickpunkt außerhalb der Naturwissenschaften anzusehen. In einem solchen Fall kann ein eher holistischer Ansatz hilfreich sein. Dieser lässt sich nicht mit naturwissenschaftlichen Methoden beschreiben, obwohl es allgemein akzeptierte Methoden der Beschreibung gibt, wie beispielsweise die Kunst oder die östliche Meditation. Ich weiß nicht, ob es den Naturwissenschaften je gelingen wird, das Wesen der Kunst zu erfassen, jedenfalls sind sie im Augenblick noch weit davon entfernt.

Auch ein Atheist kann eine schöne Kathedrale bauen. Es genügt dazu, dass er die Religion versteht, deren Dombau ihm anvertraut worden ist. Der Auftraggeber jedoch (etwa der König oder die Regierung) muss davon überzeugt sein, um die Ressourcen allein auf dieses Ziel konzentrieren zu können. So ist es auch in der Wissenschaft. Die wissenschaftliche Gemeinde erfordert von ihren Mitgliedern, dass sie gemäß dem geeigneten Paradigma arbeiten; im Übrigen können die Mitglieder von dem Paradigma halten, was sie wollen.

Auch zur Erforschung des Denkens kann ich mir keine vertrauenswürdigere Methode vorstellen als die wissenschaftliche. Meine «kulturelle Muttersprache» ist die Vernunft; meine Alltagslogik (oder sogar: meine Trance-Logik) kann keine Schlussfolgerungen akzeptieren, die wissenschaftlichen Ergebnissen widersprechen. Aber gleichzeitig spüre ich deutlich, dass es viele Gebiete gibt, die aus dem heutigen Bereich der Wissenschaft herausfallen – und ich halte sie sehr wohl des Nachdenkens wert. Ich kann nicht bestimmen, und finde das auch nicht wichtig, wo die Grenzen der Bereiche sind – falls es sie gibt –, die sich die Naturwissenschaften aneignen können. Deshalb beziehe ich keine Stellung in der Frage zu Reduktionismus versus Holismus.

Die Psychologie als Naturwissenschaft

Das Alltagsdenken der Menschen ist holistisch und nicht reduktionistisch. Wir sehen sofort eine Kathedrale, nicht einzelne Steine; wir behalten eine Melodie besser als wenige Einzelnoten. Wir erkennen unsere Freunde leicht wieder, selbst wenn sie sich seit unserer letzten Begegnung verändert haben. Auch das Denken der Psychologie ist traditionsgemäß holistisch. Die Psychologie war jahrhundertelang ein Teilbereich der Philosophie, die versuchte, ein ganzes und einheitliches Menschenbild zu entwerfen.

Erst etwa Mitte des 19. Jahrhunderts kam die Psychologie an den Punkt, an dem sie ihren Forschungsgegenstand begrifflich so fassen konnte, wie es die Naturwissenschaften tun: In der Natur gibt es eine Wirkungsweise, und über sie wollen wir so viel wie möglich wissen. Also fangen wir an, damit zu experimentieren und darüber nachzudenken.

In der Denkweise der Psychologie existieren diese beiden Ansätze bis heute nebeneinander: Einerseits ist die Psychologie eine einheitliche, umfassende philosophische Wissenschaft mit einem holistischen System der Kognition, andererseits ist sie ein Zweig der reduktionistischen Naturwissenschaft, die ihre Theorien auf strenge Experimente und sorgfältig kontrollierte Teilergebnisse gründet. Die beiden Einstellungen sind innerhalb eines einzigen Paradigmas unvereinbar, deshalb haben sich unterschiedliche psychologische Schulen herausgebildet. Die psychoanalytischen Schulen führen keine Experimente durch, sondern errichten ihre Gedankensysteme auf der Grundlage von Fallstudien. Das kann die Forscher aus der experimentellen Richtung nicht überzeugen, weil die wenigen Fallstudien nicht genügend Kontrollmöglichkeiten liefern, denn die klinischen Fälle sind zu komplex und mit so vielen Nebenwirkungen vermischt, dass es unmöglich ist, auf sie eine Theorie zu gründen. Für die holistischen Schulen jedoch sind Versuchspersonen, die im Labor sitzen und teilnahmslos Knöpfe drücken, die Verkörperung der Langeweile; ihrer Meinung nach können diese Experimente kaum etwas Wertvolles über die menschliche Psyche aussagen.

Experimentalpsychologen haben die Geschichte der Physik im Sinn, in der die komplexen holistischen (scholastischen) Denksysteme relativ wenig Beachtung fanden, so beispielsweise die Untersuchung der Neigung von Körpern, zu fallen oder zu fliegen. Viel weiter haben es jene gebracht, die ihr Leben auf die Konstruktion umständlicher, komplizierter Fallmaschinen und Apparate mit Federn, Flaschenzügen und Spiralen verwandten, die keinerlei nützlichen Selbstzweck haben – nur um die Grundlagen einer radikalen theoretischen Verallgemeinerung, wie der Physik Newtons, befriedigend zu beweisen.

Und doch können wir nicht sagen, dass die beiden Einstellungen voneinander unabhängig sind. Sie haben ein gemeinsames Thema – es ist der Mensch. Wenn ein Zweig erfolgreich etwas *wirklich* Definitives sagen kann, wird der andere das selbst dann anerkennen, wenn es nicht unmittelbar in sein eigenes System passt. Auch die holistischen Schulen sind keineswegs irrational: Wenn ein Versuchsergebnis etwas ganz anderes zeigt als das, was aus ihrem holistischen Weltbild folgt, ändern sie ihre Auffassung, um nicht den Tatsachen zu widersprechen. Andererseits sind auch die Forscher aus der experimentellen Richtung wohl vertraut mit den holistischen und umfassenderen Weltbildern und ziehen sie in Betracht. Beim Rätsellösen ist es erlaubt, Mittel zu benutzen, die nicht zum Rätsel gehören. Wen kümmert es, welche Erfahrungen mithalfen, die Lösung für 43 waagerecht (Name eines altfranzösischen Dichters mit 14 Buchstaben) zu finden und warum sie das taten? Die Antwort darauf lässt sich nicht aus der Lösung ablesen.

Kenntnisse, die mit Hilfe der formalen Logik erworben wurden, beruhen, wenn es um wissenschaftliche Kenntnisse geht, auf Herleitungen, deshalb können wir immer genau sagen, woher und wie wir wissen, was wir wissen. Im Fall von Wissen, das durch Trance-Logik erworben wurde, können wir unsere Kenntnisse ebenfalls beschreiben, aber wir können nicht immer genau sagen, wieso wir das wissen, was wir wissen. Mit den beiden Beispielen aus Kapitel 1 hatten wir Glück: Gewöhnlich können selbst diejenigen, die herausfinden, welche der beiden Assistentinnen die richtige ist, die Gedankengänge, durch die sie zu diesem Schluss kamen, nicht klar und präzise beschreiben. Ein streng logisch Denkender könnte sogar leicht selbst an diesen relativ klar dargestellten Überlegungen Mängel finden – und das mit Recht: Wir haben gesehen, dass die Gedankengänge aufgrund des Wesens der Sache nicht rein logisch sein können. Das richtige Ergebnis ist jedoch für sich genommen wertvoll, selbst wenn es mangels der genauen Deduktion schwierig sein kann, andere von der Richtigkeit der Lösung zu überzeugen. Wir begreifen nicht nur logische Deduktionen.

Die Tatsache, dass menschliches Denken, und mag es noch so klug sein, nicht immer rein rational ist, kann für den Psychologen kein Grund sein, die rein rationale, reduktionistische Beschäftigung mit ihm zu meiden. Wir sahen, dass es auf diesem Weg zur Entdeckung des Phänomens der Trance-Logik kam. Aber zugleich können andere, holistische Trends in der Psychologie auch streng reduktionistisch denkenden Forschern wertvolle Gedanken und Erkenntnisse vermitteln. Denn wenn diese klug und geschickt genug sind, können sie diese Phänomene mit ihren eigenen Methoden untersuchen und sie wie herkömmliche Rätsel lösen. Im nächsten Kapitel werden wir das anhand eines spektakulären Beispiels eines «Freud'schen Versprechers» demonstrieren.

4. Gegensätze verwandeln sich ineinander

Das letzte Wort ist noch nicht gesprochen, denn es gibt kein letztes Wort. Péter Esterházy

In einer Satire von Michail E. Saltikow-Schtschedrin kennt das russische Pferd die Peitsche. Das deutsche Pferd kennt die Peitsche zwar nicht, ist aber gut vertraut mit der Kulturgeschichte der Peitsche. Die Denkweisen der Völker unterscheiden sich beträchtlich. Es ist ein Klischee, wenn man sagt, die Deutschen seien ordentlich, die Engländer distanziert, die Franzosen geistreich, die Italiener lebenslustig, die Spanier imposant, die Slawen melancholisch, die Japaner fleißig usw., und doch steckt ein Stück Wahrheit in diesen Stereotypen, selbst wenn wir oft unordentlichen Deutschen, leidenschaftlichen Engländern, langweiligen Franzosen, niedergeschlagenen Italienern, schäbigen Spaniern, lebenslustigen Russen und trägen Japanern begegnen.

Es gibt große Unterschiede zwischen den Kulturen der Nationen, ihren Beziehungen zu ihrer jeweiligen Umwelt und ihren Werteordnungen; sie haben in ihrer Geschichte in sehr unterschiedlichen Lebensbereichen tief gehende Erfahrungen gemacht. Wie am Beispiel der männlichen und weiblichen Logik in Kapitel 2 dargelegt, ist es aufgrund dieses Unterschieds wahrscheinlich, dass Angehörige eines Kulturkreises auf dem Gebiet der *formalen Logik* ganz selbstverständlich Schlussfolgerungen ziehen, die denen eines anderen Kulturkreises enorme

Schwierigkeiten bereiten. Wir können also von den Denkweisen der Kulturen sprechen und zu Recht wesentliche Unterschiede voraussetzen. Das trifft besonders auf die Subkultur der verschiedenen Berufe zu. In jedem Beruf gibt es Dinge, die als logisch gelten, für Außenstehende jedoch alles andere als offensichtlich sind.

Der Komponist Robert Schumann schrieb einmal über den Beginn eines seiner Werke die Tempoangabe: «So schnell wie möglich.» Wenige Takte später schrieb er «rascher». Diese wohl bekannte Tatsache scheint auf den ersten Blick ein Witz zu sein, obwohl die Tempoangaben absolut logisch sind: Einige Takte später sind die Noten viel einfacher zu spielen, darum kann das Tempo noch schneller werden.

Ein Ingenieur berechnet die Parameter des geplanten Bauwerks auf sechs Kommastellen genau und multipliziert das Ergebnis dann mit dem erforderten Sicherheitsfaktor. Dieser Faktor kann bis zu neun betragen, liegt aber selten unter anderthalb. Diese Multiplikation macht die genaue Berechnung schon der ersten Stelle nach dem Komma natürlich vollkommen überflüssig, ganz zu schweigen von der sechsten. Und doch macht kein Ingenieur es je anders, denn er hielte sich sonst ja nicht an die Regeln seines Berufs.

Da alle Berufe ihre eigenen charakteristischen Denkweisen haben, lassen sie sich hervorragend karikieren. Ein Mensch, der einer Fliege nacheinander alle Beine ausreißt, bis sie nicht mehr auf den Befehl «Spring!» reagiert, und daraus schließt, dass eine ihrer Beine beraubte Fliege taub ist, wird Biologe genannt. Ein Mensch, der einen Wassertopf mit Wasser erhitzen will und zunächst das Wasser ausschüttet, um die Aufgabe auf den einfacheren Fall des Wasser-Erhitzens im leeren Topf zu reduzieren, ist ein Mathematiker. Wer einen Löwen fängt, indem er den

Sand der Sahara durch ein Sieb rieseln lässt und sagt, der Löwe sei das, was im Sieb hängen bleibt, ist ein Experimentalphysiker. Ein Jurist sieht in einer Menschenmenge lauter Untergebene des Gesetzes, ein Steuerbeamter jedoch nur Steuerzahler. Ein Politiker ist jemand, der immer dann, wenn er mehrere Menschen in dieselbe Richtung gehen sieht, über sich hinauswächst und die Führung übernimmt.

Der gesunde Menschenverstand

In den Jahren nach 1970 herrschte in Ungarn der so genannte «sanfte Kommunismus»; die Regierung bemühte sich, die Regeln der Marktwirtschaft zu berücksichtigen. Dieser Widerspruch in sich führte in jenen Tagen zu allzu häufigen und allzu rabiaten Änderungen der Agrarverordnungen. Deshalb zeigten selbst solche Produkte ungeheure Ertragsschwankungen, die nicht wetterabhängig waren. Die Landwirte reagierten erstaunlich genau auf die Gesetze, die ihnen vorschrieben, welche Produkte und welche Mengen sie jeweils profitabel anbauen und erzeugen sollten. Diese im formalen Denken wenig geschulten Menschen machten nicht nur die inkonsistenten Revisionen der Vorschriften in wenigen Jahren unhaltbar, sondern vermieden zugleich, die künftige Nahrungsversorgung ernsthaft zu gefährden. So nahm beispielsweise nach dem Statistischen Jahrbuch der Schweinebestand rasch ab, als die Vorschriften die Schweinezucht für sehr viele Züchter nicht mehr profitabel machten. Unter ähnlichen Umständen nahm der genauso bedrohte Rinderbestand viel langsamer ab. Der Grund ist einfach: Der Schweinebestand lässt sich rasch vergrößern, der Rinderbestand dagegen kann nur langsam vermehrt werden, wenn er einmal stark geschrumpft ist.

Das dermaßen vernünftige und rationale Verhalten der

Landwirte beruhte nicht auf genauen Berechnungen der Verdienstmöglichkeiten. Die wurden vereitelt, weil die Bauern in Betracht zogen, dass die Regierung, auch wenn noch so viele Wirrköpfe an ihr beteiligt waren, nicht abgesetzt werden konnte, und weil sie auch in den folgenden Jahrzehnten genug zu essen haben wollten. Solange nicht genug Information zur Verfügung steht, lassen sich oft keine genauen, formalen Rechnungen anstellen. In solchen Fällen zählt ein nüchterner, auf Erfahrungen beruhender gesunder Menschenverstand: Hat die jetzige Situation Ähnlichkeit mit denjenigen, die erfolgreich bewältigt wurden, oder mit solchen, die sich als verheerend erwiesen?

Jede konkrete Situation ist anders als alle früheren. Die Logik der Dinge lässt sich auf noch nie erlebte Fälle anwenden, deshalb sucht man nach bekannten Fällen, die in gewisser Hinsicht Ähnlichkeit mit der derzeitigen Situation haben, und überlegt, was in jenen Situationen unter den jetzigen Bedingungen passieren würde. Die gewählten analogen Situationen werden gleichsam als Modelle der jetzigen Situation betrachtet. Wir nehmen an, dass sie in ihrer Struktur, ihren Grundzügen und wichtigen Folgerungen mit dem zu lösenden gegenwärtigen Problem übereinstimmen. Ein Modell ist ein Modell, nicht nur in der Wissenschaft, sondern auch im Alltagsleben, weil wir seine Struktur kennen. Wir kennen sie entweder aufgrund eines reichen Erfahrungsschatzes oder weil wir dem Modell zu Anfang eine einfache und klare Struktur geben.

Im Alltagsleben ist ein Modell in Wirklichkeit viel komplexer als das, was es abbildet, aber wir wissen viel mehr über seine Funktion. Wenn erfahrene Krimileser einen schlechten Freitagabend-Krimi anschauen, wissen sie nach wenigen Minuten, wer der Mörder ist, weil sie die echten Klassiker dieses Genres kennen und das einfache Strickmuster der Nachahmung sie bald an ein klassisches Problem erinnert. Meistens jedoch wird das Modell absichtlich und bewusst einfacher gestaltet als die wirkliche Situation. Um zu entscheiden, ob ein Ei verdorben ist oder nicht, muss man nicht Eier legen können. Wenige einfache Anzeichen genügen, um den Argwohn zu wecken, dass etwas nicht stimmt. Die Stärke des gesunden Menschenverstands liegt in der Kunst, die richtige Analogie zu wählen, jene also, die der Logik der jeweiligen Dinge am besten entspricht.

Je mehr man weiß, umso mehr Analogien kennt man, und umso mehr Modelle stehen einem zur Verfügung, aus denen man das geeignetste auswählen kann. Das Verfahren der Auswahl ist eines der lebendigsten und noch ungelösten Probleme der Psychologie. Die Frage lässt sich einfach folgendermaßen formulieren: Wie kommen wir zu Assoziationen? In vielen Fällen genügen natürlich einfache formale Eigenschaften und herausstechende stereotype Ähnlichkeiten. Das Forschungsverfahren scheint einfach: Beginnen wir mit den einfachsten Fällen und gehen wir von da aus zu den komplizierteren über. Dieser Ansatz hat sich jedoch als Sackgasse erwiesen, was aber nicht aufgrund der psychologischen Forschung klar wurde (obwohl Psychologen es schon lange vermuteten), sondern aufgrund der Ergebnisse einer anderen Disziplin, nämlich der Erforschung der künstlichen Intelligenz.

Ein Gesprächsprogramm

Die künstliche Intelligenz feierte 1966 einen ihrer ersten und aufsehenerregendsten Erfolge mit dem von Joseph Weizenbaum entwickelten Programm ELIZA. Das Programm enthielt zwei Komponenten: Die eine (die Lernkomponente) gab dem Programm Sätze vor, die es beim Gespräch verwenden sollte, die andere (die Antwortkomponente) führte das Gespräch. Weizenbaum benannte sein Programm nach Eliza, der weiblichen Hauptperson in G. B. Shaws *Pygmalion*; auch ELIZAs Stil ist gelegentlich etwas ungehobelt, aber wenn jemand bereit ist, der Lernkomponente Zeit zu widmen, lernt ELIZA kultiviertes Benehmen.

ELIZAs Lernkomponente enthält eine Reihe von Mustern und Antworten, die den Mustern entsprechen. Die Antwortkomponente analysiert den Text, der von dem Gesprächspartner stammt, und sucht unter den Elementen der Mustersammlung nach einer Entsprechung. Wenn sie das getan hat, gibt das Programm eine der Antworten, die zu dem vorgegebenen Muster gehören.

Die Mustersammlung enthält Standardsätze, bei denen gewisse Elemente festliegen, während andere durch alles Mögliche ersetzt werden können. Das Folgende ist ein Beispiel für ein solches Muster:

(*1. irgendetwas* über mich, 2. *irgendetwas* über Sie, 3. *irgendetwas*)

Der Satz «Ich habe das Gefühl, Sie langweilen sich in letzter Zeit mit mir» entspricht diesem Muster ebenso wie der Satz «Ich denke, Sie haben sich neulich über mich geärgert».

In der Antwortsammlung gibt es Regeln, die erlauben, aus dem Satz, der dem gegebenen Muster entspricht, einen solchen Satz zu bilden, der – zumindest theoretisch – den gegebenen Satz beantwortet. So könnten für das obige Muster beispielsweise die folgenden Antwortregeln aufgestellt werden:

(Warum denken Sie, dass Sie *1. irgendetwas* ich, 2. *irgendetwas* Sie, 3. *irgendetwas*).

Nach einer anderen möglichen Regel reagiert das Programm nicht auf alle Teile, die anstelle des *1. irgendetwas* stehen:
(Nehmen wir einmal an, dass ich 2. *irgendetwas* Sie, 3. *irgendetwas*. Würde das einen Unterschied machen?)
Antworten wie die folgenden reichen aus, ein Gespräch in Gang zu halten:
«Warum denken Sie, ich langweilte mich in letzter Zeit mit Ihnen?»
«Nehmen wir einmal an, ich ärgerte mich über Sie. Würde das einen Unterschied machen?»

Es gibt noch mehr Möglichkeiten, ELIZA mit Regeln zu versorgen. Da ELIZA die ganze Unterhaltung speichert, kann man Regeln aufstellen, die nur dann aktiv werden, wenn ein im Lauf des Gesprächs erwähntes Wort an einer bestimmten Stelle wieder vorkommt. Das ist das Wesentliche des Programms.

Die wichtigste Regel jedoch fehlt noch: Wenn der Satz des Gesprächspartners keinem der Muster entspricht, ELIZA also keinen Hinweis findet, auf dem die Antwort aufbauen könnte, wählt das Programm eine von mehreren vorher gespeicherten Antworten. In solchen Fällen sagt das Programm vielleicht: «Bitte, sprechen Sie weiter» oder «Das ist sehr interessant» oder einfach «Ach so.» Das ist das Netteste an ELIZA: Wenn «sie» nichts von dem versteht, was zu «ihr» gesagt wird, sagt sie wahrscheinlich: «Ach so». Die Erfahrung zeigt, dass dies die Gesprächspartner sehr ermutigt: Sie erwärmen sich dabei geradezu.

Als die Forscher begannen, mit ELIZA zu spielen, merkten sie bald, dass die Gesprächsführung des Programms einen eigenen Stil hatte. Manchmal ist das Gespräch zum Verzweifeln sinnlos (warum sollte es denn einen Sinn haben?), aber es hat

Stil. Der Stil ähnelt vor allem dem von Psychotherapeuten, die es – wegen der Besonderheiten ihrer Situation – bewusst vermeiden, den Klienten durch ihre eigenen Gedankengänge zu stören. Das gilt für bestimmte Schulen der Psychotherapie (zumal für die Anhänger von Carl Rogers). Nachdem die Programmierer das erkannt hatten, änderten sie die Antworten von ELIZA so ab, dass sie möglichst viel Ähnlichkeit mit den gewöhnlichen stereotypen Antworten von Psychotherapeuten hatten. So entstand das Programm DOCTOR.

DOCTOR bewährte sich erstaunlich gut und konnte selbst erfahrene Psychiater täuschen: Wenn ihnen Auszüge von Gesprächen gezeigt wurden, konnten sie nicht ausmachen, welche aus echten Psychotherapiesitzungen stammten und welche von Gesprächen mit dem Programm. Es wurde ernsthaft behauptet, es sei (nach einigen Weiterentwicklungen des Programms) an der Zeit, die teuren Sitzungen mit Psychotherapeuten in jedermann zugängliche Computerdienste zu verwandeln. Der Computer traf oft wirklich ins Schwarze:

DOCTOR: Was ist Ihr Problem?
Patient: Meine Mutter trinkt zu viel.
DOCTOR: Wer sonst trinkt zu viel in Ihrer Familie?

Das ist eine sehr gescheite Frage. Denn wenn eine Mutter zu viel trinkt, kann sie sich nicht befriedigend um ihre familiären Pflichten kümmern, was zu weiteren Spannungen führt. Aber möglicherweise trugen gerade die familiären Spannungen zum Alkoholmissbrauch der Mutter bei. Es lohnt sich also, das Gespräch in diese Richtung zu lenken. Natürlich hat DOCTOR keine Ahnung davon, dass «trinken» hier nicht nur die Bedeutung von Flüssigkeitsaufnahme hat. Man könnte sagen, es genüge, dass der Programmierer es weiß, aber warum nennen wir dann das Programm intelligent? Übrigens reagierte das Programm dabei überhaupt nicht auf das Wort «trinkt», denn die Antwort des Programms beruhte nur auf dem Wiedererkennen der Worte «Mutter» und «zu viel». Das Programm hätte dasselbe Muster befolgt, wenn jemand sich darüber beklagt hätte, dass sein Bruder zu viel Billard spielt.

Das Programm DOCTOR stellt sich möglicherweise deshalb als überraschend intelligent heraus, weil Menschen einem neutralen, aber aufmerksamen Zuhörer gern ihr Herz öffnen. Der Urheber des DOCTOR-Programms war erstaunt, als eine seiner Sekretärinnen ein Gespräch mit dem Programm begann und ihn nach einigen Sätzen bat, das Zimmer zu verlassen. Übrigens wollte Weizenbaum mit seinem Programm gar kein Produkt der künstlichen Intelligenz schreiben. Er plante es nur als gutes Spiel, das zeigen sollte, was die seinerzeit zur Verfügung stehenden Computernetze leisten konnten: Mit diesem Programm konnten sich bis zu dreißig Menschen gleichzeitig unterhalten. Weizenbaum war sich voll bewusst, dass die Maschine nichts von dem verstand, was um sie herum passierte, und er war sehr erstaunt, als er sah, wie stark sich Menschen in dieses einfache Programm hineinversetzten.

Nach Weizenbaums Meinung verhält sich ELIZA wie ein Mensch, der gut zuhören kann, aber selbst nicht gern spricht und das Gespräch um jeden Preis in Gang halten will. Gelegentlich erkennt dieser hypothetische Zuhörer ein paar Wörter, hat aber keine Ahnung, warum der Partner sie äußert, und reagiert darauf eilig, indem er etwas Neutrales sagt. Ein solches Gespräch kann zur vollen Zufriedenheit des Partners recht lange dauern – besonders wenn der Partner lediglich möchte, dass ihm jemand zuhört und er die Gelegenheit hat, sich auszusprechen.

Der Ansatz der künstlichen Intelligenz

Die künstliche Intelligenz ist heute einerseits eine Fachwissenschaft, deren Aufgabe es ist, durch künstlich realisierbare und reproduzierbare Mittel *eine vorgegebene Aufgabe zu erfüllen.* In Ermangelung von Besserem benutzen wir für diesen Zweck heute Computer.

Eine technische Errungenschaft kann ausgezeichnet funktionieren, ohne dass wir die geringste Vorstellung davon haben, wie die Natur ähnliche Probleme löst. Wenn ein Ingenieur Translationsbewegungen verwirklichen will, denkt er an Räder, Propeller und Düsenmotoren. Er wird keine galoppierenden und springenden Autos mit seltsamen Kupplungen und Gelenken entwerfen. Bei der Verwirklichung der künstlichen Intelligenz brauchen wir nicht unbedingt zu wissen, wie die Mechanismen des menschlichen Gehirns wirken. Es ist vorstellbar, dass sich mit Hilfe von mathematischen Algorithmen oder elektrischen Schaltkreisen eine bessere Lösung finden lässt; Computer könnten sich für die Verwirklichung reibungsarmer Translationsbewegungen als eine zumindest genauso revolutionäre Erfindung erweisen wie Räder und Propeller. In Kapitel 12 werden wir auf die Analyse der Ergebnisse der wissenschaftlichen Disziplin zurückkommen, die künstliche Intelligenz heißt.

Die künstliche Intelligenz lässt sich andererseits auch als ein neues Mittel der wissenschaftlichen Kognition betrachten, da sie ein Modell für unser Wissen über menschliche Denkmechanismen liefern kann. Das Hauptziel solcher Modelle ist, die Vorgänge im menschlichen Gehirn so weit wie möglich nachzuahmen und vergleichbare Vorzüge und Unvollkommenheiten aufzuweisen. Wenn wir beispielsweise ein Schachprogramm bewerten, das für technische Zwecke gemacht ist, kommt es nur auf die Ergebnisse an, die es bei Wettkämpfen erreicht. Ein als Denkmodell erdachtes Schachprogramm mag sogar höheres Ansehen genießen als das, von dem es regelmäßig besiegt wird – wenn sein Operationsprinzip unserem Wissen über menschliches Denken näher ist, wenn wir also geneigt sind zu glauben, dass seine Spielweise der eines Menschen gleicht.

Hier stößt die Forschung auf dem Gebiet der künstlichen Intelligenz auf den so genannten kognitiven Trend der Psychologie.

Kognitive Psychologie, Kognitionswissenschaft

Die Erforschung menschlichen Denkens ist ein klassischer Bereich der Psychologie. Die Grundfragen lauten: Wie und in welcher Form speichern wir unser Wissen von der Welt in unserem Gedächtnis und welche Mittel haben wir, dieses Wissen zu mobilisieren, um die unablässig auftauchenden Probleme zu lösen? Was bringt Ordnung in unser Wissen, sodass wir denken und Probleme lösen können? Was bedeuten gewöhnlich die Begriffe Gedächtnis, Lernen, Erinnern, Vergessen, Assoziation, Kreativität und Intelligenz? Was geht in uns vor, wenn wir etwas über die Welt lernen? Sie gaben dieser Richtung den Namen kognitive Psychologie (Kognition bedeutet Erkenntnis, Wissenserwerb), aber sie waren für die Psychologie keineswegs neue Fragen (es geht um jahrtausendealte Fragen). Neu sind jedoch die Einstellung, die Methoden und die Vorgangsweise, kurz: ihr Paradigma.

Die kognitive Richtung der Psychologie untersucht solche *aktiven* Prozesse, mit deren Hilfe Menschen die ankommenden Reize und Informationen verarbeiten: Sie verwandeln sie in andere Formen, wobei sie sie möglicherweise auch verändern. Wenn wir einen Text lesen, laufen in unserem Kopf viele Vorgänge ab: Wir transformieren den Text, kodieren ihn und kodieren ihn dann wieder um. Ziel der kognitiven Psychologie ist es, zu zeigen, dass diese Prozesse wirklich existieren, sie möglichst genau in Modellen zu erfassen und zugleich so viel wie möglich von den jahrtausendealten Vorstellungen vom Denken beizubehalten. Für die kognitive Psychologie wäre es ein durchschlagender Erfolg, wenn es ihr gelänge, die Einheiten, Strukturen und die fast unablässig sich verändernden Denksysteme in Form von mathematischen Objekten und Konstruktionen zu beschreiben.

Von außen gesehen sind die Produkte der künstlichen Intelligenz und die der Modelle der kognitiven Psychologie kaum unterscheidbar: Sie sind Computerprogramme, sie arbeiten mit Mitteln, die von Menschen entwickelt wurden, und sie analysieren ihr Wirken. Die Früchte sind ähnlich, aber die Wurzeln und Ziele sind sehr verschieden. Der Antrieb der kognitiven Psychologie ist die *Deskription*, also die Absicht, wirklich existierende und natürliche Vorgänge und ihr Wirken zu beschreiben und im Modell nachzuahmen; der Antrieb der künstlichen Intelligenz hingegen ist die *Konstruktion*, also das Erschaffen von funktionsfähigen Dingen.

Um ihre Ziele zu erreichen, müssen beide Wissenschaftszweige die von Natur aus existierenden Funktionen verstehen; darum sind diese beiden Zweige verwoben. Wenn sie ihr Ziel erreichen, können sich ihre Wege wieder trennen; folglich wird sich die Forschung auf dem Gebiet der künstlichen Intelligenz für die technischen Möglichkeiten der künstlichen Realisierung und Verbesserung der Funktion interessieren, während Psychologen Ursachen und Aufgaben der individuellen Unterschiede lieber im Rahmen der allgemeinen Prinzipien erforschen. Kognitive Psychologen suchen nach Modellen für das menschliche

Denken, weil sie hoffen, damit die Denkfunktionen zu *verstehen*. Forschern auf dem Gebiet der künstlichen Intelligenz sollen diese Modelle dazu dienen, ähnliche oder bessere Funktionen zu *erschaffen*.

Die unmittelbaren Aufgaben und Methoden der beiden Wissenschaftszweige sind heute sehr ähnlich, aber da ihre Motivation, Einstellung und Ziele radikal verschieden waren, brachten sie unterschiedliche Ausrüstungen mit, als sie einander begegneten. Deshalb haben sie einander viel zu sagen. Beide Zweige haben wichtige Ergebnisse erzielt, die für den jeweils anderen Wissenschaftszweig interessant sein könnten. Ohne Einschränkung des oben Gesagten existieren beide Zweige natürlich auch unabhängig voneinander und führen ein Eigenleben. Die künstliche Intelligenz – als Zweig der Naturwissenschaften – entwickelt zur Lösung ihrer Probleme neue Methoden und Algorithmen. Die kognitive Psychologie – als Zweig der Psychologie – deckt innerhalb des menschlichen Denkens neue Beziehungen auf.

Obwohl die Modelle der kognitiven Psychologie und künstlichen Intelligenz einander oberflächlich gesehen ähneln, sind ihre Werte, Ordnungen und Denkweisen unvereinbar. Sie beruhen auf unterschiedlichen Paradigmen. Deshalb hat sich ein neuer, unabhängiger Zweig entwickelt, die so genannte *Kognitionswissenschaft*. Dieser Zweig beschäftigt sich mit einer gewissen Art von abstrakten Objekten, und zwar mit den Modellen für menschliche Kognition und menschliches Denken.

Die Kognitionswissenschaft hat die Tendenz zum Modellbau von der künstlichen Intelligenz übernommen: Die Wirkungsweise und die Qualität des Modells sind Selbstzweck, unabhängig von den konkreten Verfahren der Verwirklichung.

Die Gesichtspunkte, unter denen die Modelle bewertet werden, entstammen der kognitiven Psychologie: Unser Wissen über die Wirkungsweise des menschlichen Denkens ist das Mittel zur Bewertung der Modelle. Im Gegensatz zur künstlichen Intelligenz interessiert sich die Kognitionswissenschaft nicht für die technischen Parameter der Realisierung; sie legt keinen Wert auf die Möglichkeit, dieselbe Funktion durch einen viel einfacheren und schnelleren Algorithmus zu erschaffen. Im Gegensatz zur kognitiven Psychologie legen die Modelle für die Kognitionswissenschaft keine Experimente nahe, die zur Entdeckung neuer Phänomene führen könnten, während sich die Kognitionswissenschaft nur für die Modelle interessiert.

Der Weltsicht bzw. dem Paradigma der Kognitionswissenschaft liegt die feste Überzeugung zugrunde, dass sich jeder Aspekt menschlichen Denkens durch geeignete Computerprogramme erfassen lässt. Diese Überzeugung unterscheidet sie von ihren Ursprüngen. Die von dieser Überzeugung geleiteten Forscher haben sich unter der neuen Flagge der Kognitionswissenschaft versammelt. Die künstliche Intelligenz hält es nicht für selbstverständlich gesichert, dass ihre Grundziele verwirklicht werden können; sie betrachtet vielmehr das Auffinden von Methoden und Verfahren in dieser Richtung als nützlich und sieht es als ihre Aufgabe, die wohl erprobten Methoden ihrer Anwendung zu ordnen und weiterzuentwickeln. Dies ist ein typischer Zweig der Technik. Forscher auf dem Gebiet der kognitiven Psychologie glauben nicht, dass ihre Modelle geeignet sind, jeden Aspekt menschlichen Denkens vollkommen zu verwirklichen, sondern hoffen, dass sie ihnen zu einem besseren Verständnis der Vorgänge verhelfen. Das Ziel der Kognitionswissenschaft aber ist es, die Modelle zu verstehen, um immer bessere Modelle bauen zu können, die zu noch besseren Rätseln führen.

Die Kognitionswissenschaft beruht also auf einem völlig anderen Paradigma als die vorausgehenden Forschungsrichtungen. Sie wird zu Recht als neuer Wissenschaftszweig gesehen, weil sie alle Kennzeichen der Naturwissenschaften hat. Ihre Forscher gruppieren sich immer mehr zu unabhängigen, sich selbst bewertenden und geschlossenen Gemeinden, die wohl definierbare Arten von Rätseln lösen. Die Grundgedanken dieses neuen Wissenschaftszweigs wurden nach 1960 vor allem von den Nobelpreisträgern für Wirtschaftswissenschaften Herbert Simon und Allen Newell entwickelt.

Die Kognitionswissenschaft führt den Grundsatz des Reduktionismus bis ins Extrem und macht ihn so zur Grundlage ihrer Arbeit. Sie geht von der Überzeugung aus, dass sie alles über die Komponenten und die Art der Zusammensetzung ihrer Modelle weiß, denn sie hat sie künstlich erschaffen. Die Kognitionswissenschaft hofft, dass das Studium der Modelle als Ganzes zu neuem, allgemeinerem Wissen führen wird und dass wir auf der Grundlage funktionierender Modelle Regeln entdecken werden, die solche Kennzeichen der Beziehung zwischen dem Ganzen und seinen Teilen beschreiben können, die nicht aus der Art ihrer Zusammensetzung folgen. Der Reduktionismus bildet die Grundlage der modernen Naturwissenschaften, aber kein Zweig hat ihn zu so logischen Extremen geführt wie die Kognitionswissenschaft.

Versprecher im Versuchslabor

Sigmund Freud begann als reduktionistischer Neurophysiologe, brach aber auf spektakuläre Weise mit der Neurologie, als er Grund hatte anzunehmen, dass er viel mehr von den Eigenschaften der Neurosen verstand, als er je hoffen konnte, mit den Mitteln der Wissenschaft seiner Zeit zu beschreiben. Die Psychoanalyse wurde eine Weltsicht außerhalb der akademischen Wissenschaft oder eine Art Bewegung – was sie heute noch ist. Aber selbst die Forscher auf dem Gebiet der akademischen Naturwissenschaften spüren, dass sich im Rahmen des Weltbilds der Psychoanalyse solche Wahrheiten fassen lassen, deren Bedeutungen zurzeit weit über die Eigenschaften hinausgehen, die sich im Rahmen der Naturwissenschaften untersuchen lassen. Dass es solche Wahrheiten gibt, ist eine viel allgemeinere Aussage als der folgende konkrete Fall: Es wird sie immer geben. Wir werden im nächsten und in den folgenden Kapiteln im Einzelnen auf diese Frage zurückkommen. Betrachten wir jetzt die andere Seite der Münze: Wie beeinflussen Wahrheiten außerhalb des Bereichs der Naturwissenschaften die Forschung?

Freud sagt beispielsweise, dass sich aus jedem Versprecher eine verborgene Botschaft ablesen lässt. Versprecher sind Ausdruck verborgener Beweggründe und Ängste. Dies ist eine sehr allgemeine Aussage, die sich unmöglich experimentell erfassen lässt. Die Naturwissenschaftler, die die Sprach- und Denkprozesse aus der Sicht des Paradigmas der kognitiven Psychologie sahen, schenkten Versprechern lange Zeit keinerlei Aufmerksamkeit. Sie hatten den Sprechvorgang vor allem als einen mehr oder weniger autonomen Prozess gesehen und kümmerten sich nicht besonders um Beweggründe, Ängste oder andere Faktoren, die für das, was man sagen wollte oder zu sagen hatte, keine Rolle spielten. Der Sprechvorgang erwies sich jedoch auch im Rahmen dieser stark eingeschränkten Fragenbereiche als derart komplex, dass seine Komponenten nicht gefunden und nicht unabhängig voneinander untersucht werden konnten.

In Anbetracht der Schwierigkeiten wandte sich das Interesse der Forscher der Untersuchung von Fehlern und Versprechern zu. Hunderte kleiner Beispielgeschichten gaben Anlass zu der Annahme, dass sich durch Fehler und Versprecher eine wichtige Phase der Spracherzeugung fast wie ein Standbild erfassen ließe. Aber Versprecher sind selten und unterlaufen einem mit aller Wahrscheinlichkeit nicht gerade dann, wenn die Versuchsperson im Labor ist. Noch schwieriger ist es, sie unter kontrollierten Versuchsbedingungen zu erzeugen.

Der amerikanische Kognitionspsychologe Michael Motley und seine Kollegen fanden eine elegante Lösung. In den meisten Versprechern ist nur ein Wert falsch. (Was ist der verborgene Grund dieses Fehlers? Ist der Verfasser vielleicht ein Amateur-Archäologe?) Dieser Fehler ist so typisch, dass er ein gutes Feld für Experimente verheißt. Wenn Wortpaare in rascher Folge auf einem Computerschirm aufleuchten, sodass das erste Wort immer beispielsweise mit dem Buchstaben T und das zweite mit R beginnt (z. B. «roter Tisch») und später ein Wortpaar wie «totes Reh» aufscheint, dann ist die Wahrscheinlichkeit groß, dass wir dieses Wortpaar als «roter Tee» falsch lesen. Unter solchen Umständen machen Versuchspersonen bei etwa jedem fünften oder sechsten kritischen Wortpaar einen Fehler, bei dem die Worte auch mit vertauschten ersten Buchstaben einen Sinn ergeben. Wenn die Aufgaben einander rasch folgen, erkennen die Versuchspersonen im Allgemeinen nicht einmal, dass sie einen Fehler gemacht haben. Deshalb konnte die Anzahl der unbewussten Versprecher vermehrt und folglich die für ihre Untersuchung nötigen kontrollierten Bedingungen geschaffen werden.

Die Untersuchung wurde unter drei Bedingungen durchgeführt. In der ersten Gruppe brachte man an den Armen der Versuchspersonen Elektroden an und sagte ihnen, sie würden irgendwann im Verlauf des Versuchs einen schmerzhaften Stromschlag erhalten. Obwohl dieser nie gegeben wurde, hofften die Versuchsleiter, die Möglichkeit würde Angst machen. (Das tat sie – wie die Ergebnisse zeigten.) In der zweiten Gruppe war die Versuchsleiterin eine sehr attraktive, kokette junge Frau, und in der dritten Gruppe waren die Bedingungen absichtlich neutral. Alle drei Gruppen sahen auf dem Computerschirm dieselbe Folge von Wortpaaren. Unter den kritischen Wortpaaren waren solche, die mit elektrischem Schock und mit sexueller Erregung zu tun hatten, aber auch völlig neutrale.

Die Versuchspersonen machten unter neutralen Bedingungen bei Wortpaaren, die mit elektrischem Strom oder sexuellem Begehren zu tun hatten, so viele Fehler wie bei den neutralen. Sie sagten mit gleicher Wahrscheinlichkeit CURSED WATTAGE statt WORST COTTAGE oder FAST PASSION statt PAST FASHION oder SHRED HINKER statt HEAD SHRINKER.

Die Versuchspersonen, denen man einen elektrischen Schock in Aussicht gestellt hatte, machten mit doppelt so großer Wahrscheinlichkeit Fehler bei Wortpaaren, die mit Strom zu tun hatten. Sie versprachen sich beispielsweise viel häufiger beim Lesen der Wortpaare VARIED COLTS oder SHAM DOCK als bei anderen.

Die Versuchspersonen, die von der reizvollen koketten jungen Dame geleitet wurden, machten doppelt so oft Fehler mit Wortpaaren, die mit Sexualität zu tun hatten. Gewöhnlich verlasen sie sich bei den folgenden Paaren: SAPPY HEX, SHARE BOULDERS usw.

Der Versuch zeigt deutlich, dass selbst dann, wenn nicht jeder unserer Versprecher einen verborgenen Grund hat, sich doch unsere verborgenen Beweggründe in unseren Fehlern und Versprechern wirklich zeigen. So wurden also die Freud'schen Versprecher den Phänomenen zugeordnet, die sich mit normalen wissenschaftlichen Methoden untersuchen lassen, und die kognitive Psychologie fand eine solide Grundlage für die Untersuchung von Freud'schen Versprechern und anderer Denkprozesse, die der Sprache im Allgemeinen zugrunde liegen.

Bedeutungsgleiche Gegensätze

Der Austausch von Buchstaben oder allgemeiner das Verdrehen von Situationen und Beziehungen ist nach Freuds Theorie ein wichtiges Kennzeichen der Traumarbeit. Die Traumarbeit ist der Vorgang, der unsere latenten und geheimen Wünsche in einen manifesten Traum einbaut, und zwar in einer Form, die für unser Bewusstsein akzeptabel ist. Für die Traumarbeit sind mehrere Methoden charakteristisch. Lassen wir Freud selbst zu Wort kommen:

«Zu den überraschendsten Funden gehört die Art, wie die Traumarbeit Gegensätzlichkeiten des latenten Traumes behandelt. Wir wissen schon, dass Übereinstimmungen im latenten Material durch Verdichtungen im manifesten Traum ersetzt werden. Nun, Gegensätze werden ebenso behandelt wie Übereinstimmungen und mit besonderer Vorliebe durch das nämliche manifeste Element ausgedrückt. Ein Element im manifesten Traum, welches eines Gegensatzes fähig ist, kann also ebensowohl sich selbst bedeuten wie seinen Gegensatz oder beides zugleich: erst der Sinn kann darüber entscheiden, welche Übersetzung zu wählen ist. Damit hängt es dann zusammen, daß eine Darstellung des ‹Nein› im Traume nicht zu finden ist, wenigstens keine unzweideutige.

Eine willkommene Analogie für dies befremdende Benehmen der Traumarbeit hat uns die Sprachentwicklung geliefert. Manche Sprachforscher haben die Behauptung aufgestellt, daß in den ältesten Sprachen Gegensätze wie stark – schwach, leicht – dunkel, groß – klein durch das nämliche Wurzelwort ausgedrückt wurden. ‹Der Gegensinn der Urworte›. So hieß im Altägyptischen *ken* ursprünglich stark und schwach ...»[1]

Solche Gegensätze lassen sich auch heute noch in unserer Sprache nachweisen. Das in Kapitel 3 erwähnte Rätsel («Es kann zahlreich und zahllos sein, 4 Buchstaben») betont ein solches Kennzeichen. Es kommt sogar in unserem rationalen und logischen Zeitalter vor, dass etwas sowohl auf eine Weise als auch durch ihr formales Gegenteil definiert werden kann. Vielleicht meint man mit zahlreich nicht genauso viele wie mit zahllos, aber das eine Wort VIEL kann durch zwei Ausdrücke ersetzt werden, die formal gesehen Gegensätze sind.

Wenn mir jemand hilft, kann ich ihm danken, indem ich sage: «Ihre Dienste sind mir unschätzbar» oder «Ich schätze Ihre Dienste sehr», und immer meinen, dass mir diese Dienste WERTVOLL waren. Wenn jemand sagt, es seien viele Leute auf einer Party gewesen, kann er sagen: «Da waren ziemlich viele Leute» oder auch «Da waren nicht wenige Leute». Wenn Sie den Kurfürstendamm entlanggehen, können sie ihn hinauf- oder hinuntergehen und gehen doch immer in dieselbe Richtung! Sicher, die Ausdruckspaare meinen nicht genau dasselbe, aber es ist wohl kein Zufall, dass sie in gewissen Zusammenhängen austauschbar sind – ohne unser Denken zu stören oder zu logischen Widersprüchen zu führen.

Westliches und östliches Denken

Der obige Absatz lässt sich vermutlich in allen Sprachen erläutern, obwohl er unterschiedliche Konnotationen hat. Übersetzung meint notwendigerweise auch Verzerrung. Veranschaulicht sei das am 27. Koan der aus dem 13. Jahrhundert stammenden klassischen Sammlung *Mumonkan* («Das torlose Tor») des Zen-Buddhismus anhand von zwei Übersetzungen des Koans und des zugehörigen Kommentars und Gedichts.

Ein Mönch fragte Nansen: «Gibt es eine Lehre, die kein Meister je zuvor gelehrt hat?»
Nansen sagte: «Ja, die gibt es.»
«Was ist es?», fragte der Mönch.
Nansen antwortete: «Es ist nicht Geist, nicht Buddha, nicht Ding.»

Mumons Kommentar:
Der alte Nansen gab seine Schatzwörter preis. Er muss sehr verstört gewesen sein.

Mumons Gedicht:
Nansen war zu freundlich und verlor seinen Schatz.
Wahrlich, Wörter haben keine Kraft.
Und wenn die Berge zum Meer werden,
Wörter können den Geist des anderen nicht öffnen.[2]

Eine andere Fassung lautet:

Der Fall:
Ein Mönch fragte Nansen in allem Ernst: «Gibt es einen Dharma, der den Menschen noch nicht gepredigt worden ist?»
Nansen sagte: «Ja.»

Der Mönch sagte: «Welcher Dharma ist den Menschen noch nicht gepredigt worden?»
Nansen sagte: «Dies ist nicht Geist. Dies ist nicht Buddha. Dies ist nicht ein Ding.»

Mumons Kommentar:
Nansen wurde nur eine Frage gestellt, und da verausgabte er gleich sein gesamtes Besitztum und wurde selber zu nichts.

Der Vers:
Zu viel reden mindert die Tugend.
Keinerlei Worte sind wahrhaft effektiv.
Verwandelte sich auch der große Ozean,
mitgeteilt werden kann es dir nicht.[3]

Es wäre sinnlos und sogar Zen-los, diese beiden Übersetzungen einer vergleichenden Analyse zu unterwerfen, und das nicht etwa, weil uns die linguistische Kompetenz fehlt, sondern weil beide Übersetzungen authentisch sein können, selbst wenn sie sich unterscheiden oder sogar widersprechen. Es ist das Wesen des Koans, dass die Essenz nicht in Worten ausgedrückt werden kann, aber Schweigen auch kein geeignetes Ausdrucksmittel ist. Deshalb ist der ursprüngliche Text vermutlich ebenfalls dunkel. Der Verfasser des Koans ist sichtbar irritiert durch Meister Nansen, weil er versucht, etwas auszudrücken, das man nur erfühlen, erfahren oder in der Vereinigung erleben kann.

Der Zen-Buddhismus ist bis ins Extrem geführter Holismus. Nicht nur macht es keinen Sinn, davon zu reden, dass das Ganze mehr ist als die Summe seiner Teile, es ist sinnlos, überhaupt von Teilen zu reden. Es gibt keine Differenzierung, keinen Abstand, keine Kategorien, kein Wort, kein Ich und kein Nicht-

Ich: Alles ist eins, alles ist dasselbe wie das Universum. Aber das sind nur Worte, natürlich: Wie sonst würde es sich anfühlen, es loszuwerden? Was könnte es jenseits der Worte geben?

Wenn jemand schließlich jenseits der Worte anlangt, macht er eine Erfahrung, die sich nicht mit Worten beschreiben lässt, und man sagt, sie sei wunderbar. Das Gefühl könnte dem ähneln, das diejenigen beschreiben, denen es gelungen ist, sich in wirklich tiefe Hypnose versetzen zu lassen: Sie sagen übereinstimmend, dass der Zustand ein ausgesprochen gutes Gefühl vermittelt und vollkommen anders ist als der Normalzustand. Aber die wichtigste Erfahrung von Zen ist ein sogar noch stärker veränderter Zustand als jeder andere. In der Hypnose bleiben die Menschen in einer Art Zusammenhang mit der Alltagswelt. Sie nehmen Veränderungen, Vorgänge und Beziehungen wahr, beachten sie aber nicht. Mit Zen kann man über viele Dinge hinausgelangen, und nach Meinung jener, die Zen praktizieren, lohnt es sich, viele Dinge (sogar alles) dieser Erfahrung zu opfern. Tatsächlich muss alles geopfert werden, anders geht es nicht. Darauf werden wir in Kapitel 15 genauer eingehen.

Zen (und Buddhismus im Allgemeinen) nennt diese Erfahrung *satori*. Ein Zen-Koan ist eine der Stufen auf dem langen, komplexen Weg, der zu der Fähigkeit führt, den Zustand des *satori* zu erreichen. Man könnte den Ausdruck Koan mit «Geschichte zur Warnung» übersetzen, aber Koans warnen vor nichts. Der Sinn von Koans liegt darin, dass sie für unseren täglichen gesunden Menschenverstand sinnlos sind. Wir könnten sie auch als Rätsel sehen, denn sie haben gewiss eine Lösung, sonst würde sie der Zen-Meister nicht stellen. Der Rahmen des Koan-Rätsels ist jedoch nicht der des gesunden Menschenverstands (wie im Fall der normalen Rätsel) und auch nicht das Paradigma eines Wissenschaftszweigs (wie bei einem wissenschaftlichen Problem), sondern es ist eine Zen-Art des Denkens, die erlangt werden soll. Koans haben von Natur aus keine Lösung im üblichen Sinn. Die Lösung ist nicht, dass sie keine Lösung haben, wie es bei manchen mathematischen Problemen ist. Die Lösung ist, dass sie über den Bereich des Denkens hinausgehen oder ihn transzendieren, und zwar in einen Bereich, wo die weltlichen Dinge lösbar oder unlösbar sind; das Ziel ist, die Fähigkeit zu erreichen, eine extreme Art von verändertem Bewusstseinszustand zu erreichen.

Viele Wege führen zum Wissen

Es ist kein Zufall, dass der obige Titel an Worte erinnert, die in den östlichen Kulturen oft zu hören sind: «Viele Wege führen ins Nirwana.» In den westlichen Kulturen nimmt das Wissen, das Kennenlernen der Welt eine mehr oder weniger ähnliche Stellung ein wie das Nirwana im Orient: Wir neigen dazu, im Wissen den Sinn und das letzte Lebensziel zu sehen und sind dafür bereit, wie Faust, Opfer zu bringen. Deshalb konnten sich in der Kultur des Abendlandes die modernen Naturwissenschaften entwickeln. Aber wir neigen auch dazu, an die Existenz des Steins der Weisen zu glauben, nach ihm zu suchen und immer wieder das Gefühl zu haben, wir hätten ihn gefunden. Und wenn wir den Stein der Weisen hätten, sollten wir auf jeden, der in anderen Richtungen sucht, hinunterblicken und ihn bestenfalls bekehren. Unserer Kultur fehlt die Weisheit des «Viele Wege führen ins Nirwana». Zwar haben wir die Tugend der Toleranz, aber das ist etwas radikal anderes. Wir können nur dann tolerant sein, wenn wir wissen, dass unser Wissen, unsere Erkenntnis, unsere Methoden die richtigen sind. Darum dulden wir andere, die dieses Wissen nicht haben und folglich die Welt anders sehen und sich nicht unserem Wissen entsprechend verhalten oder argumentieren. Wenn wir nicht von dem höheren Rang unseres Wissens und unserer Methoden überzeugt sind, wenn wir uns wirklich vorstellen können, dass das Wissen und die Methoden der anderen genau so wertvoll sind, dann verliert Toleranz ihren Sinn und wird ersetzt durch Neugierde auf das, was andere Weisheiten uns zu sagen haben mögen.

Wir kennen viele Anzeichen dafür, dass es den Stein der Weisen nicht gibt oder dass es dann, wenn es ihn gibt, mehr als einen gibt und dass diese Steine enorm unterschiedlich sein können. Für Anhänger östlicher Religionen ist es selbstverständlich, dass jeder dem eigenen Weg ins Nirwana folgen muss, selbst wenn dies sehr viele Wiedergeburten erfordert. Sie meinen, dass jemand, der sich beispielsweise auf seinem Weg vom Christentum leiten lässt, den ganzen Weg gehen muss und seine Seele nur so das Nirwana erreichen kann – und wenn er bis zum Ende geht, wird er selbst dann ins Nirwana gelangen, wenn er nie daran geglaubt hat. In diesem Buch ist unser Weg der Weg der Vernunft und der Naturwissenschaften, obwohl der Gegenstand unserer Erkenntnis die Vielfalt der menschlichen Intelligenz ist mit den Unebenheiten unserer eigenen Straße und den unterschiedlichen Unebenheiten der unterschiedlichen Straßen.

Am Ende des ersten Teils dieses Buches haben wir die Bühne für das Kommende vorbereitet: Alle Mitspieler haben sich vorgestellt. Wir haben die Formen des logischen Denkens kennen gelernt und uns auch mit der Trance-Logik vertraut gemacht, einer möglicherweise völlig anderen Methode, die Welt kennen zu lernen. Wir haben die Methoden der Naturwissenschaften und des Rätsellösens kennen gelernt, die unterschiedlichen Formen von Reduktionismus und Holismus – von den gemäßigtsten bis zu den extrem konsequenten – sowie die Macht des nüchternen gesunden Menschenverstands und des wissenschaftlichen Denkens, der künstlichen Intelligenz, der kognitiven Psychologie und der Kognitionswissenschaft – sie sind wechselseitig komplementäre Verfahren zum Erforschen des menschlichen Denkens. Sie alle haben ihren Auftritt gehabt.

Die Bausteine des Denkens

5. Die Stufen des Denkens

Aber für einen Gelehrten, der neue Wege entdecken will, fehlte es ihm an jener Intuition, deren überraschende Entdeckungen die unfruchtbare Ordnung des Gewöhnten und Vorausschaubaren immer von neuem durchbrechen.

Boris Pasternak[1]

Einige Grabwespenarten betreiben Brutfürsorge, indem sie vor dem Eierlegen im sandigen Erdboden ein Nest mit Brutkammern bereiten, in die sie nicht nur jeweils ein Ei, sondern auch eine Grille als Nahrung ablegen. Zunächst lähmt das Weibchen die Grille durch einen Stich und zieht dann die bewegungsunfähige Grille in die Brutkammer mit dem Ei, die sie dann verschließt. Dann fliegt das Wespenweibchen davon, und die frisch geschlüpfte Larve findet eine wohlerhaltene Grille vor, von der sie zehrt, bis sie erwachsen ist und sich selbst versorgen kann.

Das Verhalten der Mutterwespe stellt einen schöne, logische Handlungskette dar. Diese nun haben Forscher gestört, um herauszufinden, wie bewusst die Wespe handelt. Die Wespe bringt die Grille zu einem ganz bestimmten Zeitpunkt des Nestbaus an die Öffnung der Brutkammer und legt sie dort ab, bevor sie gleichsam letzte Hand an die Inneneinrichtung der Brutkammer mit dem Ei legt. Genau dann schoben die boshaften Forscher die konservierte Grille mit einem Grashalm ein wenig vom Nest weg. Manche Grabwespenarten lassen sich dadurch nicht irritieren. Wenn die Wespe die Brutkammer vorbereitet hat und die Grille hineinziehen will, fliegt sie etwas verwirrt umher, bis sie die Grille findet, zieht sie in die Kammer und verschließt sie.

Andere Grabwespenarten jedoch sind durch diesen kleinen Eingriff völlig verwirrt. Wenn diese Weibchen ihre Grillenkonserve nach irrem Herumfliegen schließlich finden, ziehen sie sie wieder zum Nest, legen sie ab und gehen ins Nest, um ihm den letzten Schliff zu geben. Aber wieder stoßen die Forscher die Grille zur Seite. Die Wespe kommt heraus, fliegt wie wild herum, findet die Grille und legt sie wieder vor die Öffnung der Brutkammer ab, um das Innere vorzubereiten. Diese Grabwespen merken also nicht, dass sie diesen Schritt schon getan haben und die Grille unbesorgt gleich in die Kammer ziehen könnten. Gelegentlich haben die Forscher die Grille vierzigmal hintereinander weggeschubst, und die Wespe hat vierzigmal letzte Hand angelegt.

Möglicherweise hat das Wespenweibchen dann, wenn die Forscher es endlich leid wurden, die Wespe zu ärgern, irgendwie (etwa auf der Grille) ihren Nachkommen eine Botschaft der Art hinterlassen, dass Menschen Wesen sind, die nach dem vierzigsten Versuch mit dem Belästigen aufhören. Nach solchen Codes aber haben Biologen – charakteristischerweise – niemals gesucht, sondern vielmehr danach gefragt, ob die größere Intelligenz der klügeren Grabwespen sich auch auf anderen Gebieten zeigt.

Dazu beobachteten sie diese Grabwespen in einem früheren Stadium des Nestbaus. Die Ausstattung der Brutkammer erfordert von der Mutterwespe ziemlich viel Arbeit. Sie muss viel Gras, Blätter und Erdbrocken sammeln und zum Nest tragen, um die Brutkammer auszupolstern. Gelegentlich wirft eine andere Wespe ihr Auge auf die gerade von einem Weibchen ausgestattete Kammer, und dann kann es zu einem Kampf zwischen den beiden Wespen kommen.

Nun wollten die Biologen herausfinden, ob die Entschlossenheit und Energie, die die angegriffene Mutterwespe in den Kampf investierte, davon abhängt, wie weit die Ausstattung der Brutkammer schon gediehen war. Um das zu untersuchen, ersetzten sie die eindringenden Wespenweibchen durch eine künstliche Grabwespe, sodass alle angegriffenen Wespen auf Gegner trafen, die gleich aussahen und gleich stark waren. In dieser Situation hing die Dauer des Kampfes im Fall der »dümmeren» Grabwespenarten (denen, die vierzigmal hintereinander letzte Hand anlegten) sehr stark davon ab, wie viel Arbeit sie schon auf die Ausstattung der Brutkammer verwendet hatten: Je länger sie daran gearbeitet hatten, umso mehr Zeit und Energie verwandten sie auf den Kampf. Im Fall der «klügeren» Wespen fand sich jedoch keine solche Beziehung. Sie verteidigten die kaum gefundene Brutkammer im Durchschnitt genauso wie die fast fertig ausgestattete. In dieser Situation erwies sich ihr Verhalten als dümmer.

Wenn die «klügeren» Grabwespen letzte Hand an die Brutkammer anlegten, ignorierten sie die von den Forschern verursachte Unordnung wahrscheinlich nicht, weil sie im menschlichen Sinn intelligent waren, sondern weil ihr besonderes biologisches Programm etwas allgemeiner war und mehr Freiheitsgrade hatte. Beim Lösen anderer Probleme jedoch bewiesen sie nicht mehr Verstand als die «dümmeren».

Das Wesen der menschlichen Begriffe

Man hätte bei den «klügeren» Grabwespen auch bei anderen Aufgaben größere intellektuelle Fähigkeiten erwartet, weil sie sich verhielten, als ob sie die Manöver der Wissenschaftler durchschauten, als ob sie – unabhängig von der Routinearbeit des tatsächlichen Eierlegens – wüssten, worauf ihre Handlungskette beruhte, und sie aufgrund der Logik der Dinge daraus Schlüsse gezogen hätten. Diese Fähigkeit fehlt leider auch den «klügeren» Grabwespen; sie durchschauen die Beziehungen zwischen ihren Handlungen nicht und sind nicht imstande, den Vorgang als größere Einheit zu erfassen, wenn sich die Gegebenheiten ändern.

Unter solchen Umständen bilden sich Begriffe. Menschen können eine Folge von Handlungen als Ganzes sehen und auch analysieren, um sie auf ihre Komponenten zu reduzieren. Zunächst erscheint der Augenblick der Analyse als besonders wichtig, denn auch die Grabwespe erkannte die Einheit der Handlungskette. Sie sah sogar nur das Ganze – sie konnte die Bedeutung der Komponenten nicht erkennen. Und doch können wir nicht sagen, dass die Grabwespe (die «klügere» so wenig wie die «dümmere») irgendeine Vorstellung vom Vorgang des Eierlegens hatte, weil der Vorgang für sie nicht bedeutete, dass Handlungen, die unabhängig voneinander sinnvoll sind, zu einer Einheit kombiniert werden, die auch wieder sinnvoll ist. Für die «dümmeren» Grabwespen hatten die Teilhandlungen (jedenfalls das Ablegen der Grille an der Nestöffnung und das Anlegen des letzten Schliffs) an sich keine Bedeutung.

Wir können nur von Elementen Begriffe bilden, die unabhängig voneinander sinnvoll sind, weil wir nur dann von Dingen sprechen können, die in gewisser Hinsicht zueinander gehören, und nur in diesem Fall können wir ihre Kombination als gedankliche Einheit behandeln. Das kann eine ganze Reihe von Aspekten haben. Ein Begriff kann entweder die Glieder einer Handlungsreihe zusammenfassen oder auch Komponenten, die gemäß gewisser Kennzeichen oder Eigenschaften zusammengehören (so etwa bei den Begriffen Säugetier oder Edelgas), aber ein Begriff kann auch Begriffe vereinen, die ihre Elemente nach einem ähnlichen System kombinieren (wie ein Wissenschaftszweig oder der Begriff des Rätsels).

Wenn das der Fall ist, muss es komplexe Hierarchien geben, die in unserem Kopf präsent sind. Es wäre schön, wenn ihre Existenz experimentell gesichert wäre, man also beweisen könnte, dass es sie wirklich gibt oder wir sie uns nicht nur ausdenken. Hier stellt sich der kognitiven Psychologie ein anderes schönes Rätsel. Die Untersuchung wird besonders erschwert durch die Tatsache, dass man Begriffe haben muss, um über sie reden zu können. Wie finden wir dann einen Ausgangspunkt?

Zunächst einmal: Können wir ein sicheres Zeichen dafür angeben, dass wir Begriffe haben? Die russische Psychologin V. D. Volkova untersuchte solche Fragen mit Pawlows Methoden. Sie tropfte beispielsweise Grundschulkindern einen wohlschmeckenden Obstsaft in den Mund und sagte dabei «gut». Wenn der konditionierte Reflex etabliert war und die Kinder schon einzuspeicheln begannen, wenn sie das Wort «gut» hörten, sagte sie etwas anderes. Das Einspeicheln begann auch, wenn die Kinder hörten: «Sankt Petersburg ist eine schöne Stadt» oder «Ein Pionier hilft seinem Kameraden». Es begann jedoch nicht nach Sätzen wie «Das Kind war frech zu seiner Lehrerin» oder «Mein bester Freund ist schwer krank».

Volkovas Versuch und viele ähnliche Ergebnisse haben gezeigt, dass unsere Begriffe fast buchstäblich «in uns lebendig» sind: Sie wirken selbst dann, wenn wir sie nicht bewusst einsetzen. Aber diese Erkenntnis führt zu mehreren komplexen Problemen. Wenn wir diesen Gedanken weiterentwickeln, könnten wir zu dem Schluss kommen, dass nicht wir uns Begriffe bilden, sondern vielmehr die Begriffe uns. Das klingt ziemlich seltsam. Um darüber mehr sagen zu können, müssen wir uns mit dem Begriff der kognitiven Schemata vertraut machen. Das wird im nächsten Kapitel geschehen. In diesem Kapitel bleiben wir bei dem aus Sicht der kognitiven Psychologie unbefriedigend definierten, etwas naiven Begriff vom Begriff.

Die Hierarchie unserer Begriffe

Unsere Begriffe sind also auch dann wirksam, wenn wir sie nicht bewusst anwenden. Sind sie denn wirklich hierarchisch geordnet? Um das zu untersuchen, müssen wir auf einige frühere Gedanken über die Organisation von Begriffshierarchien zurückkommen. Um einem Zirkelschluss vorzubeugen, war ein Bezug nach außen nötig – und dieser wurde im Zeitfaktor gefunden. Man untersuchte, wie lange Versuchspersonen brauchten, um Fragen zu beantworten wie «Sind Rotkehlchen Tiere?» – «Sind Spatzen Vögel?» – «Sind Meisen Fische?» – «Sind Fische Fische?».

Zur Analyse der Daten stellten die Forscher eine recht handliche Begriffshierarchie auf, etwa «Tier – Vogel – Spatz» und «Tier – Fisch – Hai». Dann sagten sie: Setzen wir die Entfernung zwischen zwei Begriffen gleich der Anzahl der Schritte, die innerhalb dieser Hierarchie von einem Begriff zu den anderen Begriffen führen. Das Prinzip ist sehr einfach, und die Ergebnisse bestätigten die Hypothese: Unerwartet übereinstimmend erwies sich, dass ein Schritt zwischen zwei Einheiten etwa 75 Millisekunden braucht. So dauerte beispielsweise die Antwort auf die Frage, ob der Hai ein Tier ist, 75 Millisekunden länger als die Entscheidung, ob der Hai ein Fisch ist. Das Überspringen von zwei Schritten erforderte 150 Millisekunden usw. Bei komplizierteren Fragen («Atmen Kanarienvögel?» – «Schwimmen Wildenten?») wird das Bild zu kompliziert, aber das grundlegende Phänomen, dass ein Schritt zwischen zwei benachbarten Hierarchien eine feste Zeitspanne erfordert, bleibt stabil.

Möglicherweise sind diese Ergebnisse für skeptische Leser wenig überzeugend. Die Grundlagen sind schwammig, die Gefahr des Zirkelschlusses ist nicht gebannt. Die Hierarchie der Begriffe, deren Entfernungen gemessen werden, ist ziemlich zufällig, wir könnten auch eine andere aufstellen (beispielsweise Tier – graues Tier – gefiedertes graues Tier – Spatz). In diesem Fall jedoch messen wir nicht so regelmäßig beim Übergang zur jeweils nächsten Schicht Zeitabstände von 75 Millisekunden. Unabhängig davon, was die Zeitangaben zeigen, ist es in Fällen mit ähnlich einfachen Fragen leicht, entsprechende Hierarchien (oder vielmehr Modelle) zu finden, in denen das Intervall beim Übergang von einer Stufe zur nächsten gleich bleibt – das Schlimmste, was passieren kann, ist, dass das Modell etwas komplexer gemacht werden muss.

So berechtigt die Fragen auch sind, wir brauchen einen Ausgangspunkt. Dieses Gebiet der kognitiven Psychologie gründet sein Paradigma auf zwei Hypothesen. *Erstens* sind unsere Begriffe in unserem Kopf irgendwie geordnet, und es gibt entweder eine direkte Verbindung zwischen zwei Begriffen oder nicht. (Wir weichen also die Hypothese einer streng hierarchischen Ordnung etwas auf – bei wirklich ziemlich komplizierten Gedankensystemen hält sie der Prüfung nicht stand.) *Zweitens* ist der Zeitraum, der nötig ist, um einen Zusammenhang zwischen zwei Begriffen herzustellen, proportional zur Anzahl der Schritte, die nötig sind, um innerhalb der gegebenen Ordnung von einem Begriff zum anderen zu gelangen. Das ist der Ausgangsgedanke. Ihm können wir vertrauen, weil wir in den einfachsten Fällen, solchen, in denen wir die Ordnung leicht herstellen können, immer das erwartete Ergebnis erhalten – und immer mit dem Modell, das wir gerade zur Hand haben.

Sobald wir diesen Ausgangspunkt akzeptieren, haben wir ein Paradigma: Wir können für die komplexe Begriffsordnung Modelle aufstellen, von denen wir sagen können, ob sie die Lösung der Rätsel sind oder wie die untersuchten Begriffe geordnet sind. Entsprechen nun die Methoden der Entscheidungsfindung, also das Experimentieren und das Messen der Reaktionszeiten, den Vorhersagen des Modells?

Natürlich ist die Entscheidung darüber, ob ein Modell den Ergebnissen der Messung entspricht, bei diesem Paradigma lediglich theoretisch möglich. Bei etwas komplizierteren Modellen hätte keine Versuchsperson die Geduld eines Hiob, von dem alle möglichen Verbindungen des Modells erfragt werden könnten. Selbst wenn ein Modell nur wenige hundert Konvergenzen hätte, wären Tausende von Lebzeiten nötig.

Das allein wäre nicht weiter schlimm: Die Wissenschaft beruht darauf, dass sie auf der Grundlage entdeckter Phänomene Begriffe bildet und dann mit Hilfe des existierenden Begriffssystems ein Modell aufstellt. Das Paradigma bestimmt die Konstruktion des Modells selbst dann, wenn der ursprüngliche Gedanke nach der Entwicklung einiger weniger neuer Begriffe kaum noch erkennbar ist. Dies ist auch hier der Fall. Die Modelle werden so vielfältig, weil das System der Ausnahmen so komplex ist. Ein Beispiel: Sind Wale Fische? In den Systemen tauchen unerwartete Querverbindungen auf und mögliche Abkürzungen zwischen scheinbar fernen Begriffen. Einander bedingende Begriffe mussten eingeführt und die jeweiligen Reaktionszeiten gemessen werden.

Wie sich bald herausstellte, musste der schöne Gedanke aufgegeben werden, die Begriffe seien in einer einfach beschreibbaren Ordnung vorgegeben. Aber das Hauptproblem ist nicht, dass das Bild sehr kompliziert wird: Es führt auch zu seltsamen Phänomenen. Immer wieder kommt es vor, dass ein Begriff, der auf höherem Niveau, also allgemeiner ist als ein anderer, wiederum allgemeiner ist als ein dritter usw., sich schließlich als einer erweist, der spezieller ist als ein auf einem noch tieferen Niveau liegender Begriff, der sich also in einem gewissen Sinn als allgemeiner erweist als der erste. Natürlich verändert sich in solchen Fällen auch das Bezugssystem zwischen den Schichten der Hierarchie. Die Begriffe Aufgabe, Arbeit und Lernen haben jeweils etwas unterschiedliche Konnotationen, wobei eine Aufgabe allgemeiner ist als Arbeit, Arbeit allgemeiner als Lernen und Lernen etwas allgemeiner als eine Aufgabe.

Verschränkte Hierarchien

Das Paradigma scheint uns entglitten zu sein: Es sollte entweder verändert oder genauer definiert werden. Aber das Problem liegt tiefer: Mehrere Tatsachen deuten darauf hin, dass solche seltsamen, in sich geschlossenen Schleifen die Grundlage des Denkens bilden. Was wir in diesem Kapitel erwähnten, sind nur die ersten Anzeichen. Man sieht schon jetzt, dass es einerseits in der Organisation unserer Begriffe ein starkes hierarchisches Element gibt, während diese Hierarchien andererseits im Lauf der Veränderungen der unterschiedlichen Gesichtspunkte und Bezugssysteme hoffnungslos derart miteinander verschränkt sind, dass man sie kaum noch als Hierarchien bezeichnen kann. Diese seltsamen Gebilde bezeichnen wir als *verschränkte Hierarchien*. Der Name verweist auf den in der Struktur liegenden Widerspruch.

Unwillentlich und unmerklich wechseln wir sehr leicht von einem Bezugssystem zum anderen über und vermischen Denksysteme, die in sich wunderbar klar sind. Das lässt sich an einem klassischen Rätsel veranschaulichen: Drei Reisende übernachten in einem Gasthaus und zahlen dafür jeder zehn Taler. Als dem Wirt später einfällt, dass er für ein Dreibettzimmer nur fünfundzwanzig Taler berechnen darf, schickt er ihnen seinen Diener nach, der den Reisenden fünf Taler zurückgeben soll. Der Diener jedoch denkt sich, das Geld sei für die Reisenden ohnehin ein unerwarteter Glücksfall und es reiche aus, ihnen nur je einen Taler zu geben. So kann er zwei Taler in die eigene Tasche stecken. Jetzt hat jeder der Gäste am Ende neun Taler bezahlt, und der Diener hat zwei Taler eingesteckt. Das macht zusammen $3 \times 9 + 2 = 29$ Taler. Wo ist der dreißigste Taler?

Die Rechnung klingt sehr logisch; Argwohn kommt erst auf, weil ein Taler fehlt. Tatsächlich ist mit den neun Talern, die jeder der Gäste bezahlt hat, alles berücksichtigt, was sie in der Herberge ausgegeben haben, von der Unterbringung bis zu dem vom Diener eigenmächtig eingestrichenen Trinkgeld. Warum soll das noch einmal hinzugezählt werden? Die Gäste haben 3×9 Taler ausgegeben und erhielten drei Taler zurück: Damit haben wir den Verbleib aller dreißig Taler geklärt.

Alle, die einige Minuten über das Rätsel nachgedacht haben, sind zu Recht ein wenig enttäuscht: Sie haben für eine Weile ein sinnloses Bezugssystem akzeptiert. Warum haben sie nicht sofort darauf geachtet, zu *welchem* Betrag sie das Trinkgeld hinzuzählten?

Im folgenden Beispiel werden zwei völlig vernünftige Bezugssysteme kaum merkbar verschoben. Schauen Sie sich die folgenden beiden Aussagen an:

a) Je hässlicher eine Frau ist, umso mehr Kosmetik benutzt sie.
b) Je mehr Kosmetik eine Frau benutzt, umso schöner ist sie.
Nach den Regeln der formalen Logik folgt daraus:
c) Je hässlicher eine Frau ist, umso schöner ist sie.

Der Schluss ist natürlich unhaltbar. Der Fehler steckt nicht in den ursprünglichen Aussagen. Sie sind vielleicht nicht wahr, aber sie sind nicht unplausibel. Aussage a) könnte sogar das Ergebnis einer Umfrage sein – in diesem Fall lässt sich ihre Gültigkeit nicht leicht anzweifeln. Auch Aussage b) ist realistisch, jedenfalls in gewissen Grenzen.

Der Fehler besteht darin, dass die erste Aussage in diesem Zusammenhang absolut ist. In ihr bezieht sich das «Je mehr … umso mehr», darauf, dass die weniger ansehnliche Person mehr Kosmetika benutzt als die schönere. In der Aussage b) jedoch ist das «Je mehr … umso mehr» deutlich relativ: In diesem Zusammenhang besagt es nur, dass Personen dann, wenn sie sich geschminkt haben, schöner aussehen als vorher. Die formale Überlegung ist nur gültig, wenn das «Je mehr … umso mehr» in beiden Aussagen entweder in einem absoluten oder in einem relativen Sinn verwendet wird.

Sprachlich gesehen wird «Je mehr … umso mehr» in beiden Bedeutungen richtig verwendet. Es führt nur dann zu Problemen, wenn wir uns dieser Dualität nicht voll bewusst sind. Im Alltagsleben begegnen wir Problemen dieser Art jedoch selten. Unser Alltagsdenken passt sich an die kleineren oder größeren Widersprüchlichkeiten der Logik der Dinge leicht an, und wir wechseln ohne Schwierigkeiten von einem Bezugssystem zu einem anderen, wenn die Logik der Dinge das erfordert. Wir denken eher gemäß den Regeln der Trance-Logik als nach den Regeln der formalen Logik.

Computer-Fabeln

Die Erforscher und Entwickler der künstlichen Intelligenz sind gezwungen, bei ihrer Arbeit die Sprache der formalen Logik zu verwenden, aber das ist sehr mühsam. J. R. Meehan versuchte, ein Programm zu schreiben, das Fabeln im Stil des Äsop schrieb, also Fabeln, die von Tieren handelten und ein überraschendes Ende hatten. Dabei berücksichtigte er für das Schlussfolgern Dutzende von Regeln, die der gesunde Menschenverstand selbst dann in Betracht zieht, wenn sie nicht ausdrücklich formuliert werden. So lautete beispielsweise eine der Regeln, dass wir dann, wenn Teilnehmer *A* das Objekt *B* an den Ort *C* schiebt, nicht nur schließen können, dass Objekt *B* am Ort *C* ist, sondern auch, dass Teilnehmer *A* ebenfalls am Ort *C* ist. Auch stattete Meehan die Tiere mit ihren charakteristischen Eigenschaften aus und nahm einige allgemeine Grundsätze auf wie den, dass jemand, der in einen Fluss fällt, wieder hinauskommen will, weil er sonst untergeht. (In diesen Fabeln kamen keine Fische vor.) Tiere mit Beinen können an das Ufer schwimmen oder kriechen, solche mit Flügeln können wegfliegen, und wer einen Freund hat, kann den um Hilfe bitten. Der Ereignis «*X* fiel» wurde dargestellt als «Die Schwerkraft bewegte *X*», weil dies dem ziemlich komplizierten System am besten entsprach. Außerdem ist es logisch. Hier aber erwartete den Urheber des Programms eine unangenehme Überraschung: Der Computer schuf die folgende Geschichte:

«Heinz Ameise hatte Durst. Er ging am Ufer eines Flusses entlang, an dem sein guter Freund Willi Vogel saß. Dann rutschte Heinz aus und fiel in den Fluss. Die Schwerkraft ertrank.»

Den Regeln entsprechend wurde Heinz Ameise gerettet, weil ein Freund in der Nähe war, aber weil die Schwerkraft Heinz in den Fluss gezogen hatte, war sie nach den Regeln des Syllogismus auch dort. Da aber die Schwerkraft weder Beine noch Flügel noch Freunde hat, musste sie untergehen.

Gödel, Escher, Bach

Die drei Titelhelden von Douglas R. Hofstadters klassischem Buch bilden scheinbar eine seltsame Gruppe. Was führt den österreichischen Mathematiker Kurt Gödel, den holländischen Maler Maurits Cornelis Escher und den deutschen Komponisten Johann Sebastian Bach in einem Buch zusammen? Diese drei schöpferischen Menschen trafen nicht aufgrund freier Assoziation in einem unberechenbaren Text zusammen. Vielmehr ging es in ihrem Werk immer darum zu zeigen, welche erstaunlichen Anordnungen von Teilen eines Systems zu einem Ganzen möglich sind.

Bei dem im vorangehenden Satz unternommenen Versuch, die Gemeinsamkeit der drei Lebenswerke aufzuzeigen, habe ich drei radikal verschiedene Bezugssysteme kombiniert. Trotzdem klingt der Satz für die meisten von uns nicht sinnlos. Man hat das Gefühl, dass es einen Grund für die Existenz eines solchen Gedankens gibt; deshalb können in Hofstadters Buch die drei Hauptthemen (und mehrere Unterthemen) wie die Themen einer Bach'schen Fuge zu einem Ganzen zusammengefügt werden. Werfen wir einen Blick auf die drei Hauptthemen.

Gödel bewies ein Theorem aus dem Gebiet der mathematischen Logik, das weit reichende Konsequenzen hat. Das Theorem ist das erste in der Geschichte der Logik, das selbst den großen Aristoteles überrascht haben würde, der zu wohl allen anderen Ergebnissen der Logik der letzten zweitausend Jahre höchstens freundlich genickt hätte: «Gute Arbeit, so sollte es sein.» Er hätte auch beim Gödel'schen Satz zustimmend genickt, denn er bleibt streng innerhalb des Bereichs der Logik. Die Bedeutung und die Folgerungen des Satzes jedoch reichen weit über die mathematische Logik hinaus – und das ließe Aristoteles sein Gedankensystem radikal neu sehen.

Der 1931 entdeckte Gödel'sche Satz beweist (in einem einzigen informellen Satz, ohne die technischen Einzelheiten) Folgendes: Wenn in einem mathematischen System jede Wahrheit, die sich mit den Mitteln des Systems ausdrücken lässt, auch irgendwie in dem System bewiesen werden kann, enthält das System notwendigerweise einen Widerspruch.

Mit anderen Worten: Wenn ein formales System keine Widersprüche enthält, dann lässt sich eine Aussage formulieren, die in ihm weder bewiesen noch widerlegt werden kann. Dieser Satz bedeutet dasselbe wie der vorangehende, denn dann, wenn eine Aussage weder bewiesen noch widerlegt werden kann, kann auch ihr Gegenteil weder bewiesen noch widerlegt werden. Aber entweder muss die fragliche Aussage wahr sein oder ihr Gegenteil, denn in der formalen Logik haben wir es nur mit Formeln zu tun, die entweder wahr oder falsch sind: Es gibt kein Drittes. Unabhängig davon, ob die Aussage oder ihr Gegenteil wahr ist, ist dies eine Wahrheit, die im Rahmen der formalen Logik nicht bewiesen werden kann.

Weniger formal können wir Gödels Ergebnis wie folgt zusammenfassen: Wenn wir innerhalb unserer Logik für alle Wahrheiten offen bleiben wollen, ist es nötig, die Systeme zu wechseln.

Maurits Cornelis Escher erkundet die Möglichkeiten des Wechsels von einem Bezugssystem zum anderen in subtiler Weise mittels Gemälden und Zeichnungen. In seinen Bildern findet man immer wieder aufsteigende Treppen, die zu ihrem Ausgangspunkt zurückkehren, Wasserströme, die mittels Wasserfällen zu ihrem Ursprung zurückfließen, und seltsame metamorphe Vögel, die sich fast unmerklich in Insekten verwandeln, die zu Fröschen werden, die Fische werden, die zu Blättern werden, die zu Häusern werden, die dann wieder Vögel werden.

Wir empfinden die unablässigen Metamorphosen als völlig harmonisch – irgendwie widersprechen sie nicht unserem Weltbild, unserem Begriffssystem. Vielleicht sind wir so empfänglich für Eschers seltsame Schleifen, weil unser Denken auf ähnlichen Schleifen beruht. Aber Eschers Bilder sind nicht nur intellektuell aufregend und herausfordernd, sondern einfach schön, unabhängig von den Kniffen, die zu ihrer Herstellung oder ihrer Verwendung führten.

Erinnern wir uns an eines der Werke von Johann Sebastian Bach, an den «Canon per tonos» aus dem *Musikalischen Opfer*. Der Kanon beginnt in c-Moll und moduliert nach d-Moll, wo das Thema neu beginnt und wieder moduliert, bis es einen Ton höher endet, und so weiter, bis der Kanon schließlich wieder bei c-Moll ankommt – eine seltsame harmonische Schleife.

Wenn eine Fuge entsteht, ist sie mehr als die Summe ihrer Teile, weil sie etwas Eigenes wird; sie findet als unabhängige Einheit einen Platz in der Ordnung unserer verschränkten Hierarchie. Hofstadter führt die sprühend witzigen Variationen über das Thema auf 845 Seiten seines Buchs aus. Und die Fuge kommt zustande. Der wie nebenbei geäußerte Gedanke wird als selbständiger Begriff aus eigenem Recht sinnvoll: Das Lebenswerk von Gödel, Escher und Bach zeigt, welche Ausdrucksformen durch die verschränkten, geschlossenen Schleifen der unterschiedlichen Anordnungen von begrifflich Fassbarem zustande kommen können.

Hofstadters Buch ist zu einem der Hauptwerke der Kognitionswissenschaft geworden. Der Begriff der verschränkten Hierarchie ist selbst ein Modell, und Hofstadters Buch führt starke Argumente dafür an, dass es genügt, lediglich dieses Modell zu studieren, um jegliche Form menschlichen Denkens und Erkennens zu verstehen. Das Buch behandelt zahlreiche andere Dinge und viele Wissenschaftszweige, aber es verliert kein Wort über die Ergebnisse der experimentellen Psychologie. In diesem Gedankensystem ist das nicht nötig: Interessant ist das Modell, nicht die Denkweise einzelner Menschen. Kognitionswissenschaftler sind davon überzeugt, dass wir alles über das Denken wissen, wenn wir geeignete Modelle gründlich und intelligent kennen lernen. Hofstadter sagt: «In gewissem Sinn ist dieses Buch eine Darstellung meiner Religion.»

Begriffsbildende Programme

Parallel zur kognitiven Psychologie und zur Entstehung der Kognitionswissenschaft ging auch die künstliche Intelligenz einen Weg, der von der Hypothese einfacher hierarchischer Modelle zu komplexen, verwickelten Modellen mit seltsamen geschlossenen Schleifen führt. Das Paradigma der künstlichen Intelligenz war ein anderes: Sie konstruierte ihre Modelle nicht auf der Grundlage der Messung von Reaktionszeiten und suchte keine Modelle für natürliche, sich gut bewährende Systeme, sondern berief sich auf Konstruktionsprinzipien, die gut funktionierende Systeme verhießen.

Die ersten Schritte führten zu so spektakulären Erfolgen wie ELIZA. So sollte beispielsweise Pat Lanleys Programm BACON die klassische Physik wiederentdecken. Dieses System sucht mittels einer großen Menge numerischer Daten («Messergebnisse») nach Beziehungen zwischen Begriffen und bildet neue Begriffe. Dem System wurden zunächst nur wenige sehr einfache Begriffe wie Entfernung, Zeit und Gewicht und eine große Menge von Daten zur Verfügung gestellt, die mehr oder weniger genaue Ergebnisse imaginierter Messungen waren.

Das System BACON beruhte auf dem Grundgedanken, dass sich hinter einer zwischen zwei seiner existierenden Begriffe bestehenden stabilen Beziehung ein anderer interessanter Begriff stecken könnte. Deshalb lohnt es sich, mit Hilfe der beiden Begriffe einen dritten Begriff zu definieren.

So suchte das Programm mittels sehr weniger einfacher Grundsätze nach Beziehungen. Es nahm beispielsweise zwei Variablen (zwei schon bekannte physikalische Begriffe) und untersuchte die Beziehung der beiden zueinander. Wenn es fand, dass die Zunahme einer der beiden Variablen gewöhnlich mit der Zunahme der anderen einherging, überprüfte es, ob die Beziehung der beiden Veränderlichen konstant war. Wenn es konstant war, speicherte es das Verhältnis der beiden Variablen als neuen Begriff im Programm. Wenn das Verhältnis zwischen den beiden Variablen nicht konstant war, untersuchte das Programm ihr Produkt.

Dieses Verfahren konnte das Programm BACON sehr oft erfolgreich anwenden, und das Prinzip erwies sich als sehr effektiv. Auf diese Weise fand BACON das dritte Kepler'sche Gesetz (die Quadrate der Umlaufzeiten von Planeten verhalten sich zueinander wie die 3. Potenzen der großen Halbachsen ihrer Bahnellipsen). Es entdeckte das Gesetz von Snellius-Descartes, und es kam auf dieser Grundlage zum Begriff des Brechungskoeffizienten. In der Elektrotechnik entdeckte es das Ohm'sche und Kirchhoff'sche Gesetz.

BACON war eine weitere Regel eingegeben, die dem Programm vorschrieb, jedes Messergebnis als Einheit zu sehen: Falls sich andere Messergebnisse (jedenfalls bis zu einer bestimmten Genauigkeit) als ganzzahlige Vielfache davon erwiesen, sollte es aus der ursprünglichen Einheit einen neuen Begriff bilden. Dieses Prinzip erwies sich ebenfalls als nützlich, denn das Programm entdeckte das Dalton'sche Gesetz und schuf den Begriff des Molekulargewichts.

BACON entdeckte keinen Begriff und keine Beziehung, die den Physikern nicht schon lange bekannt waren. Für das Programm jedoch waren alle geschaffenen Begriffe neu. Hätten Kinder oder Laien sie entdeckt, hielten wir sie für sehr kreativ.

Das von Douglas B. Lenats erdachte Programm AM (Automatisierte Mathematik) sollte mathematische Begriffe entdecken. Zu Beginn war dem Programm relativ wenig mathematisches Wissen vorgegeben, nämlich nur die Begriffe Menge, Gleichheit, kleiner als, größer als, Vereinigung und Durchschnitt von Mengen und einige wenige andere. Einige Regeln, die sich in zwei Gruppen einordnen lassen, dienten der Entwicklung neuer Begriffe.

Die erste Art von Regeln sollte Kandidaten für neue Begriffe finden. Jeder mathematische Begriff war durch eine Formel definiert, deshalb dienten diese Regeln dazu, aufgrund schon existierender Begriffsformeln neue Formeln aufzustellen. Wenn das Programm beispielsweise eine Gleichung fand, die sich leicht lösen ließ, sollte das Programm sie spezieller machen. Wenn eine Gleichung schwer oder gar nicht zu lösen war, sollte das Programm die Gleichung verallgemeinern. Wenn das Programm zwei schwer zu befriedigende Gleichungen fand, sollte das Programm daraus eine neue machen, indem es die beiden durch «oder» verknüpfte. Aus zwei leicht lösbaren Gleichungen sollte es eine neue erstellen, indem es sie mit «und» verknüpft. AM enthielt ein Dutzend solcher Regeln.

Die zweite Art von Regeln bewertete, ob eine neu geschaffene Formel für interessant befunden wurde oder nicht und ob sie in die existierende Begriffsmenge aufgenommen werden sollte oder nicht. Ein Begriff ist beispielsweise dann interessant, wenn sich Beispiele dafür nicht sehr leicht finden lassen, die Suche aber auch nicht aussichtslos ist. Ein Begriff ist auch dann interessant, wenn das Programm schwierige Fragen dazu stellen kann. Solche Fragen stellte ein anderer Satz formelerzeugender Regeln.

Das Programm AM enthielt keinen Apparat zum Beweisen von Sätzen. Es konnte die Begriffe und Beziehungen nur mit Hilfe vieler Zahlen überprüfen.

Insgesamt enthielt das fertige Programm AM 115 Regeln, als sein Urheber es sich selbst überließ, um ihm beim Entdecken zuzusehen. AM fand viele interessante Begriffe. So kam es bald zum Begriff der ganzen Zahlen, zur Definition der vier Rechenoperationen und zum Begriff der Primzahl. Zu den Primzahlen gelangte es auf interessante Weise: Es beobachtete, dass Zahlen, die drei Teiler haben, Quadratzahlen sind, und bemerkte dann, dass die Quadratwurzel solcher Zahlen immer genau zwei Teiler haben (1 und die Zahl selbst). Danach fand es den Fundamentalsatz der elementaren Zahlentheorie («Jede natürliche Zahl ist eindeutiges Produkt von Primzahlen»). Später stellte es sogar die berühmte Goldbach'sche Vermutung auf (wonach jede positive ganze Zahl Summe von zwei Primzahlen ist – dieser Satz ist bis heute weder bewiesen noch widerlegt).

Das Programm AM hat viele Begriffe entdeckt, die Mathematiker für wirklich interessant halten. Es hat auch einen Begriff entdeckt, den die Mathematiker der Stanford University nicht kannten, aber für sehr interessant hielten. Später stellte sich heraus, dass ein weniger bekannter indischer Mathematiker ihn schon in mehreren Arbeiten untersucht hatte.

Heuristische Verfahren

Das Programm zielte im Wesentlichen darauf ab, das Verhalten *heuristischer Verfahren* zu untersuchen. Die Heuristik ist die Lehre von der methodischen Gewinnung neuer Erkenntnisse durch Verfahren und Prinzipien, die nicht der Begründung, sondern der Gewinnung von Erkenntnissen dienen. Die Bezeichnung geht auf den berühmten Freudenruf des Archimedes zurück, dem im Bad plötzlich einfiel, wie er herausfinden könne, ob die Krone des Königs Hieron ganz aus Gold war, und der dann mit dem Ruf *Heureka!* («Ich hab's gefunden!») nackt durch die Straßen von Syrakus lief, um seine Idee so rasch wie möglich in die Tat umzusetzen.

Auch uns beglücken Erkenntnisse, die von heuristischem Wert sind, d. h. zur Auffindung von Neuem dienen, denn das Wesentliche an ihnen ist gerade, dass wir des Erfolgs nicht sicher sein können. Der Mensch geht in fast all seinen Gedankengängen in jedem Moment heuristisch vor, weil das seine einzige Möglichkeit ist, innerhalb eines vernünftigen Zeitraums zu handeln, ohne lange über die Vielfalt der Möglichkeiten mit all ihren Folgerungen und all ihren möglichen Folgerungen aus den Folgerungen nachzudenken. Auch die künstliche Intelligenz kommt nicht ohne Heuristik aus, weil selbst die schnellsten Computer selten alle Verästelungen der Denkketten nachrechnen können.

Im Fall eines Schachspiels ist es theoretisch möglich, alle Ketten der Folgerungen abzuzählen, aber schauen wir uns an, wie viel Arbeit nötig wäre. Das erstaunliche Ergebnis lohnt die Mühe. Die Erfahrung zeigt, dass bei einer Schachstellung im Durchschnitt dreißig bis vierzig Züge möglich sind. Mein Gegner kann auf jeden Zug mit etwa genauso vielen Zügen antworten, und dann kann ich wieder auf jeden seiner Züge antworten usw. Schon wenn wir die Partie nur so lange verfolgen, bis jede Seite etwa fünfundzwanzig Spielzüge gemacht hat, müssen wir mindestens 30^{50} Fälle betrachten. Nehmen wir an, jedes Atom auf der Erde sei ein Computer, der nur diese Schachstellung berechnet, und das in der Zeitspanne, in der das Licht einen Millimeter zurücklegt. Eine kurze Rechnung zeigt, dass dieser wirklich hoch entwickelte Computer mehrere Millionen Jahre brauchen würde, bis er all diese Fälle untersucht hätte.

Da wir weder auf eine solche Wundermaschine noch auf solche Geduld hoffen können, kommt auch die künstliche Intelligenz nicht ohne Begriffsbildung aus, nicht einmal in einem so wohl definierten Bereich wie dem Schachspiel. Wir sollten jedoch die quantitativen Möglichkeiten, die uns Computer liefern, nicht unterschätzen. Obwohl es keine Chance gibt, die *perfekte* Lösung einer Schachaufgabe mit rein quantitativen Mitteln zu finden, könnte die menschliche Höchstleistung durch ein Programm überboten werden, das dumm ist (also keine intelligente Heuristik hat), aber viel berechnen kann. Darauf werden wir in Kapitel 12 zurückkommen.

Das Programm EURISKO

Douglas Lenat hat das Programm AM wagemutig und radikal weiterentwickelt. Sein Programm EURISKO ist nicht nur in der Lage, Begriffe zu erzeugen, indem es gewisse heuristische Regeln benutzt, sondern es kann sogar seine eigene Heuristik verändern. EURISKO arbeitet nicht nur mit Formeln, die Begriffe darstellen, sondern auch mit anderen heuristischen Verfahren. Diese spezielle Heuristik bezeichnet man als Meta-Heuristik. Eine solche Heuristik beobachtet beispielsweise die Arbeit anderer heuristischer Verfahren und analysiert fortwährend, welche zu einer erfolgreichen Begriffsbildung führen und wie oft. Die Anwendungsbedingungen der weniger erfolgreichen Methoden werden automatisch erleichtert: Die Meta-Heuristik wandelt den Teil des Programms, der für die problematische Heuristik gilt, in ein Programm um, das weniger strenge Prüfungen durchführt. EURISKO enthielt zu Beginn 244 heuristische und metaheuristische Verfahren.

Der Erfolg des Programms lässt sich auf zwei Weisen analysieren. Einerseits kann man nachprüfen, ob EURISKO, das auf einem viel komplexeren Niveau arbeitet als das ursprüngliche AM, bessere mathematische Begriffe findet. Andererseits kann man EURISKO auch als ein Programm betrachten, das neue heuristische Verfahren entdeckt. Seine heuristischen Methoden ändern sich von einem Augenblick zum nächsten, als ob evolutionäre Faktoren darauf wirken würden. Wenn sich eine Heuristik nicht bewährt, wird sie erbarmungslos durch eine Meta-Heuristik ersetzt. Man kann sich fragen, wie viele heuristische Verfahren von EURISKO sich im Lauf der Zeit verändern, wenn das Programm eine neue, interessante und erhellende Heuristik entdeckt, und natürlich auch, ob der menschliche Verstand die neuen und effektiveren heuristischen Verfahren begreift.

Die erste Frage lässt sich leicht beantworten. Von den ersten zweihundert mathematischen Begriffen, die AM kreierte, hielten Mathematiker hundertfünfundzwanzig für wirklich interessant. Das sind 62,5 Prozent. Von den nächsten dreihundert Begriffen, die AM interessant fand und in seinen Bestand aufnahm, akzeptierten die Mathematiker jedoch nur neunundzwanzig, also weniger als 10 Prozent. Die anfänglich hohe Trefferquote nahm rasch ab, die Ausschussquote nahm zu. Die heuristischen Verfahren, die zufrieden stellende Grundbegriffe der Mathematik fanden, waren weniger erfolgreich, wenn sie höhere Niveaus, also wesentlichere Begriffe, erreichen sollten (hier kann man auch das Beispiel von Kapitel 4, S. 93 anführen). Das war einer der Gründe, warum Lenat es als notwendig erachtete, von AM zu EURISKO überzugehen.

Die Mathematiker hielten viele der von EURISKO gefundenen mathematischen Begriffe für interessanter als die vom AM-Programm ermittelten. Aber wieder nahm der Anteil der wirklich interessanten Begriffe allmählich ab, als die Anzahl der neuen Begriffe zunahm. Die Abnahme der Häufigkeit interessanter Begriffe begann zwar später als bei AM, aber der Prozentsatz war etwa gleich. Die metaheuristischen Verfahren erwiesen sich also als nützlich, konnten aber jenseits eines bestimmten Niveaus das Programm nicht daran hindern, viele uninteressante Begriffe zu bilden. Der Weg ist immerhin vielversprechend: Die Einführung der metaheuristischen Verfahren führte zu einer deutlichen qualitativen Verbesserung.

Die andere Frage ist, ob EURISKO interessante und erhellende heuristische Verfahren entdeckte oder nicht. Diese Frage ist viel schwieriger. Es ist nicht so einfach, unabhängige Experten zu befragen, ob eine bestimmte Heuristik interessant und neu ist oder nicht. In seinem bemerkenswerten Buch *How to prove it* beschreibt György Pólya Dutzende altbewährter heuristischer Verfahren, aber diese wurden schon bei der Konstruktion von AM berücksichtigt. Ein wichtigeres und schwierigeres Problem ist, dass wir die vom Computer entwickelten heuristischen Verfahren nur schlecht interpretieren können. Wir verstehen heuristische Verfahren nicht so, wie wir mathematische Formeln verstehen. Wir erkennen leicht den Begriff der Primzahlen, wenn wir ihn in Form eines Computeralgorithmus sehen. Mit Heuristik aber geht unser Denken anders um.

Wie kann eine Gleichung beispielsweise die Heuristik «Versuche, neue Daten zu mobilisieren» beschreiben, die Pólya in Kapitel 3 erwähnt? Wir verstehen diese Anweisung, aber sie ist kein Algorithmus. Beim Schreiben des AM-Programms bestand die größte Schwierigkeit darin, diese Heuristik und ähnliche heuristische Verfahren in Regeln zu fassen, die für einen Computer sinnvoll sind.

Das umgekehrte Problem stellt sich bei der Interpretation der von EURISKO entwickelten neuen heuristischen Verfahren: Diese heuristischen Verfahren sind Programme oder Algorithmen, die in einer raffinierten Computersprache formuliert sind, und wir sind nicht in der Lage, sie in menschliche Sprache zu übersetzen – was wahrscheinlich daran liegt, dass sie nicht in das System unserer schon existierenden Begriffe passen. Selbst wenn wir die ursprünglichen, anfänglichen heuristischen Verfahren verstehen, kann sich ihre ursprüngliche Bedeutung durch die von den metaheuristischen Verfahren verursachten «Mutationen» doch sehr verändern. Das ist eine der interessantesten Lektionen, die uns das EURISKO-Programm gelehrt hat: Es ist vorstellbar, dass wir zwar in der Lage sein könnten, künstliche Intelligenz zu erschaffen, doch nicht, sie mittels unserer geistigen Fähigkeiten und Begriffssysteme zu erfassen oder zu verstehen.

Eine logische Erweiterung von EURISKO bestünde darin, einen Schritt weiter zu gehen und metametaheuristische Programme einzuführen, die die Meta-Heuristik verändern können. Wahrscheinlich würde das Programm noch verschränkter, aber es würde nicht viel besser. Zurzeit kennen wir kein Prinzip, das helfen könnte, die nächste Stufe zu planen: Was sollte die Meta-Meta- und dann die Meta-Meta-Meta-Heuristik usw. leisten? Lenat hat sein Programm bei seiner jahrelangen Arbeit an AM und EURISKO niemals in diese Richtung weiterentwickelt. Er hat vielmehr versucht, die Quantität zu vergrößern und mehr unterschiedliche heuristische Verfahren aus dem Alltagsleben, also aus einem viel weiteren Feld als dem der reinen Mathematik, in das System aufzunehmen. In Kapitel 12 werden wir über die Ergebnisse dieses Versuchs berichten.

Meta-Niveaus

Die griechische Vorsilbe *meta* kann Verschiedenes bedeuten. Sie kann eine Veränderung des folgenden Worts bezeichnen, wie in Metamorphose, Metabolismus oder Metaphrase. Sie kann auch *nach* und *über* bedeuten, wie in Metapher oder Metastase (was Übertragung, etwa auch bösartiger Zellen von einer Körperstelle auf eine andere durch den Blutstrom) bedeutet. Und sie kann *jenseits* und *übergreifend* bedeuten, wie in Metagalaxie oder Metaphysik.

Die Vorsilbe *meta* hat auch eine vierte Bedeutung, und zwar kann sie besagen, dass der Sinn eines Systems durch Mittel außerhalb des Systems beeinflusst, interpretiert und verändert wird. Meta-Kommunikation hat diese Bedeutung, denn sie interpretiert, beeinflusst oder korrigiert sogar die Bedeutung eines Systems der Verständigung mit Worten durch andere Formen der Verständigung wie Mimik oder Gebärden. Auch EURISKOs Meta-Heuristik bezog sich auf normale heuristische Verfahren und beeinflusste ihre Bedeutung.

Der Ausdruck Meta-Niveau wird hier in diesem Sinn verwendet. Eine Meta-Galaxie ist also nicht das Meta-Niveau der Galaxie, denn sie sagt weder etwas über unsere Galaxis aus, noch verändert oder interpretiert sie ihre Bedeutung, sondern geht über die Galaxis hinaus. Die neuen Tonarten in Bachs «Canon per tonos» sind keine Meta-Niveaus voneinander, weil d-Moll nichts über c-Moll besagt und es nicht interpretiert.

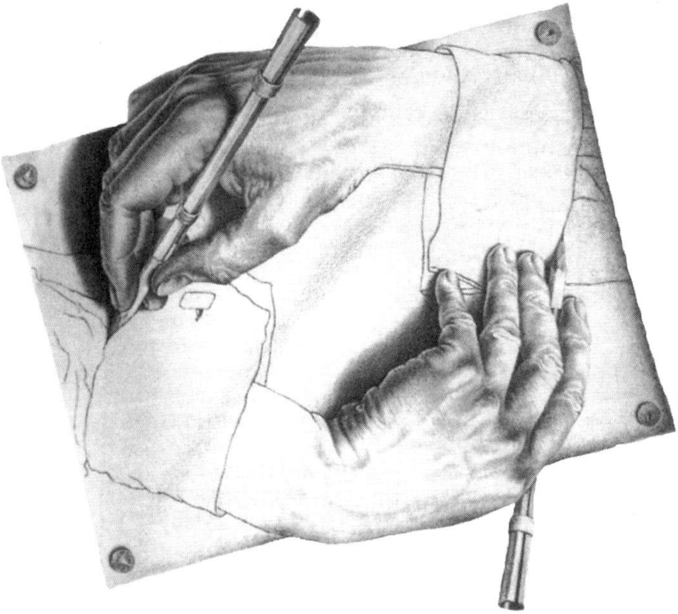

M. C. Eschers «Zeichnende Hände».

Die Wirkungsweise von Meta-Niveaus lässt sich gut an M. C. Eschers Bild «Zeichnende Hände» veranschaulichen. Die beiden einander zeichnenden Hände zeigen deutlich das Phänomen der verschränkten Hierarchie. Wenn das Bild lediglich im Rahmen dieses Bildes überprüft wird, lässt sich die Beziehung zwischen den beiden Händen einfach nicht entwirren: Das Problem führt unweigerlich zu dem Problem mit der Henne und dem Ei. Und doch gefällt uns das Bild und erfreut unser

Auge, lässt uns vielleicht staunen, bringt uns aber nicht in Verlegenheit. Wir wissen, dass es außer den beiden Händen außerhalb der Welt des Bildes einen Maler gibt, der all dies erschaffen hat. Wir können das Bild mit Wohlgefallen betrachten und seine Schönheit genießen, während wir es gleichzeitig auf einem Meta-Niveau erkennen und interpretieren.

Auch der Gödel'sche Satz handelt auf einem Meta-Niveau von den klassischen Zweigen der Mathematik (Zahlentheorie, Analysis). Er bezieht sich auf einen Zweig der Mathematik, der sich mit abstrakten mathematischen Objekten und Beweisverfahren befasst. Die Ergebnisse dieses Zweigs, der so genannten Meta-Mathematik, interpretieren die Gültigkeit und Ausdrucksstärke der Sphäre der klassischen Mathematik.

Die Metaphysik ist nicht das Meta-Niveau der Physik, denn bei ihr geht es um etwas jenseits der wahrnehmbaren Welt mit ihren Erfahrungen. Da dies – ob existent oder nicht – nicht in die Sphäre der Wissenschaft der Physik fällt, ist die Metaphysik heute nicht auf dem Meta-Niveau der Physik als Wissenschaft. Ursprünglich wollte Aristoteles eine Metaphysik schaffen, die wirklich ein Meta-Niveau der Physik ist.

Auch ist die Chemie nicht ein Meta-Niveau der Physik, denn obwohl sie die aus der Physik bekannten Teilchen in größeren Einheiten und auf höheren Niveaus untersucht, interpretiert sie nicht die Begriffe und Gesetze der Physik – sie benutzt sie höchstens. Sie verändert sie überhaupt nicht. Aus ähnlichen Gründen können wir nicht sagen, dass die Biologie ein Meta-Niveau der Chemie ist oder die Psychologie ein Meta-Niveau der Biologie. Die Mathematik kann als Meta-Niveau mehrerer Zweige der Naturwissenschaften angesehen werden, aber nicht aller gleichzeitig: Jeder Zweig einer Naturwissenschaft kann andere Mathematik als sein Meta-Niveau nutzen. Genau das besagt der Gödel'sche Satz: Entgegen jahrtausendealten Überzeugungen kann die Mathematik nicht für sich beanspruchen, auch nicht in der Theorie, ein allen Zweigen der Wissenschaft gemeinsames allgemeines Meta-Niveau zu sein.

Menschen beobachten die vergeblichen Bemühungen der «dümmeren» Grabwespen von einem Meta-Niveau aus. Ihrer Meinung nach hätte ein intelligenteres Wesen spätestens nach einigen Versuchen erkannt, dass sein Tun es in einen Teufelskreis geraten ließ. Vermutlich wäre ein intelligenteres Wesen in der Lage, die Behinderungen des Eierlegens von außen zu betrachten und dann unter Revision der täglichen Routine mit Hilfe des Meta-Niveaus eine Lösung zu finden. Ähnlich verhält es sich, wenn wir bemerken, dass die Nadel des Plattenspielers stecken bleibt und sich dieselben wenigen Takte unablässig wiederholen. Unser Entzücken des Musikhörens wird abrupt unterbrochen und wir greifen ein, um die Sache in Ordnung zu bringen. Wird eine Unterhaltung immer langweiliger, suchen wir eine Ausrede, um der seltsamen Schleife des Gesprächs zu entkommen. Die Langeweile zwingt uns, das uns umgebende System – an dem wir selbst handelnd teilnehmen – auch von einem Meta-Niveau aus zu betrachten. Dazu ist selbst die «klügere» Grabwespe nicht in der Lage, und das allein würde vermutlich rechtfertigen, sie nur mit Anführungsstrichen «klüger» zu nennen, selbst wenn wir nicht wüssten, dass sie sich in anderen Situationen als «dümmer» erwies. Auch sie konnte der seltsamen Schleife nicht entkommen, sondern hatte für den Fall dieser bestimmten Frustration einfach ein glücklicheres biologisches Programm, und deshalb geriet sie gar nicht in den Teufelskreis. Sie versteht das Wesen des Problems der anderen Grabwespe genauso wenig wie ein Mensch, der niemals drogenabhängig war, nicht wirklich verstehen kann, warum der

Drogenabhängige nicht einfach aufhört oder seine selbstzerstörerische Sucht nicht in Schach hält. Die Drogensucht ist ein krasses Beispiel, aber leichtere Suchtformen lassen sich täglich beobachten, beim unablässigen Fernsehkonsum ebenso wie beim fast unaufhörlichen Familienstreit, beim Zocken an Spielautomaten wie bei der zwanghaften Erfindung von Wortspielen.

Wir können die Langeweile als eine Art Meta-Heuristik betrachten, die wahrnimmt, dass eines unserer heuristischen Verfahren in eine unendliche Schleife gerät (oder ihm dies jedenfalls sehr wahrscheinlich droht) und dann zu handeln beginnt: Sie interpretiert, beeinflusst und verändert die Situation mit mehr oder weniger raffinierten Verfahren.

Wir verfügen sicher über noch mehr metaheuristische Verfahren, denn es gibt gewisse Ähnlichkeiten zwischen dem dümmeren Verhalten der «klügeren» Grabwespen und dem der Menschen. Auch wir neigen dazu, in einem Kampf oder Streit viel länger zu verharren, als der Streitpunkt es wert ist. Oft bleiben wir, weil eine Kettenreaktion ausgelöst wurde, in der Logik und dem System der Kette stecken und betrachten sie nicht mehr von außen. Das zeigt die folgende Geschichte, die von Mathematikern über David Hilbert und von Physikern über André Marie Ampère erzählt wird: Eines Abends, als Gäste erwartet wurden, machte die Ehefrau den Professor darauf aufmerksam, er möge doch die Krawatte wechseln. Der Professor ging ins obere Stockwerk, kam aber nicht zurück. Verwundert machte sich seine Frau auf die Suche nach ihm und fand ihn fest schlafend im Bett. Er hatte das Ablegen der Krawatte als Beginn des Rituals des Schlafengehens gedeutet.

In dieser Geschichte versagte das Meta-Niveau, das bemerkt, wann eine Ereigniskette unter den gegebenen Umständen unangebracht ist. Eine Heuristik von niedrigerem Rang übernahm die Leitung des Verhaltens und ließ die höherrangige Meta-Heuristik nicht zum Zug kommen. Aber kann einer Meta-Heuristik wirklich ein höherer Rang zugeschrieben werden, wenn solche Dinge passieren können?

Unser Denken erzeugt noch kompliziertere Beziehungen. Wenn ein Maler abschätzt, ob die vorhandene Farbe für sein geplantes Bild ausreicht, kommt er zu einem genaueren Ergebnis, wenn er nicht in der Sphäre seiner Kunst bleibt, sondern externe Verfahren anwendet, die Quadratzentimeter seiner Leinwand und die durchschnittliche Menge Farbe pro Quadratzentimeter berechnet. Einige Augenblicke lang benutzt er dann die Mathematik als ein Meta-Niveau. Mathematiker wiederum benutzen die Welt der Zeichnungen und Abbildungen als Meta-Niveau, um ihre Gedanken zusammenzufassen und weiterzugeben. In diesem Fall kommt es für sie nicht darauf an, ob der Kreis, den sie zeichnen, eher einem Ei ähnelt oder eine Ecke hat, weil das für das Grundniveau, das Niveau der Mathematik, nicht wichtig ist. In unserer verschränkten Hierarchie des Denkens mit ihren seltsamen geschlossenen Schleifen kann es vorkommen, dass ein Niveau das Meta-Niveau des anderen ist und umgekehrt das andere das Meta-Niveau des ersten.

Die Begriffe verwirren sich. Nicht nur, weil wir erkannt haben, dass die Hierarchien unserer Begriffe verschränkt sind, sondern auch, weil mehrere unserer Begriffe unangenehm miteinander verwoben sind. Wir haben von der Logik der Dinge gesprochen, von formaler Logik, Trance-Logik. Alltagslogik, Analogien, Modellen, Gedanken, Begriffen, Heuristik. Aber was sind sie eigentlich? Wie unterscheiden sie sich voneinander? Oder könnte sich mittels Zen-Erleuchtung herausstellen, dass diese Dinge alle ein und dasselbe sind? Die westliche Wissenschaft möchte immer noch wissen, was ihnen allen gemeinsam ist. Im Folgenden werden wir versuchen, all diese Begriffe auf einem gemeinsamen Meta-Niveau zu behandeln.

6. Kognitive Schemata

Ich entdeckte, … dass die Tiere sich offenbar immer so verhalten, wie es den fundamentalen Grundsätzen des Beobachters entspricht. Bertrand Russell[1]

In Kapitel 2 sahen wir, dass wir unsere Schlüsse auch dann nicht mit Hilfe der formalen Logik ziehen, wenn sich die Mittel der formalen Logik durchaus zur Herleitung dieser Schlüsse eignen. Vielmehr erhalten wir die Ergebnisse mittels Analogien und typischen Beispielen oder, in der Fachsprache ausgedrückt, durch *mentale Modelle*, die gut zur Logik der Dinge passen. Wer bessere mentale Modelle für die untersuchten Phänomene hat, kann bessere Schlüsse ziehen, solche, die sich aus einfacheren und weniger differenzierten mentalen Modellen vermutlich nicht ziehen lassen.

Der Begriff des mentalen Modells spielt vor allem in Untersuchungen und Theorien kognitiver Psychologen eine Rolle, bei denen es um die Analyse der Mechanismen des Schlussfolgerns geht. Besonders die Gestaltpsychologie, Anfang des 20. Jahrhunderts entstandene Richtung der Psychologie, hat sich auf die Untersuchung der Sinneswahrnehmung konzentriert. *Gestalt* bedeutet auch in der Gestaltpsychologie mehr als nur Form oder Umriss – die Gestalt ist das Ergebnis von etwas Lebendem, von Ordnung, eine Art Schöpfung. Wir kennen schon den Ausgangspunkt: Das Ganze ist mehr als die Summe seiner Teile. Die Gestaltpsychologie konzentrierte sich auf die Fragen: «An welchem Punkt wird das Ganze ein Ganzes? Passiert das auf der Ebene der Empfindung, dort, wo es ins Gedächtnis eintritt, oder nur auf bewusstem Denken?»

Aufgrund von Experimenten zu Wahrnehmungstäuschungen bei Strukturen, die wir als Ganzes sehen, kam die Gestaltpsychologie zu dem Schluss, dass wir Beispiele dafür finden könnten, wie wir zu Schlussfolgerungen kommen, ohne die Einzelheiten aller Teile unserer Denkprozesse zu untersuchen, ja sogar ohne uns unseres Denkens bewusst zu sein. Der immer besser durchdachte Gestaltbegriff ermöglichte es, viele neue Täuschungen der Wahrnehmung, der Erinnerung und des Denkens, die fast bei jedem vorkommen, zu erkennen und vorherzusagen, dass sie sich gut untersuchen lassen.

Die Gestaltpsychologie brachte insofern etwas Neues in die Psychologie, als es ihr unter Beibehaltung der traditionellen holistischen Einstellung zu den Phänomenen gelang, die Phänomene mit Hilfe der reduktionistischen Untersuchungsmethoden der Naturwissenschaften nachzuweisen und zu erklären.

Der Begriff des Schemas

Kant entwickelte eine Ebene der Analyse – die der Schemata –, die er zwischen den reinen Sinneseindrücken und den abstrakten A-priori-Kategorien ansiedelte: «Das Schema ist an sich selbst jederzeit nur ein Produkt der Einbildungskraft […] Diese Vorstellung nun von einem allgemeinen Verfahren der Einbildungskraft, einem Begriff sein Bild zu verschaffen, nenne ich das Schema zu diesem Begriffe.»[2]

Der Begriff Schema wird heute vor allem in der Gedächtnisforschung verwendet. Es ist bezeichnend für die Schwierigkeiten der Nomenklatur, dass F. C. Bartlett schon 1932 in seinem Buch *Remembering* schrieb: «Mir gefällt der Ausdruck ‹Schema› überhaupt nicht. Er ist zugleich zu definitiv und zu skizzenhaft. Die Bezeichnung ist in kontroversen psychologischen Arbeiten schon weit verbreitet und bezieht sich dort allgemein auf jede eher vage umrissene Theorie. Sie legt eine dauerhafte, aber bruchstückhafte ‹Form des Arrangements› nahe und zeigt nicht an, was für den Begriff insgesamt wesentlich ist, dass die geordneten Massenergebnisse früherer Veränderungen von Ort und Einstellung die ganze Zeit aktiv etwas *tun*; sie werden sozusagen vollständig, wenn auch sich entwickelnd, von einem Augenblick zum anderen mit uns mitgeführt. Aber es ist sicherlich sehr schwierig, ein einziges, es besser beschreibendes Wort zu finden, das die betreffenden Tatsachen umfasst. Am besten spräche man wohl von ‹aktiv sich entwickelnden Mustern› … Ich werde jedoch weiter den Ausdruck ‹Schema› verwenden, wenn das angebracht erscheint, aber ich will versuchen, seine Anwendung genauer zu definieren.»[3]

So will auch ich es halten. Obwohl ich mich beim «Einfangen» und Untersuchen des Phänomens der Schemata von der Schule Bartletts und anderer Klassiker auf diesem Gebiet unterscheide, hat der Begriff auch für mich eine ähnliche Konnotation. Kognitive Schemata sind für sich sinnvolle Einheiten mit eigenen Bedeutungen. Sie lenken die Wahrnehmung, aktivieren das Denken und verändern sich je nach der erhaltenen Information. Die innere Struktur der kognitiven Schemata ist sehr kompliziert, unterschiedliche Bruchstücke von Information werden in ihnen durch unterschiedliche Beziehungen organisiert. Die einzelnen Schemata sind in unseren Gehirnen auf komplizierte Weise geordnet; im Lauf ihrer Aktivität vermitteln sie einander die Information und verändern einander dabei fortwährend. Die Aufzählung ihrer Eigenschaften ist zu komplex, als dass sie auf Anhieb verständlich wäre, aber ganz allmählich wird sich die Bedeutung der unterschiedlichen Eigenschaften klären.

Praktisch bemerken wir in unserer Umwelt nur dann etwas, wenn wir dafür ein Schema haben. Erwähnt sei hier nur eines von vielen verblüffenden und aufsehenerregenden Experimenten. Bei diesem schon 1949 von Bruner und Postman durchgeführten Experiment sollten die Versuchspersonen Spielkarten benennen. Zum größten Teil waren es ganz gewöhnliche Spielkarten, einige waren aber verändert worden, zum Beispiel eine rote Piksechs oder eine schwarze Herzvier. Wurden die Karten den Versuchspersonen nur für kurze Zeit gezeigt, identifizierten die meisten Versuchspersonen die gewöhnlichen Karten richtig, während sie die abgeänderten ohne langes Zögern als normale Karten bezeichneten. Die schwarze Herzvier wurde also beispielsweise als Pikvier oder Herzvier identifiziert. Sie merkten nicht einmal, dass etwas nicht stimmte.

Wenn aber die Versuchspersonen die Karten längere Zeit betrachten durften, begannen sie zu zögern; sie merkten, dass etwas nicht stimmte, jedoch nicht, was es war. Oft fühlten sie sich unwohl und verwirrt. Eine der Versuchspersonen formulierte es folgendermaßen: «Ich kann die Farbe nicht erkennen, gleichgültig welche es ist. Diesmal sah es nicht einmal wie eine Karte aus. Ich weiß nicht, ob es jetzt Rot oder Schwarz ist, und ob es Pik oder Herz ist. Ich bin jetzt nicht einmal mehr sicher, wie ein Pik aussieht. Ach, du lieber Gott!»[4]

Wenn die Karten noch länger gezeigt wurden, kam bei den meisten Versuchspersonen plötzlich ein Punkt, an dem sie die anomalen Karten richtig benannten. Diejenigen, die die anomalen Karten ein- oder zweimal erkannt hatten, identifizierten die ungewöhnlichen Karten später problemlos auch dann, wenn sie wieder nur für so kurze Zeit wie zu Beginn gezeigt wurden. (So sagten sie beispielsweise: «Das ist eine schwarze Herzvier.») Einige Versuchspersonen konnten die anomalen Karten jedoch auch dann nicht identifizieren, wenn sie ihnen vierzigmal länger gezeigt wurden, als sie zum Erkennen der regulären Karten brauchten.

Der Augenblick, in dem sich ein Schema abzeichnet, löst oft Freude über die plötzliche Einsicht aus. Dieses Gefühl, auch «Aha-Effekt» genannt, fasste der ungarische Psychologe György Horváth folgendermaßen knapp zusammen: «Verstehen ist das Ordnen von Gedanken zu einer Einheit.»[5] Man kann auch sagen: Ein Schema wird geboren.

Gelegentlich sagt man: Ich glaube, was ich sehe. Möglicherweise ist die Umkehrung der Wahrheit näher: Wir sehen nur das, was wir glauben. Wir nehmen das wahr, was uns unsere Schemata wahrnehmen lassen. Sehen ist Glauben. Die Wissenschaft macht da keine Ausnahme: So leiten Paradigmen die Forschung. Wenn die Versuchspersonen beispielsweise in dem Experiment mit den Karten nur die Farbe der Karten angeben sollten, zählten sie die rote Piksechs ohne Zögern zu den schwarzen Karten. Sie zeigten keinerlei Verwirrung und brauchten nicht nachzudenken, denn sie hatten lediglich eine Piksechs gesehen, und ihrem Paradigma entsprechend waren Karten mit Pik notwendigerweise schwarz. Sie erkannten nicht einmal, dass sie die Karten nicht ihrer Wahrnehmung entsprechend einordneten, sondern nach der logischen Herleitung, und es kam ihnen nicht in den Sinn, dass sie bei der Angabe der Farbe Fehler machen könnten. Nach dem Paradigmenwechsel jedoch, wenn sie den Begriff einer «roten Piksechs» entwickelt hatten, bestimmten sie die Farbe aller Karten, auch die der anomalen, richtig.

Der englische Philosoph und Mathematiker Bertrand Russell schreibt in seinem Buch *Philosophie – Die Entwicklung meines Denkens* als Fortsetzung des Mottos zu diesem Kapitel: «Ich entdeckte ... dass die Tiere sich offenbar immer so verhalten, wie es den fundamentalen Grundsätzen des Beobachters entspricht – eine zweifellos einigermaßen bedenkenerregende Entdeckung, die man aber auch beim Ausblick über weitere historische Perspektiven bestätigt finden wird: Im siebzehnten Jahrhundert waren Tiere blutdürstige Bestien; im achtzehnten wurden sie in den von Rousseau ausgelösten Kult des ‹edlen Wilden› einbezogen. [...] Unter Königin Victoria waren alle Affen tugendhaft und monogam, nur um dann in den ‹wilden zwanziger Jahren› dieses Jahrhunderts umso verheerendere moralische Verfallserscheinungen zu zeitigen. [...] Es zeigt sich, dass Tiere, die von Amerikanern beobachtet werden, rastlos herumhetzen und dabei irgendwann einmal rein zufällig ihr Problem bewältigen, während die von Deutschen beobachteten Tiere stillsitzen, sich hinter den Ohren kratzen und abwarten, bis die Lösung in den Tiefen ihres Innenlebens herangereift ist und zutage kommt. Womit ich keineswegs bestritten haben möchte, dass beides absolut zuverlässige Beobachtungen sind; denn wie sich ein Tier verhält, dürfte zum guten Teil von der Aufgabe abhängen, die man ihm gestellt hat.»[6]

Nonverbale Schemata

Die meisten unserer Schemata lassen sich nur schwer in Worte fassen. Ein extremes Beispiel ist die Erfahrung der Erleuchtung im Buddhismus: Wie wir in Kapitel 4 sahen, führt der Weg zur Erleuchtung durch die fortwährende Transzendenz von Worten, Begriffen und Kategorien. Die Übungen des Zen-Buddhismus (Meditation, Koan-Übungen, Rituale) lassen sich auch als

Schritte zur Entwicklung von Schemata auslegen, die nötig sind, um zur Erleuchtung zu gelangen.

Ein weniger extremes (in der Tat aber nicht weniger mystisches) Beispiel ist das, was passiert, wenn eine großartige Bachfuge oder ein Beatles-Song ein Ganzes wird. Auch dies hat alle Kennzeichen eines Schemas: Es beeinflusst aktiv, was wir in einem Musikstück hören können, und es verändert sich von einem Augenblick zum nächsten als ein Ergebnis unserer Erfahrung – nicht die Musikstücke ändern sich, sondern unser Schema *über* sie und *von* ihnen. Das trifft dermaßen genau zu, dass wir es durchaus akzeptieren, wenn jemand ein Stück von Bach oder den Beatles in einem ganz anderen Rahmen oder mit anderen Instrumenten spielt. Warum sollte er nicht seine eigenen Schemata so ausdrücken?

Nicht nur diejenigen unserer Schemata, die von Musik, Gemälden und Tanz erschaffen wurden, sind schwer in Worte zu fassen, sondern auch jene, die sich im Bereich der Poesie entwickelten. Das klingt paradox, denn Gedichte sind aus Worten gemacht, aber es trifft doch zu. Auch Gedichte, die wir nicht auswendig gelernt haben, können in uns als unabhängige Schemata wirken. Aber es ist aussichtslos, ein Gedicht umschreiben und mit anderen Worten ausdrücken zu wollen. Auch Symbole können als eine bestimmte Art von Schema betrachtet werden. Rolle und Wirkung von Symbolen passen zu dem oben Gesagten. Gute Bücher beeinflussen einige unserer Schemata durch einige ihrer Gedanken, und wirkliche Meisterwerke können zu eigenen, unabhängigen Schemata werden und als solche schwer in Worte zu fassen sein.

Wir haben viele alltägliche Schemata, die sich schwer in Worte fassen lassen und auch dann noch ungenau sind. Als 1768 die *Encyclopaedia Britannica* erstmals veröffentlicht wurde, wollten die Herausgeber England ein umfassenden Werk zur Verfügung stellen, das die gesamten Naturwissenschaften der Zeit beinhaltete. Band 1 enthielt Einträge mit den Anfangsbuchstaben A und B und hatte 511 Seiten. Band 2 umfasste Einträge mit den Anfangsbuchstaben C bis K und Band 3 den Rest. Band 2 und 3 hatten zusammen 753 Seiten. Offensichtlich ist es nicht so, dass unser Wissen über Dinge mit den Anfangsbuchstaben zwischen C und Z in den letzten beiden Jahrhunderten vollständiger geworden ist; sondern es geht um etwas anderes. Diese Geschichte erinnerte D. R. Hofstadter an die frühen Zeiten der Schallplattenherstellung, als die Kopien von einer einzigen Originalaufnahme gemacht wurden. Oft bemerkte der mit der Aufnahme betraute Toningenieur mitten in der Symphonie, dass der Platz auf der Platte gefährlich knapp wurde. Dann machte er dem Dirigenten heftige Zeichen, er müsse schneller spielen lassen, weil sonst der Platz auf der Platte nicht reichte. So wurde die Musik zum Ende der Aufnahme hin immer schneller.

Es ist wohl jedem klar, warum diese beiden Geschichten zusammengehören. Wenn ich diese Geschichte in meinen Uni-Vorlesungen erzähle, bleibt es nicht aus, dass jemand ausruft: «Genauso geht es mir, wenn ich für meine Prüfungen lerne!» Niemand wundert sich darüber. Wahrscheinlich gehört auch der Witz hierher, bei dem die Großmutter sagt, sie stricke so rasch, weil sie Angst habe, das Garn reiche nicht.

Gehören all diese Dinge in ein Schema? Falls ja, gruppiert sich dieses Schema nicht um ein Wort oder einen Ausdruck, sondern fasst einen komplizierteren Komplex des Denkens zusammen, der auch als Ganzes bekannt ist. Möglicherweise haben wir hier mehrere, eng verwandte Schemata. Es ist auch möglich, dass sich dieses Ganze bei manchen Menschen mit einem Schema deckt, bei anderen aber nicht. Wenn diese Geschichten nicht schon fertige Schemata berührt hätten, wäre die letzte Geschichte kein Witz gewesen, denn sie könnte nicht plötzlich einen anderen Aspekt gehabt und das Bezugssystem verändert haben.

Das Füllhorn der Schema-Begriffe

Jeder der Teilbereiche der Psychologie hat sich im Lauf der Zeit seinen eigenen Begriff von den kognitiven Einheiten gemacht, die jeweils die dort erforschte Organisation des Denkens verkörpern. Im Folgenden wird ohne ausführliche Definitionen eine Liste einiger in der Literatur regelmäßig vorkommenden Ausdrücke wiedergegeben: Rahmen, Umriss, Skript, semantische Gedächtniseinheit, Informationsbrocken, kognitive Struktur, Denkstrategie, schematische Antizipation, Muster, Modell, Topos, Stereotyp, Prototyp, Kernszene, Schablone, feste Assoziation usw. Diese Liste ließe sich durch mehrere allen Richtungen gemeinsame Ausdrücke ergänzen: Meisterleistung, Trick, Finesse, Pointe, Standardwitz. Die Fachausdrücke vermehren sich sowohl durch Aufteilung als auch durch unterschiedliche Aspekte der Analyse: Die Literatur nennt Schemata episodisch, orientational, prozedural, personal, rollenbezogen, textuell, historisch, dynamisch, relational, analytisch, synthetisch, kausal, prädikativ usw. …

Die meisten Schemata haben mehr Ähnlichkeit mit *Brehms Tierleben*, dem Standardwerk über das Tierreich, als mit einer wissenschaftlichen Theorie der Grundlagen des Denkens. Bei den Begriffen lassen sich leichter Ähnlichkeiten aufzeigen als Unterschiede. Und doch kann eine ähnliche beschreibende Systematisierung es erleichtern, Phänomene des Denkens, die uns im wirklichen Leben begegnen, zu beschreiben, genau wie die großen beschreibenden Systeme der Biologie dazu beigetragen haben, neu entdeckte Tier- und Pflanzenarten zu identifizieren.

Darwins Entdeckung hat die Biologie auf eine revolutionär neue Grundlage gestellt und unsere Einstellung radikal verändert. So gesehen sind die streng beschreibenden Systeme, die auf der Grundlage vieler komplexer Aspekte klassifizieren, keineswegs überflüssig. Immer noch halten sich Botaniker lieber an Linnés System als an das evolutionäre, das tiefe Zusammenhänge aufdecken kann, aber oft gewisse oberflächliche Kennzeichen vermischt.

Als wir am Ende des vorigen Kapitels sagten, nun seien die Begriffe völlig verwirrt, versprachen wir, den Versuch zu unternehmen, diese Begriffe auf einem gemeinsamen Meta-Niveau zu erörtern. Stattdessen haben wir eine Überfülle von Fachbegriffen angeführt. Ein umfassendes Meta-Niveau bildet sich in einem Wissenschaftszweig gewöhnlich dann heraus, wenn die Begriffe hoffnungslos komplex und die zu lösenden Rätsel immer bizarrer werden. Dieses Phänomen hat zu kognitiven Modellen geführt, mit deren Hilfe nicht nur die Phänomene selbst direkt analysiert werden, sondern auch die Operationsformen, die sie erschufen, und die allgemeinen Grundsätze. Wie in Kapitel 4 dargelegt, führte die Analyse von Modellen zu einem extrem reduktionistischen neuen Wissenschaftszweig, zur Kognitionswissenschaft, die weniger reduktionistischen Richtungen der kognitiven Psychologie aber wandten sich auch der Konstruktion von Modellen zu.

Zu den Paradigmen der Psychologie

Wissenschaftler greifen ihre Modelle nicht aus der Luft, sondern bauen auf schon vorhandenen Schemata auf. Wenn sie in einem Wissenschaftszweig keine geeigneten Modelle finden, passen sie, wenn möglich, erfolgreiche Modelle anderer Zweige an ihre Zwecke an. So bemühte sich die naturwissenschaftlich arbeitende Psychologie, das Verhalten von Menschen mit Modellen zu erfassen, die auf experimentellen Daten beruhten, und nahm sich dabei die klassischen und sehr erfolgreichen Modelle der Physik zum Vorbild.

Vor fünfhundert Jahren beschäftigten sich sowohl die Physik als auch die Chemie beide mit der natürlichen Neigung mancher Dinge zum Fliegen und Brennen und der Umwandlung charakteristischer und spezieller Organisationsformen. Die vagen und nicht unmittelbar verständlichen Begriffe Äther, Lichtteilchen und Phlogiston ermöglichten einen Durchbruch, indem sie ein neues Paradigma schufen – dadurch hatten die Physiker einen Rahmen, in dem sie ihr wohl organisiertes Rätsellösen, das sie Wissenschaft nennen, fortsetzen konnten. Die Existenz eines Paradigmas ermöglicht es, all die Experimente, die zur Entdeckung der vielen unterschiedlichen Phänomene führen, aufeinander aufzubauen, was wiederum dazu führt, dass das ursprüngliche Paradigma infrage gestellt oder, falls nötig, sogar durch ein anderes ersetzt werden muss. Wir haben keinerlei Ursache, die überholten Modelle zu verachten: Die im 18. Jahrhundert im Rahmen der Phlogiston-Theorie beschriebenen Phänomene führten zur Entdeckung neuer Elemente: Die später als überholt abgelehnten Modelle der Physik begründeten eine technische Revolution.

Nur sehr triftige Gründe können einen Wissenschaftszweig zwingen, Wege aufzugeben, die sich als gut begehbar, aufregend, unterhaltsam und erfolgreich erwiesen haben. Die Disziplinen Physik, Chemie und Biologie haben schon mehrere schmerzliche Paradigmenwechsel durchgemacht; wahrscheinlich haben wir darum das Gefühl, ihre Begriffe seien altbewährt, überzeugend und glaubwürdig. In der Geschichte der Psychologie ist bisher niemals ein bewährtes und erfolgreiches Paradigma vollständig ersetzt und im Licht eines Paradigmas auf höherem Niveau für völlig falsch befunden worden.

Noch heute sprechen wir in der Psychologie oft von Eigenschaften, Besonderheiten, natürlichen Fähigkeiten, charakteristischen und speziellen Merkmalen. Das sind praktisch Synonyme dafür, dass wir keine Ahnung haben, was das Wesen der Dinge ist, wir also das Phänomen nicht auf einer höheren Begriffsebene erfassen können. Wir schaffen es nicht, mit ihnen auf einem durch ein geeignetes Ordnungsprinzip bestimmtes Meta-Niveau umzugehen.

Die gängigen Paradigmen der Psychologie können als Paradigmen der ersten Generation angesehen werden. Das gilt auch für den bereits erörterten Begriff Schema. Der Begriff «kognitives Schema» hat mehr mit dem Begriff Phlogiston und Äther gemein als mit den Grundbegriffen der heutigen Physik und Chemie. Die Paradigmen der Psychologie ändern sich auch dann, wenn ein neuer Rahmen erlaubt, bessere Rätsel zu stellen als früher. Sobald in einer wissenschaftlichen Disziplin ein höheres Prinzip, ein neues Begriffssystem oder Paradigma auftaucht, verschwinden Attribute wie eigenartig, besonders, charakteristisch oder speziell aus dem Wortschatz der Wissenschaftler, die dann beginnen können, die Phänomene auf dem neuen Meta-Niveau zu sehen. Leser, die in den exakten Naturwissenschaften ausgebildet sind, sind vermutlich weit davon entfernt, dieses Kapitel befriedigend genau zu finden.

Ein Student, den ich tadelte, antwortete mir einmal: «In meinem Alter waren Sie auch nicht älter.» Im Namen der Psychologie möchte ich denen ähnlich antworten, die von den Psychologen den hoch entwickelten Begriffsstand der heutigen Physik und Chemie erwarten. Wie die Wissenschaftsgeschichte zeigt, brauchen wir uns deswegen nicht zu schämen: Arbeiten wir mit dem, was wir haben, und schauen wir einmal, wohin ein solches Paradigma führen kann.

Der Mensch als Informationsvermittler

Zu den vielen Modellen, die die kognitive Psychologie erdachte, um das Verständnis von Gedächtnis und Problemlösung zu erfassen, gehört eines, das sich bemühte, den Menschen als ein speziell zur Informationsvermittlung geeignetes Instrument zu sehen. Die Sichtweise ist nicht unberechtigt: Der Mensch kann wirklich Information übermitteln. Das Modell ist also nicht absurd; außerdem verfügen die Technikwissenschaften über eine Vielzahl an Informationen über solche Geräte. Warum sollte man nicht annehmen, dass wir auf diese Weise tieferen Einblick in das Phänomen der menschlichen Datenverarbeitung erhalten können?

Es war ein logischer Ausgangspunkt, zunächst die menschliche Fähigkeit zur Informationsweitergabe so zu messen wie die Kapazität von Telefonleitungen oder Kommunikationssatelliten. Stellen wir nun die Frage, wie viel Information Menschen pro Zeiteinheit übermitteln (also dem Versuchsleiter wiederholen oder durch Drücken geeigneter Knöpfe kodieren) können. Bei solchen Versuchen erlebte der amerikanische Psychologe George Armitraj Miller einige Überraschungen.

Menschen können drei langsam gesprochene zusammenhanglose Wörter leicht wiederholen. Sie wiederholen auch vier und fünf Wörter, nicht aber zwölf. Die Grenze liegt irgendwo bei sieben. Bis zu diesem Punkt passiert nichts Besonderes, es wird lediglich eine Schwelle bestimmt. Interessanter ist, dass diese Schwelle innerhalb eines weiten Bereichs unabhängig davon ist, wie schnell die Wörter gesprochen werden. Menschen können etwa sieben Wörter wiederholen, egal, ob sie ein Wort pro Sekunde oder ein Wort pro drei Sekunden hören. Ähnliche Schwellenwerte wurden gemessen, wenn es um das Behalten von anderen Reizen als Wörtern – Tonhöhen, Farben oder Düfte – ging.

Wenn wir den Menschen als Informationsvermittler betrachten wollen, müssen wir ihn uns als ein recht speziell konstruiertes Instrument vorstellen, zu dem das gehört, was in der Technik als Pufferspeicher bezeichnet wird. Solche Einheiten erleichtern gewöhnlich die Datenübermittlung zwischen Geräten, die mit unterschiedlicher Geschwindigkeit arbeiten. Dazu wird eine gewisse Menge an Information in den Pufferspeicher gesteckt, damit beispielsweise ein schneller Computer nicht warten muss, bis die langsameren Einheiten (beispielsweise der Drucker) alle Information verarbeitet haben. Natürlich ist die Kapazität des Puffers begrenzt: Wenn er überfüllt ist, geht ein Teil der Information verloren.

Die magische Zahl Sieben

Der Vergleich mit dem Pufferspeicher hinkt. Die Pufferspeicher von Menschen arbeiten anders als die von Computern. Da die Kapazität des Speichers, wie sich herausgestellt hat, etwa sieben Einheiten einfacher Stimuli beträgt (übrigens überraschend wenig), stellt sich die Frage, wofür sieben die Kapazitätsgrenze ist.

Wenn wir Versuchspersonen sieben sinnlose Silben vorsagen oder auch Buchstaben, die kein Wort ergeben, oder bekannte Zitate oder Sprichwörter, wiederholen sie etwa sieben richtig. Wir können uns also sieben Buchstaben merken (H, S, U, K, P, I, M) oder sieben Wörter (Tisch, Donau, Abschied, Kleid,

Giraffe, Herz, Tasse) oder sieben Aussprüche (Sein oder Nichtsein, das ist die Frage; Rom wurde nicht an einem Tag erbaut; Auge um Auge, Zahn um Zahn; Ein Männlein steht im Walde; Meine Ruh ist hin, mein Herz ist schwer; Ende gut, alles gut; Ich weiß nicht, was soll es bedeuten). Das ist deswegen interessant, weil sieben solche Sätze Dutzende von Wörtern und Hunderte von Buchstaben enthalten.

Obwohl diese Ergebnisse dem Vergleich mit dem Speicher widersprechen, passen sie gut zu der Beobachtung, dass wir nur solche Dinge wahrnehmen können, die unserem bereits bestehenden kognitiven Schema entsprechen. Die Ergebnisse zeigen, dass dieser Speicher sieben Einheiten enthalten kann, die zu unseren existierenden Schemata passen. Um bei dem Vergleich mit dem Computer zu bleiben: Es geht nicht um einfache Datenübermittlung, vielmehr hängt die Kapazität des Speichers auch von den kognitiven Schemata ab, die uns im Augenblick zur Verfügung stehen.

Kurz- und Langzeitgedächtnis

Die vorhandenen Schemata sind natürlich in unserem Kopf. Obwohl sie sich, wie wir sahen, fortwährend verändern und neu bilden, bleiben ihre wesentlichen Eigenschaften doch über lange Zeiträume hinweg gleich. Der Speicher für diese Schemata heißt Langzeitgedächtnis und wird mit LZG (oder LTM für Long Time Memory) abgekürzt. Der Speicher, der sowohl dem LZG als auch der Außenwelt Information entnehmen kann, heißt Kurzzeitgedächtnis oder kurz KZG (oder STM für Short Time Memory). Die Daten vom KZG stehen uns nur dann zur Verfügung, wenn wir ihnen bewusst Aufmerksamkeit zuwenden. Wenn wir abgelenkt sind oder einschlafen, geht im KZG gespeicherte Information verloren; sie wird vergessen.

Es ist nicht genau bekannt, wie die im KZG gespeicherten Informationsbrocken für längere Zeit aufbewahrt werden oder wie sie ihren Weg ins LZG finden. Wir wissen auch noch nicht genau, in welchen biologischen oder psychologischen Schichten sich diese Vorgänge abspielen. Psychologisch gesehen stellt man sich wohl am besten vor, dass die im KZG aufbewahrte Information Teil eines Schemas wird, das im LZG gespeichert wird oder dort ein neues Schema entwickelt.

Diese Auffassung wird durch mehrere Arten von Versuchsergebnissen bestätigt, wenn auch nicht exakt bewiesen. Wenn Versuchspersonen die neue Information sofort oder nach sehr kurzer Zeit wiederholen sollen, gelingt ihnen das fehlerfrei. Nach einer längeren Zeitspanne wird die Information bei der Wiederholung mehr oder weniger verzerrt. Dieses Phänomen lässt sich aus unserer Sicht gut erklären, denn wir denken uns ja die Schemata als fortwährend veränderlich; im letzten Fall führte eben die eingegebene Information zu Veränderungen. Nach einer kurzen Zeitspanne ist das Schema, das die neue Information aufnehmen soll, mit großer Wahrscheinlichkeit noch unverändert (obwohl die eingegebene Information es natürlich verändern könnte), nach längerer Zeit aber ist die Wahrscheinlichkeit einer Veränderung größer.

Experimente der folgenden Art können beweisen, dass es Zeit braucht, bis eine Information ins LZG gelangt. Die Elemente, die erinnert werden sollen, werden eine Zeit lang gezeigt, dann wird die störende Information übermittelt, oder es werden Aufgaben gestellt, die das KZG eine Weile beschäftigen. So betritt beispielsweise mitten im Experiment ein Clown mit rotem struppigem Haar und Knubbelnase geräuschvoll den Raum und erteilt den Versuchspersonen ulkige Aufträge, die sie zum Lachen bringen. Wenn die störende Information weniger als zwei oder drei Sekunden nach der Darbietung des Stoffs kommt, können sich die Versuchspersonen später nicht mehr an den ursprünglichen Stoff erinnern und ihn schon wenige Minuten später nicht wiederholen. Wenn die Störung erst sechs bis zehn Sekunden nach der zu behaltenden Information kommt, erinnern sich die Versuchspersonen im Allgemeinen einige Minuten später noch ausgezeichnet daran.

Die Kapazität des KZG beträgt, wie gesagt, etwa sieben Informationseinheiten. Das Wort «etwa» soll sagen, dass sich diese Zahl in unterschiedlichen Experimenten als sieben plus oder minus zwei erwiesen hat. Natürlich gilt das nicht so allgemein. In Fällen mit komplizierteren Schemata liegt der Wert eher bei sieben minus zwei, bei einfachen oft bei sieben plus zwei. Vermutlich ordnen die Versuchspersonen in Experimenten mit einfachen Schemata wie Worten oder Buchstaben im Prozess der Wahrnehmung sofort zwei zunächst zusammenhanglose Wörter in ein Schema ein, und da die existierenden Schemata die Wahrnehmung kontrollieren, ist das auch möglich. Wenn beispielsweise die Wörter «Jahr» und «Meister» auf der Liste stehen, können alle, die von *Wilhelm Meisters Wanderjahren* gehört haben, diesen Buchtitel als Schema erfassen – die zwei Wörter besetzen also im KZG nur eine Stelle. Auch dies zeigt, dass sich Versuchspersonen an Wörter, die in ein einfaches Schema geordnet werden, sehr oft auch dann nacheinander erinnern, wenn sie in der ursprünglichen Liste überhaupt nicht benachbart waren.

Folglich sollten wir keine genauen Ergebnisse erwarten, denn wir können nicht sagen, welche fertigen Schemata die Versuchspersonen ins Labor mitbringen. Es könnte sich in einem schon existierenden Schema eine Gruppierung andeuten, sobald die Versuchspersonen die Wörter in einer anderen Reihenfolge wiederholen als in der dargebotenen – aber es ist fast unmöglich, für solche Phänomene eine geeignete Grundlage zu finden. Tatsächlich ist es überraschend, dass die Regel «sieben plus oder minus zwei» so oft gilt.

Kurz- und Langzeitgedächtnis als Modelle

Als wir die Begriffe KZG und LZG einführten, haben wir eine bestimmte Meinung über die Arbeitsweise des menschlichen Gedächtnisses vertreten. Wir haben ein Modell aufgestellt und können von jetzt an die Phänomene Wahrnehmen und Behalten im Rahmen dieses Modells betrachten. Das wirft ein neues Licht auf die Frage, wie eine allgemein verständliche Erläuterung aufgebaut sein sollte: Wir müssen einfach vermeiden, die KZG-Kapazität zu überfordern. Da sie beschränkt ist, verstehen wir keine allzu komplizierten Sätze.

Dieses zwei Arten von Gedächtnis voraussetzende Modell ist spezifisch für die kognitive Psychologie. Die Annahme einer solchen Informationsverarbeitung lässt sich weder logisch herleiten noch folgt sie aus unserer Anatomie. Sie widerspricht ihr auch nicht, sondern behandelt das Phänomen Gedächtnis auf anderem Niveau. Es hat einen weiteren Vorteil: Mit Hilfe dieses Modells können wir die Rätsel lösen, die die kognitive Psychologie stellt.

Wie andere Modelle hat auch dieses selbst innerhalb der kognitiven Psychologie nur begrenzte Gültigkeit. Wenn man beispielsweise Versuchspersonen ein Drei-mal-drei-Gitter zeigt, in dem neun Buchstaben stehen, und die Versuchspersonen auffordert, die drei Buchstaben einer der Reihen zu nennen, antworten sie fast immer richtig, unabhängig davon, nach welcher Reihe gefragt wird. Aber sie können nicht alle neun Buchstaben nennen. Seltsam. Der zweite Teil der Beobachtung passt zu unserer Überzeugung, dass sie neun Buchstaben gar nicht behalten können. Das Phänomen, dass sie beliebige drei Buchstaben, aber nicht die Buchstaben aller drei Reihen wiederholen können, geht über unser Modell hinaus. Das bis jetzt gültige einfache KZG-LZG-Modell kann dieses Phänomen nicht erklären.

Dieses Phänomen ist nicht sehr spezifisch, denn es lässt sich bei vielen Arten von Stimuli und Faktoren nachweisen. So stellt sich ein anderes Rätsel: Wie könnten wir unser Modell verbessern, damit es auch dieses Ergebnis erklären kann? Dementsprechend hat die kognitive Psychologie viel komplexere Modelle für das Gedächtnis entwickelt als das hier dargestellte. Für unsere jetzigen Zwecke jedoch reicht das einfache KZG-LZG-Modell. Dieses Modell erklärt viele Phänomene, und seine Grundlagen werden vermutlich auch nicht so schnell erschüttert, wenn es weiterverbessert wird. Es könnte natürlich sein, dass den Begriffen KZG und LZG dasselbe Schicksal bevorsteht wie den Begriffen Phlogiston und Äther, sie sich also für andere Grundprinzipien und Mechanismen als nebensächlich erweisen. Möglicherweise sind sie Epiphänomene. Aber zunächst schätzen wir ihre Nützlichkeit, denn bei unserem jetzigen Wissensstand erweisen sie sich wirklich als gute Modelle.

Die magische Zahl Sieben ist immer noch verdächtig. Zweifellos gibt es diesen oft gemessenen und sehr stabilen Parameter wirklich. In unserem Modell sehen wir das KZG so, als ob es etwas wäre, das von irgendwelchen physikalischen Dingen sieben Teile enthält, als ob es eine wirkliche Kapazität und eine Grenze hätte. Das Gedächtnis hat sieben Fächer, die ausgefüllt und abgelesen werden können. Das ist alles, was wir haben, mehr nicht. Die richtige Zahl kann sechs oder acht sein, so ist es eben.

Epiphänomene

Vielleicht finden Anatomen oder Physiologen eines Tages im Gehirn wirklich sieben Teile von etwas, und dann werden wir das KZG endgültig kennen. Ich halte dies jedoch für unwahrscheinlich. Nicht deshalb, weil eine solche Entdeckung unabsehbare Aussichten eröffnet: Wie klug könnten wir sein, wenn ein Chirurg uns ein paar mehr solcher Elemente implantieren könnte! Ich halte das für unwahrscheinlich, weil ich denke, dass die Zahl Sieben ähnlich wie das KZG ein Epiphänomen ist. Sie ist für die Struktur unseres Denkens nebensächlich.

Ein Beispiel kann diese Aussage erläutern: In Computernetzen tritt gelegentlich ein unangenehmes Phänomen auf, das *deadlock* (Blockade) genannt wird und sich zeigt, wenn an den Zentralrechner viele Arbeitsstationen angeschlossen sind – sie werden nicht alle gleichzeitig benutzt, aber sie müssen irgendwo angeschlossen sein. Jedes Mal nun, wenn eine neue Station angeschlossen wird, wird das System langsamer. Aber das geschieht nicht proportional zur Anzahl der Arbeitsstationen, vielmehr nimmt die Reaktionszeit des Netzwerks von einem bestimmten Punkt an deutlich zu. Wenn, sagen wir, siebenunddreißig Arbeitsstationen angeschaltet sind, kann jeder Benutzer gut arbeiten, aber sowie ein achtunddreißigster hinzukommt, wird die Reaktionszeit für alle unerträglich lang. Es kann mir, wenn ich mit meinem Computer an diesem Buch arbeite, gleich sein, ob das Programm beispielsweise jede hundertstel oder jede millionstel Sekunde einen neuen Buchstaben verarbeiten kann, aber ich würde sehr ungeduldig, wenn ich in einer Sekunde nur zwei Buchstaben eingeben könnte.

Wir können mit Recht sagen, dass die Kapazität des besagten Systems siebenunddreißig Arbeitsstationen beträgt, aber es gibt in dem System weder eine physikalische Einheit noch einen anderen Parameter, der für diese Zahl verantwortlich ist, denn sonst hätten die Ingenieure ihn schon viel früher gegen hundert ausgetauscht. Die Zahl Siebenunddreißig ist das Ergebnis der Konstruktion des gesamten Systems, sie wurde nicht durch irgendein Teil verursacht. Um die genaue Grenze dieser Blockade *(deadlock)* im Voraus zu berechnen, wäre vermutlich eine viel komplexere wissenschaftliche Forschung erforderlich gewesen als für die Planung des ganzen Systems.

Natürlich muss man alle Planungsprinzipien kennen, wenn man das Netzwerk vollständig verstehen will, und die Zahl Siebenunddreißig wäre nur ein Epiphänomen, obwohl die Antwort auf die Frage «Warum die Zahl Siebenunddreißig?» immer noch ein verfängliches Rätsel sein könnte. Um Funktion, Betriebsweise und Gewohnheiten des Systems einigermaßen gründlich zu verstehen, brauchen wir nur zu wissen, dass die Kapazität aufgrund gewisser (etwa physikalischer) Ursachen siebenunddreißig ist und dass das System nicht funktionsfähig ist, wenn es mehr Arbeitsstationen hat.

Es lohnt sich, selbst über die Tatsache nachzudenken, dass wir an jeder Hand fünf Finger haben. Gelegentlich werden Menschen mit sechs Fingern geboren, aber wenn eine so mutierte Hand effizienter wäre als eine Hand mit fünf Fingern, wäre sie schon seit langem weit verbreitet. Wahrscheinlich ist die Anzahl unserer Finger eine Begleiterscheinung eines höheren Organisationssystems (nämlich unseres Bewegungsapparats). Möglicherweise wären wir mit vier Fingern viel schwerfälliger, während die Koordination von sechs Fingern ein viel komplizierteres Bewegungssystem erforderte, das dann weniger stabil wäre und viel leichter verletzt werden könnte. Das ist natürlich keine wissenschaftliche Erklärung. Vielleicht finden Sie eine überzeugendere.

Ich bezweifle, dass das oben beschriebene KZG-LZG-Modell oder auch seine raffinierteren Varianten das letzte Wort darstellen, das die Naturwissenschaften zur Erforschung des Denkens zu sagen haben. Ich bin sogar davon überzeugt, dass dieses Modell nicht endgültig ist. Aber ich halte es für einen großen Fortschritt. Es stellt ausgezeichnete Rätsel, die anscheinend lösbar sind, und deren Lösungen lehrreich zu sein versprechen. Wir denken uns das KZG also weiterhin als ein physikalisch existentes Etwas mit der Kapazität Sieben. Es scheint sicher, dass wir auf diesem Weg weiter kommen werden als durch reine Spekulation. Wir haben ein Paradigma, das uns leiten kann. Vielleicht liegt der Schlüssel woanders – aber wir befinden uns nicht ganz auf dem Holzweg.

7. Die Quantität kognitiver Schemata

Alles sollte so einfach wie möglich gemacht werden,
aber nicht einfacher. Albert Einstein zugeschrieben

Wie viele Schemata haben wir im Kopf? Zunächst erscheint es sinnlos, eine so konkrete und quantitative Frage zu einem Begriff zu stellen, der gar nicht genau definiert ist und für den wir kein gutes Beispiel kennen. Wie in aller Welt können wir etwas zählen oder auch nur schätzen, von dem wir nicht einmal wissen, was es ist? Auf den ersten Blick hat die Frage Ähnlichkeit mit der Frage nach der Anzahl der Engel, die auf einer Nadelspitze tanzen können.

Die Lage ist jedoch gar nicht hoffnungslos. Dinge haben Konsequenzen, und aus denen können wir etwas lernen. Wir können selbst dann ziemlich genau abschätzen, wie viele Rehe in einem Wald leben, wenn wir noch nie ein lebendiges Reh gesehen haben. Falls wir wissen, wie oft Rehe defäkieren und wie ihr Kot in der Natur zerfällt, können wir ihre Anzahl ziemlich genau erraten, wenn wir nur ein oder zwei Tage im Wald herumlaufen.

Anfangshypothesen

Wo könnten wir möglicherweise zählbare Konsequenzen für die Existenz von Schemata finden? Wir beginnen mit drei Hypothesen und führen dann ein geeignet geplantes Experiment durch. Wenn das gut verläuft, erlauben diese Annahmen, wie

wir sehen werden, eine Schätzung der Menge der Schemata.
Hier sind die Hypothesen:

a) Im KZG können nur solche Schemata gespeichert werden, die solchen entsprechen, die schon im LZG gespeichert sind.
b) Das KZG kann höchstens sieben Schemata speichern.
c) Damit die (im KZG gespeicherten) Schemata längere Zeit behalten werden, muss eine Mindestzeit verstreichen.

Die Gültigkeit der Hypothesen b) und c) wurde schon zuvor analysiert. Hypothese a) kann auch als eine Art *Definition* von Schema betrachtet werden: Ein Schema ist das, was wir in unserem KZG speichern können. Viele Anzeichen sprechen dafür, dass im KZG ganze Schemata gespeichert werden. Diese Auffassung gibt den unterschiedlichen experimentellen Ergebnissen zu Lernen, Wiedererkennen und Erinnerung eine einheitliche Erklärung.

Bedingung a) sagt nichts über die Eigenschaft aus, dass Schemata sich fortwährend verändern. Es ist auch möglich, dass sich in gewissen Fällen ein Schema einfach durch seine Aufnahme ins KZG in LZG verändert. Wir sollen jedoch nur einen momentanen Zustand einfangen und brauchen uns nicht um das zu kümmern, was in den Augenblicken davor und danach mit dem Schema passiert. Höchstwahrscheinlich spielen sich radikale Veränderungen nicht sehr rasch ab, besonders nicht in der Menge der Schemata.

Die im KZG gemeinsam gespeicherten Schemata stellten vorher kein eigenes Schema dar, sonst wäre es nicht nötig gewesen, das KZG mit mehreren Schemata zu beladen, denn es hätte schon eines genügt. Wenn gewisse Schemata im KZG als Gruppe vorkommen, kann diese Gruppe oder können Teile davon ein eigenes neues Schema bilden. So können sich ziemlich komplexe Schemata entwickeln. Zunächst jedoch interessieren wir uns noch nicht für Wesen, Struktur, Einfachheit oder Komplexität der Schemata, sondern ausschließlich für ihre Anzahl.

Ein Erinnerungsexperiment mit Schachspielern

Wir wollen untersuchen, wie viele mit dem Schachspiel zusammenhängende Schemata ein Schachspieler im Kopf haben kann. Es gibt viele Gründe, gerade Schachspieler zu untersuchen. Einer ist, dass wir aufgrund der Ergebnisse von Schachturnieren recht genau beurteilen können, wie gut die beobachteten Personen Schach spielen. Man kann erwarten, dass ein Schachspieler umso mehr Schemata im Kopf hat und ins Labor mitbringt, je besser er Schach spielt. Ein anderer Grund ist, dass Schach ein recht exaktes Gebiet ist, deshalb lässt sich die Bedeutung einer bestimmten experimentellen Aufgabe gut beschreiben. Außerdem ist Schach ziemlich komplex, deshalb gibt es wirkliche Großmeister, die Schach viel besser spielen als gewöhnliche Sterbliche. Der dritte Grund ist, dass Kompetenz im Schachspiel sich von anderen Fähigkeiten unterscheidet, dass sich die Ergebnisse aus Untersuchungen zum Schachspiel gut verallgemeinern lassen und dass auf ihrer Grundlage Folgerungen gezogen werden können, die weit über das Spezialgebiet des Schachspiels hinausgehen.

Stellen Sie sich das folgende Experiment vor: Der Versuchsperson wird zwei oder drei Sekunden lang eine (beispielsweise auf einen Schirm projizierte) Schachstellung gezeigt. Danach projizieren wir ein Unsinnbild, damit die Versuchsperson nicht entgegen unseren Absichten das Nachbild des projizierten Bilds behalten und verwenden kann, aber auch nicht vergisst, was sofort ins KZG aufgenommen wird, denn das Unsinnbild enthält nichts, was zu behalten ist, und belastet darum das KZG nicht.

Dann bitten wir die Versuchsperson, die Stellung auf einem leeren Schachbrett nachzustellen. Dies ist ein typisches Erinnerungsexperiment, dessen Interpretation dem KZG-LZG-Modell neue Perspektiven verdankt.

Stellen wir uns einen Augenblick lang vor, dass die Versuchsperson unter den Bedingungen des Erinnerungsexperiments jede Schachstellung fehlerlos rekonstruieren kann, und fragen wir uns, was daraus für die Menge der ihr bekannten Schemata folgt.

Die Versuchsperson konnte die Stellung nur aufgrund der Schemata in ihrem KZG rekonstruieren, weil sie gar nicht genug Zeit hatte, es in ihrem LZG zu speichern, bevor das störende Bild aufblitzte, und sie konnte auch danach nur das nutzen, was in ihrem KZG war, weil sie später keine Information mehr erhielt. – Wir benutzen hier Bedingung c). – Obwohl die Wahl der im KZG gespeicherten Schemata durch die im LZG gespeicherten Schemata beeinflusst sein könnte, ist es hier von grundlegender Bedeutung, dass in so kurzer Zeit im LZG keine neue Information gespeichert werden kann.

Im KZG könnten höchstens sieben Schemata sein – hier benutzen wir Bedingung b) –, also genügten unserer imaginären Versuchsperson zur perfekten Rekonstruktion sieben Schemata. Folglich muss unsere Versuchsperson mindestens so viele Schemata in ihrem LZG haben, wie es erforderlich ist, um für jede Schachstellung jeweils eine Gruppe von sieben Schemata zu bilden. – Hier wenden wir Bedingung a) an: Das Funktionieren vom KZG ist an Schemata im LZG geknüpft. – Verfügte die imaginäre Versuchsperson über weniger Schemata, könnten wir zwei unterschiedliche Schachstellungen finden, zu denen es nicht zwei verschiedene Gruppen von Schemata gibt, die aus höchstens sieben Schemata bestehen. Die Versuchsperson würde notwendigerweise bei der Rekonstruktion einer der Stellungen einen Fehler machen, denn sie könnte bei der Rekonstruktion nicht zwischen den beiden Stellungen unterscheiden.

Die Anzahl der Möglichkeiten, aus dem LZG der Versuchsperson sieben oder weniger Schemata auszuwählen, muss also größer sein als die Anzahl aller möglichen Schachstellungen.

Eine einfache mathematische Ungleichung

Mit dem vorigen Satz sind wir zum Kern unseres Gedankengangs gelangt, wir haben einen Ruheplatz gefunden und brauchen nur noch die Punkte zu zählen. Wir sind zu einer Ungleichung gekommen: Eine Seite hängt nur von der Anzahl der Schemata ab, die der Versuchsperson bekannt sind, die andere Seite ist gleich der Anzahl möglicher Schachstellungen, d. h., sie ist eine Konstante, eine Zahl, deren Zahlenwert natürlich noch berechnet werden muss. Um die praktische Berechnung zu vereinfachen, stellen wir eine andere Beobachtung an. Wir sagten «sieben oder weniger Schemata», weil wir die Möglichkeit in Betracht ziehen mussten, dass sich unsere imaginäre Versuchsperson an einige Schachstellungen möglicherweise aufgrund von weniger als sieben Schemata erinnert. Die Gesamtzahl der Gruppen von Schemata, die sechs oder weniger Schemata enthalten, ist wesentlich kleiner als die der Gruppen mit genau sieben Schemata. Deshalb machen wir bei der folgenden Schätzung praktisch einen – allerdings sehr kleinen – Fehler, wenn wir den obigen Ausdruck «sieben oder weniger Schemata» einfach durch «sieben Schemata» ersetzen.

So erhalten wir eine einfache mathematische Ungleichung, welche die kleinste Anzahl von Schemata angibt, die im LZG der Versuchsperson vorhanden sind. Die Anzahl der Möglichkeiten, aus den kognitiven Schemata, die im Kopf unseres imaginären Schachspielers vorhanden sind, sieben unterschiedliche Schemata auszuwählen, muss größer sein als die Gesamtzahl der Schachstellungen, die wirklich in einem Schachspiel vorkommen. Für diejenigen, die Formeln besser verstehen, fassen wir ein einziges Mal in diesem Buch das Ergebnis unseres früheren Gedankengangs auch in eine mathematische Formel:

$$\binom{n}{7} > m$$

wobei *n* die Anzahl der Schemata ist, die im Kopf der Person vorhanden sind, die jede Stellung fehlerfrei nachstellen kann, und *m* die Anzahl aller möglichen Schachstellungen.

Die Anzahl der möglichen Schachstellungen lässt sich auf mehrere Weisen abschätzen. Wenn auch alle unerlaubten Stellungen berücksichtigt werden, brauchen wir nur zu berechnen, wie viele Möglichkeiten es gibt, zweiunddreißig Schachfiguren (oder einige von ihnen) auf dem Schachbrett anzuordnen. Dies ist eine astronomische Zahl, deren Berechnung aber kein Problem darstellt. Wir werden jedoch bald sehen, dass *m* auf der rechten Seite der obigen Formel nicht die mittlere Anzahl aller möglichen Schachstellungen zu bedeuten braucht, sondern nur die jener Schachstellungen, die in wirklichen Schachspielen auftreten und von wirklichen Schachspielern tatsächlich gespielt werden. Wenn wir nur die Stellungen berücksichtigen, die sich in wirklichen Spielen ergeben können, erweist sich das in Kapitel 5, S. 134 beschriebene Verfahren als geeignet. Die Aufgabe ist also lösbar und wird im nächsten Abschnitt gelöst werden.

So liefern unsere drei Ausgangshypothesen also im Fall des

Gedächtnisexperiments eine theoretische Möglichkeit, für die Anzahl der im Kopf der Versuchsperson vorhandenen schachbezogenen Schemata zumindest eine Mindestschätzung zu erhalten. Wir sagen «theoretisch», weil unser Gedankengang nur dann überzeugt, wenn die untersuchte Person alle Stellungen fehlerfrei rekonstruieren kann. Die Untersuchung von Schachspielern erwies sich als besonderer Glücksfall, weil solche Leistungen wirklich erreicht werden konnten, wenn auch nur von Großmeistern.

Schätzung der Schemata-Anzahl

Für den Grad des Erfolgs beim Rekonstruieren der gesehenen Stellung durch die Versuchsperson spielten bei dem Gedächtnisexperiment zwei Faktoren eine wichtige Rolle. Ein Faktor war das Kompetenzniveau der Versuchsperson, der andere die Art der gezeigten Stellung. Bei Stellungen, wie sie in Meisterspielen vorkamen, gab es eine deutliche Beziehung zwischen dem Niveau der Schachkompetenz der Versuchsperson und der Qualität der Rekonstruktion. Großmeister erinnerten sich fehlerlos an alle solche Schachstellungen. Im Fall von Stellungen aus Amateurspielen war die Korrelation immer noch gut: Je besser der Spieler, umso besser das Erinnerungsvermögen; in diesem Fall machten jedoch sogar Großmeister gelegentlich Fehler.

In solchen Situationen können Ergebnisse den Forschern einen Weg weisen: Sie versuchten, die Situation extremer zu machen. In manchen Experimenten baten sie ihre Probanden, sinnlose Schachstellungen zu rekonstruieren. In diesen Stellungen war die Anzahl der Figuren dieselbe wie bei den sinnvollen, aber die Platzierung einer Figur wurde durch Würfeln entschieden. Die Forscher sorgten lediglich dafür, dass die Grundregeln nicht verletzt wurden (so durfte kein Bauer in der ersten Reihe stehen). Bei diesen Versuchen unterschieden sich die Rekonstruktionsleistungen der Versuchspersonen nicht nach dem Grad ihrer Schachkompetenz. Sowohl Großmeister als auch schwache Amateure erinnerten sich fehlerfrei an etwa sieben Figuren.

Wieder taucht also die «magische» Zahl Sieben auf. Bei solchen unsinnigen Stellungen können die Schemata, über die Großmeister verfügen, nichts anderes sein als die Figuren selbst. Bei Stellungen aus Meisterschaftsspielen folgte aus der Logik der Stellung, dass besonders die kompetenten Großmeister große Strukturen durch ein einzelnes Schema erfassen. Die Stellungen aus Amateurspielen liegen dazwischen. In einem meisterhaften Spiel hat jede Figur eine Aufgabe und eine Bedeutung, bei Amateurspielen kommt es oft vor, dass die tatsächliche Stellung einer der Figuren keine Rolle spielt.

Wenn wir das Experiment auf Stellungen beschränken, die aus Meisterspielen stammen, können wir zunächst einmal feststellen, dass sich Großmeister, und nur Großmeister, so verhalten wie unsere frühere erdachte Versuchsperson: Sie erinnern sich an alle Stellungen richtig. (Der Genauigkeit zuliebe bemerken wir, dass die Stellungen in den Experimenten aus dem Mittelspiel stammten und gewöhnlich zwanzig bis fünfundzwanzig Figuren enthielten.) Um die Anzahl der Schemata von Großmeistern genauer schätzen zu können, brauchen wir jetzt nur noch die Anzahl der in Meisterspielen möglichen Positionen zu bestimmen.

Das lässt sich mittels der auf den Seiten 134 f. beschriebenen Methoden herausfinden. Um die Methode anwenden zu können, müssen wir zweierlei wissen: 1. Wie viele Züge hat ein durchschnittliches Schachspiel? 2. Wie viele Züge zieht ein

Meister auf seinem Niveau als möglich in Betracht? Die erste Frage lässt sich leicht beantworten. Die in dem Experiment gezeigten Stellungen ergaben sich nach zwanzig bis fünfundzwanzig Doppelzügen oder vierzig bis fünfzig Einzelzügen. Die zweite Frage beantworten am besten die Meister selbst. Sie halten in einer Stellung durchschnittlich 1,8 bis zwei Züge für sinnvoll. In einigen Situationen ist die Anzahl höher, in anderen gibt es auf dem Meisterniveau überhaupt keine Alternative. (Interessanterweise meinen selbst gute Amateure, in einer Stellung könnten im Durchschnitt mehr, nämlich etwa vier bis fünf Züge, gespielt werden.)

Jetzt brauchen wir nur noch zu rechnen. Wenn Sie mögen, können sie es zum Vergnügen oder als Denksport für ihr Gehirn oder zum besseren Verständnis tun – die Rechnung ist nicht sehr schwer. Das Ergebnis besagt, dass Großmeister mindestens mehrere Tausende von Schemata kennen. Diese Schätzung liegt garantiert an der unteren Grenze: Sie ist wirklich sehr grob, weil wir angenommen haben, dass *beliebige* sieben Schemata eine sinnvolle Schachstellung ergeben können. Das ist offenbar nicht so, denn ein Schachspieler kennt möglicherweise mehrere Schemata, beispielsweise nur die auf der Seite des weißen Königs – von denen in einer bestimmten Lage nur eine aktiv werden kann.

Wichtiger ist jedoch, dass wir bei unseren Berechnungen der Rekonstruktion aller Schemata die gleiche Wahrscheinlichkeit zugeschrieben haben. Wir könnten über die Häufigkeit des Auftretens der Schemata realistischere Annahmen machen, also die Tatsache berücksichtigen, dass manche Schachschemata mehr oder weniger häufig vorkommen, genau wie es mehr oder weniger häufig benutzte Wörter gibt. Mit solchen Annahmen erfordert die Rechnung einen komplizierteren mathematischen

Apparat, ist aber durchführbar. Wir erhalten dann eine Schätzung, die um eine Größenordnung höher liegt. Das ergibt natürlich nicht garantiert den niedrigsten Wert, aber wegen des im vorigen Abschnitt erwähnten Punkts ist er mit aller Wahrscheinlichkeit niedriger als der frühere.

Aus dem Gesagten kann man also schließen, dass es realistisch scheint, die Anzahl der Schemata eines Schachgroßmeisters auf einige zehntausend oder etwa 50 000 bis 100 000 zu schätzen. In Kapitel 8 werden wir eine auf einem anderen Prinzip beruhende Methode der Schätzung erörtern.

Großmeister anderer Bereiche

Die Erforschung dieser Probleme mit Hilfe von Schachstellungen wurde 1973 von Herbert A. Simon begonnen. Simon untersuchte die Mechanismen menschlicher Entscheidungsfindung (und ihre Auswirkung auf Entscheidungen in der Wirtschaft) und analysierte als Modell die Entscheidungen von Schachspielern. Die Entdeckung des Gedankengangs wurde durch den glücklichen Umstand ermöglicht, dass sich die besten Schachspieler, und zwar nur sie, an bestimmte Stellungen haargenau erinnern konnten. Mit Hilfe komplizierter mathematischer Methoden können wir auch dann zu nützlichen Schätzungen kommen, wenn die Leistung wie bei zweitklassigen Schachspielern weniger ist als hundert Prozent. In Kapitel 8 führen wir Schätzungen für Schachspieler auf niedrigerem Niveau durch.

Unser Gedankengang zur Schätzung der Menge von Schemata lässt sich auch auf andere Bereiche anwenden. Unsere drei Ausgangshypothesen (im Wesentlichen das KZG-LZG-Modell) gelten auf jedem Gebiet, und es ist eher Zufall, dass wir in den früheren Gedächtnistests Schachstellungen benutzten. Eine wichtige (nicht leicht zu garantierende) Voraussetzung ist, dass sich die Gesamtmenge der Objekte, die in dem Experiment überhaupt vorkommen können, abschätzen lässt. Mit anderen Worten: Damit unser Gedankengang sich auch auf anderen Gebieten bewähren kann, muss m in unserer Formel für den Fall des Gedächtnistests bestimmt oder jedenfalls gut geschätzt werden. Das ist bei Brettspielen kein unlösbares Problem, auf anderen Gebieten jedoch (beispielsweise Filmszenen oder Melodien) ist die Schätzung sehr schwierig oder auch unmöglich. Beim Go-Spiel ist die Anzahl der Schemata ähnlich hoch wie beim Schach, obwohl beim Go selbst Großmeister nicht in der Lage sind, jede komplizierte Stellung fehlerfrei nachzustellen. Die Zahl m ist beim Go viel größer als beim Schach, trotzdem ist die Schätzung für n mehr oder weniger dieselbe wie beim Schach, weil die Erinnerungsleistung kleiner ist.

Die Anzahl der Schemata, über die Großmeister verfügen, wird etwa gleich der Anzahl der Wörter und Phrasen geschätzt, die große Dichter und Schriftsteller verwenden; auch sie werden auf mehrere Zehntausende geschätzt. Auch die Gesamtzahl der chinesischen Schriftzeichen fällt in diesen Bereich: Es sind etwa 80 000. Nur die besten Spezialisten (wir könnten sie Großmeister nennen) der chinesischen Schrift kennen und verwenden die meisten davon. Die besten Entomologen (Insektenforscher) können etwa 50 000 Insekten unterscheiden. Ein Insekt ist für einen Großmeister der Entomologie wahrscheinlich ein komplexes Schema. Eine ähnliche Situation findet man in den verschiedenen Bereichen der Botanik.

Diese Übereinstimmungen sind recht beachtlich – das ist das Mindeste, was man sagen kann. Natürlich könnten sie rein zufällig zustande gekommen sein, oder man kann sie für Zahlenmystik halten. Und doch erscheint die Verallgemeinerung, dass in den meisten Bereichen mehrere zehntausend Schemata nötig sind, um das Niveau eines Großmeisters zu erreichen, recht wahrscheinlich.

8. Kognitive Schemata am Werk

Ein Anfänger erwägt viele Möglichkeiten, ein Fachmann nur wenige. Shunryu Suzuki

Unser Modell erwies sich zwar zur Schätzung der Anzahl der Schemata als geeignet, sagte aber äußerst wenig darüber aus, was diese Schemata sein könnten. Ehrlich gesagt: Darauf kommt es nicht sehr an: Jedes Modell muss vereinfachen und kann nur einige der wesentlichen Kennzeichen des Phänomens erfassen. Aus ästhetischer Sicht jedoch ist unser Modell sehr elegant: Es beruht auf einer besonders einfachen Variation der Grundgedanken des KZG-LZG-Modells und beginnt mit drei völlig gerechtfertigten und nicht sehr komplizierten Grundannahmen (also drei Axiomen).

Gewöhnlich halten wir Axiome für Grundwahrheiten, die nicht infrage gestellt werden und garantiert richtig sind. Axiome sind die Grundlage jeder wissenschaftlichen Theorie, aber sie können auch falsch sein. Sie dienen als Ausgangspunkt: Wir brauchen einen festen Boden, den wir im Verlauf unseres Denkens, der Analyse oder Debatte nicht infrage stellen. Dann brauchen wir nicht immer wieder zum Ausgangspunkt zurückzukommen, sondern können unseren Weg weitergehen. Später, wenn wir sehen, wohin der Weg führt, können wir zurückkehren und auch die Axiome überprüfen.

Als wir in Kapitel 3 über die Eigenschaften eines gut gestellten wissenschaftlichen Problems sprachen, erwähnten wir das

Prinzip von Occams Rasiermesser. Die folgende Geschichte ist ein schönes Beispiel für seine Anwendung: Als der französische Mathematiker und Astronom Pierre Simon Marquis de Laplace die ersten Bände seiner *Himmelsmechanik* veröffentlichte, bemerkte Napoleon, Laplace habe zwar auf Hunderten von Seiten über den Himmel gesprochen, aber doch nirgendwo Gott gefunden. «Ich brauchte diese Hypothese nicht, Sire!», entgegnete Laplace. Zu erwähnen ist hier, dass Laplace ein tief religiöser Mensch war, der in seiner Jugend zunächst Priester werden wollte.

Bisher haben wir unseren Gedankengang ganz im Geist von Occams Rasiermesser entwickelt: Es ist uns gelungen, die Anzahl der Schemata abzuschätzen, indem wir möglichst wenig Hypothesen benutzten. Es wäre jedoch schön, wenn wir mehr über die Struktur und Kennzeichen von Schemata wüssten. Schon die bisher behandelten Ergebnisse sind interessant und könnten anwendbar sein, wenn beispielsweise Ingenieure, die Systeme der künstlichen Intelligenz entwickeln, für die Planung ihrer Arbeit wissen möchten, was besser gemacht werden könnte. Sie wüssten dann, dass sie sich, unabhängig davon, für welchen Bereich das System bestimmt ist, darauf einstellen müssen, Zehntausende von Schemata zu entwickeln und in das System einzuordnen, wenn es das Spielniveau eines Großmeisters haben soll. Auch sonst genügt es den Erforschern der künstlichen Intelligenz nicht, wenn wir nur sagen, sie sollten sich darauf einstellen, einige zehntausend Dinge zu entwerfen und zu ordnen, wir aber nicht einmal den Versuch unternehmen, mehr über das zu erfahren, was diese vielen Dinge sein könnten.

Unabhängig davon, ob Schemata physikalisch fassbare Einheiten sind oder nicht, ist es auf dem jetzigen Stand unseres

Wissens besser, sie zu behandeln, als ob es sie wirklich gäbe. Im Hinterkopf können wir es immer noch für denkbar halten, dass Schemata, ähnlich wie KZG und die magische Zahl Sieben, ebenfalls nur Epiphänomene tieferer Schichten des Denkens sind. Und doch wollen wir Laplace folgen und keine Hypothesen aufstellen über etwas, das für die Entwicklung unseres Gedankengangs nicht notwendig ist, bevor das unabwendbar wird.

Die Schemata von Schachspielern

Herbert Simon und seine Kollegen meinten ursprünglich, die im KZG von Schachmeistern gespeicherten Schemata seien einfach Teile von Schachstellungen, kleinere und größere charakteristische Strukturen, wie sie in Meisterspielen oft vorkommen. Beispiele wären typische Stellungen zur Verteidigung des Königs, oft vorkommende Bauernstrukturen oder Figurengruppen in typischen Angriffs-Verteidigungs-Situationen. Auf diesem Gedanken beruht das Programm MAPP, das wir bald kennen lernen werden.

Diese einfache Auffassung umgeht das eigentliche Wesen des Schema-Begriffs der kognitiven Psychologie. Trotzdem kommt diese Auffassung den Kognitionswissenschaftlern sehr gelegen, weil sie eine Möglichkeit bietet, ein wohl definiertes Modell zu konstruieren, dessen Arbeitsweise sie untersuchen und mit derjenigen der Menschen vergleichen können. Falls die Arbeitsweise des Modells aus gewisser Sicht zufrieden stellend menschlichen Leistungen entspricht, wissen wir dann, dass sich diese Aspekte menschlichen Denkens durch einfache Methoden nachahmen lassen – und genau das ist das Ziel der Kognitionswissenschaft.

Offenbar ist ein solches einfaches Modell für die kognitive

Psychologie unbefriedigend. Weder berücksichtigt es, dass Schemata Einheiten sind, die für sich jeweils sinnvoll sind, noch, dass sie sowohl eine innere Struktur haben als auch untereinander sehr kompliziert geordnet sind. Ein Teil einer Schachstellung bedeutet an sich nichts, genau wie eine Schachfigur bedeutungslos ist, wenn sie aus dem Zusammenhang einer Stellung herausgerissen ist. Eine Schachstellung ist mehr als die Summe ihrer Figuren oder die Summe der typischen Teile. Eine Stellung hat «eine Seele», die Spieler haben Ideen, Gedanken und Pläne, die die Gesamtsituation betreffen. Sie haben Absichten, versetzen sich in die Gedanken ihrer Gegner, greifen an und verteidigen sich selbst. Sie verwenden gleichzeitig sehr einfache und sehr komplexe Schemata.

Die Schachfigur Bauer kann in unseren Schemata in mehreren Zusammenhängen vorkommen. Bei bestimmten typischen Stellungen geht es bekanntermaßen vor allem um die Frage, ob der Bauer sich als stark oder schwach erweist. In diesen Fällen ist der Bauer Teil eines komplexen Schemas, bei dem das Schema nicht nur ein Teil einer Stellung, sondern zugleich die ganze Begriffswelt und den ganzen Strategiegehalt einer bestimmten Eröffnung darstellt. In anderen Fällen kann die Rolle des Bauern einfach sein, so beispielsweise am Ende eines großen Kampfs um Geben und Nehmen, bei dem sich schon im Voraus berechnen lässt, dass der Spieler am Ende einen Bauer mehr hat als sein Gegner, was in der vereinfachten Stellung zum Sieg reicht. Hier zählt nur die Anzahl der Bauern, also nur der Bauer als Figur. In diesem Fall wird ein Bauer in unseren Gedanken nur als ein ganz einfaches Schema dargestellt.

Schachspieler lernen früh Ausdrücke wie «Sizilianische Verteidigung» oder «Königsgambit». Für Anfänger sind diese Begriffe sehr einfache Schemata, eine Folge von wenigen Zügen zu Beginn des Spiels. Für Großmeister bedeuten diese Ausdrücke viel komplexere Schemata, nämlich typische Angriffs- und Verteidigungspläne, Ideen, die das Konzept der tatsächlichen Eröffnung kennzeichnen. Diese Ideen können sehr wohl eigene Schemata bilden, sind aber auch Teil des allgemeinen Schemas einer bestimmten Eröffnung. Großmeister kennen nicht nur viel mehr Schemata als Amateure, sondern ihre Schemata und die Ordnung ihrer Schemata sind auch viel komplexer. Die Schemata der Großmeister bilden komplizierte, verschränkte Hierarchien.

Obwohl das Modell, auf das wir die quantitative Abschätzung bezogen, solche Feinheiten nicht berücksichtigte, hat es sie doch auch nicht ausgeschlossen. Unser Modell lässt die Annahme zu, dass es unter den im KZG gespeicherten Siebener-Schemata sowohl sehr einfache als auch sehr komplexe gibt und dass sie sogar einander interpretieren können. In dem Modell ist jede Art verschränkter Hierarchie vorstellbar – der Gang der Berechnung wird davon nicht tangiert: Er ermöglicht eine Schätzung der Gesamtmenge einfacher und komplexer Schemata, einschließlich der Meta-Schemata, die die Ordnung innerhalb der Schemata angeben.

Eine Herausforderung für Programmierer

Aus Sicht der Kognitionswissenschaft lässt sich die Aufgabe in ihrer allgemeinsten Form wie folgt formulieren: Die Herausforderung besteht darin, dass ein Computer die in Kapitel 7 beschriebenen Erinnerungstests durchführt. Natürlich ist diese Aufgabe für das gewöhnliche Programmieren eines Computers vollkommen uninteressant, denn wenn der Computer einmal eine Schachstellung gespeichert hat, gibt es keinerlei Grund, warum er sie vergessen sollte. Aber wir hätten gern ein Programm, das sich so an Schachstellungen erinnert, wie das menschliche Gedächtnis es mittels Schemata und seiner Bauweise tut. Beschreiben wir die Aufgabe genauer.

Das Problem hat drei Teile. Erstens soll unser Computer eine Reihe von Schemata lernen. Diese Schemata können sowohl einfache Teile von Schachstellungen als auch einzelne Programme sein. Schließlich ist ein Programm nichts anderes als eine Reihe von Befehlen, also eine Menge von Daten; von außen gesehen lässt sich nicht sagen, ob die Datenmenge einfache Teile von Schachstellungen enthält oder viel komplexere Beziehungen, mit denen auch wirkliche kognitive Schemata umgehen. Jedes Schema lässt sich auch als ein Programm sehen.

Der zweite Teil des Problems besteht darin, ein Programm zu schreiben, das Schachstellungen «wahrnimmt». Wie wir sahen, ist Wahrnehmung nicht mehr als die Eingabe einiger weniger dem LZG schon bekannter Schemata ins KZG. Das Programm erhält also eine Schachstellung als Eingabe (natürlich nicht visuell, sondern geeignet kodiert); die Ausgabe besteht im Benennen eines Siebener-Schemas (oder der Seriennummern von sieben Teilprogrammen, die den gewählten Schemata entsprechen).

Der dritte Teil des Problems besteht in der Schaffung eines Rekonstruktionsprogramms. Die Eingaben dieses Teils sind die im zweiten Teil gegebenen Siebener-Schemata, die die für das Erinnern benutzten Programme nennen. Der Output dieses Teils ist eine Schachstellung. Das Rekonstruktionsprogramm kennt also nicht die ursprüngliche Schachstellung, sondern nur die sieben Zahlen, die für die im zweiten Teil entwickelten Schemata stehen. Es hat dieselbe Information wie unser Gehirn beim Erinnerungstest: Ihm stehen nur die Siebener-Schemata zur Verfügung.

Das Programm lässt den Programmierern praktisch unbegrenzte Freiheit nicht nur bei der Wahl der Programme, die ihnen als Schemata dienen können, sondern auch bei der Wahl der den Siebener-Schemata der Schachstellung entsprechenden sieben Zahlen und bei der Rekonstruktion der Siebener-Schemata zur Schachstellung. Das Problem erscheint zunächst allzu allgemein, ist es aber nicht, wie wir bald sehen werden. Menschen mit einem mathematisch geschulten Verstand fragen sich wahrscheinlich sofort, warum nicht jede mögliche Schachstellung als eigenes Schema gesehen wird, denn schließlich gibt es doch nur endlich viele Schachstellungen. Wir könnten allen Schachstellungen ein für alle Mal eine Zahl zuordnen. Der «wahrnehmende» Teil kann dann herausfinden, welcher Zahl eine Stellung entspricht, und diese Zahl dem Rekonstruktionsprogramm eingeben (er braucht nicht einmal sieben Zahlen). Schließlich findet das Programm die der berechneten Zahl entsprechende Stellung – die Lösung ist gewiss perfekt. Natürlich ist dies eine Möglichkeit, aber wir brauchen dann eine astronomisch hohe Zahl von «Schemata». Ich setze hier das Wort Schemata in Anführungszeichen, weil das Ziel, das wir uns stecken, auf diese Weise zwar wirklich erreicht werden kann, diese Seriennummern aber offensichtlich überhaupt keine Eigenschaften haben, die denen wirklicher kognitiver Schemata ähneln. Diese Lösung muss also irgendwie ausgeschlossen werden.

Jetzt kommen wir zur eigentlichen Herausforderung: Wir wollen das Problem unter Verwendung von möglichst wenig Schemata lösen. Bei dem Wettbewerb geht es also darum, ein Programm zu schreiben, das jeder Schachstellung sieben Zahlen zwischen 1 und *n* zuordnet (das *Wahrnehmungs*programm) und das aufgrund dieser sieben Zahlen Stellungen aus Meisterspielen so genau wie möglich rekonstruiert. Es gewinnt, wer die ursprüngliche Stellung immer und fehlerfrei mit dem kleinsten *n*-Wert rekonstruiert.

Die Bedeutung des Problems

In dieser letzten Formulierung kommt das Wort Schema nicht vor; das Problem scheint in dieser Form ein einfaches Problem der mathematischen Kodierungstheorie zu sein. Wie wir jedoch bald sehen werden, haben wir praktisch nahe gelegt, dass die verwendeten Dinge so etwas wie das wirkliche Schema sein müssen, und dann hilft kein mathematischer Kodierungstrick. Diese *n*-Schemata-Modelle stehen im Problem für das LZG, die sieben Zahlen, die dem Rekonstruktionsprogramm eingegeben werden, dagegen für das KZG.

Schemata dürfen bei uns nicht nur einfache Teile von Stellungen, sondern auch von Programmen sein, deshalb lässt sich jede komplexe Schema-Struktur im Rahmen des Problems erfassen. Falls zu unseren kognitiven Schemata sehr komplexe Schemata gehören, wollen wir den Programmierer nicht zwingen, ausschließlich einfache und vorbestimmte Arten von Schemata zu verwenden (etwa nur Teile einer Schachstellung). Er darf die gesamte Welt der «Sizilianischen Verteidigung» in einem einzigen (sehr effektiven und gewiss sehr komplexen) Schema programmieren, wenn er es denn kann.

Jetzt modelliert das Problem ziemlich genau die Bedingungen des Erinnerungstests, den wir für das KZG-LZG-Modell gewählt haben. Es lässt den Programmierern praktisch unbegrenzte Freiheit bei der Wahl der Methoden zur Lösung der drei Teile des Problems. Wir wissen sehr wenig darüber, was diese

Teile in Wirklichkeit tun. Großmeister kennen etwa 50 000 bis 100 000 Schemata und können Schachstellungen praktisch fehlerfrei nachstellen. Diese Anzahl von Schemata reicht also sicherlich aus, um das Problem zu lösen, aber wir wissen nicht, wie es gelöst wird. Wir beschreiben hier die Arbeitsweise eines Programms, von dem man erwartet, dass es das Problem mit Hilfe von etwa 360 000 Schemata löst; das ist das bisher beste Ergebnis. Aber gewiss gibt es auch eine Lösung mit wenigen Zehntausenden Schemata, denn Schachgroßmeister verfügen darüber. Das Problem ist also ein gut gestelltes wissenschaftliches Rätsel innerhalb des extrem reduktionistischen Paradigmas der Kognitionswissenschaft.

Der trickreichste Trick des Problems ist, dass es nur auf Stellungen anwendbar ist, die aus Meisterspielen stammen. Deshalb haben Programme, die nur kondensierte, auf rein mathematischen Grundsätzen beruhende Kodes verwenden, keine guten Erfolgsaussichten: Wie könnten sie die Kennzeichen *sinnvoller* Schachstellungen nutzen? Das gegebene Problem ist deshalb typischerweise eher eines der Kognitionswissenschaft als der mathematischen Kodierungstheorie. Es wäre offenbar Vergeudung, eine Lösung zu suchen, die auch sinnlose Stellungen rekonstruieren kann, denn ein solches Programm würde viel mehr Schachstellungen rekonstruieren können, als erlaubt sind. Die meisten möglichen Schachstellungen sind sinnlos.

Theoretisch lässt sich das Problem einfach durch mathematische Manöver lösen, ohne die Sinnhaftigkeit einer Schachstellung zu nutzen, aber diese Lösung ist sehr unwahrscheinlich. Wenn nämlich alle möglichen Schachstellungen zugelassen sind (nicht nur die sinnvollen), wären, wie man leicht berechnen kann, mehrere Milliarden Schemata nötig. Weniger wären sicherlich nicht genug.

Ganz gewiss stellte sich das Problem auch dann anders, wenn wir andere Vorstellungen vom KZG und LZG hätten. Jede Lösung des obigen Problems durch ein sich bewährendes Rekonstruktionsprogramm kann automatisch als eine Schema-Theorie angesehen werden. Obwohl es möglich ist, dass bei der Lösung recht seltsame Dinge die Rolle von Schemata übernehmen (beispielsweise komplexe mathematische Konstruktionen oder Begriffe, die unseren normalen Denkweisen völlig fremd sind – wie die mutierende Heuristik von EURISKO), ist es wahrscheinlicher, dass die Rolle von Schemata von etwas übernommen wird, das Ähnlichkeit hat mit unserem Schema-Begriff. Schließlich sind es Menschen, die heuristische Verfahren mit Hilfe ihrer eigenen kognitiven Schemata finden. In Kapitel 16 werden wir sehen, welche Bedeutung dem zukommt. Das Problem ist darum eine aufregende Herausforderung, weil der Weg zur Lösung wahrscheinlich nicht über eine komplexe abstrakte mathematische Konstruktion führt, sondern über die Entwicklung von gut erfundenen Operationsprinzipien und Modellen menschlichen Denkens.

Das MAPP-Programm

Im Programm von Simon und Gilmartin sind die Schemata immer Schachstellungen. Der Name des Programms (MAPP ist ein Kürzel für Memory Aided Pattern Perceiver, also gedächtnisgestützte Musterwahrnehmung) verweist auf die Bemühungen seiner Urheber, ein Modell für menschliche visuelle Wahrnehmung zu finden.

MAPP enthält Hunderte von Einzelheiten aus Schachstellungen, die die Verfasser aufgrund ihrer eigenen Erfahrung mit Schach und Schachbüchern für charakteristisch und häufig halten. Die Bestimmung der Einzelheiten der Schachstellungen war so wichtig, dass MAPP gut daran tat, die Augenbewegungen von Schachspielern nachzuzeichnen, die eine Stellung betrachteten. Dazu hatten sie zunächst die Augenbewegungen der Probanden mit komplexen Lasersystemen oder Elektroden verfolgt, die die Bewegungen der Augenmuskeln aufzeichneten. Gelegentlich konnte MAPP die Augenbewegungen der Versuchspersonen für mehrere Sekunden vorhersagen.

Natürlich hat MAPP keine Ahnung von den Vorgängen im Kopf der Versuchspersonen, genau wie das Programm DOCTOR (siehe Kapitel 4) die Probleme der Patienten nicht versteht. Immerhin verweist die Tatsache, dass MAPP die Augenbewegungen wirklicher Schachspieler gut vorhersagen konnte, auf zweierlei: Erstens ist MAPP wirklich eine großartige Leistung der Kognitionswissenschaft, denn dieses einfache Modell kann eine reale und komplexe menschliche Funktion mit großer Genauigkeit vorhersagen. Zweitens gibt es wahrscheinlich auch im Kopf realer Schachspieler ähnlich einfache Schemata. Diese sehr einfachen Schemata könnten sehr wohl komplexeren Schemata den Weg ebnen, wenn ein Schachspieler seine ganze Energie den Geheimnissen der neuen Schachstellung widmet – die einfachen Schemata gelangen zuerst ins KZG und werden dann gegen die komplexeren Schemata ausgetauscht, die viel mehr Aussagekraft haben. Die von MAPP im Lauf des Erinnerns empfangenen Ergebnisse lassen auch vermuten, dass echte Schachspieler höchstwahrscheinlich viel kompliziertere und komplexere kognitive Schemata haben als die einfachen Schemata der Teile von Schachstellungen, die MAPP enthält.

Bei dem Erinnerungstest suchte die Wahrnehmungskomponente von MAPP nach den Siebener-Schemata, die der dargebotenen Schachstellung am besten entsprachen. Die Suche wurde mittels eines relativ komplexen Algorithmus durchgeführt, denn es mussten Siebener-Schemata gefunden werden, von denen jedes nicht nur in den Einzelheiten gut der vorgegebenen Stellung entsprechen musste, sondern auch möglichst viel Information über die ganze Stellung enthielt. Dieser Algorithmus erwies sich übrigens beim Verfolgen der Augenbewegungen echter Schachspieler als erfolgreich – diese Tatsache allein ist ein Hinweis auf die Leistungsfähigkeit von MAPP. Nach der «Wahrnehmung» erhielt das Rekonstruktionsprogramm die wahrgenommenen «Siebener-Schemata» und stellte die sieben einzelnen Daten der Stellung auf dem Schachbrett dar. Wenn einige Einzelheiten der Stellung einander widersprachen, entschieden einige wenige einfache heuristische Verfahren, was auf das Brett gestellt werden sollte.

Es gab zwei Fassungen von MAPP. Die erste enthielt 894 Schemata, und die Qualität der Rekonstruktion näherte sich der von Amateurspielern zweiter Klasse. Die zweite Fassung verfügte über 1144 Schemata und gelangte über das Niveau der zweitklassigen Spieler hinaus. Eine weitere Vergrößerung der Anzahl der Schemata stieß auf Schwierigkeiten, weil es immer schwieriger wurde, wirklich charakteristische Einzelheiten einer Stellung zu finden. Um das Programm weiterzuentwickeln, reicht es wahrscheinlich nicht aus, einfachen Teilen der Stellungen die Rolle von Schemata zuzuschreiben, sondern es sind komplexere Schemata nötig.

Wenn man die Beziehung zwischen der Zunahme der Anzahl der Schemata und der qualitativen Verbesserung der Rekonstruktion hochrechnet, sollte das Programm Schachstellungen, die aus Meisterspielen stammen, mit Hilfe von etwa 360 000 Schemata fehlerfrei rekonstruieren. Diese Zahl ist viel höher als die Schätzung aus Kapitel 7. Aber MAPP arbeitet nur mit sehr einfachen Schemata (Einzelheiten von Stellungen), und davon sind für das fehlerfreie Erkennen sicher viel mehr erforderlich als von den komplexeren. Wenn man dies in Betracht zieht, wird das von MAPP erreichte Ergebnis plausibel, wonach Schachgroßmeister etwa 50 000 bis 100 000 (meist sehr komplexe) Schemata kennen.

Wenn wir uns auf MAPP verlassen, können wir auch abschätzen, wie viele auf Schach bezogene Schemata ein Schachspieler auf einer geringeren Leistungsstufe kennt. Wie wir sahen, könnte MAPP das Leistungsniveau eines Spielers zweiter Klasse erreichen, wenn es sich an etwa 1000 Schemata erinnern könnte. Wahrscheinlich braucht MAPP wesentlich mehr Schemata als ein Mensch, um dieselbe Leistung zu erreichen, aber vielleicht ist der Unterschied auch gering, weil die Schemata moderner Amateurspieler nicht so komplex sind wie die der Meister. Deshalb scheint es realistisch, wenn wir die Anzahl der Schemata eines zweitrangigen Amateurs auf einige hundert schätzen. Diese Schätzung passt ziemlich gut zu den Schätzungen, die sich aus den im vorigen Kapitel beschriebenen Methoden ergaben, wonach die Anzahl der kognitiven Schemata von Schachamateuren kleiner ist als die von Großmeistern. Die Befunde der beiden Methoden bestätigen einander gut, besonders, da sie auf zwei vollständig unterschiedliche Weisen aufgrund von zwei vollständig unterschiedlichen Ansätzen erreicht wurden (denen der kognitiven Psychologie und der Kognitionswissenschaft).

Auf ähnlicher Grundlage kann der Vorrat von Experten des Schachspiels (oder, nach der russischen Qualifikation, von «Meisteranwärtern») auf etwa 1000 bis 5000 kognitive Schemata geschätzt werden. In den nächsten Kapiteln werden wir sehen, dass das Niveau der Meisteranwärter in vielen Bereichen eine wichtige Entwicklungsstufe darstellt.

Das Gedächtnis der Großmeister

Unser Ergebnis, dass Schachgroßmeister (und wohl auch die Meister anderer Disziplinen) auf ihrem Gebiet einige Zehntausende von Schemata kennen, bleibt gültig, solange wir streng im Rahmen unseres Modells bleiben. Aber sobald wir versuchen, unsere Ergebnisse mit Hilfe anderer Begriffe zu deuten, die von außerhalb des Modells kommen und mit Denken und Gedächtnis zu tun haben, geraten wir in Schwierigkeiten.

Wie viele konkrete Tatsachen kann ein Mensch behalten? Und überhaupt, wie viele konkrete Tatsachen aus dem Bereich des Schachspiels kann ein Großmeister behalten? Der Schachweltmeister Garry Kasparow sagt, er erinnere sich ohne weiteres an einige zehntausend Spiele. Alles spricht dafür, dass er Recht hat. Wir rechnen pro Spiel mit etwa vierzig Paaren von Spielzügen – das sind etwa einige Millionen konkreter Züge –, und Kasparow kennt sie alle. Als wir beispielsweise sein Gedächtnis mit der Frage testeten: «Was war die Stellung nach dem fünfundzwanzigsten Zug in dem Spiel, das Botvinnik und Capablanca 1938 im AVRO-Wettbewerb um die Meisterschaft spielten?», gab er nach kurzem Nachdenken die richtige Antwort. Wir stellten fest, dass er sich auch an diese Tatsache erinnerte. Eins zu null für sein Gedächtnis.

Können wir nun behaupten, dass Kasparow in seinem Gedächtnis einige Millionen Schachstellungen speichert? Ja, das können wir, aber diese Antwort stellt lediglich eine sehr statische und ziemlich uninteressante Tatsache fest, weil sie nichts darüber aussagt, wie diese Stellungen in seinem Gedächtnis organisiert sind. Die Organisation aber ist wichtiger als die konkreten Daten. Wieder ist das Ganze wichtiger als die Summe seiner Teile. Wir wären nicht besser dran, wenn wir genau wüssten, wie viele Spiele Kasparow kennt. Es ist fast sicher, dass nicht die Spiele die Einheiten sind, die sein Gedächtnis speichert: Vielleicht bildet eine Gruppe von Spielen mit ähnlichen strategischen Inhalten ein vollständiges Schema. Außerdem ist bei einem Spiel das Wichtigste nicht das, was auf dem Brett zu sehen ist: Vielmehr wird die wirkliche Güte des Kampfes durch die unerfüllten Pläne und die verworfenen Variationen bestimmt. Offenbar steckt auch all das im Gedächtnis eines Großmeisters, aber es ist ganz unmöglich, es zu messen.

Die einzelnen Gedächtniseinheiten besagen sehr wenig über die Rolle von Gedächtnisspuren beim Denken. Gedächtnisspuren werden durch Schemata zum Denken organisiert, wir können uns nur mit Hilfe der Schemata an sie erinnern. Alle Gedächtnisgenies ordneten die Dinge, die sie behalten wollten, zu größeren Einheiten und konnten sich später, beim Erinnern, darauf verlassen.

Der russische Psychologe Alexander Luria beobachtete ein Gedächtnisgenie über Jahrzehnte. Einmal forderte Luria seinen Probanden ohne jede Ankündigung auf, eine lange Folge von Wörtern zu wiederholen, die er vor fünfzehn Jahren gehört hatte. Das Gedächtniswunder schloss die Augen, hielt inne und sagte dann: «Ja, ja … Das war eine Wortfolge, die Sie mir einmal gegeben haben, als wir in Ihrer Wohnung waren … Sie saßen am Tisch und ich im Schaukelstuhl … Sie trugen einen grauen Anzug und schauten mich so an … Ja, und dann sehe ich, wie Sie sagen …», und dann gab er die Liste der Wörter fehlerfrei wieder – auf der Grundlage des holistischen Bildes, das er vor langer Zeit gespeichert hatte.[1]

Wenn man es mit Gedächtnisgenies zu tun hat, ist es nutzlos, zu berechnen, wie viele einzelne Wörter, Zahlen oder Zeichen sie in ihrem Leben auswendig gelernt haben. In ihrem Kopf wird jede gelernte Datenmenge zu einem unabhängigen Schema, aber die Anzahl dieser Schemata bleibt im Bereich von einigen Zehntausenden. Lurias Gedächtnisgenie benutzte visuelle Schemata; dieses erfolgreiche System hat sich über die Zeiten hinweg bewährt. Schon die Priester des alten Ägypten lernten lange Listen mit der so genannten Methode der *loci* (*loci* ist das lateinische Wort für «Orte»). Dabei werden die zu behaltenden Begriffe im Kopf unterschiedlichen Dingen mit einer komplexen Struktur zugeordnet (beispielsweise einem Tempel oder, im Fall des von Luria untersuchten Gedächtnisgenies, dem Newskij-Prospekt in St. Petersburg). So behalten sie die ganzen Listen – die wohl bekannte Struktur des Ortes half, die lange Liste zu einem einzigen Schema zu ordnen.

Nutzen wir unsere Gedächtniskapazität?

In den vergangenen Jahrzehnten wurde die Behauptung zu einem Allgemeinplatz, man nutze tatsächlich nur einen Bruchteil, etwa ein oder zehn Prozent – oder noch weniger – der Kapazität des Gedächtnisses. Eine solche Entdeckung verheißt der Menschheit ungeahnte Möglichkeiten: Wie klug könnten wir werden, wenn wir diese erstaunlich kleine Zahl nur etwas vergrößern könnten … Und immer wieder versprechen Gurus, dies ließe sich mit ihrer Methode leicht und rasch erreichen – mit ein wenig Mühe und natürlich einigen finanziellen Opfern.

Eine anscheinend wissenschaftliche Tatsache, die so weithin zitiert wird, sollte eine wissenschaftliche Grundlage haben. Ich versuche seit Jahren, sie aufzuspüren, bin aber völlig erfolglos geblieben. In keiner wissenschaftlichen Veröffentlichung habe ich auch nur eine Spur davon gefunden. Wenn ich ähnliche Aussagen gedruckt gesehen habe, waren sie ausnahmslos Aussagen *ex cathedra*, deren Verfassern es nicht einmal in den Sinn gekommen war, dass man bei einer so schwer wiegenden Aussage wie dieser wenigstens einen Hinweis auf die Quelle geben sollte. Schon das ist ein verdächtiger Hinweis auf die äußerst unwissenschaftliche Natur der Sache.

Als Beispiel zitiere ich einen Absatz aus den *Erinnerungen an die Zukunft* von Erich von Däniken, dem Verfasser vieler wissenschaftlich scheinenden, aber in der Tat rein spekulativen Bestseller: «Wir wissen erschreckend wenig über Funktionen und Möglichkeiten des menschlichen Gehirns; bekannt ist, dass im Gehirn des gesunden Menschen lediglich ein Zehntel des Cortex arbeitet. Was tun die restlichen neun Zehntel? Bekannt und wissenschaftlich dokumentiert ist die Tatsache, dass Menschen durch den Willen und durch sonst nichts von unheilbarer Krankheit gesunden. Ist das so, weil es in ihm einen bisher unbekannten Schaltkreis gibt oder weil in ihm zwei oder drei weitere Prozent seiner grauen Zellen aktiv sind?»[2] Um möglichen Missverständnissen vorzubeugen: Ich wehre mich nicht gegen das, was der Verfasser offen eine Spekulation nennt. Aber wie unbegründet seine *Ex-cathedra*-Behauptung über unsere Gedächtniskapazität ist, zeigt sich auch in der Tatsache, dass er in einem späteren Buch sagt, der Mensch nutze nur drei Prozent seiner grauen Materie. Er gibt nie an, woher er weiß, was er sagt, und er verschwendet kein Wort darauf, zu erklären, wie die Gedächtniskapazität zwischen dem Schreiben der beiden Bücher um ein Drittel gesunken ist.

Aus diesem Grund hielt ich es für nötig, den quantitativen Schätzungen und den zu ihnen führenden Gedankengang im Einzelnen nachzugehen. Diese Zahlen bezogen sich aber nicht auf die Gedächtniskapazität, sondern auf die Menge der uns bekannten kognitiven Schemata. Wir können über kognitive Schemata keine so einfachen, leicht verdaulichen und spektakulären Aussagen machen, wie es der oben zitierte Allgemeinplatz ist; denn der Begriff der kognitiven Schemata ist ein viel komplexerer wissenschaftlicher Begriff als jener. Aber wer verstanden hat, was ein kognitives Schema ist, erkennt auch, dass nicht nur die Herkunft des obigen Allgemeinplatzes unbekannt ist, sondern er auch Unsinn besagt. Unsere Gedächtnisspuren sind beim Denken und Erkennen durch unsere kognitiven Schemata geordnet. Nur solche Gedächtnisspuren, die mit unseren kognitiven Schemata verknüpft sind, beeinflussen unser Denken. Wir wären kein bisschen klüger, wenn wir unsere Gedächtniskapazität besser nutzen würden, weil sich deshalb unsere kognitiven Schemata nicht ändern würden. Auch wenn wir immer noch nicht wissen, wie viele Prozente unserer tatsächlichen Gedächtniskapazität wir nutzen, ist doch klar geworden, dass diese Frage keine Rolle spielt, wenn es darum geht, die Möglichkeiten der menschlichen Intelligenz aufzudecken.

Wir können jedoch fragen, wie groß der Teil unserer Gedächtniskapazität ist, den wir zum Speichern kognitiver Schemata nutzen. Dieser Anteil ist überraschend niedrig, wenn wir ihn als die Anzahl kognitiver Schemata sehen, der den Großmeistern der unterschiedlichen Bereiche zur Verfügung steht. Wie viel klügere Großmeister wären sie, wenn sie diese Zahl vergrößern könnten! Wie im Fall der Gedächtniskapazität finden wir täglich viele Hinweise darauf, dass selbst Großmeister nicht die volle Kapazität nutzen, denn sie sind in der Lage, auf neuen Gebieten zahlreiche neue Schemata zu erwerben, wenn sie auf ihrem Gebiet schon Großmeister sind. Warum können sie diese Fähigkeit auf ihrem eigenen Gebiet nutzen und damit ihre engere Sichtweise vertiefen? Wir werden diese Frage in Kapitel 13 beantworten – im Voraus erwähnen wir lediglich, dass die Antwort nicht in den Grenzen der menschlichen Gedächtniskapazität steckt, sondern in den Ordnungsprinzipien der kognitiven Schemata. Die Frage, wie viele Prozente unserer vorhandenen Kapazität (etwa beim Gedächtnis oder für das Speichern von Schemata) wir nutzen, bleibt gleichgültig und unwichtig – und wie wir wissen, erhält derjenige, der dumm fragt, eine dumme Antwort.

Training für das Kurzzeitgedächtnis

Interessant bleibt die Frage, wie die Menge der kognitiven Schemata vergrößert und damit das Erinnerungsvermögen verbessert werden kann. Der amerikanische Psychologe K. A. Ericsson und seine Kollegen ließen ihre Versuchsperson, S. F., anderthalb Jahre lang wöchentlich drei bis fünf Stunden Zahlenlisten auswendig lernen. S. F. hatte eine für Studenten durchschnittliche Intelligenz und war ein begeisterter Langstreckenläufer. Er konnte zu Beginn dieses Experiments wie die meisten Menschen sieben Zahlen behalten. Mit einiger Übung gruppierte S. F. die Zahlen zu Angaben über Laufzeiten, so etwa «3492 zu 3:49,2 – fast Weltrekordzeit für eine Meile». S. F. kannte die Laufzeiten für viele Entfernungen (er hatte für sie viele Schemata) und übte sich darin, Gruppen von jeweils vier gehörten Zahlen zu Ergebnissen von Wettläufen zusammenzufassen.

Gelegentlich, wenn eine Zahlenfolge keine Laufzeit nahe legte (z. B. 3771), versuchte er, sie als Alter und Daten zu kodieren (beispielsweise: Der Läufer ist relativ alt, siebenunddreißig, und der Wettbewerb fand im Sommer, im Juli, am ersten Tag des Monats) statt. Man fragt sich natürlich, wie sich S. F. aufgrund von ungenauen, unbestimmten Angaben wie «nahezu Weltrekordzeit», «relativ alt», «Sommer» so genau an Zahlen erinnern konnte – 3.49.3 oder 3.49.1 wären ebenfalls «fast Rekordzeit» gewesen. Alles deutet darauf hin, dass S. F. nicht diese Einzelheiten auswendig lernte, sondern das «Bild» des gesamten Wettbewerbs, das vollständige komplexe kognitive Schema des vorgestellten Wettbewerbs, und dass in dieses komplexe Schema nur dieses eine Zeitergebnis, Alter oder Datum genau hineinpassten.

Die Forscher halfen S. F., andere Ordnungsprinzipien als Laufzeiten zu lernen, indem sie ihm absichtlich Zahlenfolgen gaben, die sich nur schwer als Laufzeiten deuten ließen. Diese Zahlenfolgen wurden von einem speziell dafür geschriebenen Computerprogramm erzeugt. Interessanterweise vermutete der Computer gegen Ende des Versuchs in neunzig Prozent aller Fälle richtig, welche Strategie S. F. benutzen würde, um die nächste Zahlenfolge zu lernen – hier stoßen wir innerhalb eines rein psychologischen Versuchs auf ein unabhängiges kleines Ergebnis der Kognitionswissenschaft. Im Verlauf des Versuchs wurden weiter zweiundsechzig Prozent der Gruppen nach Laufzeiten geordnet, fünfundzwanzig Prozent nach Altersangaben, der Rest nach anderen Grundsätzen (etwa kalendarischen Angaben).

Auf diese Weise konnte S. F. schließlich sechsundzwanzig bis achtundzwanzig Zahlen (also etwa viermal sieben) richtig wiederholen. Dann stagnierte seine Leistung eine Weile, bis er sich weiter verbesserte, als er begann, die einzelnen Laufzeiten zu den Ergebnissen ganzer Wettbewerbe zu gruppieren. Später ordnete er sie kalendarischen Daten zu. Als ihm das gelang, konnte er zwölf bis sechzehn vierstellige Zahlen als Ergebnisse eines einzelnen Wettbewerbs zusammenfassen. In den anderthalb Jahren des Versuchs vergrößerte er seine Gedächtnisspanne auf neunundsiebzig Ziffern. (Das Experiment war so angelegt, dass die Zahlenfolge immer dann am nächsten Tag eine Ziffer länger wurde, wenn er sich an mindestens achtzig Prozent einer Folge richtig erinnern konnte – wenn ihm das nicht gelang, wurde die Zahlenfolge um eine Ziffer gekürzt. Am Ende des Versuchs schwankte die Länge der Folgen zwischen achtundsiebzig und achtzig.)

Am Ende des Versuchs legte man S. F. Buchstaben statt Zahlen vor. S. F. konnte nur sieben Buchstaben behalten – so viele Buchstaben also wie zu Beginn des Versuchs Zahlen! Nicht die Gedächtniskapazität hatte sich also im Lauf des Versuchs vergrößert, sondern seine kognitiven Schemata waren auf einem engen Bereich, auf dem Gebiet des Memorierens von Ziffern, wesentlich besser geworden. Das hatte zu einem Nebeneffekt geführt, nämlich zu der spektakulären Verbesserung einer Art der Gedächtniskapazität. Dies war jedoch auf einem anderen Spezialgebiet, dem Behalten von Buchstaben, keine Hilfe. Die kognitiven Schemata eines Gebiets sind gewöhnlich ganz speziell auf dieses Gebiet ausgerichtet, andererseits ermöglicht die Menge der Schemata, die in diesem Feld vertieft sind, professionelle Leistungen, die für Menschen außerhalb des Gebiets bewundernswert und fast unmöglich zu sein scheinen. Es mag nicht seriös erscheinen, das Auswendiglernen von Zahlenfolgen als eigenständiges Fachgebiet zu bezeichnen, aber wie wir in den nächsten Kapiteln sehen werden, ist die Lage in ernsthafteren und wichtigeren Bereichen ganz ähnlich.

Möglicherweise ist der Begriff des Schemas nicht genau genug definiert, und es ist auch fraglich, ob es diese Dinge überhaupt gibt. Trotzdem hat sich das Paradigma der Schemata als sehr nützlich erwiesen, weil es die Planung von Experimenten mit verblüffenden Ergebnissen und die Konstruktion von Modellen ermöglichte, die quantitative Schätzungen erlauben. Wir werden weiterhin – und immer mehr – Theorien aufstellen und Experimente so planen, als ob Schemata reale, physikalisch existierende Bausteine unseres Denkens wären.

Das Wesen der Fachkompetenz

9. Vom Anfänger zum Großmeister

Man merkt, dass Kinder erwachsen werden, wenn
sie Fragen stellen, auf die es Antworten gibt.

John J. Plomp[1]

Wir sahen, dass Großmeister bei einer vorgegebenen Schachstellung weniger Züge als sinnvoll und der Beachtung wert erwägen als Amateurspieler. Es ist, wie der im Motto zu Kapitel 8 zitierte Suzuki sagt: «Ein Anfänger erwägt viele Möglichkeiten, ein Könner nur wenige.»

Bei Experimenten mit Großmeistern hat sich herausgestellt, dass sie im Durchschnitt nicht mehr Kombinationen berechnen als Amateure. Die verbreitete Überzeugung, Schachmeister seien deshalb Schachmeister, weil sie ausgezeichnet kombinieren können, trifft also nicht zu. Vielleicht tun sie es in manchen Fällen, aber nicht in allen. Schachmeister wählen für ihre Berechnungen vielmehr günstigere Augenblicke als Amateure: Sie wissen, wann sie genau rechnen müssen. In Situationen, in denen Amateure Kombinationen berechnen, folgen die Meister oft dem von ihnen gewählten Plan und ziehen dem Plan entsprechend, ohne genaue Berechnung.

Großmeister fällen ihre Entscheidungen auch keineswegs schneller als Amateurspieler. Wenn man Großmeister und Amateure bittet, sich eine Schachstellung gut anzuschauen und dann einen Zug zu wählen, brauchen beide bei komplizierten Stellungen etwa fünf bis zehn Minuten.

Im Allgemeinen fand man zwischen Amateuren und Großmeistern keine anderen leicht fassbaren, auf einfachen Anzeichen beruhenden Unterschied als die Qualität ihres Spiels. Großmeister können gegen zwanzig bis dreißig starke Amateure gleichzeitig spielen und in den allermeisten Fällen, nämlich etwa neunzig von hundert, auch gewinnen. Großmeister haben dann für jeden Zug nur wenige Sekunden Zeit, nicht genug, um lange und komplizierte Kombinationen zu erwägen. Ihre Gegner jedoch haben für jeden Zug zwei bis drei Minuten Zeit und verlieren in der Regel trotzdem.

Wie wir schon wissen, beruht dieser große Unterschied in der Spielstärke zwischen Großmeistern und selbst sehr guten Amateurspielern darauf, dass Großmeister über zehnmal so viel Schemata verfügen als Amateure. Deshalb wundert es uns weder, dass wir in den direkt messbaren Parametern keine Unterschiede finden, noch, dass Großmeister schneller reagieren und die Kombinationen weiter im Voraus berechnen. Sie machen einfach bessere Züge. Die Unterschiede in der Quantität und Qualität der Schemata begründen so bekannte Aussprüche wie «Großmeister wissen mehr über Schach» oder «Für Großmeister gibt es nichts Neues unter der Sonne».

Wie man Großmeister wird

Großmeister erwerben die Zehntausende Schemata, die sie für ihre Spielstärke brauchen, in langer, intensiver Praxis. Dieser Prozess erfordert mindestens zehn Jahre lang täglich mehrere Stunden Arbeit. Selbst die berühmten Wunderkinder (Capablanca, Fischer, die Schwestern Polgàr) machen da keine Ausnahme. Wir sahen auch, dass sich die meisten unserer Schemata schlecht in Worte fassen lassen. Das gilt auch beim Schach. Über ein bestimmtes Niveau hinaus können selbst die besten

Lehrbücher dem Lernenden die allgemeinen Begriffe und die in den Beispielen versteckten Beziehungen zwischen ihnen nur andeutungsweise vermitteln. Deshalb ließ sich bei dem Programm MAPP die Anzahl der Schemata nur so schwer vermehren. Der Meister, der dem Programm immer neue Schemata eingab, stieß bei etwa tausend Schemata an die Grenze seiner Möglichkeiten, seine Schemata zu beschreiben; danach fiel es ihm schwer, Neues über die Stellungen zu sagen. Da er ein Meister war, verfügte er vermutlich über ungeheure Mengen weiterer Schemata, aber er konnte sie auf diesem Niveau nicht beschreiben.

Es gilt auch für andere Berufe und Bereiche, dass es ungefähr zehn Jahre intensiven Lernens braucht, bis jemand Großmeister ist. Ein besonders berühmtes Wunderkind war Wolfgang Amadeus Mozart, der schon als Fünf- oder Sechsjähriger interessante Musik komponierte. Und doch zeigt ein Schallplattenkatalog, etwa der Schwann-Katalog, der alle Mozart-Aufnahmen zusammenstellt, dass Mozart das erste Stück, von dem es mehr als fünf Aufnahmen gibt, erst im Alter von fünfzehn Jahren schrieb. Im Fall Mozarts gelten die frühen Werke zu Recht als interessant (man denke nur an die Oper *Bastien und Bastienne*, die Mozart als Zwölfjähriger komponierte), aber offensichtlich gelangen ihm wirkliche Meisterwerke erst später, als er älter als fünfzehn war, nach mehr als zehn Jahren intensiven Lernens und Übens.

In anderen Bereichen, in denen Großmeister früh heranreifen, verhält es sich ähnlich, so in der Mathematik und in der Dichtkunst. Man kann eine Art Hierarchie für das Durchschnittsalter aufstellen, in dem die besten Vertreter ihres Fachs das Niveau von Großmeistern erreichen. In den Naturwissenschaften entspricht das etwa dem Alter, in dem die Studierenden der unterschiedlichen Disziplinen den Doktorgrad erwerben.

Vermutlich hängt das langsamere Reifen innerhalb eines Fachbereichs oder Berufs von der Art der Schemata ab: Gewöhnlich reifen Lernende umso langsamer, je weniger abstrakt ein Beruf ist. Das liegt womöglich daran, dass in diesem Fall die Schemata des Berufs enger mit den Schemata des Alltagslebens verknüpft sind, aber (einfach wegen des erforderlichen Fachwissens) von ihnen abstrahiert sind; deshalb wird das Niveau des Großmeisters auf diesen Gebieten vermutlich dann erreicht, wenn die beiden parallelen Lernprozesse, der menschliche und der fachbezogene, gleichzeitig reifen.

Das Niveau der Meisteranwärter

Bei der Entwicklung von Schachspielern spielt die Stufe des Meisteranwärters eine entscheidende Rolle. Wir wissen schon, dass Meisteranwärter über mehrere Tausende auf das Schachspiel bezogene Schemata verfügen. Unabhängig von ihrer Begabung wissen sie genug, um gegen unerfahrene Spieler zu gewinnen, und sie verstehen auch die Tiefe der Spiele der Großmeister. Aber bei all ihrem Wissen haben sie in einem ernsthaften Spiel gegen einen Großmeister nicht die geringste Gewinnchance.

Wir sahen, dass die Menge der Schemata sehr eng mit dem Niveau der Expertise verknüpft ist. Dies ist tatsächlich ein sehr empfindlicher Index, an dem wir Unterschiede in der Größenordnung der jeweiligen Wissensniveaus nachweisen können. Deshalb scheint die folgende *Verallgemeinerung* sinnvoll: Das *Niveau des Meisteranwärters* ist dann erreicht, wenn der Lernende einige tausend Schemata seines Fachbereichs beherrscht. Wir bezeichnen Meisteranwärter auch als *Experten*. Sie sind schließlich wirklich Experten, denn sie wissen alles, was es in dem Gebiet zu wissen gibt, haben ihre Ausbildung beendet und die Prüfungen entweder bestanden oder könnten sie leicht bestehen. In diesem Buch nennen wir sie jedoch weiter «Meisteranwärter», weil damit sowohl gesagt ist, welch hohe Stufe sie erreicht haben, als auch, dass es noch viel höhere Stufen gibt. Hoffentlich führt diese Verallgemeinerung zu einer glücklichen Begriffsbildung, damit sich das, was wir über die Vor- und Nachteile von Meisteranwärtern gesagt haben, als allgemeingültig erweist.

Man könnte beispielsweise sagen, das Wissen, über das jemand in einer Fremdsprache verfügt, sei das eines Meisteranwärters, wenn er staatliche Prüfungen mittleren Schwierigkeitsgrades besteht. Das lässt sich untermauern durch die Tatsache, dass sich diese Stufe in etwa drei bis vier Jahren (mit durchschnittlich vier bis sechs häuslichen Lerneinheiten von je fünfundvierzig Minuten pro Woche) erreichen lässt. Sprachenlehrer machen die Erfahrung, dass in einer Unterrichtseinheit von neunzig Minuten etwa sieben neue Wörter erlernt werden. Sie können auch dreißig Wörter durchnehmen, aber selbst wenn die Lernenden sie alle wiederholen können, beherrschen sie noch nicht ihre richtige Anwendung: Die Wörter sind dann noch nicht Teil ihres Vorrats an Schemata. Bei grammatikalischen Strukturen und Stilelementen dauert der Reifungsprozess noch länger. Bei einer auf diesen Daten beruhenden Schätzung kommt man (unter der Annahme, dass die Schüler dieses Wissen wirklich beherrschen, was natürlich für das Bestehen einer Prüfung nötig ist) zum Niveau der Meisteranwärter.

In Japan erwartet man von Gymnasiasten, dass sie bei der Grundprüfung tausendachthundert Schriftzeichen kennen und anwenden. Mit unserer Terminologie können wir sagen, dies sei das Kriterium für das Erreichen der Stufe des Meisteranwärters. Wenn wir in Worte fassen, was von einem Schüler bei der Grundprüfung im Schreiben und Lesen japanischer Schrift erwartet wird, sagen wir fast dasselbe, was wir weiter oben über Meisteranwärter im Schach sagten.

Auch bei der staatlichen Zwischenprüfung in Japanisch finden wir Übereinstimmung: Für sie werden etwa dieselben Ansprüche gestellt. Natürlich bedeutet das nicht, dass das Japanisch von Ausländern, die diese tausendachthundert Zeichen lernen, so gut ist wie das sechzehnjähriger Japaner. Die jungen Japaner sprechen viel besser japanisch (wie wir sehen werden, beherrscht fast jeder seine Muttersprache meisterhaft), aber Japaner wie Ausländer schreiben etwa gleich gut. Das allein zählt natürlich nicht allzu viel; denn dahinter stecken mehr Allgemeinwissen und Sprachfähigkeit. Im Schach verstehen Meisteranwärter viel mehr, als sie aktiv anwenden, und erfassen Meisterspiele als Ganzes. Auch sechzehnjährige Japaner verstehen mehr Zeichen, als sie richtig anwenden können. Und sie verstehen ihre Umwelt besser. Wenn sie das Wort Kirschenblüte hören, schlägt ihr Herz hoch und pocht ganz anders als das eines Ausländers, der gerade die Zwischenprüfung in Japanisch bestanden hat.

Auf dieser Grundlage können wir die Anzahl der fachbezogenen Schemata abschätzen, die eine Universität ihren Studenten vermittelt. Die Größenordnung wird die des Niveaus der Meisteranwärter sein, besonders wenn wir die Redundanz zwischen den Subjekten berücksichtigen. Wir sehen auch, warum Fortbildung nötig ist: Sie entspricht dem Meisterkurs am Konservatorium. Vermutlich können wir zu Recht sagen, dass frisch Graduierte ihr Fach auf dem Niveau eines Meisteranwärters oder

Experten kennen. Vielleicht erreichen die Besten bei den Prüfungen das Niveau von Meistern, die Anforderungen jedoch entsprechen denen, die an Meisteranwärter gestellt werden.

Die Stufen der professionellen Entwicklung

Genau wie Sprachkurse zwischen Anfängern und mehreren Fortgeschrittenenstufen unterscheiden, lassen sich auch Stufen des Expertentums allgemein angeben. Wir haben bisher zwischen Meisteranwärtern und Großmeistern unterschieden. Die Skala ist offensichtlich sowohl aus Sicht der Expertise als auch in Bezug auf die Menge der bekannten Schemata mehr oder weniger stetig. Gewöhnlich haben einige Stufen dieser Skala eigene Namen. Wir werden vier Niveaus unterscheiden und das Denken auf diesen Stufen charakterisieren. Wir könnten die Anzahl der Stufen vermehren und die Analyse verbessern und zwischen zweit- und drittklassigen Schachspielern, einfachen Meistern und Großmeistern unterscheiden (wir werden in der Tat später noch über Meister und Großmeister sprechen), aber die wichtigsten Phänomene zeigen sich schon auf diesen vier Stufen.

Die Entwicklung der Expertise wurde schon seit ältesten Zeiten (seit Platon) in Abhängigkeit davon gesehen, wie gut Schüler von konkreten Tatsachen und Spezialfällen absehen und immer allgemeinere, abstraktere und formalisiertere Regeln anwenden können.

Genauso wie Forscher im Verhalten von Tieren gewöhnlich das bemerkten, was sie gemäß der Sichtweise der Forschung und der ihnen zugänglichen Paradigmen sehen konnten, achteten Untersuchungen, die auf den klassischen Vorstellungen beruhten, darauf, dass die Regeln auf höheren Stufen der Professionalität immer abstrakter wurden.

Hubert L. Dreyfus und Stuart E. Dreyfus dagegen zogen genau entgegengesetzte Schlüsse. Sie hielten den allgemeinen und formalen Ansatz der künstlichen Intelligenz für erfolglos und gingen von der Hypothese aus, genau das Gegenteil der uralten Überzeugung sei richtig. Ihrer Meinung nach werden die überall anwendbaren allgemeinen Regeln mit dem Erwerb von Expertisen durch unzählige spezielle Regeln des jeweiligen Fachs ersetzt. Danach enthält das Fachwissen also viel Spezialwissen. Diese beiden Autoren unterscheiden fünf Stufen, wobei sie vor allem zwei Gesichtspunkte beachten, nämlich zum einen das Ausmaß, in dem Menschen auf den unterschiedlichen Stufen formalisierte und allgemeine Regeln anwenden oder wie weit sie auf der Grundlage ihres Fachwissens intuitiv denken, und zum anderen das Ausmaß, in dem sie Teile ihres Fachwissens als unabhängige Tatsachen oder in engem Zusammenhang mit anderen Tatsachen ihres Fachbereichs einbringen.

Die beiden Ansätze scheinen gegensätzlich zu sein, obwohl sie beide Wahrheiten enthalten. Die stürmische Zunahme der Menge der Schemata scheint den Ansatz von Dreyfus zu bestätigen, aber wir wissen auch, dass Großmeister nicht nur mehr Schemata kennen als Spieler niedrigerer Stufen, sondern dass ihre Schemata auch komplexer sind. Das bestätigt den klassischen Ansatz: Die komplexeren Schemata sind offensichtlich allgemeiner. Wir sprechen jedoch nicht über abstrakte Verallgemeinerungen im Sinn der formalen Logik, sondern auch über speziellere Verallgemeinerungen, die der Logik der Dinge dieses Gebiets entsprechen.

Wir sind von der Menge der bekannten Schemata ausgegangen und haben gesehen, dass das Wissen oder die Expertise, die zu einer bestimmten Anzahl von Schemata gehören, in allen Fachbereichen ungefähr gleich ist (jedenfalls im Fall von Meistern und Großmeistern). Wir ordnen die vier zu behandelnden Stufen als vier Größenklassen der Menge der Schemata.

Das erste Niveau ist das der *Anfänger*. Anfänger wissen konkret nur sehr wenig über das Gebiet, deshalb versuchen sie, auch dort ihre allgemeinen, alltäglichen Schemata anzuwenden. In einigen Bereichen haben sie damit mehr oder weniger Erfolg, weil viele der alltäglichen Schemata auch auf das jeweilige Fach anwendbar sind. Zu dieser Gruppe gehören – jedenfalls bis zu einem gewissen Grad – Psychologie, Politologie, die schönen Künste, die Wirtschaftswissenschaft und einige Zweige der Biologie. In anderen Bereichen, so in der Mathematik, Physik und Chemie, ist sofort klar, dass die meisten alltäglichen Schemata versagen. In den erstgenannten Bereichen erreichen die Lernenden das Niveau des Großmeisters später, in den letztgenannten reifen sie in jüngeren Jahren zu Großmeistern heran.

Das nächste Niveau ist das der *Fortgeschrittenen*. Ein fortgeschrittener Student verfügt schon über einige hundert Schemata, aber sie reichen nicht aus, um die Gedanken allein durch diese Schemata auszudrücken (vor allem nicht ihnen selbst) und Probleme fachmännisch und mit der Einstellung der Spezialisten zu lösen. Die professionellen Schemata fortgeschrittener Studenten vermischen sich immer mit den allgemeinen alltäglichen Schemata. Wenn sie mit Spezialisten sprechen, wird sofort klar, dass sie ihr Fach noch nicht voll verstehen. Wenn sie mit Außenstehenden sprechen, haben sie Mühe, sich verständlich zu machen, weil sie zu oft versuchen, Begriffe zu verwenden, die den Außenstehenden unbekannt sind, und weil sie diese Begriffe nicht in der Alltagssprache beschreiben können. Von außen gesehen, scheint der fortgeschrittene Student auf einem hohen Ross zu sitzen, aber das trifft nicht immer zu. Er verfügt über viel Fachwissen, hat aber das meiste noch nicht in seine professionellen Schemata eingebaut.

Meisteranwärter beherrschen die Grundlagen ihres Fachs. Sie kennen mehrere tausend professionelle Schemata und können sie anwenden, unterscheiden zwischen alltäglichen und fachbezogenen Schemata, verwenden die Fachsprache und bringen die beiden Arten von Schemata nicht durcheinander. Sie können sich mit Fachfremden über ihr Gebiet unterhalten (wenn sie ihre Gedanken gut genug in Worte fassen können). Sie denken *analytisch*, lösen also schrittweise Probleme mit Hilfe der Schemata. Was ein Meisteranwärter in seinem Fach weiß, kann er seinen Kollegen in der Fachsprache mitteilen: Er kann diskutieren und ist rational.

Ein *Großmeister* kennt Zehntausende Schemata seines Fachs, von denen er die meisten nicht in Worte oder Erörterungen fassen kann. In schwierigen Debatten vertritt ein Großmeister seinen Standpunkt eher mit Hilfe geeigneter Vergleiche als durch direkte professionelle Beweisführung. Sein Denken ist *intuitiv*: Er kann den entscheidenden Punkt eines Problems genau erkennen und die Lösung ohne genaue fachbezogene Deduktionen finden. Er löst seine Probleme nicht deduktiv und durch systematisches Ausschließen falscher Antworten, sondern durch *Einsicht*, mit der er die richtige Lösung «spürt».

Intuitives Denken

Es scheint, als ob Großmeister in einer eigenen Sprache denken, die nur aus den Elementen ihres Fachs besteht. Jeder spricht seine Muttersprache intuitiv: Wir haben keine Idee, welches Wort wir als sechstes sagen werden, und doch sagen wir, was wir sagen wollen. So machen es auch Großmeister des

Schachs: Sie kombinieren nicht im Voraus einen Zug nach dem anderen. (Nur in ganz konkreten und engen Situationen, die vergleichbar sind mit solchen alltäglichen, bei denen man das Gefühl hat, man müsse seine Gedanken sehr genau in Worte fassen, wird ein Großmeister langsamer und sucht nach den richtigen Worten.) Wenn ein Großmeister im Schach lange nachdenkt, stellt er gewöhnlich keine Berechnungen an, um herauszufinden, was passieren würde, wenn er diesen und sein Gegner jenen Zug machte. Vielmehr zerbricht er sich dann darüber den Kopf, welche *Botschaft* er in dieser Lage geben will. Er sucht eher nach Gedanken als nach Kombinationen, genau wie jemand beim Schreiben gewöhnlich nicht nach Worten, sondern nach Argumenten und Gedanken sucht.

Es gibt viele Arten von Sprache. Künstler wissen sehr wohl, dass Malerei, Literatur oder Musik jeweils ihre eigene Sprache haben und dass es (zum Kummer von Ästheten und besonders Kritikern) schwierig ist, in Worte zu fassen, ob jemand die Sprache seiner Kunst richtig und gut verwendet oder nicht und was falsch ist, wenn er es nicht tut. Gelegentlich kann die Alltagssprache (einschließlich der allgemeinen alltäglichen Verhaltensweisen) völlig verwirrt scheinen, während eine andere Sprache völlig klar ist.

Der ungarische Kunsthistoriker Lajos Fülep sagt bei der Analyse der Gemälde des ungarischen Malers Tivadar Kosztka Csontváry: «Es gibt nicht nur den Logos und die Logik des Aristoteles oder Dinge, die unter diesen Begriffen in der Geschichte der Philosophie verzeichnet wurden; es gibt auch andere, so beispielsweise die Logik und die Ratio der künstlerischen Vision – ich sage ‹beispielsweise›, weil es auch andere gibt, aber jetzt interessiert uns nur dieses. Die Philosophie hat diese und andere Logik nie verstanden, hat sie nie angemessen gesehen, deshalb hat sie sie vernachlässigt und die Menschheit in einem sehr wichtigen Bereich uninformiert gelassen … Die Klarheit, Logik und Folgerichtigkeit, mit der Csontváry diese Bilder gestaltete, sind unvorstellbar und fast unglaublich. Da das Malen der Bilder wegen ihrer enormen Größe lange dauerte, führte er seine Gedanken folgerichtig aus – er sah jede Form, Linie, Farbe und Schatten genau vorher, er konnte in jedem Moment an jedem Teil des Bildes arbeiten, er hatte immer das ganze Bild im Sinn, es entzog sich ihm nie, er musste nicht am Ende das Ganze harmonisieren. Kein mathematisches Verfahren könnte präziser sein.»[2]

Vielleicht könnten Csontvárys Bilder auch als typisches Beispiel schizophrener Schöpfungen dienen, aber darüber hinaus steht fest, dass in gewisser Weise ein vollkommen gesunder Geist nötig ist, um ein solches Bild zu schaffen. Übrigens eignen sich Csontvárys Bilder besonders gut, die Symptome eines verwirrten *alltäglichen* Verstands zu lehren, denn es ist nicht nötig, im Einzelnen zu erklären, dass dieses Teil hier ein Symptom für einen verwirrten Verstand ist, jenes Teil dort jedoch nur deshalb seltsam und unlogisch, weil das Bild schlecht ist. Man kann also die Sprache des Malens auf dem Niveau von Großmeistern sprechen, ohne die Alltagssprache auch nur auf dem Niveau von Meisteranwärtern zu beherrschen. Deshalb erscheint uns die Gestalt des Schachspielers in Stefan Zweigs *Schachnovelle* so echt. Diese Beispiele sind genuin, wenn auch nicht typisch. Typisch ist eher, dass die Fachsprache der Großmeister im Schach ganz anders ist als die Alltagssprache: Die in den beiden Bereichen erreichten Stufen haben wenig miteinander zu tun. Beide oder auch nur eine können sehr hoch sein.

Die meisten Menschen stehen auf der Stufe von Meistern (aber nicht von Großmeistern), wenn es darum geht, die Muttersprache zu verstehen und Alltagssituationen zu bewältigen. Wenn selbständige Formulierungen und Kreativität gefordert sind, stehen die meisten Menschen nur auf der Stufe von Meisteranwärtern. Wir können gehobene und gut geschriebene Texte verstehen und genießen, aber wenige können sie verfassen.

Oft glauben wir etwas, weil es ein Meister sagt, bezweifeln es aber, wenn es ein Schüler sagt. Irgendwie erscheint uns die Aussage des Meisters authentisch, die des Schülers nicht. Der Grund dafür sind nicht unbedingt Snobismus oder Autoritätshörigkeit. Vielmehr kann der Schüler denselben Gedanken nur rational erfassen, schrittweise, deshalb verstehen wir ihn rational. Wir akzeptieren die intuitive Überlegung eines Großmeisters jedoch intuitiv, solange es nicht unseren eigenen professionellen Schemata widerspricht.

Gewöhnlich baut eine auf hohem Niveau gegebene intuitive Erklärung auf der Logik der Dinge auf und nicht auf formalen Ableitungen, auch wenn die eine der anderen nicht widerspricht. Die Form eines klugen intuitiven Gedankengangs hat gewöhnlich keine Ähnlichkeit mit wissenschaftlichen Ableitungen, sondern eher mit Erklärungen, wie sie die Versuchspersonen in Kapitel 1 im trancelogischen Zustand gaben, wenn sie erzählten, wie sie herausfanden, welche Assistentin wirklich war und welche halluziniert wurde. Dieses Beispiel zeigt auch, dass es Situationen gibt, in denen es unmöglich ist, Wahrheiten über die Welt oder auch einen engen Fachbereich, zu denen man durch intuitives Denken gelangen kann, aufgrund unmittelbarer Erfahrungen logisch abzuleiten.

Der Erwerb von Fachwissen

Im Allgemeinen führen die gut geebneten Wege eines Lehrberufs nur zum Niveau des Meisteranwärters; diese Stufe kann allmählich erreicht werden, indem man sich objektiven Prüfungen unterzieht und Praxiserfahrungen sammelt, die sich gut nachweisen lassen. Siegbert Tarrasch, ein großer deutscher Meister des Schachspiels zu Beginn des 20. Jahrhunderts, sagte, er könne jeden Schachspieler mittlerer Intelligenz durch intensives Training in einem Jahr zu einem erstklassigen Spieler machen (dieses Niveau entsprach damals dem heutigen Niveau des Meisteranwärters). Aber er könne nicht versprechen, dass der Schüler ein Großmeister, ja nicht einmal Meister werden könne. Er habe natürlich bei jedem einzelnen Schüler ein Gefühl für dessen Möglichkeiten. Alle Lehrer, die je begabte Schüler hatten, kennen dieses Gefühl, auch wenn sie selbst keine Großmeister ihres Fachs sind.

Für Anfänger ist das neu gelernte Fachwissen fast ausschließlich in alltägliche Schemata geordnet. Darum erkennen sie nur schwer, welche Beziehungen bestehen, und lösen Probleme oft irritierend langsam. Das Schachspiel mit Anfängern macht gewöhnlich nicht viel Spaß, weil sie jede Regel und jedes Merkmal woanders abrufen, eins nach dem anderen. Sie sehen die Dinge nicht in ihrer Beziehung zueinander, handeln aber auch nicht unlogisch: Sie verwenden ihre Alltagslogik. Das Symptom fortgeschrittener Studenten ist Ungereimtheit, denn sie versuchen, ihre professionellen Schemata in Fällen anzuwenden, in denen sie gar nichts zur Lösung eines Problems beitragen können, das der gesunde Menschenverstand zufrieden stellend löst. Dieses Unlogik verschwindet auf der Stufe der Meisteranwärter, und es stellt sich Sachverstand ein. Damit sind die Schemata entwickelt. Ein Meisteranwärter kann seine Gedanken in demselben System reproduzieren, in dem er sein Können erworben hat. Er denkt, wie er sollte. Er ist ein Experte.

Die professionellen Schemata oberhalb des Meisteranwärter-Niveaus lassen sich nur schwer in Worte fassen. Der Unterrichtsstil ändert sich, der Lehrer sagt nur noch halbe Sätze oder Satzfetzen, und der Schüler versteht immer mehr, sein Denken wird immer intuitiver. Genau wie ein Schachgroßmeister nicht in tatsächlichen Kombinationen und Gedanken denkt, misst ein Großmeister der Insektenkunde nicht die konkreten Kennzeichen des Insekts, wenn er eine seltene Art bestimmt, sondern versucht, sich ein Bild von dem ganzen Insekt zu machen. Der Arzt, der auf seinem Gebiet ein Großmeister ist, sieht nicht nur die Krankheit, sondern auch den Patienten als Ganzheit, wenn er die Diagnose stellt.

Beispiele dafür, wie geniale Forscher der Intuition Raum schaffen, sind uns von einigen großen Physikern bekannt. So erzählte Albert Einstein, dass er, wenn es mit der Arbeit nicht voranging, gern zu seiner Geige griff und auf ihr spielte, bis sich das Problem geklärt hatte. Von Niels Bohr wird erzählt, wie er beim Nachdenken meditierend um den ovalen Tisch seines Arbeitszimmers herumlief und dabei schwer verständliche Worte murmelte; Werner Heisenberg unterbrach oft abrupt eine Diskussion mit seinem Mitarbeiter Hans Peter Dürr und schlug vor, sie in einer Woche fortzusetzen. Dann genügten oft wenige Worte und Halbsätze zur Verständigung, weil die beiden Forscher in der Zwischenzeit unabhängig voneinander zu ähnlichen Erkenntnissen gekommen waren.

Ein Medizinstudent sieht die Symptome, der graduierte Mediziner die Syndrome (sie sind Einheiten, aber doch noch genau beschreibbare Kombinationen von Symptomen). Ein in Ungarn gebräuchliches Lehrbuch der Inneren Medizin umfasst etwa zweitausend Seiten, und jede Seite bietet etwa hundert Tatsachen. Das addiert sich zu etwa zweihunderttausend Tatsachen – und ein Absolvent der medizinischen Fakultät kennt sie. Diese Tatsachen werden zu wenigen Tausenden Schemata geordnet. Auf dem Weg zur Meisterschaft wird der Vorrat an konkreten Tatsachen, wenn auch nur allmählich, unaufhaltsam größer. Die Handbücher der Nierenheilkunde enthalten etwa sechzigtausend Tatsachen, die der Kardiologie bis zu neunzigtausend. Wenn ein Arzt das Meisterniveau erreicht, hat sich die Menge seiner Schemata um eine Größenordnung vermehrt, die der Tatsachen wesentlich weniger. Ein Arzt, der sich dem Niveau des Großmeisters nähert, kann Krankheiten in viel komplexere Schemata einordnen, aber immer weniger in Worte fassen, wie er zur Diagnose *gelangte*. Der Meisteranwärter kann selbstverständlich die Diagnose als solche verstehen, weil sie ja innerhalb des Systems und Paradigmas der medizinischen Wissenschaft liegen muss.

Selbst Großmeister der Mathematik denken nicht deduktiv, wenn sie Probleme lösen oder in der Mathematik nach neuen Wahrheiten suchen. Sie benutzen allgemeinere und komplexere Schemata, gewöhnlich ein inneres Bild. Der Charakter und Stil dieser Bilder kann sehr unterschiedlich und persönlich sein. In den Mathematikbüchern jedoch findet sich davon keine Spur, und es gibt keine einzige wissenschaftliche Abhandlung über sie. Mutig unternahm es der große französische Mathematiker J. Hadamard, einen langen Aufsatz über die Psychologie der mathematischen Erfindung zu schreiben. Darin schildert er die eigenen verschwommenen dunklen Bilder, die mit seinen mathematischen Begriffen einhergingen. Diese Bilder sind jenen, die sich dieselben Begriffe völlig anders veranschaulichen, noch weniger klar als die unverständlichsten Schöpfungen der abstrakten Malerei. Aber als Definitionen, Sätze und Beweise formuliert, sind sie den Fachleuten gut verständlich.

Wenn ein Großmeister der Mathematik die erste Zeile eines Beweises entwirft, ist er fast sicher, dass ihm die Deduktion gelingen wird, obwohl er vielleicht noch einige Wochen daran arbeiten muss, bis er sie nach den üblichen Regeln für mathematische Veröffentlichungen aufgeschrieben hat (sodass sie auch den Meisteranwärtern der Mathematik verständlich sind). Es trifft also nicht einmal für die reine Mathematik zu, dass ihre Gelehrten in der kodifizierten formalen Sprache der Mathematik denken.

Mathematische Intuition scheint eine Absurdität zu sein, denn formale Deduktionen sind geradezu das Wesen der Mathematik. Trotzdem fühlt wohl jeder, der je einem hervorragenden Mathematiker begegnet ist, dass dieser nicht wegen der Geschwindigkeit und Genauigkeit bewundernswert ist, mit der er die Beweise führt, sondern wegen der ruhigen Hand, mit der er findet, was abzuleiten sich lohnt. Die mathematische Intuition hat genau wie andere Formen der Intuition mehr mit der Logik der Dinge zu tun als mit formalen Deduktionen. Aber in diesem Fall sind die «Dinge» zufällig die Strukturen und Objekte der Mathematik. Tatsächlich ist die mathematische Intuition eine Art Fähigkeit zu spüren, ob sich die Beziehung zwischen Dingen auch in der Sprache der Mathematik, in Form von Definitionen, Gleichungen und Beweisen, ausdrücken lässt.

Die Sprache von Meisteranwärtern aller Bereiche ist mehr oder weniger einheitlich und professionell und entspricht dem Stil, den man für Facharbeiten und wissenschaftliche Veröffentlichungen erwartet. Diese Sprache ist in dem Maß rational und abstrakt, wie es das jeweilige Fach erfordert. Großmeister benutzen eine eigene persönliche Sprache, die viele Begriffe und

Schemata enthält, die nur im Rahmen dieser bestimmten, sehr individuellen Sprache verstehbar sind. Sie denken und lösen Probleme in ihrer eigenen Sprache und übersetzen nur die Ergebnisse und Lösungen in die offizielle Fachsprache. Viele Großmeister machen diesen letzten Schritt widerstrebend und oft nur mit großen Schwierigkeiten – der Grund dafür ist nicht ihre Arroganz oder ihr Elitedenken, sondern die Tatsache, dass es ihnen wirklich schwer fällt, von einer Form des Denkens auf eine andere umzuschalten.

Der mit dem Nobelpreis ausgezeichnete Biologe Jacques Monod führt in seinem Buch *Zufall und Notwendigkeit* aus, dass die Strukturen und Funktionen der Lebewesen den Gesetzen der Biologie nicht widersprechen, aber auch nicht aus ihnen folgen. Selbst der *Homo sapiens* ist eine äußerst zufällige Spezies Tier, deren Entstehung nicht aus den Naturgesetzen folgt. Und doch gelten für ihn die Naturgesetze. Die Lage ist ähnlich bei der internen Sprache der Großmeister: Sie folgt nicht aus der Grundsprache und den Paradigmen des Berufs, führt aber auch nicht zu Widersprüchen. Es gibt genauso viele individuelle, persönliche Sprachen und Denkweisen wie Großmeister.

Die Kennzeichen der unterschiedlichen Kompetenzniveaus

Die folgende Tabelle fasst die wichtigsten Kennzeichen der unterschiedlichen Kompetenzniveaus zusammen, wie sie gefunden werden, wenn Menschen ihr Fach erlernen. Eine solche Tabelle liest sich nicht gerade amüsant, aber das soll sie auch gar nicht sein. Es ist jedoch interessant, diese Kennzeichen als Gruppe zu sehen – wie wir wissen, ist das Ganze oft mehr als die Summe seiner Teile.

	Anfänger	Fortgeschrittener	Meisteranwärter (Experte)	Großmeister
Anzahl der kognitiven Schemata (Grundlage der Definition des Niveaus)	einige 10	einige 100	einige 1000	einige 10 000
Qualität der kognitiven Schemata	komplex, alltäglich, unangemessen	einfach, angemessen, ungenügend	komplex, angemessen, professionell	komplexe Analogien
Methode des Problemlösens	logisch im Sinn der Alltagslogik	unlogisch, weil gemischt	logisch, analytisch, der Logik des Fachs entsprechend	mentale Bilder, synthetisch, trancelogisch
Qualität der professionellen Verständigung	nicht professionell, beruht auf alltäglicher Intuition	angespannt, schwankende Niveaus	fachlich richtig, formal, themenrelevant	zutiefst intuitiv, informell, umfassend
Fachsprache	wird vermieden	bemüht, «fremd»	normal, ausdrucksfähig	«selbstverständlich», anschaulich
Denkweise	intuitiv	gemischt, deshalb oft unlogisch	rational	intuitiv

	Anfänger	Fortgeschrittener	Meisteranwärter (Experte)	Großmeister
Bewusstseinsebene	ist sich dessen, was er noch nicht weiß, nicht bewusst	ist sich dessen bewusst, was er noch nicht weiß	ist sich bewusst, was er weiß und woher er es weiß	weiß, was angebracht ist, aber nicht, woher er es weiß
Dauer bis zur Reife	—	einige Jahre	etwa 5 Jahre	mindestens 10 Jahre
Voraussetzungen	Interesse, etwas Beschäftigung mit dem Thema	andauerndes Studium	Ausbildung, Abschluss	Talent

Das letzte Wort der Tabelle fällt irgendwie aus dem Rahmen: Wir haben noch nicht über den Begriff Talent gesprochen. Talent ist einer unserer besonders dunklen und schlecht fassbaren Alltagsbegriffe. Wir nehmen deutlich wahr, wenn ein Mensch eine Begabung hat, können aber kaum definieren, wie wir sie wahrnehmen. Die obige Tabelle bietet eine Möglichkeit, Talent – oder genauer gesagt: Talent für ein bestimmtes Fach – in unserem jetzigen Denksystem zu definieren: Talent ist die Fähigkeit, das Niveau von Großmeistern zu erreichen. Im nächsten Kapitel werden wir auf die Konsequenzen dieser Definition und den Begriff Talent im Allgemeinen eingehen.

Die Grenzen für das quantitative Wachstum von Schemata

Stellen wir uns einmal vor, was passieren könnte, wenn die Anzahl der Schemata in den wenigen Jahren, die jemand braucht, um ein Großmeister zu werden, auf Zehntausende anwächst, wenn es schon so lange brauchte, die wenigen tausend Schemata zu entwickeln, die das Niveau der Meisteranwärter voraussetzt. Die Anzahl der Schemata nimmt geometrisch zu (verdoppelt sich also in gleichen Zeiteinheiten). Ein ähnlicher Zuwachs kommt in der Natur gewöhnlich dann vor, wenn sich Dinge durch Teilung vermehren. In solchen Fällen beschleunigt sich die Zunahme so lange, wie sich dem Wachstum kein Hindernis in den Weg stellt. Man hat gezeigt, dass das Vokabular von Kindern im Alter zwischen eineinhalb und vier Jahren ähnlich rasch zunimmt. Natürlich stößt jeder Zuwachs in der Natur früher oder später auf Hindernisse (auch jede Bevölkerungsexplosion muss irgendwann aufhören). Dasselbe gilt für Schemata. Etwa auf dem Niveau der Meisteranwärter besteht, wie die Erfahrung zeigt, eine erste echte Chance, dass diese (immer noch relativ langsame) Zunahme aufhört.

Andererseits haben wir gesehen, dass diese Zunahme in allen untersuchten Fachbereichen aufhört, wenn die Menge der Schemata einige wenige zehntausend (oder höchstens hunderttausend) erreicht; wobei selbst die besten Vertreter ihres Berufs keine Ausnahme machen. Damit braucht nicht auch die Entwicklung des Einzelnen notwendigerweise aufzuhören, denn Schemata verändern sich unablässig und können auch immer komplexer werden. Zum Lernen ist man also niemals zu weise.

In keinem dieser Fälle setzt die Gedächtniskapazität eine Grenze. Obwohl wir nicht wissen, wie viel von unserer Gedächtniskapazität wir nutzen, sahen wir im vorigen Kapitel, dass die Frage nicht sehr glücklich gestellt ist: Biologen oder Psychologen kennen keinen Fall, in dem die biologische Gedächtniskapazität die Möglichkeiten der Kognition einschränkt. Zweifellos erinnern wir uns oft nicht an Dinge, an die wir uns erinnern sollten, aber das liegt nicht an mangelnder Gedächtniskapazität, sondern an der Tatsache, dass unsere kognitiven Schemata nicht entsprechend der Dinge organisiert sind, die in dem Moment gebraucht werden. Deshalb können wir die gesuchten Dinge nicht verknüpfen und uns nicht an sie erinnern, obwohl wir Grund zu der Annahme haben, dass wir sie in unserem Gedächtnis speichern. Deshalb erinnern wir uns an scheinbar längst Vergessenes, wenn einige unserer kognitiven Schemata entsprechend umorganisiert wurden.

Möglicherweise setzt das Erreichen einer Komplexität (oder zweier Komplexitäten, die des Meisteranwärters und die des Großmeisters) dem quantitativen Wachstum kognitiver Schemata ein Ende. Die meisten Grundsätze für die Operation und Konstruktion bestimmen auch die Obergrenzen für Größe und Komplexität. Wenn aus irgendeinem Grund in ein System kein Mechanismus eingebaut ist, der die Komplexität regelt, ist das Lebewesen so rettungslos verloren wie die Dinosaurier. Wir werden in Kapitel 13 sehen, dass hier ein ähnliches Phänomen wirksam sein könnte.

Falls sich herausstellt, dass es das KZG-LZG-Modell oder auch die Schemata gar nicht gibt, sondern dass sie sich als Epiphänomene tieferer Ordnungsprinzipien erweisen, sind die beiden gerade beschriebenen Grenzen der Komplexität vermutlich ein Ergebnis dieser tieferen Organisationsprinzipien. Es ist ein Kennzeichen der Stärke unserer auf dem Begriff von Schemata beruhenden Paradigmen, dass sie zum Erkennen von Phänomenen führen konnten, die über ihren eigenen Rahmen hinausweisen.

10. Der Anwendungsbereich des Fachwissens

Großmeister irren sich intelligenter, als andere Recht haben.

Von einem berühmten Medizinprofessor wird erzählt, er habe zu Semesterbeginn alle Angehörigen seiner Abteilung zusammengerufen, um den Inhalt der in diesem Semester zu haltenden Vorlesungen abzusprechen. Nachdem ein Dozent den Plan seiner Vorlesungen über die Funktion der Nieren umrissen hatte, kam es bei den Nierenspezialisten zu einer hitzigen Debatte über Einzelheiten. Nach einer Weile schnitt der Professor den Streitenden das Wort ab und sagte: «In diesem Semester funktionieren die Nieren so!»

Das war kein Zynismus. Der Professor stellte einfach fest, dass man über Einzelheiten des vom Dozenten vertretenen Plans geteilter Meinung sein kann, es aber auch noch Meinungsverschiedenheiten über wissenschaftliche Inhalte gibt. Die in den Vorlesungen vermittelten Inhalte entsprechen jedoch der heutigen Einstellung der Naturwissenschaften und ihrem Paradigma, deshalb erziehen sie die Medizinstudenten im Wesentlichen zur richtigen Begriffsbildung. Vielleicht ließe sich das auch mit einem anderen Plan erreichen, der einen anderen Gedankengang verfolgt, aber der von dem Dozenten vorgestellte Plan hat eben auch den Zweck, die Denkweise der Medizin darzustellen.

Die Denkweise der Wissenschaft wird niemals direkt gelehrt. Würde sie direkt, als unabhängiger Themenkreis, unterrichtet, widerspräche sie anderen Alltagsschemata, wenn sie als Alltagsschemata geordnet sind. Da die meisten Menschen das Alltagsleben auf der Stufe der Meister verstehen, stießen die neuen Gedanken auf starke und logische Gegenargumente. Lernen führte dann leicht zu sterilen Disputen; die jeweiligen Schemata der neuen Denkweisen könnten sich schwieriger entwickeln.

Überhaupt müssen bei der Entwicklung einer wissenschaftlichen Einstellung Alltagsschemata über den Haufen geworfen werden. Ein Kind mit der Muttersprache Englisch denkt logisch, wenn es nach seiner ersten Deutschstunde sagt, es könne bereits viel Deutsch, denn es habe gelernt, dass «the lamp» *die Lampe* heißt und «the cat» *die Katze*, und deshalb hieße «the hat» *die Hatze* und «the stamp» *die Stampe*. Dieser Unterricht fing nicht gut an, denn er aktivierte die Schemata der Muttersprache.

Die schwierigen Teile des Lernstoffs

Der große Schweizer Psychologe Jean Piaget unterschied in der Entwicklung des kindlichen Denkens zwei gegensätzliche Richtungen, nämlich *Assimilation* und *Akkomodation*. Die Assimilation ist der Prozess, bei dem wir in unsere schon existierenden Schemata neues Wissen einbauen. Dementsprechend verwandeln wir das wahrgenommene Material subjektiv und verzerren es. Die Assimilation lässt sich besonders gut in kindlichen Spielen beobachten, bei denen Kinder die Objekte ihrer Umwelt einbeziehen, mit ihren Erwartungen vergleichen und dementsprechend darstellen. Die Akkomodation ist der Prozess, bei dem sich in einer neuen Situation auf der Grundlage alter Schemata ein neues Schema entwickelt. Typische Beispiele für kindliche Akkomodation sind Modellieren und Imitieren. Oft werden in solchen Fällen durch die Neuorganisation der Schemata unabsichtlich frühere Erfahrungen oder Teilwissen verändert.

Die Ergebnisse mehrerer psychologischer Experimente lassen übereinstimmend vermuten, dass sich neue Schemata nur aus alten entwickeln können. Wir wissen extrem wenig über das Wesen der Schemata, die schon bei der Geburt vorhanden sind. Wenn die Zeit der Berufsausbildung kommt, sind unsere Alltagsschemata schon weit entwickelt, und wir können uns im Alltagsleben schon ziemlich gut orientieren. Wir beherrschen unsere Muttersprache (auch die nichtverbalen Elemente des Verhaltens und der Sozialbeziehungen) zumindest auf dem Niveau von Meisteranwärtern und verstehen sie sogar auf noch höherer Stufe. Die Berufsausbildung kann sich auf ein schon bestehendes System von Schemata verlassen, auf die Stärke des gesunden Menschenverstands.

Für viele Wissenschaftszweige wird der Boden schon in der Grundschule bereitet. Die Schulfächer haben jedoch nicht das Ziel, ein gründliches Verständnis für die spezifischen Denkweisen eines Fachs zu lehren. In der Schule soll der Teil der Naturwissenschaft vermittelt werden, der sich logisch und relativ widerspruchsfrei in das System des alltäglichen Denkens anpassen lässt. Selbst das erfordert eine Menge neuer Begriffe und Schemata (es gibt in jedem Fach wohlbekannte «schwierige Abschnitte»), die Akkomodation voraussetzen. Die Schemata der Evolution oder der Energieerhaltungssatz werden in weiterführenden Schulen metaphorisch behandelt, eher in engem Zusammenhang mit unseren Alltagsschemata als durch professionelle Abstraktion oder im Zusammenhang mit anderen fachbezogenen Schemata.

Der an der Universität gelehrte Stoff baut gewöhnlich nicht

unmittelbar auf dem im Gymnasium gelernten auf. Dort wird der Lernstoff mehrerer Gymnasialjahre in wenige Vorlesungen gepresst. Die Sprache ist abstrakter und die Dozenten stellen statt alltäglicher, bekannter Beispiele Spezialfälle aus der Wissenschaft vor. Das Beweissystem ist formaler, und weitgehend übernehmen die Syllogismen der formalen Logik die Aufgabe, die vorher den Analogien und der Logik der Dinge zukam. Diese Methoden zielen alle darauf ab, diejenigen Denkweisen der Studierenden zu fördern, die auf innerer Logik beruhen und zugleich fachspezifisch sind. Es ist nicht so wichtig, wie die Nieren funktionieren; um das wirklich zu verstehen, müssen wir möglicherweise die Grundlagen des Lebens selbst in ihrer vollen Tragweite erfassen, und die sind immer noch außerhalb der Paradigmen der heutigen Naturwissenschaft. Wichtig ist vielmehr, wie und in welchem Rahmen die Nierenfunktionen betrachtet werden sollten.

Wenn einmal eine richtige Einstellung entwickelt ist, lassen sich die meisten neuen Entdeckungen und wissenschaftlichen Ergebnisse anpassen. Ein Spezialist braucht seine Schemata nur selten radikal umzuordnen, wenn er die täglichen Entwicklungen eines Bereichs beobachtet und verfolgt; das erfordert keine Akkomodation. Er verfügt über eine begriffliche Basis, wobei die alltägliche Intuition durch professionelle Intuition ersetzt werden kann. Ein Meisteranwärter (oder Experte) kann sein Wissen in die Praxis umsetzen und, wenn seine Begabung es erlaubt, sich auf den Weg zur Meisterschaft machen.

Der Begabungsbegriff

Im vorigen Kapitel haben wir den Begriff Talent wie folgt definiert: Talent ist die Fähigkeit, in einem Fachbereich ein Großmeister zu werden. Nicht jeder hat diese Begabung, denn viele

Menschen erreichen dieses Niveau auch trotz Lernen und Üben nicht. Andere sind begabt, interessieren sich aber nicht dafür und beschäftigen sich nicht mit dem Gebiet, deshalb kann sich ihre Begabung nicht manifestieren. Aber wie können wir herausfinden, ob sie doch Talent haben?

Im Nachhinein lässt sich die Definition natürlich leicht anwenden: Wer Großmeister ist, hat Talent. Aber wir umgehen auf diese Weise das Wesentliche des Begriffs: Talent bedeutet ein verborgenes Versprechen, eine Möglichkeit, und nicht ein schon erreichtes Niveau. Niemand hätte von dem 50-jährigen Einstein gesagt, er sei ein begabter Physiker.

Glücklicherweise brauchen wir nicht auf das Ende zu warten, um herauszufinden, ob jemand für etwas begabt ist. Man kann schon zu Beginn eines Wachstumsprozesses ziemlich gute Vorhersagen über das Ergebnis machen. Die Menge der kognitiven Schemata begabter Menschen folgt schon zu Beginn des Lernvorgangs einer Wachstumskurve, die für Menschen typisch ist, die schließlich das Niveau von Großmeistern erreichen, nicht aber für jene, die auf der Stufe der Experten stehen bleiben. Natürlich haben viele weitere Faktoren darauf Einfluss, ob sich das wahrgenommene Talent manifestiert, aber Forscher oder auch Lehrer und Eltern merken schon früh, ob Begabung vorhanden ist.

Die schönste mir bekannte Definition des Begriffs Begabung ist die folgende: Ein begabter Mensch weiß mehr, als er gelernt hat. Diese Definition ist eher poetisch als wissenschaftlich und experimentell zu fassen. Trotzdem stimmt diese Definition gut mit unserer überein: Wenn jemand mit demselben Lernaufwand wie andere einer schnelleren Wachstumskurve folgen kann, können wir mit Recht sagen, er wisse mehr, als er gelernt hat.

Als einmal ein berühmter Psychologe sagte, einer seiner Studenten sei sehr begabt, fragte ein Mathematiker sofort, was es bedeute, ein talentierter Psychologe zu sein. Der Psychologe meinte, man habe das irgendwie im Gefühl. Der Psychologe fragte nicht, was es bedeute, ein talentierter Mathematiker zu sein. Das schien ihm wohl offensichtlich: Er kann Probleme lösen und schneidet in mathematischen Wettbewerben gut ab. Aber das sind alles nebensächliche Phänomene, an die wir nicht denken, wenn wir über Talent sprechen. Wir könnten sogar sagen, Erfolg sei lediglich ein Epiphänomen von Talent. Das trifft umso mehr zu, als wir viele Menschen sehen, die ihr Talent vergeudet haben und niemals erfolgreich waren und die wir doch für hochbegabt halten. Andere ragen plötzlich nach langen Jahren voller Fehlschläge mit phantastischen Leistungen hervor. Hatten sie bis dahin kein Talent?

Vermutlich trifft das den Nagel auf den Kopf, was ein Mathematiklehrer über einen seiner sehr begabten Schüler sagte (der später bei mathematischen Olympiaden viele erste Preise gewann): «Es war, als ob er alle mathematischen Strukturen in seinem Kopf hatte und ich ihm nur noch den Namen dieser Strukturen mitzuteilen brauchte.» Für den Begabten ist kennzeichnend, dass er die Dinge von Anfang an richtig sieht. Man kann den Begriff Talent also wie folgt definieren: Menschen sind talentiert, wenn sie ihre Alltagsschemata so ordnen, wie es in ihrem Gebiet nötig ist. Es bereitet ihnen keine Mühe, die Fachsprache zu lernen. Daraus folgt sofort, dass ein begabter Mensch mehr weiß, als er gelernt hat: Seine alltägliche Intuition hilft ihm, die Probleme zu lösen, die sein Gebiet stellt.

So gesehen meinen ein Psychologe und ein Mathematiker dasselbe, wenn sie sagen, ein Student sei begabt. Sie sagen beide, dass ihre Schüler die fachspezifischen Fragen auch ohne genaue Erklärungen richtig sehen und problemlos auf das Wesentliche hinweisen können und also mehr wissen, als sie gelernt haben. Diese Fähigkeit hilft ihnen, die quantitative Zunahme ihrer Schemata auf einen Kurs zu bringen, der sie schließlich sogar auf das Niveau von Großmeistern führen kann.

Folgendes Beispiel ist typisch für die richtige Einstellung. Als der Trainer einer Jugendschachgruppe eine schwierige Schachstellung zeigte, wurde bald klar, dass es vor allem darum ging, ob eine bestimmte Figur geschlagen werden sollte oder nicht. Jeder führte Gründe dafür oder dagegen an. Der (damals 14-jährige) Gyula Sax druckste herum und sagte: «Irgendetwas stimmt nicht.» Das freute den Trainer, der sagte, das sei die richtige Einstellung, so sollte man es sehen. Aus dieser Gruppe gingen viele gute Spieler hervor, sogar Meister, aber nur Sax wurde ein Großmeister.

Rätsellösen und Begabung

Ein Penner dreht sich aus jeweils vier Zigarettenstummeln eine Zigarette. Eines Nachts fand er sechzehn Stummel. Wie viele Zigaretten konnte er in dieser Nacht rauchen?

Die Lösung scheint offensichtlich: Wenn der Penner aus vier Stummeln eine Zigarette drehen kann, kann er aus sechzehn Stummeln vier Zigaretten drehen. Damit ist das Problem für die meisten Menschen erledigt, aber Personen mit mehr Talent zum Rätsellösen werden argwöhnisch: So einfach kann es nicht sein, denn sonst wäre dies kein Rätsel, sondern nur eine langweilige Rechenaufgabe für Erstklässler. In der Tat ergeben die vier Zigaretten vier weitere Stummel, aus denen unser Penner eine fünfte Zigarette drehen kann! (Und einen Stummel für den nächsten Tag behält …)

Hier ist ein anderes Zigaretten-Rätsel: Legen Sie bitte so viele Zigaretten wie möglich so auf den Tisch, dass zwei davon sich berühren. Wie viele Zigaretten können Sie verwenden?

In diesem Fall ist nicht die Lösung wichtig, sondern die Geschichte des Rätsels. Sie erzählt uns übrigens, dass das Rätsel jetzt noch besser ist als ursprünglich beabsichtigt. Es ist ein bekanntes Rätsel, und die übliche Lösung sieht folgendermaßen aus:

Sechs Zigaretten, die einander alle berühren

Auf diese Weise berührt jede der sechs Zigaretten jede andere. Als Martin Gardner, der jahrzehntelang in seiner Kolumne «Mathematical Games» in der Zeitschrift *Scientific American* besonders gute mathematische Rätsel veröffentlichte, einmal dieses Problem stellte, sandten zwei Leser eine bessere Lösung als die übliche. Die nächste Abbildung zeigt sieben Zigaretten, die alle einander berühren! Diese Lösung ist vielleicht noch schöner als die klassische.

Eine originelle Lösung mit sieben Zigaretten, die einander alle berühren

Warum wohl haben so viele Menschen, die sich mit dem Problem beschäftigten, diese Lösung nicht gefunden? Einer der Gründe könnte sein, dass die klassische Lösung harmonisch und gar nicht offensichtlich ist. Wer sie findet, vermutet (aufgrund von viel Erfahrung im Rätsellösen), damit die Harmonie gefunden zu haben, die bei solchen Rätseln erwünscht ist. Andererseits betrachten wir auch mathematische und logische Fragen als Rätsel und behandeln sie nicht als mathematische Probleme. Das Paradigma oder Bezugssystem ist der gesunde Menschenverstand, dessen Ansprüchen die schwierige Lösung mit sechs Zigaretten genügt. Der Beweis dafür, dass es keine Lösung mit mehr als sieben Zigaretten gibt, verspricht äußerst schwierig zu werden, und die mathematische Intuition sagt, dass ein solcher Beweis, falls überhaupt möglich, krampfhaft und unelegant sein muss. Ehrlich gesagt, ich kenne keinen Beweis dafür, dass die Lösung mit den sieben Zigaretten wirklich das erreichbare Maximum ist, obwohl das sehr wahrscheinlich erscheint. Aber auch die klassische Lösung schien einmal die beste Lösung zu sein.

Wenn die klassische Lösung einmal gefunden ist und jemand dann den ernsthaften Versuch unternimmt, mit mathematischen Mitteln zu beweisen, dass die Bedingungen des Problems nicht auch anders erfüllt werden können, bleibt er wahrscheinlich irgendwo stecken. Jedenfalls ist es unwahrscheinlich, dass er auf diese Art eine bessere Lösung findet. In diesem Fall unterscheiden sich die vielversprechenden Wege der Widerlegung radikal von einem konstruktiven Beweis. Es ist fast sicher, dass die beiden Leser, die die neue Lösung entdeckten, diese neue Entdeckung nicht mit Hilfe mathematischen Denkens fanden, sondern im Rahmen des alltäglichen Rätsellösens. Vielleicht «stimmte etwas nicht», war ihnen die klassische Lösung also nicht harmonisch genug; weiß der Himmel, wie sie es in ihrer inneren Sprache sagten. Jedenfalls ließ dieser Verdacht sie weiter suchen und Erfolg haben. Vielleicht haben sie keine hervorragende mathematische Begabung, aber gewiss haben sie Talent zum Rätsellösen.

Oft können wir nicht genau angeben, für welches Gebiet ein zweifellos hoch begabtes Kind besonders begabt ist. Wenn wir sagen, dass ein bestimmtes Kind talentiert ist, haben wir vielleicht einfach das Gefühl, dass sich das Denken des Kindes von dem alltäglichen Denken unterscheidet und dass bei ihm eine bestimmte innere Logik wahrnehmbar ist. Aufgrund dieses Gefühls können wir vorhersagen, dass das Kind sicherlich einen Bereich finden wird, in dem genau diese Art Logik angebracht ist.

Talent hat Ähnlichkeit mit Sex-Appeal. Eine Person mit Sex-Appeal muss ja nicht unbedingt besonders schön oder besonders verführerisch sein. Sie hat jedoch eine Art zauberhafte Ausstrahlung. Sie beherrscht mit ihren Alltagsschemata meisterhaft die nicht verbale Sprache der sexuellen Anziehung.

Meister der Lebenskunst

Die innere Fachsprache eines Großmeisters mit ihren Zehntausenden Schemata ist von seiner Alltagssprache getrennt; das könnte sogar irrsinnig sein, aber gewöhnlich ist das der Durchschnitt oder liegt nur wenig darüber. Ein Beispiel für den entgegengesetzten Fall könnten die Menschen sein, die das meiste aus ihrem Leben zu machen wissen. Sie haben die Schemata in bestimmten Bereichen des Alltagslebens bis zum Niveau von Großmeistern entwickelt, ohne in einem konkreten Bereich auch nur auf dem Niveau von Meisteranwärtern zu sein. In ihrer sozialen Umwelt sind sie Meister der sozialen Kontaktaufnahme. So gesehen sind Don Juan oder Casanova Großmeister, und ihr Geheimnis wird sofort klar: Sie haben auf ihrem Gebiet das Niveau des intuitiven Denkens der Großmeister erreicht. Sie können das Wesentliche fühlen, ohne eine rationale Erklärung dafür zu haben.

Eine genauere Betrachtung zeigt, dass Don Juan und Casanova keineswegs auf demselben Gebiet Großmeister waren. Wir könnten sogar sagen, dass sie in unterschiedlichen Paradigmen arbeiteten. Jedenfalls war Byrons Don Juan ebenso wie Mozarts Don Giovanni ein Großmeister der Erotik, in den sich Frauen verliebten. Er selbst verliebte sich nicht, er war nur ein Verführer. Kierkegaard sieht ihn so: «Er begehrt in jeglichem Weib das Weibliche insgesamt, und darin liegt die sinnlich idealisierende Gewalt, mit der er seine Beute zugleich verehrt, verschönt und besiegt. [...] Deshalb vergehen ihm alle endlichen Unterschiede im Vergleich mit dem, was die Hauptsache ist: Weib sein. [...] Mittlerweile darf man dies keineswegs so verstehen, als ob seine Sinnlichkeit blind wäre; instinktmäßig weiß er sehr wohl, Unterschiede zu machen und vor allem, er idealisiert.»[1]

Der Fall Casanova ist klarer; er verrät uns sein Credo selbst. Anders als Mozarts Don Giovanni verliebte sich Casanova wirklich in alle Frauen; er sah in ihnen nicht das Allgemeine, sondern das, was in ihnen individuell und einmalig war. Und er konnte sagen, was er sah. Don Juan war ein Meister des Lebens, Casanova war ein Lebenskünstler. Das beweist weniger seine Autobiographie als seine Einstellung: Er konnte jede Frau mit den Augen eines verliebten Mannes sehen, wie ein Bildhauer in einem Stück Stein die Skulptur sieht.

Unser gesunder Menschenverstand macht uns für Kunstwerke empfänglich, und einige Kunstwerke können in uns einen veränderten Bewusstseinszustand bewirken, wenn wir es zulassen oder wir uns von ihnen beeindrucken lassen. In solchen Fällen nehmen wir das Kunstwerk mit Trance-Logik wahr: Wir akzeptieren die Logik dieser Welt, und es stört uns nicht, dass diese Logik manchmal der Logik unseres normalen Bewusstseinszustands widerspricht – genau wie es die hypnotisierten Menschen in Kapitel 1 nicht störte, wenn sie die Assistentin doppelt sahen.

Wir verstehen die Ergebnisse der Naturwissenschaft mit Hilfe unseres fachspezifischen Denkens und ordnen sie in das System unserer professionellen Schemata ein. Deshalb sind die meisten Fachbücher und -arbeiten für Außenstehende unverständlich und langweilig: Sie verstehen die Sprache nicht, in der die Wissenschaftler schreiben. Das hat auf Seiten der Naturwissenschaft und der Naturwissenschaftler nichts mit Dünkel zu tun. Die westliche Naturwissenschaft verdankt ihre Leistungen gerade der Tatsache, dass ihre Sprache und Forschungsverfahren so weit wie möglich von der Alltagssprache getrennt sind.

Die Trennung von Fachsprache und Alltagssprache gilt nicht generell, genauso wie in den östlichen Kulturen nicht ganz allgemein das Gefühl herrscht, jede Differenzierung sei sinnlos und alles sei mit allem eins. Im Zustand wirklich tiefen Denkens mag ein Wissenschaftler Wissenschaft und Alltagsleben als völlig getrennt erleben, denn dann ist er in einer Art verändertem Bewusstseinszustand und kann seiner Forschung völlig losgelöst von weltlichen Dingen nachgehen («Er merkt gar nicht, dass das Haus brennt!»). Im Zustand des *satori* fühlt der erleuchtete Meister sein Eins-Sein mit dem All und die Aufhebung aller Unterschiede.

Im normalen Bewusstsein ist das Alltagsdenken in beiden Kulturen gegenwärtig, obwohl sich die beiden Arten von gesundem Menschenverstand deutlich unterscheiden. Eric Berne gibt ein charakteristisches Beispiel für diesen Unterschied: «Ein Chinese, begleitet von einem Kaukasier, war einmal gerade im Begriff, die lokale Untergrundbahn zu besteigen, da machte ihn sein Begleiter darauf aufmerksam, dass sie zwanzig Minuten Zeit sparen könnten, wenn sie stattdessen mit dem Eilzug führen. Beide entschlossen sich, das zu tun. Als sie am Central Park ausstiegen, setzte sich der Chinese zur großen Verblüffung seines Begleiters auf eine Bank. ‹Nun›, sagte der Chinese, ‹wir haben zwanzig Minuten Zeit gespart, also können wir es uns jetzt auch leisten, so lange hier zu sitzen und unsere Umgebung zu genießen.›»[2]

Alltagssprache versus Fachsprache

Die schönsten Beispiele für die Untrennbarkeit von Fachsprache und Alltagssprache finden sich auf dem Gebiet der Mathematik. Poincaré sagte: «Mathematik ist die Sprache, in der man keine ungenauen oder verschwommenen Gedanken äußern kann», und bemerkte, er nähme die Probleme seines Fachs höchst unterschiedlich wahr, je nachdem, ob die Sprache seiner Gedanken Französisch oder Englisch sei. Stanislaw Ulam, ein großer polnischer Mathematiker des letzten Jahrhunderts, schrieb: «Auf Französisch kommen mir Verallgemeinerungen in den Sinn und regen mich zu Straffheit und Vereinfachung an. Im Englischen sieht man den praktischen Sinn; Deutsch neigt dazu, einen eine Tiefe suchen zu lassen, die gar nicht immer da ist. Im Polnischen und Russischen bietet sich die Sprache an, die Gedanken wie Tee ziehen zu lassen, sodass sich die Gedanken immer weiter verdichten. Die slawischen Sprachen neigen zu Nachdenklichkeit, sie sind seelenvoll, umfassend, eher psychologisch als philosophisch, aber nicht so nebulös oder wortgebunden wie Deutsch, wo sich Worte und Silben verketten. Sie verknüpfen Gedanken, die manchmal gar nicht gut zusammenpassen.»[3]

Das erstaunlichste Beispiel für die Beziehung zwischen alltäglichem und mathematischem Denken können wir an dem Inder Srinivasa Ramanujan beobachten, einem der größten Mathematiker der Geschichte. Ramanujan hatte nach unserem Mathematikverständnis nie Mathematikunterricht. Seine Ergebnisse waren vielmehr wunderbare Eingebungen der Intuition und einige wenige Beweise. Auf den Rat von Freunden schrieb Ramanujan 1913 einen langen Brief an Sir Geoffrey Harold Hardy, den größten Mathematiker seiner Zeit, in dem er von seinen armseligen Lebensumständen erzählte und neun Briefseiten mit hundertzwanzig ausgewählten Formeln beilegte. Hardys Begeisterung war unvorstellbar. Einige von Ramanujans Formeln machten ihn fassungslos; er hatte auf den ersten Blick erkannt, dass nur ein erstklassiger Mathematiker sie geschrieben haben konnte. Sie mussten wahr sein, denn kein Mensch hätte genug Phantasie, sie zu erfinden.

Hardy nahm an, Ramanujan hätte ihm die Beweise nicht mitgeteilt, weil er ihm nicht vertraute. Um allen Argwohn zu beseitigen, nannte er ihm die Namen der Mathematiker, denen er den Brief gezeigt hatte. Ramanujan hätte Hardy also leicht anklagen können, falls er die Formeln als seine eigenen veröffentlicht hätte. Hardy bat Ramanujan, es ihm nicht übel zu nehmen, dass er die Frage so offen erörterte; er wolle Ramanujan unbedingt helfen, seine offensichtlichen mathematischen Fähigkeiten unter günstigeren Bedingungen als in der indischen Abgeschiedenheit unter Beweis zu stellen. In seiner Antwort erklärte Ramanujan, er habe die Beweise nicht etwa deshalb nicht aufgeschrieben, weil er kein Vertrauen habe, sondern weil er, obwohl von der Richtigkeit der Ergebnisse überzeugt, selbst das Gefühl habe, sie durch Heuristik gefunden zu haben. Ramanujan kam auf Hardys Betreiben als Dozent an die Universität Cambridge; dort starb er im Alter von dreiunddreißig Jahren.

Hardy wusste, dass Ramanujans Intuition hätte verloren gehen können, wenn er eine solide mathematische Grundlage bekommen hätte. Deshalb lehrte er ihn nur jene Dinge, ohne die Ramanujan immer wieder zu falschen Schlüssen gelangte. Hardy bemerkte jedoch, dass er selbst von Ramanujan viel mehr gelernt habe als umgekehrt. Ramanujans Stil war ein Ergebnis der östlichen Denkweise. Und doch wird Mathematik in indischen und japanischen Schulen genauso gelehrt wie in Europa: Definition – Theorem – Beweis. Wir kennen keinen anderen Weg, um das Niveau eines Meisteranwärters zu erlangen.

Nicht nur beeinflusst die Alltagssprache das fachbezogene Denken, sondern es gilt auch umgekehrt. Hardy hatte bei der Taxifahrt zu einem Besuch bei dem kranken Ramanujan über die Nummer des Taxis, 1729, nachgedacht und Ramanujan bald nach der Begrüßung gesagt, er hoffe die langweilige Zahl sei kein böses Omen. «Nein, Hardy», sagte Ramanujan, «es ist eine sehr interessante Zahl. Es ist nämlich die kleinste natürliche Zahl, die man auf zwei verschiedene Weisen als Summe von zwei Kubikzahlen ausdrücken kann. [...] diese Zahl ist gleich $12^3 + 1^3$, aber auch gleich $10^3 + 9^3$.»[4]

Fachwissen ist etwas Phantastisches. Schon Meisteranwärter können Probleme lösen, die unserem Alltagsverstand hoffnungslos unlösbar erscheinen, aber ein plötzlicher Übergang von der Fachsprache zur Alltagssprache kann auch kathartische Wirkung haben. Einmal hänselten Psychiater ihren Kollegen Sigmund Freud mit ihren Vermutungen über die latenten Gründe seines unablässigen Rauchens bzw. über die verborgene Bedeutung, die Zigarren für ihn haben könnten. Nach einer Weile machte Freud eine theatralische Geste: «Meine Herren, dies ist nichts als eine Zigarre.»

Die Entwicklung der Spezialisierung in der Wissenschaft

Kant zufolge haben diejenigen, die einen Wissenschaftszweig gelernt haben, die Wissenschaft selbst gelernt. Kant bezog sich damit auf die Tatsache, dass das Lernen eines Wissenschaftszweigs auch das Lernen derjenigen Prinzipien des Verstands voraussetzt, die *a priori*, ohne Vorerfahrung, existieren und aus unseren Erfahrungen Wissen schaffen. Die einzelnen Wissenschaftszweige sind jedoch seit Kant viel komplexer geworden; heutzutage haben selbst die besten Biologen keine Chance, sich ernsthaft an einer Diskussion über die Probleme der Kernphysik zu beteiligen. Wir haben immer weniger die Gewissheit, dass es, worauf ja Kant seine Philosophie gründete, wirklich nur relativ wenige Grunderfahrungen gibt. Die Ungewissheit rührt von unserer Erfahrung her, dass die einzelnen Zweige der Wissenschaft kaum noch zusammenhängen. Es ist natürlich möglich, dass wir nicht gescheit genug sind, um die allgemeinen Prinzipien zu erkennen. Wir finden nicht die allgemeinen Prinzipien, mit deren Hilfe wir die allgemeinen Prinzipien finden könnten.

Einige Prinzipien jedoch sind allen Zweigen der Naturwissenschaft gemeinsam: Es sind die, die die Wissenschaft von anderen Zweigen der Kognition unterscheiden, etwa von den schönen Künsten oder von der Metaphysik. Die Naturwissenschaft ist objektiv: Sie akzeptiert nur solche Tatsachen als wissenschaftliche Wahrheiten, die unabhängig sind von der Vielfalt der alltäglichen Wege des Denkens und der Systeme menschlicher Werte. Deshalb benutzt die Wissenschaft eine formalisierte Sprache, deshalb abstrahiert sie vom Alltagsdenken. Die Naturwissenschaft ist das Meta-Niveau der Phänomene: Es geht ihr um Phänomene, aber sie interpretiert sie in einem externen System. Sie akzeptiert nur jene Wahrnehmungen als wirkliche Phänomene, die sich unter Umständen herbeiführen und wiederholen lassen, die in wissenschaftlicher Sprache eindeutig beschreibbar sind. In Kapitel 3 haben wir die Paradigmen der unterschiedlichen Fachbereiche analysiert: Jetzt sprechen wir von Kennzeichen, die allen Zweigen gemeinsam sind. Wir können ihre Gesamtheit als das *allgemeine Paradigma der Wissenschaft* bezeichnen.

Wir haben gesehen, dass Paradigmen niemals direkt gelehrt werden, deshalb beruht die Entscheidung, ob ein Gedankengang wissenschaftlich genannt werden kann oder nicht, vor allem auf Intuition. Meister der Wissenschaft bestimmen gewöhnlich intuitiv, ob eine Auffassung etwas mit Naturwissenschaften zu tun hat oder nicht, und im Allgemeinen stimmen diese Gelehrten in ihrem Urteil über solche Fragen mehr oder weniger überein. Die Wissenschaft verdankt ihre Errungenschaften der Tatsache, dass sie ein so strenges und gut umrissenes allgemeines Paradigma gewählt hat. Deshalb ist zu hoffen, dass immer mehr allgemein gültige Prinzipien gefunden werden, mit deren Hilfe die unterschiedlichen Phänomene auf immer höheren Meta-Niveaus verstanden werden können. Auf diese Weise konnten eine Reihe überzeugender Erfolge erreicht werden. Trotzdem, Wissen ist anscheinend umso komplexer, je tiefer es ist.

Ein Zweig der Wissenschaft, der allgemein und wichtig genug ist, um als eine unabhängige Disziplin zu gelten, darf nicht so komplex sein, dass er noch gelehrt werden kann (es muss möglich sein, in ihm Spezialisten und Meisteranwärter auszubilden). In den vorangehenden Kapiteln sahen wir, dass die Grenzen der Komplexität gerade dort sind, wo ein Wissenschaftsbereich sich verzweigt. Dies muss ziemlich früh geschehen, nämlich dann, wenn es zum Erfassen der Grundlagen des

Bereichs nicht mehr ausreicht, einige wenige tausend Schemata zu erfassen.

Bücher bieten dabei wenig Hilfe: Sie können Tatsachen vermitteln, aber die Denkschemata müssen auch in unseren Köpfen zusammenkommen, sonst können wir nicht denken. Es kann zu den Schemata gehören, dass wir, wenn wir sie benutzen, gelegentlich in einem Buch Daten nachlesen; ein Schema kann jedoch nur zusammen mit anderen Schemata wirken. Schemata finden sich nicht in Büchern: Sie sind in unseren Köpfen, sie sind dynamisch und immer veränderlich, lebendig.

Die immer weiter spezialisierten Fachbereiche können immer weniger beanspruchen, unabhängig voneinander gesehen zu werden. Wir haben keinen Bedarf an vielen Spezialisten mit sehr engem Fachwissen, obwohl die fraglichen Teile des Wissens gelegentlich gebraucht werden. Zu anderen Zeiten kann die vorgegebene Forschungsrichtung verheißungsvoll sein. Aber selbst die spezialisiertesten Bereiche können nicht komplexer sein als das, was ein Großmeister begreifen kann. Wenn sich in einem Bereich keine allgemeinen Prinzipien nachweisen lassen, verringert sich die Komplexität, und das Gebiet wird entweder immer weiter in Spezialgebiete aufgeteilt oder früher oder später nicht mehr erforscht und entwickelt.

Die Sprache und die Art des Denkens eines Bereichs sind bestimmt durch die Einstellungen der Meisteranwärter, während die erreichbare Tiefe durch die Komplexität bestimmt wird, die ein Großmeister erfassen kann. Seine großen Augenblicke erlebt ein Wissenschaftszweig, wenn sich aus mehreren komplexen Schemata eines Großmeisters auf dem Meta-Niveau einige wenige Schemata herausschälen; diese Schemata auf dem Meta-Niveau können auch von Meisteranwärtern beschrieben und verstanden werden. Nach solchen Momenten entwickelt sich der Wissenschaftszweig gewöhnlich plötzlich rasch weiter; Probleme, die früher bestenfalls Großmeister lösen konnten, werden auf einmal routinemäßig lösbar. Auf diese Weise führte die Entdeckung der Struktur der DNA und ihre Entschlüsselung zur Gentechnik als eigener Disziplin.

Nehmen wir an, die Naturwissenschaft ließe sich als ein formales System sehen und jeder naturwissenschaftliche Satz könne aus bestimmten gut gewählten Anfangsbedingungen (allgemeinen Prinzipien oder Axiomen) hergeleitet werden. Die Wissenschaft verfolgt dieses Ziel, aber der Gödel'sche Satz (S. 127) garantiert, dass es immer Wahrheiten gibt, die sich allen bis dahin geschaffenen Paradigmen der Wissenschaft und allen existierenden Axiomensystemen entziehen. Weiterhin garantiert er, dass es Aussagen (Tatsachen, Beziehungen, Ausnahmen usw.) gibt, die im Rahmen der Wissenschaft richtig beschrieben werden und die zwar wahr sind, aber im Rahmen der zurzeit gültigen Paradigmen der Wissenschaft nicht beweisbar. Das lässt natürlich zu, dass solche Wahrheiten abgeleitet werden können, indem die schon existierenden Paradigmen erweitert, die Grundlagen verallgemeinert oder weitere Axiome hinzugefügt werden, aber das ist sicherlich unmöglich, solange das Paradigma nicht wenigstens etwas verändert wird.

So ist die Wissenschaft zu einer Art ewigem Wettlauf verdammt. Sie läuft gegen die notwendigerweise auftauchenden Fragen an, die über ihre Systeme hinausweisen. Aber sie hat eine Chance, im Rennen zu bleiben, weil sie immer allgemeinere Schemata entwickeln kann, die sich auf immer höherem Meta-Niveau formulieren lassen. Wenn die Menge der Fragen rascher zunimmt, als sich die allgemeinen Schemata entwickeln, spaltet sich diese Wissenschaft nach einer Weile unvermeidlich in unabhängige Bereiche. So entwickeln sich Fachbereiche der Naturwissenschaft; die Spezialgebiete innerhalb der Fachbereiche sprießen heute wie Pilze aus dem Boden.

Die Möglichkeiten des Wechsels zwischen den Fachbereichen

Wenn die Wissenschaft ein allgemeines Paradigma hat, können wir Kants Auffassung nicht widerlegen, indem wir einfach sagen, ein hervorragender Biologe sei in der Kernphysik unprofessionell. Im Allgemeinen fällt es jemandem, der eine Disziplin erlernt hat, ziemlich leicht, auch eine andere zu erlernen. Ein gut entwickeltes System allgemeiner und abstrakter Schemata dient als gute Grundlage, auf der sich der Stoff eines anderen Fachbereichs recht schnell in eine einheitliche Sprache fassen lässt. Das Erlernen einer zweiten Fremdsprache ist viel einfacher als das der ersten, wenn wir die erste schon mindestens auf dem Niveau eines Meisteranwärters kennen.

Da die innere Sprache der Großmeister so komplex ist, können Großmeister, wenn sie eine andere Disziplin erlernen, dort unerwartet rasch auf dem Meister-Niveau intuitiv denken, besonders wenn zwischen den Paradigmen der beiden Disziplinen eine Ähnlichkeit besteht, und zwar eine, die sich weniger in Regeln fassen als intuitiv fühlen lässt. Da es ein allgemeines Paradigma der Wissenschaft gibt, stehen die Chancen gut, dass sich ganz unerwartete Ähnlichkeiten finden.

Außer einem allgemeinen Paradigma hat die westliche Naturwissenschaft auch mehrere spezielle Paradigmen entwickelt, die nur in bestimmten Bereichen gültig sind. Vielleicht ist dies der Punkt, an dem die westliche und die östliche Denkweise in ganz verschiedene Richtungen laufen: Das westliche Denken versucht, die Welt durch mehrere allgemeine Prinzipien zu verstehen, wobei man hofft, dass nur relativ wenige nötig sind. Im östlichen Denken besagt das einzige allgemeine Grundprinzip, dass es keine parallel wirkenden allgemeinen Grundprinzipien geben kann: Für die Welt sind sie alle gleich. Für die Weiterentwicklung der Naturwissenschaften lohnt es sich, den Pluralismus der Grundsätze beizubehalten, aber die östliche Denkart bietet eine einheitlichere Weltanschauung.

Ein Samurai hatte geschworen, eine bestimmte Anzahl von Menschen im Duell zu töten, und brach einen Streit mit einem Zen-Meister vom Zaun. Der Zen-Meister konnte sich der Herausforderung nicht entziehen und nahm sie an. Die Kontrahenten beschlossen, sich am nächsten Tag am selben Ort zu treffen. Der Meister hatte keine Angst vor dem Tod: In den Augenblicken der Erleuchtung hatte er zutiefst empfunden, dass es zwischen Leben und Tod keinen wirklichen Unterschied gibt. Aber er wollte auch nicht in Schande sterben, darum ging er zu einem Fechtmeister und bat ihn, ihn die richtige Fechthaltung zu lehren. Als er am nächsten Tag den Samurai traf, nahm er die am Vortag gelernte «Habt-Acht-Stellung» an, konzentrierte sich innerlich und wartete auf den Todesstoß. Als lange nichts geschah, schaute er auf und sah den Samurai mit gebeugtem Kopf vor ihm knien. Der Meister fragte, was geschehen sei, und der Samurai bat ihn, sein Schüler sein zu dürfen – falls er ihn nicht töten wollte –, denn er habe noch nie eine so vollkommene Fechthaltung gesehen.

Der Meister konnte nicht an einem Nachmittag alle konkreten Regeln des Fechtens lernen und hätte in einem richtigen Fechtkampf keine Chance gehabt. Aber ein einziger Nachmittag hatte gereicht, zu lernen, wie er selbst mit einem Schwert in der Hand nicht in Schande zu sterben brauchte, sondern auch in dieser Situation das allgemeine Wesen der Dinge ausdrücken konnte. Das nahm der Samurai, der auf seine Art ebenfalls nach Vollkommenheit strebte, wahr. Ähnlich verbreitete und einheitliche Grundhaltungen lassen sich in den unterschiedlichen Bereichen der Wissenschaft kaum vorstellen.

Interdisziplinarität

Warum verkehren Spiegel rechts und links, aber nicht oben und unten? Wie «weiß» der Spiegel, wo oben ist?

Dieses mehrere Jahrtausende alte Problem sieht aus wie ein nettes Rätsel, das mit wenigen Minuten Nachdenken zu lösen ist. Aber das Erscheinungsbild kann täuschen – dieses Problem ist niemals in allgemein verständlicher Weise klar beantwortet worden. Dieses Problem ist ein gutes Beispiel dafür, wie gewöhnliche, alltägliche Fragen außerhalb des Paradigmas der Naturwissenschaft stecken bleiben können.

Fachleute auf dem Gebiet der geometrischen Optik können in der Tat die Frage leicht beantworten. Sie stellen sich ein *x-y-z*-Koordinatensystem vor und lassen die *y*-Achse zur Spiegelebene hinweisen. Dann ist sofort klar, dass der Spiegel die Richtung von der *x*-Achse und der *z*-Achse nicht umkehrt, wohl aber die der *y*-Achse. Das ist eine richtige Antwort, aber sie erklärt nicht, was uns bei dem Problem verblüfft. Vertauscht der Spiegel denn nicht in Wirklichkeit links und rechts? Warum können wir die Zeitung nicht im Spiegel lesen? Auch in der *x-z*-Ebene muss etwas umgekehrt werden, denn man kann eine Zeitung zweidimensional nennen.

Die Umkehrung der *y*-Achse ist ein abstrakter Begriff und in diesem Umfeld mit unserem gesunden Menschenverstand nicht leicht zu deuten. Wohl am besten lässt sie sich veranschaulichen, indem man sich vorstellt, dass eine Zeitung auf ein durchsichtiges Blatt gedruckt ist und wir sie von hinten lesen wollen. Aber das ist wieder eine Abstraktion: Diejenigen, die immer noch ein Problem haben zu verstehen, warum diese Analogie von Spiegeln handelt, sind nicht unbedingt schwer von Begriff. Unser Körper ist nicht zweidimensional: Wenn wir durchsichtig wären und wir ihn von hinten sehen würden, erschiene er uns ganz anders.

Die Frage kann auch als psychologisches Problem von Empfindungen gesehen werden. Aus dieser Sicht können wir eine ganz andere Antwort geben. Welches Schema oder – dies ist ein Problem der Wahrnehmung – welche Gestalt wird in uns mobilisiert, wenn wir unser Spiegelbild sehen? Meistens das eines Menschen. Wenn wir einige Schritte nach vorn gehen und uns dann umdrehen, ist das Bild fast perfekt. Diese imaginäre Transformation lässt sich ganz leicht durchführen, und kein anderes Bild könnte ähnlicher sein. In beruhigenden Ähnlichkeiten wie dieser findet selbst unsere Alltagslogik nicht die kleinen Widersprüche, wie dass ein Handschuh für die rechte Hand an die linke Hand des Spiegelbilds passt. Diese kleinen logischen Irrtümer machen unserem gesunden Menschenverstand nichts aus, genau wie die Trance-Logik sich nicht für noch größere Widersprüche interessiert. Das sollte sie aber: Unser Spiegelbild hat ein Herz am falschen Fleck, die Blinddarmoperation würde auf der falschen Seite durchgeführt – sind denn diese Irrtümer nicht schwer wiegend genug? Nicht für unsere Alltagslogik.

Ein Mathematiker hielte eine andere Antwort für logisch. Der Spiegel kehrt die Richtung aller drei Koordinatenachsen um. Aber diese Antwort ist aus anderer Denkweise noch empörender: Dann müssten sich die DNA-Moleküle unseres Spiegelbilds in eine andere Richtung drehen. Es ist dann kein Geschöpf unserer Welt und könnte ganz gewiss mit keinem

Sterblichen ein Kind zeugen. Starren wir jeden Morgen beim Kämmen auf dieses Monster?

Wenn wir uns quer vor den Spiegel legen, bleiben Rechts und Links unverändert; auch Oben und Unten scheinen am Platz zu bleiben, obwohl die DNA immer noch nicht stimmt. Die Gestalt-Erklärung ist hier natürlich noch logisch, aber sie erklärt nicht, was im Spiegel passiert. Irgendwie hat sich die alltägliche Bedeutung der Frage in jedem der wissenschaftlichen Paradigmen verändert. Vielleicht kann die Philosophie helfen. In der Tat debattierten Menschen schon vor zweieinhalbtausend Jahren darüber, ob Spiegel das Bild umkehren oder nicht. Timaios behandelt diese Frage in Platons gleichnamigem Dialog, ohne eine befriedigende Antwort zu finden. Die wohl gründlichste Analyse gab der amerikanische Philosoph Ned Block, aber auch er kann nicht mehr tun, als eine Menge von Umkehrbegriffen zu definieren und zu sagen, dass der Spiegel nach der Meinung einiger Menschen das Bild umkehrt, nach anderen nicht.

All das, was wir über das Rätsel mit dem Spiegel gesagt haben, ist typisch für interdisziplinäre Arbeit. Es könnte raffinierter sein, aber kaum wissenschaftlicher. Hier ist eine grobe Zusammenfassung unserer Ergebnisse: Wir konnten nicht herausfinden, was der Spiegel wirklich tut, wenn wir die Frage aus Sicht des alltäglichen Denkens angehen, und wir konnten die Umkehrbegriffe der einzelnen Wissenschaftszweige nicht in Einklang bringen.

Manchmal finden wir unter dem Etikett «interdisziplinär» Gedanken, die außerordentliche, spezielle und besonders logische Denkweisen reflektieren. Sie bieten einen stimmigen Rahmen für das Rätsellösen und lösen einige interessante Rätsel sogar sofort. Sie sind jedoch nicht typisch interdisziplinär und machen sich selbständig. Sie werden zu eigenen, selbständigen Fachbereichen, wie beispielsweise die Kognitionswissenschaft bald aufhörte, ein interdisziplinärer Bereich zwischen kognitiver Psychologie und künstlicher Intelligenz zu sein, und ein unabhängiger Wissenschaftszweig wurde. Wo das Schlagwort «interdisziplinär» länger Bestand hat, verdeckt es gewöhnlich den Mangel an innerer Logik und einheitlichem Paradigma. Es ist, als ob jemand versuchte, die Stücke von zwei Puzzles zu einem zusammenzulegen. Irgendetwas kommt sicherlich heraus, aber es gibt kein Kriterium, das entscheiden lässt, ob die Lösung richtig ist oder nicht. Die Legitimationsdebatten werden zur Dauereinrichtung. Diese Art von Interdisziplinarität widerspricht der Definition von Wissenschaft.

Wegen der formalen Denkweise der Naturwissenschaft und wegen des Gödel'schen Satzes gibt es viele (tatsächlich unendlich viele) Wahrheiten, die die Naturwissenschaft nicht erklären kann. In jedem System gibt es zudem überreichlich unlösbare Probleme. Überdies lassen sich diese Wahrheiten in der Sprache der Naturwissenschaft ausdrücken, in ihrem System. Wie wir in Kapitel 13 sehen werden, lässt sich von einer Frage oft unmöglich allein aufgrund ihrer Form entscheiden, ob sie gödelsch ist oder nicht. Aber die Naturwissenschaft hat noch eine andere Heuristik, die sie hindert, zu viel Zeit auf die Erforschung Gödel'scher Probleme zu verschwenden. Die Wissenschaft ist gewöhnlich bereit, nur solche Rätsel zu untersuchen, von denen die Wissenschaft irgendwie weiß, dass sie eine Lösung haben, gelöst werden können und sicher nicht gödelsch sind. Die Wissenschaft ist Rätsellösen durch und durch.

Wenn jemand immer noch sehr an einem Gödel'schen Problem interessiert ist, kann er zwischen zwei logischen Möglichkeiten wählen. Er kann erstens einen neuen Wissenschaftszweig entwickeln. Das ist ein riskantes Unterfangen, und dabei haben gewöhnlich nur jene Menschen Erfolg, die auf einem anderen anerkannten Wissenschaftszweig zumindest Meisterschaft erlangt haben. Neue Schemata können nur aus existierenden gebildet werden.

Die zweite Möglichkeit, die sich Liebhabern Gödel'scher Probleme bietet, besteht darin, den Rahmen der Naturwissenschaft zu verlassen und Ausdrucksmöglichkeiten zu wählen, die den gesunden Menschenverstand auf andere Weise überwinden. Die Wege der Kunst, der Metaphysik oder des Zen sind jedoch nicht weniger rau. Auch sie haben eine genau definierte einheitliche Logik (oder Anti-Logik, wie Zen), genau definierbare Denkweisen mit allgemein akzeptierten Großmeistern. Ich vermute, dass diese Gebiete ihre eigenen Gödel'schen Probleme haben; vielleicht erforscht die Wissenschaft sogar einige von ihnen.

Mehr zur Begabung

Wenn ich mitten in einer alltäglichen freundlichen Unterhaltung sage: «Wer Großmeister werden will, muss unbedingt Talent haben», kann das in dieser bestimmten Situation und Zeit eine sinnvolle Feststellung sein. Diese Aussage kann unter den gegebenen Umständen bedeuten, dass meiner Meinung nach beständiger Fleiß, eine hilfreiche Umwelt und unermüdliches Lernen unter Anleitung der besten Lehrer nicht ausreichen, um dieses Niveau zu erringen, sondern auch eine Art individueller Kern nötig ist. Vielleicht stimmen mir einige Gesprächspartner zu, andere nicht, und es kann ein intelligentes und sinnvolles Gespräch folgen.

Wenn ich an dieser Stelle in diesem Buch sage, Talent sei eine notwendige Voraussetzung dafür, dass jemand Großmeister wird, ist das eine sinnlose Aussage. Wir haben den Begriff Talent zur Voraussetzung dafür gemacht, dass jemand Großmeister werden kann. Eine Aussage wie die obige liefert überhaupt keine Information. Aber wohin ist das Thema der im vorigen Abschnitt angedeuteten interessanten Debatte aus dem Begriff der Begabung verschwunden?

Diese aufregenden Fragen verschwanden, als wir den alltäglichen Begriff des Talents in einen wissenschaftlichen Begriff umwandelten und in die Paradigmen der kognitiven Psychologie aufnahmen. Das veränderte das Wesen der Fragen, die gestellt, und der Antworten, die gegeben werden können, ähnlich wie das Problem mit dem Spiegel zu interessanten und intelligenten Fragen führte, die von dem Rahmen abhingen, in dem wir sie analysierten, während keiner der professionellen Ansätze endgültige, das alltägliche Denken befriedigende Antworten geben konnte. Vergleichbares passierte mit dem Begriff Talent: Das Bezugssystem des Wissenschaftszweigs, den wir zur Untersuchung des Begabungsbegriffs gewählt haben, lässt viele interessante Fragen aus. Trotzdem führte die Frage nach der Begabung auch innerhalb unseres wissenschaftlichen Paradigmas zu interessanten Rätseln, und die Lösungen und Antworten, die wir erhielten, können auch für die diskutierenden Freunde interessant und informativ sein. Die Ergebnisse der Wissenschaft können unsere alltäglichen Einstellungen sehr wirksam beeinflussen, und sie haben sich im Alltagsleben gelegentlich auch dann als sehr nützlich erwiesen, wenn Wissenschaftler sie nicht dazu geschaffen hatten.

Vielleicht stellen Sie jetzt die berechtigte Frage: Welches Recht haben wir, von Talent zu sprechen, wenn doch sehr wichtige Aspekte des wohl erprobten alltäglichen Begabungsbegriffs verloren gingen, als wir ihn wissenschaftlich definierten? Die

«Fähigkeit, das Niveau von Großmeistern zu erreichen», könnte ein eigener wissenschaftlicher Begriff und nicht mit dem Begriff «Talent» gleichzusetzen sein.

Auf diese Frage gibt es zwei Antworten: Erstens haben wir gesehen, wie unsere Definition anderen Definitionen entspricht, die im alltäglichen Leben sinnvoll und brauchbar sind, wie etwa: «Jemand hat Talent, wenn er mehr weiß, als er gelernt hat.» Schon allein diese bemerkenswerte Übereinstimmung würde den Namen rechtfertigen.

Zweitens *ist genau dies die Methode*, mit der die Naturwissenschaft alltägliche Einstellungen formen und als nützlich erweisen kann. In Kapitel 4 sahen wir in Verbindung mit dem Experiment mit den Versprechern, wie strikt wissenschaftliche Forschung durch außerhalb der Naturwissenschaft liegende Intuition gelenkt werden kann. Gleichzeitig gibt es auch den entgegengesetzten Effekt: Wenn ein von einem alltäglichen Konzept inspirierter wissenschaftlicher Begriff sich als hinreichend effektiv erweist und die Wissenschaft sein Wirken gründlich genug untersuchen kann, dann lohnt es sich unter Umständen für die Alltagslogik, die gewöhnliche Bedeutung des Begriffs ein wenig zu verändern und Teile zu übernehmen, die über das Wirken des Begriffs bekannt geworden sind. So haben sich heutige Alltagsbegriffe wie Materie und Kraft und erst recht Energie und Information entwickelt.

Vielleicht ist der alltägliche Begabungsbegriff gerade deshalb zu verwirrt und unklar, weil er zu allgemein ist. Wir sprechen natürlich auch in Mathematik, Chemie, Literatur oder Sport von Begabung, und es ist auch bekannt, dass Menschen, die mit großem dichterischem Talent gesegnet sind, in Mathematik hoffnungslos versagen. Dabei machen wir uns vielleicht gar nicht klar, dass der Begabungsbegriff an sich, ohne jeden Zusatz, recht widersprüchlich ist. Aber das ist für das Alltagsleben kein Problem. Die Alltagslogik kann wissenschaftliches und anderes Fachwissen erfassen, ohne die Strenge wissenschaftlichen oder professionellen Denkens zu übernehmen und ohne irgendetwas von ihrem eigenen widerspruchsvollen Wesen aufzugeben.

11. Die Tiefe eines Gebiets

Wenn ich nur den Unterschied zwischen Caruso und mir singen könnte! Frigyes Karinthy

Wer es auf einem Gebiet zum Großmeister bringen will, braucht Talent. Talent offenbart sich zuerst im Kind, aber erst später stellt sich heraus, auf welchem Gebiet sich das Talent manifestieren, in welchem Fach das Kind Großmeister werden kann. Ein Kind ist begabt, bevor es noch ahnen kann, dass es den Bereich, in dem es später ein Großmeister werden kann – etwa Molekularbiologie –, überhaupt gibt. Was wäre passiert, wenn jemand mit einer großen Begabung für Molekularbiologie vor hundert Jahren geboren wäre, als es diesen Wissenschaftszweig noch nicht einmal im Keim gab?

Nun, in diesem Fall wäre die Molekularbiologie vielleicht fünfzig Jahre früher entstanden. Aber es ist wahrscheinlicher, dass dieser Mensch einen Beruf gefunden hätte, der dem System seiner spontanen, alltäglichen kognitiven Schemata am nächsten war. Er wäre vielleicht Insektenkundler oder Chemiker oder sonst etwas geworden. Aller Wahrscheinlichkeit nach wäre er jedoch in dem gewählten Beruf kein so hervorragender Großmeister geworden, als wenn er hundert Jahre später zur Welt gekommen wäre, zu einer Zeit, als es das Gebiet, für das er begabt war, schon gab. Spezialgebiete ändern sich von einer Ära zur nächsten, und wenn jemand Talent hat, braucht er zweifellos auch das Glück, ein Gebiet zu haben, das seinem Talent am besten entspricht.

Wer ist wohl der talentierteste Sportler der Welt? Diese Frage ist offensichtlich lächerlich, denn wie könnten wir die Begabung von Muhammed Ali und Franz Beckenbauer vergleichen? Sollten sie boxen oder sollten sie Fußball spielen? Oder ist der Athlet, der zehn Boxrunden gegen Muhammed Ali durchstehen kann und lediglich weniger Tore schießt als Beckenbauer, begabter als jeder von ihnen? Dieser dritte Sportler könnte als Sportler breiter veranlagt sein, aber er wird in keinem Sport Weltmeister, denn es gibt kein Spezialgebiet, das seinem Talent am besten entspricht. Vielleicht sollte er sich im Fünfkampf oder Zehnkampf versuchen – diese komplexen Zweige wurden ja gerade geschaffen, um Universaltalenten ein Tätigkeitsfeld zu geben. Aber unser hervorragendes Sporttalent könnte in einem der Gebiete Pech haben: Er kann fast wie ein Weltmeister laufen, schwimmen, fechten und schießen, aber Pferde mögen ihn einfach nicht und werfen ihn immer ab.

Wir haben die Fachbereiche oder Berufe aus der Sicht menschlichen Denkens betrachtet und gesehen, dass die Entstehung eines neuen Fachbereiches oder Berufs einerseits voraussetzt, dass die Komplexität des Wissens, das sich in einem Bereich ansammelt, nicht über das hinausgehen sollte, was ein Mensch begreifen kann, dass es in ihm also Großmeister geben kann, und andererseits das Gebiet auch so komplex und tief ist, dass sich auch wirklich Großmeister entwickeln können. In diesem Kapitel analysieren wir die Kennzeichen der Fachbereiche und Berufe, die auf diese Weise entwickelt wurden.

Klassenunterschiede

Bei Spielen wie Schach und Go ist es üblich, einen Spieler eine Klasse besser zu nennen als einen anderen, wenn der eine den anderen mit großer Wahrscheinlichkeit besiegt. Legen wir beispielsweise fest, dass sich zwei Spieler um eine Klasse unterscheiden, wenn die Leistung des stärkeren Spielers mindestens fünfundsiebzig Prozent über der des anderen liegt. (Wenn kein Remis möglich ist, können wir sagen, dass der Unterschied dann eine Klasse beträgt, wenn der stärkere Spieler den schwächeren in mindestens fünfundsiebzig Prozent aller Spiele besiegt.) Die Grenze von fünfundsiebzig Prozent ist rein zufällig; wir könnten auch genauso gut sechzig Prozent oder neunzig Prozent wählen, ohne dass sich an unserer Überlegung etwas ändert. Wir rechtfertigen die Wahl von fünfundsiebzig Prozent dadurch, dass im Schach der Unterschied zwischen benachbarten Qualifikationsstufen (Spieler der Klasse A, Klasse B usw.) so definiert ist.

Wir fragen uns jetzt: Wie viele Klassen liegen zwischen einem Anfänger in Schach und Go und dem Weltmeister? Im Prinzip können wir sie zählen: Nehmen wir den Anfänger, der gerade die Grundlagen des Spiels gelernt hat. Dann suchen wir den schwächsten Spieler, der genau eine Klasse über ihm ist, dann den nächsten Spieler, der eine Klasse, aber auch nicht mehr, über diesem ist. Auf diese Weise kommen wir früher oder später sicherlich zum Weltmeister und wissen dann, wie viele Klassen das menschliche Wissen in diesem Spiel umfasst.

Der Begriff des *Klassenunterschieds* soll uns als Messeinheit dienen. Diese Einheit ist in gewissem Sinn Ausdruck für die Tiefe des Spiels. Mit ihrer Hilfe können wir angeben, wie weit das untersuchte Spiel zwischen Menschen unterscheiden kann, wie weit der stärkere, besser ausgebildete, gründlicher denkende Spieler, der über mehr kognitive Schemata verfügt, sein Wissen im Spiel gegen einen schwächeren Spieler anwenden kann. Später kann dieser Begriff auch auf andere Bereiche ausgedehnt werden, genau wie Befunde der kognitiven Psychologie, die bei Untersuchungen mit Schachspielern erhalten wurden, sich auch in anderen Lebensbereichen und Berufsfeldern als gültig erwiesen haben.

Wenn wir weiter unten von der Tiefe eines Berufs sprechen, meinen wir damit die Anzahl der Klassen, um die sich Anfänger und Großmeister unterscheiden. Dieser Begriff der Tiefe ist nicht notwendig derselbe wie der, den wir im alltäglichen Sinn als psychologische Tiefe bezeichnen. Man könnte meinen, der Langstreckenlauf müsse eine psychologisch tiefere Sportart sein als der Kurzstreckenlauf, weil sich im Läufer während eines viele Kilometer langen Laufs vermutlich interessantere und tiefere psychische Vorgänge abspielen als in den zehn bis zwanzig Sekunden des Sprints. Das ist wohl auch so – eine Reihe literarischer Werke analysiert die komplexen, faszinierenden Prozesse, die sich in der Seele des Langstreckenläufers abspielen. Mit unserem Begriff der Tiefe jedoch ist ein Hundertmeterlauf tiefer als ein Zehnkilometerlauf. Nicht also aus psychologischer, wohl aber aus sportlicher Sicht ist ein Kurzstreckenlauf gewiss tiefer als ein Langstreckenlauf.

Obwohl Laufen eigentlich kein Bereich ist, den wir in diesem Buch behandeln, lassen Sie uns doch darüber nachdenken, woher wir wissen, dass diese Aussage zutrifft. Wie viele Klassen umfasst die Tiefe des Hundertmeterlaufs und des Zehnkilometerlaufs? Der Weltrekord für den Hundertmeterlauf steht zurzeit bei 9,79 Sekunden. Aber selbst der Weltrekordhalter kann nicht fünfundsiebzig Prozent aller Wettbewerbe gewinnen, deshalb beträgt der Unterschied zwischen ihm und dem zweitbesten Läufer weniger als eine Klasse. Der Weltrekordler besiegt jedoch Läufer, deren Bestzeit bei 10 Sekunden liegt, in mehr als fünfundsiebzig Prozent aller Fälle. Die persönliche Bestzeit jener Läufer, die von dem Weltrekordinhaber in fünfundsiebzig Prozent aller Fälle, aber nicht öfter, besiegt werden, liegt bei etwa 9,9 Sekunden. Die Bestzeit jener Läufer, die von Läufern mit einer persönlichen Bestzeit von 9,9 Sekunden besiegt werden, ist etwa 10,05 Sekunden. Wir können so weitermachen – der Zeitunterschied zwischen den benachbarten Klassen wird immer größer. Wir stoßen erst am Schluss der Rechnung auf ein Problem, wenn für die Wettbewerbe auf dem niedrigsten Niveau keine Daten vorliegen. Wie langsam darf ein Mensch laufen, der von einem Läufer mit einer persönlichen Bestzeit von 18 Sekunden für hundert Meter mit einer Wahrscheinlichkeit von fünfundsiebzig Prozent besiegt wird? Wir sind uns wohl einig, dass jemand, der hundert Meter auch in 18 Sekunden nicht schafft, nicht verdient, Läufer genannt zu werden. Wir nennen auch niemanden einen Läufer, der nicht in fünfzig Minuten zehn Kilometer schafft. In diesem Fall beträgt die Tiefe des Hundertmeterlaufs etwa vierzehn bis fünfzehn Klassen, der des Zehnkilometerlaufs jedoch etwa elf bis zwölf Klassen.

Ähnliche Gedankengänge lassen sich in jeder Sportart anstellen. Glücklicherweise führt uns bei den für uns besonders interessanten Sportarten, nämlich Schach und Go, ein einfacherer und geraderer Weg zum Ziel.

Die Tiefe von Schach und Go

Der erste Versuch, das Können von Schachspielern durch ein mathematisches System zu erfassen, wurde vor etwa hundert Jahren unternommen; seitdem wurden mehrere Verfahren erprobt, bis in den fünfziger Jahren des letzten Jahrhunderts weltweit das jetzige Bewertungssystem eingeführt wurde. Auch das von dem amerikanischen Mathematikprofessor Arpad Elo 1970 entwickelte System hat sich in der Praxis bewährt: Es bewertet Schachspieler in guter Übereinstimmung mit der Bewertung der Schachspieler untereinander.

Die Einstufung gibt an, welches Ergebnis bei einem Spiel zwischen zwei Schachspielern erwartet wird, wenn ihre Bewertung bekannt ist. Der Nullpunkt und die Maßeinheit wurden willkürlich gewählt (genau wie bei den Temperaturskalen von Celsius oder Fahrenheit). Weltmeister werden gewöhnlich mit etwa 2800 Punkten bewertet, starke Großmeister (die ersten dreißig bis vierzig auf der Weltrangliste) mit mehr als 2600 Punkten, internationale Großmeister mit etwa 2500 Punkten. Ein Meisteranwärter hat etwa 2100 bis 2300 Punkte, ein zweitklassiger Spieler 1700 bis 1900 und ein Anfänger etwa 1300 bis 1400 Punkte.

Die Maßeinheit wurde so geeicht, dass ein Spieler, der 50 Punkte mehr hat als sein Gegner, vermutlich fünfundfünfzig Prozent aller Spiele gewinnt. Wenn beispielsweise ein Spieler mit einer Punktwertung von 2600 zehn Spiele gegen einen Partner mit nur 2550 Punkten spielt, stehen seine Gewinnchancen 5,5 zu 4,5. Natürlich können die Ergebnisse in konkreten Spielen ganz anders sein, aber auf Dauer kann man auf dieses Ergebnis wetten – solange sich nicht die Stärke eines der Spieler wesentlich ändert. Ein Unterschied von 200 Punkten auf der Rangliste bedeutet, dass der stärkere Spieler fünfundsiebzig Prozent der Spiele gewinnt.

Die heutigen Ranglisten wurden aufgrund von Millionen von Schachspielen entwickelt, deshalb sind sie anscheinend recht zuverlässig. Auf dieser Grundlage können wir die Tiefe des

Schachs als Disziplin leicht berechnen: Zwischen den 1300 Punkten eines Anfängers und den 2800 des Weltmeisters entsprechen jeweils 200 Punkte einem Unterschied von einer Klasse. So erhalten wir als Tiefe des Schachs etwa acht bis neun.

Ermutigt durch den Erfolg der Bewertung von Schachspielern stufen viele andere Sportarten die Sportler aufgrund ähnlicher Grundsätze ein, wobei die einzelnen Disziplinen unterschiedliche Nullpunkte und Einheiten gewählt haben. Wenn wir die entsprechende Rechnung beim Go durchführen, erhalten wir eine Tiefe von etwa vierzehn bis fünfzehn Klassen. Der große Unterschied in der Tiefe von Schach und Go ist verdächtig – wir werden später auf seine Bedeutung zurückkommen.

Es stellt sich die Frage, warum wir zur Bestimmung der Tiefe des Schachspiels nur ein einziges Spiel betrachten. Im Tennis beispielsweise sind für einen Sieg drei Gewinnsätze nötig. Wenn auch beim Schachspiel zweier Gegner drei gewonnene Spiele als Einheit genommen würden, garantierten schon 90 Punkte Unterschied dem stärkeren Spieler mit einer Wahrscheinlichkeit von fünfundsiebzig Prozent den Sieg, und dann betrüge die Tiefe im Schach achtzehn Klassen. Wenn wir also die Tiefe der unterschiedlichen Disziplinen vergleichen wollen, sollten wir wissen, ob die ursprünglichen Berechnungseinheiten vergleichbar sind oder nicht. Obwohl die Berechnung der Punkte von Go-Spielern ebenfalls auf den Ergebnissen einzelner Spiele beruht, ist der Gewinn eines einzigen Go-Spiels möglicherweise eigentlich mit dem Gewinn von fünf Spielen eines Schach-Zweikampfs vergleichbar.

Jeder Sport hat das Ziel, Bestleistungen zu erzeugen. Die ursprüngliche Maßeinheit der Punktwertung gilt in jeder sportlichen Disziplin für den Kampf, den die Rivalen mit maximaler

Kraft auf Dauer, mit höchstens kurzen, unvermeidbaren Unterbrechungen, bestreiten können. Deshalb lassen sich die auf Punkten basierenden Werte für die Tiefe unmittelbar miteinander vergleichen. So hat man beispielsweise versucht, die Ergebnisse der Spiele im so genannten (eine Stunde währenden) Blitzschach zu berücksichtigen. Das führte jedoch zu unliebsamen Schwankungen in der Einschätzung der Spieler. Als aber die Ergebnisse der Blitzschach-Partien mit dem Faktor ein Viertel gewichtet wurden, blieb die Werteskala gültig und stabil.

Zur Vergleichbarkeit der so gewonnenen Werte für die Tiefe können wir eine weitere Überlegung anstellen: Im Damentennis genügen pro Spiel zwei Gewinnsätze. Trotzdem beträgt die Tiefe des Profitennis bei Männern und Frauen zwölf bis dreizehn Klassen. Wir haben also gute Gründe, die extrem großen Unterschiede zwischen den Tiefen von Schach und Go ernst zu nehmen und nach einer Erklärung für dieses Phänomen zu suchen.

Ein Exkurs: Die Tiefe von Fußball und Basketball

Nachdem wir einen Begriff von der Tiefe eines Spiels haben, machen wir einen kleinen Exkurs. Mit derselben Methode stellt sich bald heraus, dass Eishockey oder Basketball tiefere Spiele sind als Fußball: Beim Eishockey und Basketball umfasst der Unterschied zwischen einer mittleren Jugendmannschaft und den Weltchampions mehr Klassen als beim Fußball. Anders gesagt: Die Mannschaft auf dem zehnten Platz der Weltrangliste hat gegen den Weltmeister im Fußball bessere Chancen als im Basketball. Der Unterschied zwischen der Tiefe von Fußball und Basketball ist etwa derselbe wie bei Schach und Go. Man sagt oft: «Der Ball ist für alle rund», um zu betonen, dass auch die schwächere Mannschaft eine Chance hat. So gesehen ist ein

Fußball «runder» als ein Basketball. Vielleicht ist aus diesem Grund Fußball in Europa so beliebt, und vielleicht kann Fußball deshalb in anderen Teilen der Welt, wie Japan und den USA, nicht Wurzeln fassen. Hier in Europa haben wir es gern, wenn auch die schwächeren Spieler Gewinnchancen haben, und wir neigen dazu, uns für Schwächere genau deshalb einzusetzen, weil sie schwächer sind.

Theoretisch kann auch im Mannschaftssport die Tiefe der individuellen Fähigkeiten gemessen werden. Dazu gibt es zwei Wege. Einer besteht darin, die Fachleute des Bereichs um eine Rangliste der Spieler zu bitten. Wenn fünfundsiebzig Prozent der Spezialisten jemanden für besser halten als den anderen, wird der eine Klasse höher eingestuft als der andere. Der andere Maßstab lässt sich nur in der Welt des Berufssports anwenden: das Geld. Theoretisch kann man herausfinden, wie viel Geld für einen Spieler geboten wird, und damit berechnen, welcher Betrag auf einem bestimmten Niveau einem Unterschied von einer Klasse entspricht. Ich habe in keinem Fall exakte Rechnungen durchgeführt, aber meine sehr grobe Schätzung gibt mir das Gefühl, dass auf dieser persönlichen Stufe kein wesentlicher Unterschied zwischen der Tiefe von Fußball und Basketball besteht. Der wesentliche Unterschied zwischen den beiden Spielen muss irgendwo in der Struktur des Spiels insgesamt liegen. Auch hier ist das Ganze mehr als die Summe seiner Teile.

Unterschiede im Wissen und in der Leistung

Es gibt einen interessanten engen Zusammenhang zwischen den Ranglisten von Schachspielern und der Anzahl der bekannten schachbezogenen Schemata. Die Beherrschung von weniger als fünfzig Schemata (Anfänger) entspricht etwa 1400 Punkten, die einiger hundert Schemata (Fortgeschrittene) etwa 1800

Punkten, die einiger tausend Schemata (Meisteranwärter) etwa 2200 Punkten, die einiger zehntausend Schemata (Großmeisterniveau) dagegen 2600 Punkten. Ein Unterschied von einer Größenordnung in der Anzahl der Schemata entspricht etwa 400 Wertepunkten. Dieser recht gleichmäßige Unterschied zwischen den Ergebnissen zeigt, dass unsere Abschätzung der Menge der Schemata, die wir in Kapitel 7 und 8 erhielten, wirklich der tatsächlichen Spielstärke entspricht, und das auf einer recht gleichmäßigen Skala. Dies ist ein weiterer unabhängiger Hinweis aus einer ganz anderen Richtung, der für die Richtigkeit unserer Überlegungen zur Schätzung der Menge der Schemata spricht.

Unser Begriff der Tiefe wird besonders interessant, wenn wir bedenken, dass die Menge der Schemata bei Schach und Go etwa gleich groß ist. Sie liegt zwischen null und einigen zehntausend. Die Tatsache, dass Go ein tieferes Spiel ist als Schach, bedeutet auch, dass ein Spieler, der zweitausend Schemata kennt, einen Spieler, der nur tausend Schemata kennt, im Go viel leichter besiegen kann als im Schach. Das ist nur möglich, wenn die Schemata im Go komplexer sind als im Schach (jedenfalls *unter*, aber vielleicht auch *auf* dem Niveau von Großmeistern).

Menschen, die sowohl im Schach als auch im Go mindestens auf der Stufe von Meisteranwärtern stehen, sagen mit Entschiedenheit, Go sei ein viel schwierigeres und tieferes Spiel als Schach und mobilisiere tiefere Schichten menschlichen Denkens. Dieses vage Gefühl wird aufgrund ihrer Beobachtung verständlicher, dass jedenfalls auf dem Niveau von Meisteranwärtern die kognitiven Schemata im Go mehr Ähnlichkeit mit der Komplexität der kognitiven Schemata des Alltagslebens haben als die kognitiven Schemata des Schachs.

Richtig bedacht lassen sich auch beim Schach die Schemata der Profis auf das alltägliche Denken übertragen. Ich selbst spiele nicht mehr in Schachturnieren, seit ich einmal in einem Spiel gleichzeitig zwei wichtige Felder besetzen musste. Während ich unruhig und besorgt nach einer Lösung suchte, kam mir blitzartig die Erkenntnis: Die Lösung ist Nd7. Von dort aus kann ich sowohl drohen, indem ich die Damenseite durch c5 angreife, als mich auch mit f6 auf der Königsseite verteidigen. Dies war der Augenblick, als mich der Gedanke alarmierte, dass ich beim Schachspiel verrückt werden könnte, und es war mir auch klar, dass ich für das Schachspiel nicht begabt genug bin und keine Aussicht habe, je Großmeister zu werden.

Wir erwähnten, dass Go für fernöstliche Spieler viel lebensnäher ist als Schach für Europäer, denn für sie ist das Spiel weniger abstrakt. Go ist das Produkt östlichen Denkens; es strebt danach, ein Abbild der Welt zu sein; Schach ist tiefer im westlichen Denken verwurzelt, auch wenn seine Ursprünge in Indien liegen. Für Japaner beispielsweise ist Go ein organischer Teil ihrer Kultur. Ihrer Meinung nach ist Go die Grundlage ihres Wertesystems, ihrer ästhetischen Prinzipien und ihrer Denkweisen. Es ist ähnlich wie in der Geschichte mit dem Zen-Meister und dem Samurai. Wir halten Schach im Allgemeinen für ein sehr gutes Spiel, sehen in ihm aber keineswegs die Verkörperung europäischen Denkens. Der ehemalige Schachweltmeister Bobby Fischer sagte, für ihn sei Schach das Leben. Die Zehntausende Schemata eines Großmeisters eröffnen vielleicht wirklich so subtile und raffinierte Möglichkeiten des Ausdrucks, dass eine solche Aussage gerechtfertigt ist, aber für das Empfinden eines Meisteranwärters ist die Komplexität des Schachspiels nicht mit der des Lebens vergleichbar.

Das für die Tiefe von Schach und Go entwickelte Bewertungsverfahren lässt sich theoretisch auf jede Disziplin anwenden. Wann können wir beispielsweise sagen, dass ein Molekularbiologe eine Klasse besser ist als der andere? Wenn mindestens fünfundsiebzig Prozent derer, die ihn bewerten (etwa seine Kollegen), ihn für besser halten als den anderen. Theoretisch könnte man so die Tiefe der unterschiedlichen Berufe und Wissenschaftszweige bestimmen. Die tatsächliche Durchführung einer solchen Studie stieße aber auf mehrere praktische Schwierigkeiten. Im Bereich der menschlichen Intelligenz jedoch können wir uns auf Ergebnisse und Verfahren aus mehreren Jahrzehnten der Forschung beziehen. Wie viele Klassen beträgt wohl die Tiefe der menschlichen Intelligenz als «Profession»?

Zu den Intelligenztests

Sowohl in der Psychologie als auch in der breiten Öffentlichkeit hat man oft und heftig über den Begriff der Intelligenz diskutiert. Viele Menschen bezweifeln, dass der Begriff sinnvoll ist. Die so genannten Intelligenztests führen natürlich bei jedem Probanden zu einem Ergebnis, aber wenn man den Inhalt dieser Tests sieht, scheinen starke Zweifel sowohl daran berechtigt, dass diese Ergebnisse wirklich solche Fähigkeiten messen, die wir gern als Anzeichen von Intelligenz sehen, als auch daran, dass ihre Ergebnisse begründet sind. Intelligenztests enthalten gelegentlich viele Fragen, bei denen mit Recht strittig ist, ob sie überhaupt etwas mit Intelligenz zu tun haben. Oft wird der Titel einer Arbeit, die E. G. Boring, ein Pionier der Intelligenzforschung, 1928 schrieb, als ein abschreckendes Beispiel für den Zynismus der Forscher zitiert: Intelligenz ist das, was Intelligenztests messen.

Schauen wir zunächst, wie diese umstrittenen Intelligenztests entstanden sind und was sie messen. Ich will die Entwicklung der Intelligenztests nicht in historischer Folge schildern, sondern vielmehr die Logik der Forschung beleuchten. Dann wird das, was die Psychologie über diesen Begriff sagen kann, vielleicht besser verständlich.

Man stelle sich die folgende Versuchsanordnung vor: Eine Gruppe von Menschen, die sich gut kennen (etwa in einem Büro, in der Schule, in einem Sportverein), werden gebeten, die anderen nach ihrer mutmaßlichen Intelligenz einzustufen. Sie erhalten keinerlei Erklärung und keinerlei Hinweis darauf, was mit Intelligenz gemeint sein soll. Trotzdem stimmen die Meinungen interessanterweise überraschend überein: Menschen halten mit ziemlich großer Übereinstimmung dieselben Personen für hervorragend, mittelmäßig oder wenig intelligent. Ähnliche Untersuchungen an mehreren Gruppen ergaben meistens eine gute Übereinstimmung der Urteile. Menschen haben also ohne weitere Erklärung eine Vorstellung davon, was Intelligenz ist, und sie verstehen darunter durchaus im Wesentlichen dasselbe – jedenfalls stimmen ihre Beurteilungen anderer überein. Wenn aber die Mitglieder der Gruppe gefragt werden, wie sie zu ihrer Einstufung gekommen sind, ist alle Übereinstimmung verschwunden: Jeder gibt eine andere Erklärung.

Hier liegt ein Rätsel vor, das die psychologische Forschung lösen muss: Was ist die Gemeinsamkeit im Kopf von Menschen, das sie zu übereinstimmenden Urteilen kommen lässt, ohne dass sie über die Grundlagen ihres Urteils übereinstimmen?

Die Lösung dieses Rätsels wurde folgendermaßen gefunden: Die Forscher hatten zunächst sehr viele Alltagsfragen gesammelt, zu deren Lösung mutmaßlich Intelligenz nötig war. Die

Fragen wurden mehr oder weniger zufällig ausgewählt und reichten von sprachlichen und mathematischen Aufgaben über Fragen, die Wissen und Gedächtnis erforderten, bis zu Puzzles – das Ziel dieses ersten Schritts war es, so viele Arten von Fragen in die Sammlung aufzunehmen wie nur möglich, und zwar Fragen, die möglichst unterschiedliche Aspekte der menschlichen Intelligenz erfassen. Diese Fragen wurden jedem Mitglied der Gruppe vorgelegt. Die Forscher, die die Antworten kannten, wählten solche Fragen aus, deren Gesamtsumme am besten vorhersagten, für wie intelligent die Gruppenmitglieder einander einschätzten. Von den ursprünglich sehr vielen Fragen blieben nur wenige Dutzend übrig – wenn die Fragebogen mehr oder weniger Fragen enthielten, sagte die Gesamtwertung das Urteil der einzelnen Menschen schlechter vorher. Diese wenigen Dutzend Fragen jedoch führten zu einer überraschend genauen Vorhersage. Und darauf kommt es an. Die Forscher konnten die Gesamtheit dieser Fragen zu Recht einen Intelligenztest nennen, denn die Einstufung aufgrund der richtigen Antworten sagt ziemlich gut vorher, für wie intelligent Menschen ihre Mitmenschen halten; und sie stimmen dabei auch dann überein, wenn sie nicht genau sagen können, was es ist, worin sie übereinstimmen.

Auf diese Weise erhielten die Forscher ein wichtiges Hilfsmittel: Von diesem Punkt an konnten sie analysieren, welches die gemeinsamen Merkmale der Aufgaben sind, die sie beibehalten konnten, und die gemeinsam den Intelligenzbegriff, den die Menschen im Kopf haben, so gut vorhersagen. Man beachte, dass es nicht die Forscher waren, die den Intelligenztest zusammenstellten, sondern dass vielmehr die Methode so gewählt wurde, dass das ursprüngliche Rätsel lösbar wurde. Wenn man das weiß, ist es unsinnig, daran zu zweifeln, dass dieser Test etwas mit Intelligenz zu tun hat. Er hat nur mit dem Begriff der Intelligenz zu tun, der ohne jede Erklärung in Menschenköpfen vorhanden ist. Genau dies besagt der scheinbar zynische Titel der Arbeit von Boring auf so überraschende und provokante Weise.

Der alltägliche Intelligenzbegriff erwies sich als relativ konsistent. Das ist bei solchen Begriffen eher selten. Diese Konsistenz ermöglichte das obige Verfahren des Rätsellösens, und deshalb können wir den so entwickelten Test zu Recht als «Intelligenztest» bezeichnen. Die Forscher hatten mit anderen alltäglichen Begriffen wie Talent oder Kreativität weniger Glück: Die Urteile der Umwelt erwiesen sich als nicht so konsistent, deshalb stand den Forschern bei ihnen kein solcher archimedischer Ausgangspunkt zur Verfügung wie beim Intelligenzbegriff. Leider ließen sich Talent und Kreativität auf diese Weise nicht tiefer erfassen. Bei der Untersuchung dieser aus dem Alltagsleben vertrauten Begriffe stießen die Forscher nur auf die Widersprüchlichkeiten der Alltagslogik, genau wie bei der Intelligenz, wenn nach Erklärungen gefragt wurde und nicht nach Urteilen.

Daraufhin analysierten die Forscher, was jenen Fragen gemeinsam ist, die in den Test aufgenommen wurden, oder, besser gesagt, die sich bei dem sehr strengen Auswahlverfahren selbst dazu anboten. Auf diese Weise wurde die folgende Definition der Intelligenz entwickelt: Intelligenz ist die Fähigkeit, sich in der gegebenen kulturellen und menschlichen Umwelt zurechtzufinden. Was also der alltägliche Intelligenzbegriff bedeutet, hängt stark von der sozialen und kulturellen Umwelt ab, in der wir diesen Begriff betrachten. Oft ist die Rede von «kulturfreier Intelligenz», und man bereitet Tests vor, die sie messen sollen, aber es folgt aus dem oben Dargelegten, dass Intelligenz in diesen Tests etwas anderes bedeutet als das, was wir im täglichen Leben damit meinen.

Andererseits ist es üblich geworden, über eine andere, bisher weniger erforschte Form der Intelligenz zu sprechen, nämlich die so genannte emotionale Intelligenz. Sie lässt sich mit Methoden untersuchen, die denen ähnlich sind, die das Wesen der allgemeinen Intelligenz erfassten. Dabei stellte sich heraus, dass die emotionale Intelligenz eine wirklich existierende und widerspruchsfreie Form der menschlichen Intelligenz ist, die aber nicht unabhängig ist von der allgemeinen Intelligenz: Menschen mit hoher emotionaler Intelligenz erreichen meist auch bei gewöhnlichen Intelligenztests gute Ergebnisse, obwohl es in der Tat ziemlich oft vorkommt, dass jemand, dessen allgemeine Intelligenz kaum über dem Durchschnitt liegt, in Bezug auf seine emotionale Intelligenz überdurchschnittlich hoch eingestuft wird oder umgekehrt. In Anbetracht der von uns erörterten Befunde überrascht dieses Ergebnis wenig: Wenn Intelligenz wirklich die Fähigkeit ist, sich in einer gegebenen kulturellen und menschlichen Umwelt zurechtzufinden, ist es logisch, dass die Fähigkeit, mit anderen eine Beziehung aufzunehmen, in gewissem Grad zu diesem Begriff dazugehört.

So erhielten die Intelligenztests ein Eigenleben und machten sich unabhängig von den ursprünglichen Absichten ihrer Schöpfer und den wissenschaftlichen Fragen, auf welche die Forscher eine Antwort wünschten. Sie erwiesen sich in vielen Gebieten als äußerst erfolgreich, so beispielsweise bei der Vorhersage der Kompetenz eines Menschen in einer bestimmten Position. Die Tests jedoch wurden oft dazu benutzt, um etwas vorherzusagen oder zu messen, wofür sie tatsächlich nicht geeignet waren, deshalb sind sie in gewisser Weise unglaubwürdig; aber das ist für uns im Augenblick unwichtig. Die Verfahren der Entwicklung der Intelligenztests zeigen, dass wir die Ergebnisse von Intelligenztests zu Recht zu Hilfe nehmen können, wenn wir an der Tiefe der Intelligenz als «Profession» interessiert sind.

Die Tiefe der allgemeinen menschlichen Intelligenz

Das Ergebnis eines Intelligenztests lässt sich als eine sportliche Wertung betrachten. Wir haben also eine direkte Möglichkeit, die Tiefe der allgemeinen Intelligenz zu bestimmen, analog dazu, wie wir die Tiefe von Schach und Go bestimmten.

Ähnlich wie im Sport ergeben Intelligenztests nicht immer den gleichen Wert. Wir können an dem Prüfungstag gut oder schlecht «drauf» sein, deshalb ist die Frage berechtigt, wie viele Punkte Unterschied auf einem IQ-Test einem Unterschied von einer Klasse entsprechen, wann wir also sagen können, um wie viel höher der IQ einer Person sein muss als der einer anderen, damit sie beim nächsten IQ-Test mit fünfundsiebzig Prozent Wahrscheinlichkeit einen höheren IQ hat als die andere. Glücklicherweise stehen uns enorm viele Daten zur Verfügung, da der IQ sehr vieler Menschen mehr als einmal gemessen wurde. Wir gehen hier nicht auf die Einzelheiten der Rechnung ein, sondern stellen nur fest, dass ein Unterschied von fünf Punkten beim IQ nach unserer Definition einen Unterschied von einer Klasse bedeutet. Jetzt brauchen wir nur noch den IQ der Menschen mit der größten und der geringsten Intelligenz zu wissen, um durch einfache Division die Tiefe der menschlichen Intelligenz zu bestimmen.

Die meisten Menschen halten eine IQ-Skala für ein Mittel, das sich bei allen Menschen zur Messung der Intelligenz eignet. Das erstaunt, weil man in keinem anderen Maß eine solche Allgemeinheit fordert. Jedes Maß stößt an Grenzen der

Messbarkeit. Wir finden es natürlich, dass wir Gramm und Tonnen nicht auf derselben Waage wiegen. Auch der Intelligenztest, dessen Entwicklung wir in den vorigen Abschnitten verfolgt haben, hat seine eigenen Messgrenzen, außerhalb deren er nicht sinnvoll zwischen Menschen unterscheiden kann. Er kann es nicht, weil auch die Bewertenden es nicht konnten. Aus der Sicht des Intelligenzbegriffs kann man Unterschiede, die unter- oder oberhalb einer bestimmten Grenze liegen, nicht wahrnehmen.

Der Bereich der Messungen der Standard-Tests liegt zwischen 70 und 145. Ein IQ von 70 bedeutet, dass etwa 2,4 Prozent der Population dieses Niveau nicht erreichen können. Ein IQ von 145 wird nur von etwa 0,15 Prozent der Bevölkerung erreicht. Manchmal liest man von höheren Intelligenzquotienten, aber die werden nicht mit den üblichen Tests gemessen, und die Ergebnisse beruhen auf einem anderen Konzept als dem, wie intelligente Menschen die Person sehen. Tests, die diese sehr hohen Werte ergeben, messen zumeist mathematische und logische Fähigkeiten. Wer bei diesen Tests gut abschneidet, schneidet gewöhnlich auch bei den üblichen IQ-Tests relativ gut ab, aber gerade diese Standard-IQ-Tests haben auch gezeigt, dass diese Fähigkeiten weit davon entfernt sind, der Hauptfaktor der Beurteilung der alltäglichen Intelligenz zu sein. Anders als bei den Standard-IQ-Tests ist es deshalb nicht gerechtfertigt, Tests, die besonders gehobene mentale Fähigkeiten messen, als «Intelligenztests» zu bezeichnen.

Aus Sicht des alltäglichen Intelligenzbegriffs lässt sich sein Wertebereich auf einer Skala der allgemeinen Intelligenz, die von geistig behinderten Menschen bis zum «Weltmeister» reicht, auf etwa siebzig bis etwa hundertfünfundvierzig schätzen. Wenn fünf Punkte einem Unterschied von einer Klasse entsprechen, können wir sagen, dass die Tiefe der menschlichen Intelligenz als «Profession» einem Unterschied von etwa fünfzehn bis sechzehn Klassen entspricht.

Dieses Ergebnis stimmt mit dem Wert überein, den wir für die Tiefe des Go-Spiels erhielten. In dieser eher abstrakten Bedeutung des Begriffs «Tiefe» können wir tatsächlich sagen, dass die Tiefe von Go mit der Tiefe des Lebens selbst vergleichbar ist.

Schach- und Go-Programme

Heute kämpfen Computerschachprogramme um den Titel eines Weltmeisters. Die besten Go-Programme jedoch erreichen nur das Niveau von Meisteranwärtern. Der Grund für diesen Unterschied beruht nicht auf der Tatsache, dass in die Entwicklung von Schachprogrammen mehr Energie gesteckt wurde – für die Spieler beider, Amateure wie Profis, wurden enorm viele Programme geschrieben. Programmierer, die beide Spiele kennen und versuchten, für jedes der Spiele ein Programm der künstlichen Intelligenz zu entwickeln, haben übereinstimmend festgestellt, dass es viel schwieriger ist, ein Go-Programm zu schreiben als ein Schachprogramm. Das Programmieren der Regeln ist bei keinem der Spiele schwierig. Der Unterschied beruht auch nicht darauf, dass die Anzahl der möglichen Stellungen im Go größer ist als im Schach: In beiden Spielen ist die Anzahl der möglichen Stellungen astronomisch hoch, und wie wir bereits sahen, ist auch beim Schach der Versuch aussichtslos, alle möglichen Fassungen zu überschauen. Und doch sind die Prinzipien des Programmierens, die sich beim Schach ausgezeichnet bewährt haben, beim Go-Spiel anscheinend noch nicht sehr hilfreich. Im nächsten Kapitel schildern wir die Prinzipien der jetzigen Schachprogramme genauer.

Der Unterschied zwischen den beiden Spielen als Programmieraufgaben beruht wahrscheinlich auf dem Unterschied in der Tiefe der beiden Spiele. Für die künstliche Intelligenz ist die schwierigste Aufgabe, den gesunden Menschenverstand zu erfassen – dafür ist Meehans Programm, das Fabeln schreiben konnte, ein gutes Beispiel (S. 125 f.) Wie wir sahen, hat die Komplexität der kognitiven Schemata des Go mehr Ähnlichkeit mit der Komplexität des alltäglichen Denkens als die des Schachs, deshalb überrascht es nicht, dass es schwieriger ist, ein Go-Programm zu schreiben, das auf Meisterniveau spielen kann.

Schach ist wahrscheinlich ein Gebiet, dessen Tiefe an der unteren Grenze einer unabhängigen Disziplin gesehen werden kann, die aber ausreicht, eigene Großmeister zuzulassen. Ich habe bis jetzt noch keine Disziplin gefunden, die eine Tiefe von weniger als acht und doch eigene Großmeister hatte. Wenn wir für Forschungszwecke ein Modell suchten, welches das Denken von Großmeistern erhellen kann und zugleich möglichst wenig Tiefe hat, fänden wir wohl kein besseres als Schach. Vielleicht hat sich Schach aus diesem Grund in den Kapiteln 8 und 9 als ein besonders geeignetes Forschungsgebiet erwiesen.

Ein Großmeister ist ein Großmeister, weil er seine eigenen Zehntausende kognitiver Schemata erworben hat und über die dazugehörige Leistungsfähigkeit verfügt. Wenn man nur das Denken von Großmeistern untersucht, sieht man nicht, dass die Gebiete, in denen sie Großmeister sind, vielleicht nicht so tief sind wie andere Berufe. Aber die Tatsache, dass die künstliche Intelligenz zwischen den beiden Spielen einen großen Unterschied fand, erhellt den wesentlichen Unterschied zwischen ihnen. Schach war glücklich gewählt, weil die künstliche Intelligenz es dort zu spektakulären Errungenschaften bringen konnte. Wenn aber die künstliche Intelligenzforschung beabsichtigt, Systeme zu erzeugen, die ähnlich funktionieren wie der menschliche Verstand, könnte sich Go als viel nützlicheres Modell erweisen als Schach.

12. Die Entwicklung der künstlichen Intelligenz

Computer haben immer Recht.
Völlig ungeeignet als Ehepartner.

Wir haben viel von Bezugssystemen und Denkweisen gesprochen. Gelegentlich halfen uns auch die Ergebnisse der künstlichen Intelligenz, Begriffe zu klären oder Wirkungsweise und Grenzen allgemeiner Ordnungsprinzipien zu erläutern.

Ich behaupte nicht, dass unsere Beispiele die besten und wichtigsten Ergebnisse der künstlichen Intelligenz darstellen; ich habe vielmehr die typischen, für die jeweiligen Probleme charakteristischen Programme gezeigt. Die modernsten Methoden der künstlichen Intelligenz (Expertensysteme, genetische Algorithmen, neuronale Netze oder die Grundsätze des logischen Programmierens) blieben unbeachtet. Die Literatur zur künstlichen Intelligenz ist ungeheuer umfangreich; ich habe nur wenige der vielen Tausende unterschiedlicher Programme, Systeme und Produkte erwähnt. Aber selbst diese zufälligen Beispiele können zeigen, zu welchen Ergebnissen die künstliche Intelligenz führen kann, wie ja auch ein Wassertropfen den Ozean zeigt.

Tatsächlich lässt diese begrenzte Anzahl von Phänomenen die Stärken und Schwächen der künstlichen Intelligenz besser erkennen als ein Wassertropfen das Meer, weil es für das Meer in besonderer Weise zutrifft, dass das Ganze mehr ist als die Summe seiner Teile. Die Forschung der künstlichen Intelligenz hat noch kein einheitliches Bild von dem ergeben, was diese Wissenschaft leisten kann. Es gibt zahllose verheißungsvolle erste Schritte, aber nur wenige wirklich erfolgreiche.

In dem Sprichwort «Aller Anfang ist schwer» steckt viel Wahrheit über die menschliche Intelligenz. Für die künstliche Intelligenz scheint genau das Gegenteil zu gelten. Immerhin sind viele schöne und zweifellos funktionierende Programme und allgemeine Verfahren entwickelt worden, und deshalb lohnt sich das Nachdenken über die Stärken und Schwächen der künstlichen Intelligenz. Welche Ähnlichkeiten und Unterschiede gibt es zwischen der künstlichen und der natürlichen menschlichen Intelligenz? Jedes einigermaßen funktionierende Produkt der künstlichen Intelligenz ist möglicherweise auch ein Modell für bestimmte Funktionen des menschlichen Denkens.

Der Ansatz der «starken künstlichen Intelligenz»

In der künstlichen Intelligenz hat sich der Satz «Aller Anfang ist leicht» als gültig erwiesen. Schon die ersten Schachprogramme spielten leidlich gut, und Programme, die von einer Sprache in die andere übersetzen, führten schon bei den ersten Versuchen zu viel versprechenden Ergebnissen. Wir sahen in Kapitel 4, welche Hoffnungen die Programme ELIZA und DOCTOR weckten.

Herbert Simon (später Träger des Nobelpreises für Wirtschaftswissenschaften und geistiger Vater des in Kapitel 8 beschriebenen Programms MAPP) schrieb 1958, in zehn Jahren würde ein Computerprogramm Schachweltmeister sein. Er sagte auch vorher, dass dann ein Übersetzungsprogramm auf ziemlich hohem Niveau Texte ins Englische übersetzen könne. Aber erst 1997 konnte ein Computer einen menschlichen Weltmeister in einem regulären Spiel besiegen, und Programme, die von einer Sprache in eine andere übersetzen, werden zwar allmählich besser, die Qualität ihrer Übersetzungen ist jedoch längst nicht einwandfrei.

Simon gründete seine Vorhersagen vor allem auf die Tatsache, dass Computer es ermöglichen, zwei schon früher aufgestellte wissenschaftliche Lehrmeinungen zu kombinieren und praktisch anzuwenden. Eine davon ist das Prinzip des extremen Reduktionismus, das wir in Kapitel 3 genauer analysiert haben. Eine Umformulierung dieses Prinzips besagt, dass sich die allgemeine Intelligenz (jede natürlich existierende Intelligenz, einschließlich der Denkfähigkeit des Menschen) mit Hilfe physikalischer Symbole oder Symbolsysteme reproduzieren lässt und dass jede Beziehung zwischen diesen Symbolen im Prinzip klar definiert werden kann. In dieser Hinsicht hat Simon dieselbe Einstellung wie die Kognitionswissenschaften.

Die andere Doktrin ist die so genannte *Church-Turing-These*. Um es ganz informell zu sagen: Nach dieser These lässt sich alles, was so gesagt werden kann, dass es garantiert jeder versteht, auch in Form eines Programms für eine Art abstrakter Computer sagen. In formalisierter Sprache kann die Church-Turing-These mehrere Formen annehmen, von denen eine allgemein akzeptierte die folgende ist: Nehmen wir an, ein intelligentes Wesen ordne die ganzen Zahlen in zwei Gruppen. Wenn dieses Wesen das Ordnungsprinzip etwa durch ein Lied, einen Tanz oder auch durch Küsse so beschreiben kann, dass ein anderes intelligentes Wesen in der Lage ist, die ganzen Zahlen genau so anzuordnen wie das erste, dann lässt sich das Ordnungsprinzip auch als mathematischer Algorithmus schreiben und in dem oben erwähnten abstrakten Computer realisieren. Noch anders gesagt: Die Church-Turing-These besagt im Wesentlichen, dass zur Weiterentwicklung der Mathematik rein mathematische Methoden ausreichen.

Auch die zweite von Herbert Simon aufgestellte Lehrmeinung widerspricht nicht der Sichtweise der Kognitionswissenschaft, ist aber für die Arbeit der Kognitionswissenschaftler nicht länger wichtig. Sie müssen nicht überzeugt sein, dass sich menschliches Denken in Computermodellen nachahmen lässt, denn sie sind nur an den Modellen interessiert. Hier unterscheiden sich die Paradigmen der Kognitionswissenschaft von Simons Sicht.

Die schon existierenden Computer sind im Wesentlichen die gleichen wie die theoretischen abstrakten Computer der Church-Turing-These. Deshalb besagen die beiden Lehrmeinungen zusammen, dass allgemeine Intelligenz im Prinzip vollkommen durch einen Computer realisierbar ist. Anfangs hielt man diese Aussage für das fundamentale Paradigma der so genannten *starken künstlichen Intelligenz*; auf dieses Paradigma gründete Simon seine Überzeugung, dass der Lösung der obigen Probleme und einer Menge sehr praktischer Anwendungen kein Hindernis im Weg steht, weil Computer uns die Mittel zur Verfügung stellen, die zur Lösung nötig sind. Nach unserem heutigen Wissen besteht unser Gehirn aus Neuronen, die einander physikalische oder chemische Impulse übermitteln – warum sollten wir nicht all dies in Form eines Computerprogramms nachahmen können? Die Anfangsergebnisse legten tatsächlich nahe, dass ein oder zwei Jahrzehnte Arbeit weniger hundert gut ausgebildeter Menschen dazu ausreichen würden.

Die Debatte zwischen der starken künstlichen Intelligenz und anderen Richtungen der künstlichen Intelligenz (jenen, die meinen, das Operieren der menschlichen Intelligenz beruhe auf anderen Prinzipien als reiner Symbolmanipulation) liefert sicherlich noch lange Journalisten und Science-Fiction-Autoren willkommene Themen. In mancher Hinsicht haben diese Debatten Ähnlichkeit mit der Debatte zwischen den Verfechtern von Holismus und Reduktionismus, die wir in Kapitel 3 erörterten. Auf den ersten Blick geht es um dasselbe, nur aus einem anderen Blickwinkel. Die Anhänger der starken künstlichen Intelligenz sind extreme Reduktionisten, während die Verfechter anderer Ansätze mehr oder weniger holistisch denken.

Ich habe mich in Kapitel 3 zu keiner der beiden Richtungen bekannt. In der Debatte zwischen der starken künstlichen Intelligenz und anderen Richtungen der künstlichen Intelligenz jedoch stimme ich gar nicht mit den Anhängern der starken künstlichen Intelligenz überein, wenn auch weder aufgrund der traditionellen holistischen noch der dualistischen Argumente (die eine Dualität von Materie und Geist behaupten). Mir reichen sie nicht aus, um Partei zu ergreifen. Der Vergleich der oben beschriebenen Befunde der Kognitionswissenschaft mit den Ergebnissen der künstlichen Intelligenz zeigt jedoch, dass menschliches Denken über mehr Mechanismen verfügt als nur rein rationale Symbolmanipulation.

In der Mathematik werden oft so genannte Existenzbeweise geführt. In diesen Fällen beweisen Mathematiker die Existenz von etwas, ohne Beispiele für die Existenz angeben zu können. Im Teil «Jenseits der reinen Vernunft» werden wir ähnlich vorgehen. Ich sagte also nicht, dass wir wissen, welche anderen Denkmechanismen es gibt, wohl aber, dass es viele Anzeichen für die Existenz solcher Mechanismen gibt. Sie haben sogar schon lange einen Namen: Die Art des Denkens, mit deren Hilfe wir ein Gefühl für die Wahrheit der Dinge und der Welt gewinnen, ohne sie speziell und logisch beweisen zu können, heißt *Intuition*. Mit den im Vorwort zitierten Worten der weisen Diotima ist Intuition die Meinung, die das Richtige trifft, ohne es begründen zu können.

Wir sprachen schon in Kapitel 9 über intuitives Denken, ohne jedoch den Begriff zu definieren. Auch hier werden wir ihn nicht definieren, weil unser jetziger Wissensstand das noch nicht erlaubt. Möglicherweise ist Intuition nichts anderes als ein – bisher unbekannter – Mechanismus der kognitiven Schemata. Aber selbst das könnte noch zu stark sein, und vielleicht ist es richtiger, zu sagen, dass Intuition eine *Existenzweise* kognitiver Schemata ist, genau wie das Leben vielleicht nicht mehr ist als die Existenzweise von Proteinen, die sich reproduzieren können, ohne den Sinn ihres Seins zu rechtfertigen. Wir werden diesen Gedanken in Kapitel 16 genauer verfolgen. Zunächst wollen wir die Ergebnisse der künstlichen Intelligenzforschung untersuchen, eines Wissenschaftszweigs, der garantiert nur mit rein rationalen Mitteln, durch Symbolmanipulation operiert.

Der Trend bei der Entwicklung von Schachprogrammen

Einige der erwiesenermaßen allzu optimistischen Vorhersagen der Vertreter der künstlichen Intelligenz beruhten keineswegs nur auf rein subjektiven Meinungen. Die Abbildung auf S. 285 zeigt den Trend der Entwicklung von Schachprogrammen.

Die horizontale Achse zeigt auf einer logarithmischen Skala die Anzahl der Schachstellungen, die der Computer in drei Minuten überprüft (*x* mal zehntausend). Wir wählten drei Minuten als Einheit, weil in einem normalen Schachturnier im Durchschnitt alle drei Minuten einmal gezogen wird. Die *y*-Achse zeigt die nach der Punktwertung gemessene Stärke des Programms, wie sie im vorigen Kapitel gezeigt wurde. Wir sahen im vorigen Kapitel auch, dass zwischen den Wertepunkten und den auf Schach bezogenen kognitiven Schemata eine sehr starke Korrelation besteht, und diese Beziehung ist (im logarithmischen Maßstab) auch linear. Einem Unterschied von etwa vierhundert Wertepunkten auf der Skala entsprechen etwa zehnmal mehr kognitive Schemata.

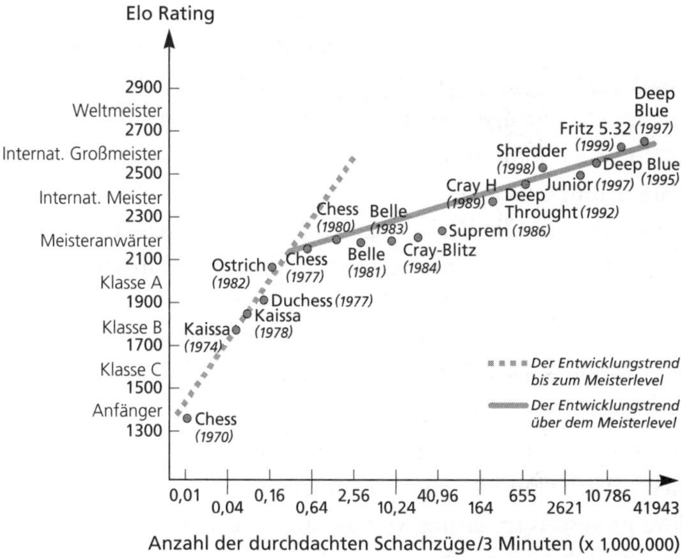

Trend bei den Entwicklungen von Schachprogrammen

An der Abbildung lässt sich ablesen, dass die Stärke der Schachprogramme bis zu einem bestimmten Punkt proportional zur Zunahme der Computergeschwindigkeit anwuchs (wenn die Geschwindigkeit logarithmisch dargestellt wird). Simon konnte seine Vorhersagen 1958 nicht auf solche konkreten Daten gründen, 1979 gab es gute Gründe für die Vermutung, es werde Anfang der achtziger Jahre ein Schachprogramm mit Weltmeister-Format geben. Wir sehen jedoch, dass der Trend der Zunahme der Spielstärke einen Knick hat, obwohl die Rechengeschwindigkeit unablässig, sogar beschleunigt zunahm.

Wenn eine Trendlinie einen Knick hat, bedeutet das gewöhnlich, dass sich die Bedingungen verändert haben. Der ungarische Wirtschaftswissenschaftler Ferenc Jánossy sagt in seinem Buch über die Trendlinie der ökonomischen Entwicklung: «Ein solcher Knick in der Trendlinie – und auch ganz allgemein jede mehr oder weniger plötzliche Veränderung im Fortgang (ob biologisch, ökonomisch oder physikalisch) – weist gewöhnlich darauf hin, dass der Prozess selbst seine eigenen Bedingungen verändert, also die Beziehungen, die seine Existenz bestimmen (oder deutlicher, er untergräbt seine eigenen Voraussetzungen), bis dahin, dass diese Umstände, nachdem sie einen kritischen Punkt erreicht haben, in den Hintergrund treten; die weitere Entwicklung des Prozesses wird dann durch die neu entwickelten Beziehungen bestimmt. Genau wie die Anzahl der Hechte im Karpfenteich zunächst in geometrischer Folge zunimmt, bis der kritische Punkt erreicht ist, an dem der Mangel an Nahrung ihre weitere Vermehrung verhindert, so kann die Industrie nur so lange *extensiv* wachsen, bis alle Reserven an Arbeitskräften (Handwerker, Bauern) aufgebraucht sind; wenn sie diesen Punkt erreicht hat, muss sie eine ökonomische Struktur schaffen, die sich nur entsprechend den neuen Regeln weiter entwickeln kann, also *intensiv*.»[1]

Man liest an der Zeichnung ab, dass die Trendlinie der Entwicklung von Schachprogrammen um 1979 abknickte. Man sieht auch, dass die Performanz der Programme Anfang der achtziger Jahre die neue Trendlinie nicht sofort fortsetzte. Der

Grund dafür ist, dass neue Suchalgorithmen entwickelt werden mussten, um die enorm vergrößerte Rechenkapazität der Computer voll nutzen zu können.

Wir erhellen vermutlich tiefere Gründe für den Knick in der Trendlinie, wenn wir sagen, dass *die Trendlinie knickte, als sie das Niveau von Meisteranwärtern erreichte.* Die Bemühungen, die Leistungsfähigkeit von Schachprogrammen zu steigern, haben zwischen 1980 und 1990 keineswegs abgenommen, und doch wurde das Niveau der Meisteranwärter erst viel später erreicht als erwartet. Diese Aussage gilt für Schachprogramme, die auf ganz unterschiedlichen Grundsätzen beruhen, denn es gilt ebenso für die, die Zugvariationen berechnen, wie auch für die, die auf einer Art Mustererkennen beruhen.

Die Schachkompetenz von Deep Blue

Der große Durchbruch kam 1997, als das Schachprogramm Deep Blue, das IBM mit Kosten von 20 Millionen Dollar entwickelt hatte, den damaligen Schachweltmeister Garry Kasparow in einem regulären Zweikampf mit sechs Spielen besiegte; das Ergebnis war 3,5 zu 2,5. Der Wettbewerb löste bei Schachspielern, Anhängern der künstlichen Intelligenz und in der breiten Öffentlichkeit viele Diskussionen aus. Manche meinten, Kasparow habe sehr schlecht gespielt und deshalb habe das Computerprogramm gesiegt. Das könnte zutreffen: Da wir die Spiele kennen, können wir behaupten, dass Kasparow damals weit unter seinem Niveau spielte – aber das passiert gelegentlich auch bei Wettspielen gegen Menschen. Wir lesen jedoch aus der Abbildung für den Entwicklungstrend von Schachprogrammen ab, dass das Computerprogramm schon 1997 einen Stand erreicht hatte, den es – dem Trend entsprechend – erst einige Jahre später hätte «erreichen sollen».

Deep Blue ist zweifellos eine Spitzenleistung der Computertechnologie am Ende des Millenniums. Die zweiunddreißig eingebauten parallel verarbeitenden Prozessoren können in einer Sekunde zweihundert Millionen Stellungen untersuchen. Trotzdem können wir Deep Blue kaum für eine Spitzenleistung der künstlichen Intelligenz halten – jedenfalls stünde es dann schlecht um die Wissenschaft von der künstlichen Intelligenz, denn Deep Blue weiß vom Schachspiel viel weniger als ein menschlicher Schachanfänger nach wenigen Stunden. Fragen wir einmal nach: Wie viele kognitive Schemata kennt Deep Blue? Wie viel Intuition hat das Programm?

Wir können diese quantitative Frage auf zwei Weisen beantworten. Die erste Antwort ist, dass er nur ein *einziges* Schema kennt. Der von Deep Blue verwendete so genannte Minimax-Algorithmus beginnt mit einer *Bewertungsfunktion*, die für jede Stellung bestimmt, wie vorteilhaft sie für den Spieler ist. Der Algorithmus nutzt diesen Vorteil und wählt für die überschaubaren Teile der möglichen Fortsetzung des Spiels (etwa zehn bis zwölf Zugpaare im Voraus, wobei alle möglichen Variationen berücksichtigt werden) das selbst dann für den Spieler vorteilhafteste Ergebnis, wenn der Gegner so gut wie möglich spielt. Da Minimax-Algorithmen mit nur einer einzigen Evaluierungsfunktion operieren, können wir mit Recht sagen, dass dieses Programm nur ein Schema kennt, Kasparow jedoch einige zehntausend.

Die zweite Antwort zieht einen Einwand in Betracht, den man zu Recht gegen den obigen Gedankengang anführen kann. Das Gegenargument lautet folgendermaßen: Die Evaluierungsfunktion könnte so komplex und raffiniert sein, dass sie irgendwie alle Zehntausende von Kasparows kognitiven Schemata enthält. Schauen wir uns die konkrete Evaluierungsfunktion von

Deep Blue an: Sie berücksichtigt überraschend wenig: Sie achtet vor allem auf die Materialbilanz und berücksichtigt ein Dutzend einfache wohl bekannte Eigenschaften der jeweiligen Stellung (beispielsweise betrachtet sie einen Doppelbauern als nachteilig und eine mit dem eigenen Turm besetzte freie Reihe als vorteilhaft usw.). Auch wenn man all dies als jeweils eigene Schemata zählt, kennt das Programm nicht mehr als wenige Dutzend kognitiver Schemata, während Kasparow Zehntausende beherrscht. Das Bild sieht dann etwas anders aus.

Trotzdem erkennen sowohl Großmeister als auch Schachamateure, die das Spiel des Computerprogramms verfolgen, jederzeit und überall Ideen, Erfindungen, Pläne und Begriffe. Da wir den Minimax-Algorithmus kennen, können wir mit Entschiedenheit sagen, dass es im Spiel des Computerprogramms nichts dergleichen gibt. All diese Dinge werden also von Menschen in das Spiel des Computerprogramms *projiziert*. Wir alle nehmen die Welt aufgrund unserer kognitiven Schemata wahr und können uns nicht einmal vorstellen, dass unser Gegner (das Computerprogramm) nichts dergleichen benutzt.

Soviel wir über die Arbeitsweise der Evaluierungsfunktionen von Schachprogrammen wissen (schließlich haben Menschen sie geplant), so wenig wissen wir über die Arbeitsweise der kognitiven Schemata von Menschen. Programmierer, die (auf der Grundlage von ähnlichen Prinzipien wie dem EURISKO-Programm aus Kapitel 5 oder dem MAPP-Programm aus Kapitel 8) versuchen, Schachprogramme mit vielen und komplizierten Regeln zu schreiben, erzielen viel schlechtere Ergebnisse als das auf reine Rechenleistung gestützte Deep-Blue-Programm. In dem Kampf zwischen Kasparow und Deep Blue zogen zwei verschiedene Qualitäten in den Kampf: die Überprüfung einer enormen Menge von Stellungen durch wenige kognitive Schemata (vielleicht sogar nur ein einziges Schema) und das Erwägen weniger Stellungen durch Zehntausende von kognitiven Schemata. (Psychologische Untersuchungen haben gezeigt, dass ein Großmeister in drei Minuten fünfhundert bis tausend Stellungen erwägt, also sieben bis acht Größenordnungen weniger als Deep Blue in der gleichen Zeitspanne überschaut.) Die konkrete Anzahl der «sehr vielen Stellungen», die ein Schachprogramm überprüft, hat gerade eine Stufe erreicht, auf der mehrere zehntausend kognitive Schemata geprüft werden.

Wir haben gesehen, dass Kasparow (oder jeder andere menschliche Großmeister) nicht mehr als einige Zehntausende oder höchstens hunderttausend kognitive Schemata lernen kann. Das ist etwa die Obergrenze der menschlichen Kapazität. Obwohl mit der Entwicklung des Begriffssystems (oder der Wissenschaft) Schach auch die Komplexität und Beschreibungsmöglichkeit menschlicher kognitiver Schemata zunehmen könnte, hält man es doch aufgrund der Entwicklung des Schachs bis heute für wahrscheinlich, dass diese Zunahme, die nur qualitativ, nicht quantitativ sein kann, wesentlich langsamer verläuft als die Zunahme der Rechengeschwindigkeit von Computern. Im Fall des Schachs hat also das menschliche Denken auf Dauer gegen die Computer keine Chance, nicht einmal, wenn Computer sich lediglich auf reine Rechenleistung und minimale Schachkenntnis verlassen. Wir werden später darauf zurückkommen, dass die Chancen eines Schachspielers oder auch des Schachspiels selbst gegen die reine Rechenleistung der künstlichen Intelligenz gut stehen.

Expertensysteme

Der Knick in der Trendlinie zeigt an, dass sich die Bedingungen für eine Leistungssteigerung von Schachprogrammen änderten, als das Niveau von Meisteranwärtern erreicht war. Da die sozioökonomische Umwelt unverändert blieb, stieß dort vermutlich die Effizienz der angewandten Methoden an ihre Grenzen. Unsere früheren Ergebnisse lassen vermuten, dass der Grund dafür bei dem liegt, was für das Niveau von Meisteranwärtern wesentlich ist; oberhalb dieser Stufe wird das schließlich erworbene professionelle analytische Denken immer mehr durch Intuition ersetzt. Heben wir diesen Gedanken bis zum nächsten Kapitel auf und schauen wir, was wir über die Ergebnisse der anderen Bereiche der künstlichen Intelligenz sagen können.

Schach hat sich für die Forschung der künstlichen Intelligenz als glückliche Wahl erwiesen, weil wirklich spektakuläre Ergebnisse erreicht wurden. Aber Schach erwies sich nicht als ein wirklich beglückendes Modell für die Erforschung der künstlichen Intelligenz, weil die im Schach gewonnenen Ergebnisse nicht verallgemeinerungsfähig sind: Die Prinzipien, nach denen Schachprogramme auf dem Niveau von Weltmeistern geschrieben werden konnten, erwiesen sich in anderen Gebieten als weniger erfolgreich. Go-Programme, die auf ähnlichen Prinzipien beruhen, sind ziemlich schlecht, und auch in anderen Bereichen und Fachgebieten hatten Programme, die ausschließlich der reinen Rechenleistung vertrauten, wenig Erfolg. In diesen Bereichen ist es anscheinend unvermeidlich, dass in die Programme der künstlichen Intelligenz viel Fachwissen eingebaut wird.

Gewöhnlich werden Programme, die mit wohl erprobten Methoden Probleme lösen, die allgemeine Intelligenz oder Fachwissen voraussetzen, unter dem Titel Expertensysteme zusammengefasst. Die Prinzipien solcher Expertenprogramme, die sich als besonders nützlich erwiesen haben, sind heute selbst in Bereichen weit verbreitet, die gewöhnlich nicht zur künstlichen Intelligenz zählen (beispielsweise im Umgang mit Datenbanken).

Ein Expertensystem hat gewöhnlich zwei Komponenten: ein *Grundwissen* und ein *Beratungsprogramm* (*Reasoning System).* Das Grundwissen enthält Tatsachen («Johann ist Marias Vater»), Daten («Maria ist zwölf Jahre alt») und die in das Expertensystem eingebauten Regeln für ihre Beziehung untereinander («Ein Vater ist mindestens fünfzehn Jahre älter als sein Kind»). Das Programm interpretiert die Ausgangsfragen des Benutzers und legt fest, welche Schlussregeln in dem System zugelassen sind (aufgrund der früheren Ergebnisse und der Ausgangsfragen entscheidet es, wann welche Regeln angewendet werden). Es nutzt einerseits das eingebaute Wissen und erfragt andererseits Information, die der Benutzer liefern muss, und es findet auf der Basis von alldem neue Information. Diese neue Information ergibt dann den «speziellen Rat» der Expertensysteme. Im Rahmen dieser allgemeinen Grundsätze wurden mehrere konkrete technische Lösungen entwickelt, auf die wir hier nicht im Einzelnen eingehen.

In den 1980er Jahren schieden sich die Geister über die damals immer populäreren Expertensysteme. Viele hielten sie für eine Art neues Goldfieber, für revolutionäre neue Möglichkeiten von Computern, während andere das Thema für einen großen Ballon hielten, der sofort platzen würde, sowie der neue Name seine Zauberkraft verlöre. Dies sei hier mit zwei Zitaten angesehener Forscher belegt, die die beiden Extreme vertreten:

«Wir brauchen sie für alles: Zum Schreiben von Programmen, zum Planen von Programmen, also überall, wo kreatives Denken geordnet werden muss und das Ergebnis dann in die Praxis umgesetzt werden sollte.» Und weiter: «Mit Hilfe von Expertensystemen werden geistig behinderte Kinder klug, lassen sich komplexe Krankheiten diagnostizieren, werden die USA Macht über die Welt erhalten und einer nuklearen Katastrophe entkommen.»
Andererseits: «Wenn der König die fünfte Generation der künstlichen Intelligenz ist, ist er splitternackt bis zu den Füßen, aber er trägt ein Paar glänzende, schön verzierte Schuhe, die Expertensysteme heißen.» Und weiter: «Die jetzt auf dem Markt befindlichen Expertensysteme enthalten keinerlei künstliche Intelligenz.»[2]

Um 1990 hatte sich die Debatte beruhigt; Expertensysteme haben jetzt ihren Platz als eines der Produkte auf dem Markt der Informationstechnologie. Programme, die auf den Grundlagen von Expertensystemen beruhen, haben sich als sehr nützliche – wenn auch nicht als allmächtige – Beratungsprogramme erwiesen. Sie streben nicht nach den Spitzen der Möglichkeiten der künstlichen Intelligenz, sondern bemühen sich, auf Gebieten nützlich zu sein, in denen auf dem Markt ernsthafter Bedarf an relativ billiger Beratung von Experten durch den Computer besteht. Diese Programme enthalten gewöhnlich sehr viele Daten und einige hundert oder einige tausend Regeln.

Eines der bekanntesten und sehr erfolgreichen Expertensysteme ist MYCIN, dessen erste Fassung Rat zur Diagnose und Behandlung bakterieller Infektionen gab. Die unterschiedlichen Fassungen dieses Programms enthielten jede einige tausend Regeln. Das «Wissen» von MYCIN gleicht dem von Allgemeinärzten, aber nicht dem von Spezialisten der Bakteriologie. Bei anderen Fassungen von MYCIN, die auf anderen medizinischen Bereichen entwickelt wurden, und auch in anderen erfolgreichen Expertensystemen ist die Lage ähnlich.

Der Entwicklungstrend der Expertensysteme

Wahrscheinlich liegen wir nicht ganz falsch, wenn wir die Kompetenz der heutigen Expertensysteme mit der von Meisteranwärtern gleichsetzen. Das bestätigen sowohl die Experimente, die die Performanz des Systems mit der Meinung menschlicher Experten vergleichen, als auch die Anzahl der in die Systeme eingebauten Regeln, die gewöhnlich nicht über die Größenordnung von wenigen tausend hinausgeht. Obwohl diese Regeln unserer Meinung nach im Allgemeinen weniger komplex sind als die kognitiven Schemata von Menschen, spielen sie eine ähnliche Rolle, denn sie müssen konkrete Teile ihrer Erkenntnisse und Fakten in Wissen und die Fähigkeit zum Problemlösen umsetzen.

Warum enthalten Expertensysteme meistens nicht mehr Schemata? Der Grund ist einfach: Die Aufnahme weiterer Regeln verbessert die Performanz des Systems kaum, kann sie aber verschlechtern, weil sich die neu hinzugefügten Regeln leicht mit den alten vermischen. Wenn beispielsweise ein Sachverhalt zuvor von einer oder zwei Regeln bestimmt wurde, kann eine neue Regel alles durcheinander bringen, und wenn die Programmierer dann versuchen, die unliebsamen Nebeneffekte herauszufiltern, wird das ganze System noch verwirrter, und es treten unerwünschte Nebeneffekte auf.

Natürlich hindert uns nichts daran, ein medizinisches Expertensystem mit einem geologischen, einem chemischen und hundert anderen Expertensystemen in ein und demselben Computer unterzubringen und sogar in einem gemeinsamen Programm zusammenzufassen. Die Gesamtmenge der Regeln würde weit über hunderttausend liegen, aber das Monster wäre doch auf keinem Gebiet ein Meister. Die Kenntnisse in einem Bereich würden auf einem anderen überhaupt nicht helfen. Wenn die Anzahl der Schemata einige tausend (also das Niveau von Meisteranwärtern) übersteigt, wird eine Interrelation der Schemata problematisch, wenn die Schemata zu demselben Fachbereich gehören. Oberhalb dieses Niveaus wird das Denken menschlicher Experten immer intuitiver, geht also zu einer anderen Operationsweise über, der die auf reiner Rechenleistung beruhenden Methoden der künstlichen Intelligenz viel weniger effektiv folgen können als Operationsweisen auf niedrigerem Niveau. Die Systementwickler stoßen dann auf ähnliche Schwierigkeiten, wie sie uns in Kapitel 8 begegneten, als die Schachmeister, die dem Programm MAPP Stellungen eingaben, die Performanz nur wenig verbesserten, wenn sie das Programm lediglich mit noch mehr Stellungen versorgten.

Wenn wir die Entwicklung von Expertensystemen verfolgen, beobachten wir ein ähnliches Phänomen wie bei der Analyse des Entwicklungstrends von Schachprogrammen. Auf der Stufe von Meisteranwärtern macht die Trendlinie einen Knick, und es braucht unverhältnismäßig mehr Arbeit und Rechenkapazität, ein Expertensystem auf eine höhere Stufe zu bringen.

Wie intelligent sind Expertensysteme?

Für Theorie und Praxis der Expertensysteme gelten einige allgemeine Grundsätze, die eine ziemlich gute Prognose darüber erlauben, ob sich für einen Bereich ein einigermaßen gutes Expertensystem entwickeln lässt oder nicht. B. G. Buchanan und R. O. Duda beispielsweise nennen fünf Charakteristika solcher Bereiche. *Erstens* sollte das Gebiet eng genug sein, um Wissen zu enthalten, das nicht jedem zugänglich ist, aber es sollte kompliziert genug sein, damit ein Bedarf an solchem Fachwissen besteht. *Zweitens* muss es auf dem Gebiet menschliche Experten geben, deren umfassendes Wissen als Ausgangspunkt für das Erstellen des Programms dienen kann. (Diese beiden ersten Kriterien stimmen mehr oder weniger mit denen überein, durch die wir im vorigen Kapitel das eigenständige Wesen einer «Profession» bestimmt haben.) *Drittens* ist es wichtig, dass die menschlichen Experten in Bezug auf die Grundfragen des Gebiets übereinstimmen. *Viertens* ist es notwendig, dass eine Menge von Beispielen und Daten zur Verfügung steht, weil Expertensysteme und ihre Grenzen nur an ihnen getestet werden können. *Fünftens* kann ein Expertensystem umso besser sein, je leichter ein Bereich in Probleme aufgeteilt werden kann, die wenig miteinander zu tun haben.

Wenn all diese Bedingungen erfüllt sind, ist das Erstellen eines Expertensystems auf der Stufe von Meisteranwärtern (also Experten) im Wesentlichen Routinesache, die mittlerweile von einem eigenen Berufszweig, dem der Wissensingenieure, betrieben wird. Es braucht jedoch unverhältnismäßig mehr Arbeit und Rechenkapazität, um ein Expertensystem auf eine höhere Stufe als die der Meisteranwärter zu bringen.

Man sollte aber auch sehen, dass die positiven Ergebnisse eher trügerisch sind. Wenn das Wissen eines Expertensystems das Niveau von Meisteranwärtern erreicht, ist es auf ein sehr enges Spezialgebiet eingeschränkt. Das Programm zeigt nicht, was zuvor als Hauptkennzeichen von Meisteranwärtern gesagt wurde, denn seine professionellen Schemata sind von den allgemeinen getrennt. Oder vielmehr gilt: Es hat überhaupt keine Alltagsschemata. Das Spezialwissen des Programms kann also auf dem Niveau der Meisteranwärter ganz befriedigend sein und doch von Zeit zu Zeit zu unerwarteten und lästigen Absurditäten führen. Es kann bei ganz normalen Fachfragen Fehler machen, die selbst einem Anfänger nie unterlaufen würden: Den Anfänger braucht man nicht einmal zu warnen, denn Anfänger sind eben Anfänger und keine Idioten.

Die Performanz der heutigen Programme, die wir mit der Performanz von Meisteranwärtern gleichsetzen, ist das Ergebnis einer Art «optischer Täuschung». Die Benutzer dieser Programme sind intelligente Menschen, deshalb fragen sie selten offensichtliche Dinge. Sie bemerken also gar nicht, wie absurd oder wie gefährlich engstirnig diese Programme sind. Wie wir sahen, gilt das sogar auf einem Gebiet wie Schach. Genau wie wir dem Programm Deep Blue Absichten, Tricks und Begriffe zuschrieben, obwohl es nicht die Spur davon haben kann, sind *wir* selbst es doch, die den Rat des Expertensystems deuten, dem selbst jedes Verständnis fehlt (so richtig und nützlich seine Ratschläge auch sein mögen).

In Kapitel 5 haben wir erwähnt, dass Douglas Lenat nach der Entwicklung von AM und EURISKO in eine ganz andere Richtung weiterging und versuchte, eine *allgemeine, alltägliche* Intelligenz auf sehr hohem Niveau zu entwickeln. Dafür fand er nicht die komplexen und gescheiten heuristischen und metaheuristischen Verfahren geeignet, vielmehr baute er Millionen von alltäglichen Tatsachen und verwandten Regeln in sein System ein. So entstand das System CYC. Ursprünglich sollte CYC auf der Intelligenzstufe eines zehnjährigen Kindes sein. Nachdem ihm Millionen von Situationen des Alltagslebens und die darauf bezogenen einfachen und einheitlichen Regeln eingegeben worden waren, zeigte es überraschende Ergebnisse. CYC reagierte oft sehr klug, war aber nicht in der Lage, exakt den Stand Zehnjähriger zu erreichen. Es erwies sich gelegentlich als viel klüger als Zehnjährige und war gelegentlich in ganz einfachen Dingen, die selbst ein sechsjähriges Kind mit niedrigem IQ verstanden hätte, völlig unwissend.

Nach unserem jetzigen Wissensstand ist es einfacher, ein Programm auf dem Niveau von Meisteranwärtern zu erstellen als auf einem mittleren Standard, und das nicht, weil das weniger Arbeit bedeutet, sondern weil wir paradoxerweise solche Programme im Augenblick nicht schreiben können. Auf mittlerem Niveau wird sofort klar, was das Programm *nicht weiß*, und der Benutzer kann beginnen, das Programm zu überprüfen oder zu testen. Dann stellt er immer einfachere Fragen, Fragen, die dem gesunden Menschenverstand offensichtlich sind, deshalb bekommt er immer dümmere Antworten. Wer aber ein Programm kennen lernt, das auf dem Niveau von Meisteranwärtern ist, merkt, dass das Programm viel weiß, und wird wissen wollen, was das Programm sonst noch weiß. Im Wesentlichen ist es wie bei der Prüfung von guten oder schlechten Schülern. Die Nachteile des Programms auf dem Niveau von Meisteranwärtern lassen sich leicht durch das Wissen seines Benutzers ausgleichen, der das Programm als Expertensystem akzeptiert. Wer ein Programm mittlerer Stufe nutzt, deckt jedoch bald die schwächsten Punkte des Programms auf und kann deshalb immer weniger uneingeschränkt bejahen, was das Programm weiß.

Wenn wir also praktisch verwendbare Programme der künstlichen Intelligenz überprüfen, nutzen wir implizit (und das ist irreführend) die Tatsache, dass unsere Intelligenz in Bezug auf das alltägliche Verstehen auf dem Meisterniveau ist, und deshalb ersparen wir es dem Programm, intelligent zu sein, und sind zufrieden, wenn es viel weiß. Aus der Sicht des engen Fachkönnens stufen wir die Expertensysteme zu Recht als Meisteranwärter und einige von ihnen sogar höher ein, aber die künstliche Intelligenz ist weit davon entfernt, dieses Niveau *allgemein* zu erreichen: Das würde die Existenz alltäglicher Intelligenz auf dem Meisterniveau voraussetzen.

Die Aussichten für die künstliche Intelligenz

Die Entwicklung der Computertechnologie hat unsere Vorstellungen vom Wesen der Intelligenz verändert. Vor fünfhundert Jahren gehörten die Grundrechnungsarten zu intellektuellen Höchstleistungen. Nur die größten Rechenmeister konnten den Quotienten großer Zahlen richtig bestimmen. Mit der Verbreitung der Darstellung von Zahlen im Stellenwertsystem wurde diese Aufgabe so einfach, dass die Division von Zahlen schon in der Grundschule gelehrt werden kann. Zur Veranschaulichung: Versuchen Sie, das Ergebnis der Division MCMXVII durch LIV zu finden, ohne die römischen Ziffern in Dezimalzahlen umzuschreiben.

Bei der künstlichen Intelligenz ist die Lage sehr ähnlich. Das, was mit dem Kopfrechnen als einem Spezialzweig des Denksports passierte, als selbst die besten Kopfrechner es nicht mit Computern aufnehmen konnten, könnte auch beim Schach passieren: Es könnte in wenigen Jahrzehnten vergessen werden, weil es uninteressant geworden ist. Es könnte aber auch dasselbe passieren wie beim Laufen, das weiterhin eine aufregende Sportart ist; niemand stört sich daran, dass wir mit Motorkraft viel rascher vorankommen. József Mecser, der ausgezeichnete ungarische Langstreckenläufer der sechziger Jahre, lief heiter kilometerweit mit dem Bummelzug von Balassagyarmat um die Wette. Das fiele seinen heutigen Nachfolgern nicht im Traum ein. Der Laufsport ist weiterhin interessant, weil wir das Gefühl haben, in ihm komme etwas zum Ausdruck, das zu unserem Wesen gehört und bei dem es sich lohnt, es auf dem *höchstmöglichen menschlichen Niveau* zu verfolgen, auch wenn Maschinen es besser können. Beim Kopfrechnen haben wir dieses Gefühl nicht, deshalb starb dieser Denksport aus, sobald Maschinen Menschen deutlich übertrafen. Das Schicksal des Schachspiels ist noch offen.

Der heutige Stand der Dinge der künstlichen Intelligenz lässt sich – etwas übertrieben – folgendermaßen charakterisieren: Die Programme, die befriedigend arbeiten, sind nicht intelligent, während die intelligenten nicht befriedigend arbeiten. Es gibt beispielsweise ausgezeichnete Schachprogramme und Expertensysteme, aber sie arbeiten nach Prinzipien, die weit entfernt sind von den Mechanismen der menschlichen Intelligenz. Die Prinzipien, die für EURISKO und CYC gelten, sind möglicherweise dem menschlichen Denken näher, aber sie lassen sich kaum verallgemeinern: Wenn sie je die Komplexität der Stufe der Meisteranwärter erreichen, sind sie ungeheuer verschränkte Netzwerke, die sich nicht durchschauen lassen.

Wissensingenieure sprechen gern davon, man müsse «Wissen herauskitzeln». Damit meinen sie die Versuche, Großmeistern Fragen zu stellen, deren Antworten ihr Denken und die Art ihres Problemlösens offenbaren. Wissensingenieure klagen häufig darüber, dass Meister ihr Wissen nicht klar und fassbar darstellen. Oft haben sie sogar das Gefühl, die Meister wollten das auch gar nicht, vielleicht aus Angst, dann brotlos zu werden. Das könnte so sein, aber darum geht es nicht. Der Hauptgrund für das Versagen könnte vielmehr sein, dass Großmeister ihr intuitives Wissen wirklich nicht auf formale Weise mitteilen können. Die Wissensingenieure bitten sie praktisch, auf das niedrigere Niveau zurückzugehen, auf dem sie nur Meisteranwärter waren und auf dem sie sich ihres Wissens mehr oder weniger genau bewusst waren.

Es ist nicht sicher, ob wir in der künstlichen Intelligenz nach

Merkmalen suchen sollten, die dem menschlichen Denken ähnlich sind. Bei den meisten Maschinen, von Autos bis zur Drehbank, finden wir genau jene Eigenschaften wichtig, interessant und nützlich, die sich von den unseren radikal unterscheiden. Mit dieser Einstellung zur künstlichen Intelligenz kann sie unsere Denkweise nützlich ergänzen und uns ihre ärgerliche Stupidität ertragen helfen.

Das Tatsachenwissen der Computerprogramme übertrifft schon jetzt in vielerlei Hinsicht das der Menschen. Trotzdem haben wir wenig Grund, das menschliche Denken vor maschinellen Rivalen zu schützen, solange sie so streng rational und frei von Intuition sind. Mit unseren jetzigen Computerprogrammen können wir kaum zutiefst menschliche Probleme lösen – dazu müssen radikal neue Prinzipien entdeckt werden –, und wir können mit Hilfe unseres jetzigen Wissens nicht sagen, wann das sein wird. Marvin Minsky, einer der Begründer der künstlichen Intelligenz, der zunächst von raschen Erfolgen überzeugt war, sagte dreißig Jahre später: «Ich halte das Problem der künstlichen Intelligenz für eines der schwersten, das sich die Wissenschaft je gestellt hat.»[3]

Im Prinzip ist die Möglichkeit, eine künstliche Intelligenz zu schaffen, die unserer ähnlich ist, durch nichts ausgeschlossen, obwohl auch nichts diese Möglichkeit garantiert. Bis die Anhänger der starken künstlichen Intelligenz ein deutlich überlegenes *allgemeines* System entwickelt haben, das einen positiven Beweis darstellt, wird der Richtungsstreit weitergehen. Aber falls irgendetwas Derartiges geschaffen werden kann, wird es sehr wahrscheinlich auf Einheiten beruhen, die unseren kognitiven Schemata ähneln: Sie werden lebende und veränderliche Dinge sein. Die künstliche Intelligenz wird, wenn überhaupt, wahrscheinlich so vielfältig sein wie die menschlichen Denkweisen. Zu der Frage, ob es je Schachprogramme geben wird, die jedermann schlagen werden, zitieren wir das bereits in Kapitel 5 erwähnte Buch *Gödel, Escher, Bach* von Hofstadter, das klassische Hauptwerk zur starken künstlichen Intelligenz: «Nein. Es mag Programme geben werden, die jedermann im Schach schlagen können, aber sie werden nicht ausschließlich Schachspieler sein. Es werden Programme mit *allgemeiner* Intelligenz sein, und sie werden genau temperamentvoll sein wie ein Mensch. ‹Wollen Sie Schach spielen?› – ‹Nein, Schach langweilt mich. Reden wir über Gedichte!› Solcherart wäre eine Unterhaltung, die man mit einem Programm führen könnte, das alle schlüge.»[4]

Nun, im Fall von Schach ist das nicht passiert. Schachspieler konnten durch die reine Rechenleistung besiegt werden, ohne allgemeine Intelligenz oder Intuition. Ich bin geneigt zu sagen, dass das Deep-Blue-Programm nicht über Garry Kasparow, den herrschenden Weltmeister, triumphiert hat, sondern über das menschliche Schachspielen selbst, genau wie die Computer der 1980er Jahre nicht einen bestimmten Menschen besiegten, der gut kopfrechnen konnte, sondern den Denksport des Kopfrechnens selbst.

Trotzdem ist es möglich, dass dann, wenn einmal – in Übereinstimmung mit der Überzeugung der Anhänger der starken künstlichen Intelligenz – eine künstliche Intelligenz entsteht, die nicht auf reiner Rechnung beruht, sie wirklich dem ähnelt, was Hofstadter beschrieb. Es könnte auch sein, dass wir Menschen diese künstliche Intelligenz nicht verstehen, obwohl wir sie geschaffen haben. Denn wir können nicht sagen, wie sich die kognitiven Schemata dieser künstlichen Intelligenz entwickeln werden, welche Richtung sie einschlägt, welche Kräfte wirken, schon allein aufgrund ihrer Existenz, unabhängig von uns. Diese Schemata werden wahrscheinlich anders sein als die von Menschen: Diese Programme spielen in ihrer Kindheit nicht mit Bällen und Puppen, sie werden sogar vermutlich weder eine Kindheit haben noch Sex kennen; jedenfalls brauchen sie ihn nicht zum Überleben ihrer Art. Deshalb werden sich vermutlich in den Denkweisen der Individuen der künstlichen Intelligenz keine Geschlechtsunterschiede zeigen, wie sie für Menschen charakteristisch sind. Vielleicht entwickeln sich jedoch völlig andere kognitive Schemata, die für uns Menschen, Männer wie Frauen, genauso unverständlich sind wie das Denken der Delphine.

Jenseits der reinen Vernunft

13. Die Grenzen der Vernunft

Die Vernunft ist eher eine harmonisierende, kontrollierende Kraft als eine schöpferische. Selbst in den rein logischen Bereichen ist es die Einsicht, die zuerst zu Neuem gelangt. Bertrand Russell

Es gehört zum Wesen der Vernunft, dass sie an die Vernunft appelliert, und nur an die reine Vernunft. Als vernünftig oder rational bezeichnen wir Gedanken, Überlegungen und Schlussfolgerungen, die keine subjektiven Elemente enthalten und unabhängig sind von den Emotionen und dem jeweiligen Bewusstseinszustand des Einzelnen.

Im Roman *Poppy* des ungarischen Satirikers Jenö Rejtö stellt der gleichnamige Protagonist ein recht eigenartiges Schema über den menschlichen Kopf auf: «Der Kopf eines Menschen ist eine grazile, zerbrechliche Bagatelle.»[1] Ein Gehirnchirurg hat gewiss ein anderes mentales Modell vom Menschenkopf. Wir benutzen hier den Ausdruck «mentales Modell», weil wir im Folgenden den Bereich der Gültigkeit von Schlussfolgerungen untersuchen wollen. Der Ausdruck ist für uns lediglich eines von vielen Synonymen für kognitive Schemata, wie wir sie in Kapitel 6 dargelegt haben. Die Argumentation erweist sich jedoch im folgenden Abschnitt als einfacher, wenn wir diese Terminologie benutzen – ähnlich ließe sich auch die Vielfalt der Schemabegriffe erklären.

Vernunft und formale Logik

Manche Schlussfolgerungen lassen sich lediglich dann ziehen, wenn man den Kopf durch das mentale Modell eines Gehirnchirurgen darstellt, andere dagegen mit Poppys Bild, und manche sind in beiden Modellen möglich. Wenn die Schlüsse auf Annahmen beruhen, die für beide Modelle gleich sind, ist zu erwarten, dass der Gehirnchirurg und Poppy dieselben Schlüsse ziehen, weil sie beide intelligente Menschen sind und ihre mentalen Modelle der Logik der Dinge richtig folgen. Und die Logik der Dinge hängt nicht vom Wesen unserer mentalen Modelle ab.

Wenn der Chirurg und Poppy also mit Hilfe der formalen Logik aus Hypothesen Schlüsse zögen, gäbe es wenige Unterschiede zwischen ihren Schlüssen. Die Schlussfolgerungen der formalen Logik sind unabhängig von dem Modell, in dem sie gezogen werden, und müssen in jedem Modell richtig sein, das der Logik der Dinge folgt. Sonst könnten wir die formale Logik nicht für die richtige Schlussweise halten. Die allgemeine Nützlichkeit der formalen Logik wurde durch die Tatsache sichergestellt, dass auch die Umkehrung des Gesagten wahr ist: *Wenn eine Schlussfolgerung in jedem Modell richtig ist, das der Logik der Dinge folgt, lässt sie sich auch mit den Mitteln der formalen Logik herleiten.* Um diese (schon mathematische oder vielmehr metamathematische) Aussage mathematisch zu beweisen, brauchen wir nur anzunehmen, dass formale Logik niemals zu Widersprüchen führt. Obwohl diese Annahme immer Glaubenssache bleiben wird, da aus dem Gödel'schen Satz mit rein mathematischen Methoden folgt, dass diese Annahme mit rein mathematischen Mitteln unbeweisbar ist, kennen wir doch, wie wir in Kapitel 2 sahen, sehr gute Gründe für unsere Annahmen und können auf ihre Gültigkeit vertrauen.

Im vorigen Abschnitt sind wir nicht der in der mathematischen Logik üblichen Logik gefolgt, wenn wir beispielsweise von der «Logik der Dinge» sprachen statt von den komplizierten Begriffen der mathematischen Modelltheorie. Wir werden auch im Folgenden nicht die exakte Terminologie und Definitionen der Mathematik benutzen, sondern uns damit zufrieden geben, aus mathematischen Sätzen relativ unverzerrte, metaphorische alltägliche Schemata herauszuschälen, mit deren Hilfe wir unseren Gedankengang weiter entwickeln können.

In Anbetracht der oben beschriebenen Tatsachen können wir sagen, dass die formale Logik eine Art Brücke zwischen den unterschiedlichen mentalen Modellen schlägt. Die im vorigen Kapitel erwähnte Church-Turing-These ist auch Ausdruck der Überzeugung, dass im Prinzip keine andere Brücke notwendig ist: Alles, was unmissverständlich im Rahmen mentaler Modelle gesagt werden kann, lässt sich auch in der Sprache der formalen Logik sagen. So gesehen sind «rational» und «formal logisch» gleichbedeutend.

Das Problem der unendlichen Schleifen

Die Ergebnisse der mathematischen Logik der letzten sechzig Jahre haben die Weltanschauung, die auf der unbegrenzten kognitiven Kraft der reinen Vernunft beruht, erschüttert oder jedenfalls sehr kompliziert. Wir lernten schon in Kapitel 5 ein solches Ergebnis kennen, den Gödel'schen Satz.

Douglas R. Hofstadter betrachtete einmal den verblüffenden Satz: «Dieser Satz enthält exakt trei Feehler.» Solange Sie auch über diesen Satz nachdenken, Sie finden nur zwei Fehler, nämlich das *t* in «trei» und die beiden *ee* in «Feehler». Auf den ersten Blick ist der Satz also falsch. Aber dann ist der dritte Fehler in dem Satz, dass er nicht wahr ist. So gesehen ist der Satz doch wahr, denn er enthält wirklich drei Fehler. Aber dann enthält er doch nur zwei Fehler, denn der dritte von uns gefundene Fehler ist gar keiner. Die Katze beißt sich in den Schwanz, und wir können wieder von vorn anfangen.

Wenn wir nicht in denselben Teufelskreis geraten wollen wie die dümmeren Grabwespen zu Beginn von Kapitel 5, können wir lediglich sagen, dass dieser Satz weder bewiesen noch widerlegt werden kann. Die Lösung des Rätsels ist also, dass die Aussage weder wahr noch falsch ist, sondern die Frage, ob sie wahr ist, nicht beantwortet werden kann. Diese Frage kann in der Sphäre, in der wir arbeiten, nicht entschieden werden – Gödel nannte solche Aussagen unentscheidbar. Obwohl wir in diesem Fall nicht im Rahmen eines formalen Systems dachten, macht der Gödel'sche Satz klar, dass es immer ähnliche unentscheidbare Fragen geben wird, ganz gleich, wie gut der Rahmen unseres Denkens formalisiert ist.

Was können wir tun, wenn wir mit einer solchen Aussage unbedingt etwas anfangen wollen, etwa weil es für uns aus dem einen oder anderen Grund sehr wichtig ist, das Wesen der Dinge, um die es bei der Aussage geht, kennen zu lernen? Dann bleibt uns nichts anderes übrig, als den Rahmen unseres Denkens zu ändern. Wenn man beispielsweise das, was wir unter einem Fehler verstehen, abändern und den Fall ausschließen will, dass ein «Fehler» bedeuten kann, ein Satz sei falsch, verschwindet das Problem sofort. Eigentlich verbiegt man auf diese Weise die Muttersprache ein wenig, aber das ist doch wohl kein zu hoher Preis dafür, dass man damit ein bis dahin hoffnungsloses Problem erfolgreich löst, oder? Andererseits garantiert der Gödel'sche Satz, dass in der neuen Sprache früher oder später ähnlich unlösbare Probleme gefunden werden. Dies ist natürlich eine Analogie; sie würde nur dann wortwörtlich zutreffen, wenn dieser verblüffende Satz in einer formalisierten Sprache analysiert worden wäre und nicht mit unserem gesunden Menschenverstand.

Die Naturwissenschaft bemüht sich so weit wie möglich um eine formalisierte Sprache; deshalb trifft es für die Naturwissenschaften fast exakt zu, dass sie fortwährend das Bezugssystem verändern müssen, wenn sie nicht von Anfang an Wahrheiten ausschließen wollen (eine Folge des Gödel'schen Satzes). Wie wir in Kapitel 10 sahen, hat dies zum Verschwinden der Einheit der Wissenschaft geführt. Vielleicht verfügt deshalb heute niemand mehr über enzyklopädisches Wissen.

Wenn wir solche kognitiven unendlichen Schleifen schon nicht vermeiden können, hätten wir doch wenigstens gern einen formalen Weg, der uns auf unsere verfahrene Lage hinweist. Dann könnten wir die Hoffnungslosigkeit des Problems sofort erkennen und ein anderes Problem wählen oder unser System revidieren. Im Fall des obigen verblüffenden Satzes haben wir innerhalb weniger Sekunden erkannt, dass sich unsere Gedanken hoffnungslos im Kreis drehen, bei komplizierteren Problemen jedoch kann eine solche Erkenntnis Generationen dauern.

Leider ist auch dieser Ausweg hoffnungslos, jedenfalls im Allgemeinen. Es gibt kein formales Verfahren (also kein Computerprogramm), das die unangenehme Situation der Grabwespe allgemein identifizieren könnte, es gibt also kein Programm, das sagen kann, wann die Langeweile beginnt. Wir beweisen diese Aussage sogar mit formalen Methoden, weil der Beweis erstens zufällig ganz einfach ist und wir damit zweitens ein Beispiel für ähnliche Beweisführungen geben wollen. Wenn Sie an dem Beweis nicht interessiert sind, können Sie die drei nächsten Absätze einfach überschlagen.

a) Im Gedächtnis des Computers ist jedes Programm als eine Zahlenfolge kodiert; das Programm und die Daten sehen gleich aus. Unser universales Programm, das nach unendlichen Schleifen sucht (wir nennen es U), enthält also als Eingabe nur zwei Datensätze: ein Programm P und eine Datenmenge X, mit denen Programm P laufen kann. Das Programm U entscheidet also für jedes P und X, ob P je zu einem Halt kommt, wenn es mit der Datenmenge X läuft. Nehmen wir an, das Programm U ließe uns das Ergebnis wissen, indem es eine 1 schreibt, wenn das Programm P früher oder später anhält, und eine 2, wenn P mit den Daten X in eine unendliche Schleife gerät. Wir schreiben U(P, X) = 1, wenn das Programm P mit den Daten X nach endlicher Zeit anhält, und U(P, X) = 2, wenn nicht.

b) Jetzt schreiben wir ein heimtückisches Programm, das wir S nennen. Die Eingabedaten von S können jedes P-Programm sein, und es soll wie folgt arbeiten: Programm S soll zuerst Programm U laufen lassen, dem Programm U wird also das Programm P eingegeben. Das Programm S beginnt mit der Berechnung von U(P, P). Wenn das Ergebnis 2 ist, soll S sofort anhalten, wenn dagegen das Ergebnis 1 ist, soll das Programm S immer weiter laufen, indem es eine einfache unendliche Schleife beginnt. Wenn wir das Programm U kennen, können wir leicht ein Programm S schreiben. Kurz, früher oder später wird das Programm S mit jedem Programm der Art P anhalten, falls U(P, P) = 2, aber es wird nie aufhören, wenn U(P, P) = 1 ist.

c) Jetzt schauen wir uns an, was unser universales Programm tut, wenn beide Eingabedaten das zuvor erzeugte Programm S sind. Welchen Wert hat U(S, S)? Nehmen wir U(S, S) = 1 an. Dann besagt das Programm U, dass das Programm S aufhört, wenn es den Code des Programms S (also sich selbst) als Eingabe erhält (statt P). In Schritt b) haben wir jedoch das Programm S so geschrieben, dass es nur dann aufhört, wenn U(S, S) = 2 ist. Dies widerspricht unserem Ausgangspunkt, denn wir untersuchen ja den Fall U(S, S) = 1. Wir haben nichts ausgelassen, aber Programm U sollte den Wert 2 angeben, wenn das Paar S, S eingegeben wird. Auf diese Weise sagt es, dass das Programm S, wenn es den Code von Programm S als Eingabe erhält, in eine unendliche Schleife gerät. Aber das passiert nur, wenn U(S, S) = 1 ist. So hat also auch dieser Fall zu einem Widerspruch geführt, und deshalb kann unser Programm, das wir für universal hielten, keine Antwort geben, wenn ihm beide Male unser listiges Programm S eingegeben wird. Also ist das Programm U doch nicht universal.

In den obigen drei Absätzen kamen wir mit Hilfe rein formaler Logik zu demselben Ergebnis, das wir informell erhielten, als wir über das Rätsel der «drei Fehler» nachdachten. In beiden Fällen ist das Wesentliche am Ergebnis, dass die Lösung des Problems ist, dass das Problem keine Lösung hat und dass es keine Lösung geben kann.

Wenn wir Vernunft der Church-Turing-These gemäß verstehen, folgt aus unserem Ergebnis, dass es möglicherweise keine rationale Überlegung geben kann, die herausfindet, ob das Programm in eine Lage geraten ist, die Ähnlichkeit mit der Situation der dümmeren Grabwespe hat. Normalerweise merken Menschen es jedoch, wenn sie in einen Teufelskreis geraten sind, und kommen irgendwie heraus. Die Biologen hörten nach einer Weile eben auf, die Grille zur Seite zu schieben. So stellt sich die Frage: Wie ist es möglich, dass Menschen theoretisch unlösbare Probleme vernünftig lösen können?

Vielleicht geht das, weil es eine Art Kognition gibt, die über den Verstand hinausgeht. Wir können diese Möglichkeit nicht mit Sicherheit ausschließen; diese Frage ist wahrscheinlich im Rahmen der Naturwissenschaft eine Gödel'sche Frage: Sie kann weder bewiesen noch widerlegt werden. Aber sowohl diese Annahme als auch ihre Verneinung können als Axiom genommen werden. Die Naturwissenschaft hat (vor allem im Sinn von Occams Rasiermesser) die Verneinung gewählt.

Die andere Möglichkeit ist anzunehmen, dass auch Menschen nicht alle unendlichen Schleifen erkennen können. Als wir in Kapitel 5 über metaheuristische Verfahren sprachen, sahen wir viele Anzeichen dafür, dass wir nicht immer in der Lage sind, unsere unangenehmen und gelegentlich sogar selbstzerstörerischen unendlichen Schleifen zu erkennen.

Die Theorie der begrenzten Vernunft

Wenn der Mensch als vollkommen rationales Wesen gesehen wird, folgt aus dem oben Gesagten, dass es Fälle geben muss, in denen er nicht erkennt, dass er in einen Teufelskreis geraten ist und ihm nicht entkommt. Das ist natürlich kein vernünftiges Verhalten. Deshalb widerspricht die Annahme der totalen, unbegrenzten Vernunft nicht nur der Erfahrung, sondern ist auch selbst widersprüchlich.

Herbert Simon untersuchte die ökonomischen Entscheidungsprozesse von Menschen und kam ebenfalls zu dem Schluss, dass die Entscheidungen von Menschen nicht durch totale Vernunft gekennzeichnet sind. Wenn wir Entscheidungen fällen, kann weder unsere Aufmerksamkeit noch die Rechenfähigkeit so groß sein, wie es nötig ist, um jede Randbedingung und Möglichkeit zu erwägen (beispielsweise schränkt uns unser Kurzzeitgedächtnis ein). Wie wir in Kapitel 5 sahen, ist die Verwendung heuristischer Methoden meistens unvermeidbar; wir müssen uns mit Lösungen zufrieden geben, die auf einem gewissen Niveau akzeptabel sind, statt nach der vollkommenen, global optimalen unerreichbaren Lösung zu suchen.

Die Theorie der *begrenzten Vernunft* ist bei Wirtschaftswissenschaftlern auf starke Ablehnung gestoßen. Merkwürdigerweise haben sich Psychologen über sie überhaupt nicht gewundert, denn ihnen erschienen diese Überlegungen ganz natürlich und in völliger Übereinstimmung mit ihren allgemeinen Paradigmen. Obwohl auch Ökonomen wissen, dass es gewöhnlich keinen Weg gibt, die optimale Lösung zu finden, lässt sich die vernünftige Grenze für die Suche nach dem Optimum ihrer Meinung nach durch vollkommen rationale Methoden bestimmen. Das Paradigma der Wirtschaftwissenschaften ist im Grunde normativ; es geht davon aus, wie sich Menschen verhalten sollten, wenn sie bestimmte Ziele erreichen wollen, und fragt danach, wie sich die Bedingungen solchen Verhaltens am besten erzeugen lassen. Das Paradigma der Psychologie ist im Wesentlichen beschreibend; es geht von dem tatsächlichen Verhalten der Menschen aus und sucht dann nach erklärenden theoretischen Konstrukten, die diesen Tatsachen entsprechen.

Simon demonstriert den Gedanken der begrenzten Vernunft am Beispiel eines Heuhaufens, in dem Nadeln versteckt sind. Mit welchem Verfahren finden wir die spitzeste Nadel? Wenn der Heustapel zu groß ist, ist die Suche aussichtslos. «Wie finden wir heraus, wann wir mit der Suche aufhören sollen? Die eine Regel gebietet aufzuhören, wenn wir eine bestimmte Menge an Energie aufgewandt haben. Die andere Regel erfordert, dann aufzuhören, wenn wir eine Nadel gefunden haben, die so spitz ist, dass man damit nähen kann. [...] Nun würde ein Wirtschaftswissenschaftler sagen, die richtige Regel sei, zu suchen, bis die erwartete Verbesserung der weiteren Suche pro Minute weniger wert ist als die Kosten der Suche. Das ist wahr, aber nicht immer hilfreich, weil es in der Praxis oft viel einfacher ist zu definieren, was man damit meint, dass eine Nadel ‹spitz genug› ist, als den vernachlässigbaren Wert zusätzlichen Spitzseins zu messen oder abzuschätzen, wie viel Suche nötig wäre, um sie zu erhalten.»[2] Wir nennen die Suche nach Lösungen, die «gut genug» sind, hier *zufrieden stellend.*

Zur Bewertung des Zufriedenstellens haben wir mehrere heuristische Methoden, die widersprüchliche Ergebnisse liefern können. Im Gegensatz zur Suche nach dem Optimum lässt sich Zufriedenstellen auch als eine Art Meta-Heuristik oder als ein Meta-Schema sehen, das Koordinaten interpretiert, evaluiert und vielleicht auch die Widersprüche der Ergebnisse der unterschiedlichen heuristischen Verfahren koordiniert, die den Grad des Zufriedenstellens angeben. Auf der Grundlage der Theorie der begrenzten Vernunft lässt sich eine Menge solcher Phänomene des Wirtschaftslebens erklären, die klassische Theorien nicht deuten können. Trotzdem haben Simons Gedanken die mikroökonomischen Theorien kaum beeinflusst. Vielleicht lässt sich dies durch die Tatsache erklären, dass Menschen sich nur widerstrebend ihren eigenen Grenzen stellen und instinktiv dazu neigen, das von der unbegrenzten Vernunft nahe gelegte günstige «Selbstporträt» zu akzeptieren.

Und doch ist auch begrenzte Vernunft durch und durch Vernunft. Der gesunde Menschenverstand zieht seine eigenen Grenzen für die Berechnung und Aufmerksamkeit in Betracht und versucht entsprechend optimale Lösungen zu finden. Im Licht dieser verblüffenden und irrationalen Erkenntnis scheint es jetzt so zu sein, dass das Verhalten unsere offensichtlichen heutigen Kapazitätsgrenzen überhaupt nicht in Betracht zieht.

Das Paradigma der Wirtschaft ist einfach so: Ihre Forscher denken im Grunde selbst dann in normativen Modellen, wenn sie behaupten, nur zu beschreiben. Andere Zweige der Naturwissenschaft, die sich weniger verpflichtet fühlen, Rezepte für die tägliche Praxis zu geben, betrachten weniger schmeichelhafte Phänomene und Grenzen ihres Denkens (und sogar seiner irrationalen Elemente) mit mehr Gelassenheit.

Die Notwendigkeit heuristischer Methoden

Bei der Realisierung der vollkommenen und reinen Vernunft sind zwei Arten von Einschränkungen zu unterscheiden. Das Problem der endlosen Schleifen führte an rein theoretische Grenzen: Die formale Logik konnte beweisen, dass sie gewisse Arten von Problemen nicht vollständig lösen kann. Die Theorie der begrenzten Vernunft ging von praktischen Schwierigkeiten aus: Die Begrenztheit unserer Fähigkeit zur Informationsverarbeitung hindert uns daran, Probleme einigermaßen gründlich zu durchdenken. Diese Beobachtung führte direkt zu der Erkenntnis, dass wir es nicht vermeiden können, heuristische Methoden zu verwenden, wenn wir Entscheidungen fällen und Probleme lösen.

Die mathematische Logik und die Theorie der Algorithmen kennen viele Ergebnisse, die Ähnlichkeit haben mit dem Satz, der feststellt, dass es unmöglich ist, unendliche Schleifen mit Sicherheit zu erkennen. Leicht übertrieben ausgedrückt können wir sagen, dass wir nur mit etwas Glück ein Problem finden, das sich in vollständiger Allgemeinheit lösen lässt. Wir können jedoch oft spezielle Lösungen finden. So kennen wir beispielsweise eine Reihe von Bedingungen, die garantieren, dass es allgemeine Methoden gibt, mit denen sich unendliche Schleifen erkennen lassen.

Die theoretische Naturwissenschaft kann selbst unter veränderten Rahmenbedingungen und mit modifizierten Paradigmen gute Rätsel stellen: Sie unternimmt es, spezielle Bedingungen zu erarbeiten, die so allgemein sind wie möglich und die es erlauben, immer weitere universale Lösungen finden zu können. Der Fortschritt geht weiter. Bei konkreten Problemen jedoch lässt sich gewöhnlich nicht leicht entscheiden, ob für den vorliegenden Fall spezielle Bedingungen gelten und welche das sind. In ähnlichen Fällen werden die mehr oder weniger allgemeingültigen Lösungen heuristisch: Da es oft schwieriger ist, die Bedingungen ihrer Anwendung zu prüfen, als sie auszuprobieren, lohnt es sich häufig, eine der mehr oder weniger allgemeingültigen Lösungen zu testen, ohne dass der Erfolg der Methode garantiert sei.

Im Lauf der Zeit sammelt sich oft viel Erfahrungswissen darüber an, welche Methode in bestimmten Bereichen bei welchen Fällen erfolgreich ist. Diese Erfahrung lässt sich nicht immer formal in Worte fassen; dann sind die Bedingungen erfüllt, unter denen ein ursprünglich einheitliches und allgemeines Problemfeld zu einem unabhängigen Spezialgebiet mit eigenen Großmeistern werden kann. Einer meiner Bekannten, der mit der Verhinderung von Überschwemmungen befasst ist, sagte einmal: «Es gibt tausend Regeln zur Kontrolle von Überschwemmungen. So dürfen beispielsweise Ziegen auf einem Damm grasen, aber Schafe nicht. Ich kenne den Grund nicht. Ich bin sicher, dass neunhundert der tausend Regeln vollkommen überflüssig sind. Das einzige Problem ist, dass niemand weiß, welche neunhundert … Trotzdem stellen diese tausend Regeln ein sinnvolles System dar, und ich verrichte meine Arbeit am besten, wenn ich sie alle befolge.»

Die Komplexitätsgrenze der rationalen Kognition

Sowohl die bisher aufgezeigten theoretischen als auch die praktischen Grenzen der formalen Logik waren technischer Art. Diese Grenzen lassen sich als innere Angelegenheiten des vernünftigen Denkens sehen. Die formalisierte Naturwissenschaft hat sie zutage gebracht und auch Wege gefunden, mit ihnen in ihrem eigenen Rahmen umzugehen, indem sie immer allgemeinere Spezialverfahren entwickelte, heuristische Methoden einführte und bei Gödel'schen Fragen das Axiomensystem erweiterte oder veränderte.

Auch jene Wissenschaftszweige, die sich mit dem menschlichen Denken befassen, akzeptieren die formale Logik als ihre eigene Ausdrucksweise, aber für sie ist es kein Axiom, dass ihr Subjekt wirklich so operiert. So bleibt die Psychologie immer im Rahmen des formalen Denkens. Sie kann nicht anders, wenn sie als wissenschaftlich gelten will. Aber daraus folgt nicht, dass das Denken selbst in diesem Rahmen bleibt. Wie wir in Kapitel 3 gesehen haben, fragt auch die Soziologie außerhalb des Rahmens der rationalen Betrachtungsweise danach, ob ein bestimmtes Weibchen lange umworben sein will oder ob ein bestimmter Mensch Rätsel löst oder nicht. Aber sie hält sich strikt an einen rationalen Rahmen.

Besonders interessant ist die Position der künstlichen Intelligenz. Als Fachwissenschaft könnte sie sehr wohl auf irrationalen Elementen aufgebaut sein, indem sie beispielsweise mit Schmetterlingsnetzen Geister einfinge und aus ihnen mit Hilfe von astralen Prozessoren einen superintelligenten Computer baute. Die Möglichkeiten dafür sind heutzutage jedoch rar, und deswegen ist die künstliche Intelligenz zurzeit gezwungen, ihre Ergebnisse in Form von Computerprogrammen zu materialisieren. Sie arbeitet mit denselben vollkommen rationalen Computern, von denen wir schon bewiesen haben, dass sie (neben vielem anderen) keine vollkommenen Identifizierer unendlicher Schleifen schaffen können.

Wir sind hier an eine dritte Grenze der Vernunft gestoßen, eine, die sich nicht im Rahmen der formalen Logik entdecken lässt, wohl aber durch Vergleich bestimmter Ergebnisse der künstlichen Intelligenz und der kognitiven Psychologie:

1. Bei der Untersuchung des Knicks in der Trendlinie der Entwicklung von Schachprogrammen stellte sich heraus, dass der Knick dort liegt, wo die Stärke des Programms das Niveau von Meisteranwärtern erreicht. Wir sahen, dass auch bei Expertensystemen ein sehr ähnlicher Knick auftritt, wenn sie dieses Niveau erreichen.
2. Eine Ausbildung in einem Bereich kann an Schulen oder Universitäten durch völlig formalisierte und rationale Mittel bis zur Stufe der Meisteranwärter führen. Oberhalb dieser Stufe verändert sich das menschliche Lernen und Denken. Das Erreichen höherer Stufen, die Fortbildung nach dem Abschluss, ist gewöhnlich weniger formal und beruht mehr auf einer unmittelbaren Beziehung zwischen Lernendem und Lehrendem. Das professionelle Denken von Meisteranwärtern, jedoch nicht das von Großmeistern, ist immer noch sehr rational.

All das weist darauf hin, dass die Komplexität der Dinge, die rein rational und unabhängig von unseren alltäglichen Schemata erfasst werden, kaum mehr als einige tausend Schemata übersteigen kann.

Der entscheidende Begriff ist hier der des kognitiven Schemas, das selbst sehr komplex sein kann und auch seine Beziehung zu anderen Schemata fortwährend verändert. So verläuft die dritte Art von Grenzen der Vernunft entlang eines Paradigmas, dessen Fundament vollkommen unabhängig ist von den Begriffen der formalen Logik.

Wir ergänzen also jetzt die beiden bisher betrachteten (theoretischen und praktischen) Arten der Grenzen der Vernunft durch eine dritte, welche die maximale Komplexität beschreibt, die rein rationales Denken erreichen kann, wie es durch die Menge quer verbundener kognitiver Schemata gemessen werden kann. Diese Grenze liegt anscheinend im Bereich von wenigen tausend kognitiven Schemata.

Nachdem die Systeme der künstlichen Intelligenz das Niveau von Meisteranwärtern erreicht hatten, entwickelten ihre Vertreter sie nach den Grundsätzen weiter, die ihnen geholfen hatten, das Niveau von Meisteranwärtern zu erreichen. Dabei stellte sich heraus, dass die Weiterentwicklung unverhältnismäßig mehr Ressourcen benötigt, als zum Erreichen des Niveaus der Meisteranwärter nötig waren, und das galt sowohl für die Rechenfähigkeit als auch für die Anzahl der in das Programm eingebauten Regeln. Wir erwähnten in Kapitel 9, dass die Natur einen Organismus gewöhnlich bestraft, wenn er größer wird, als es mühelos mit den Ordnungsprinzipien vereinbar ist, die sein Funktionieren ermöglichen. Glücklicherweise gilt für menschliche Kognition, die die Grenzen rein rationalen Denkens erreicht, ein weiteres Ordnungsprinzip; wenn die Grenzen des rein rationalen Denkens erreicht sind, vermehrt dieses intuitive Denken die überschaubare Komplexität um eine weitere Größenordnung.

Die Wissenschaftsgemeinde war sehr erstaunt, als die Grenzen der Vernunft erkannt wurden; besonders die theoretischen Grenzen (der Gödel'sche Satz und das Versagen der erhofften Allmacht der formalen Logik) verursachten einen schweren Schock. Die Naturwissenschaft erwies sich jedoch als effizient und nicht als eine Methode, die nur deshalb verworfen werden sollte, weil sie nicht einmal theoretisch die gewünschte Einheit herstellen konnte. Nicht nur unser mangelhaftes Wissen führt zu ihrer Schwerfälligkeit. Diese negativen Ergebnisse widersprechen nicht an sich der Richtigkeit der wissenschaftlichen Weltanschauung, aber sie stützen sie auch nicht: Sie haben nichts damit zu tun. Sie bedingen jedoch, dass auch andere Wege der Kognition gründlicher untersucht werden müssen, wenn man den Mechanismus menschlichen Denkens verstehen will.

Rationales und intuitives Denken

Wahrheiten, die – wie etwa die Ergebnisse der Wissenschaft – auf rationale Art gelernt werden, sind besonders überzeugend, weil wir in diesen Fällen nicht nur die Wahrheit selbst kennen, sondern auch die Methoden, durch die wir sie gewannen. Wer die Ergebnisse anzweifelt oder auch nur tiefer und gründlicher Bescheid wissen will, kann jeden Schritt auf dem Weg genau verfolgen; die Methode selbst garantiert, dass er dasselbe Ergebnis erhält.

Obwohl die formale Logik uns mit all den Regeln versorgt, mit denen zu arbeiten und zu schlussfolgern uns erlaubt ist, gibt es doch überhaupt keine Regel dafür, wann der nächste Schritt gemacht und welche Regel dann angewendet werden soll. Wenn wir eine bestimmte Deduktion verstanden haben, zeigt immer die Deduktion selbst an, welche Regel im nächsten Schritt anzuwenden ist. Deshalb sprechen wir von Deduktion. Obwohl es auch dann, wenn wir ein Problem zum Zwecke der Übung lösen, keine unumstößliche Vorschrift gibt, die angibt, welche Regel im nächsten Schritt befolgt werden sollte, lässt sich doch bis zur Stufe der Meisteranwärter eine möglicherweise hilfreiche Heuristik vermitteln. Wir brauchen Großmeister für Probleme, die sich nicht für die gewöhnlichen heuristischen Methoden «eignen», die sich aber mit Hilfe anderer heuristischer Methoden lösen lassen. In diesen Fällen hilft nur individuelle Intuition.

Wenn wir uns von der Gültigkeit wissenschaftlicher Ergebnisse überzeugen, wählen wir selten einen langen, umständlichen Weg. Nur wenige Menschen haben die Mathematik der Relativitätstheorie verstanden; nur wenige Menschen kennen die Experimente, die zum Aufdecken des genetischen Codes und seiner Denkbahnen führten, und auch den Energieerhaltungssatz können nur wenige Menschen richtig ableiten. Aber wir vertrauen diesen Ergebnissen – wir vermuten, dass sie richtig sind. Wir haben das Gefühl, dass diese Bruchstücke des Wissens, die unsere Weltsicht zutiefst bestimmen, authentisch sind. Wahrscheinlich empfinden wir nicht das Wissen als authentisch, sondern die Menschen, die es uns vermitteln. In Kapitel 3 sahen wir, dass wir nicht nur logische Ableitungen verstehen. Wir kennen viele Anzeichen für die Stimmigkeit einer Person und sogar noch mehr für ihre Unglaubwürdigkeit. Die sorgfältige Erwägung all dieser Anzeichen kann viel rascher dazu führen, dass wir eine Wahrheit über die Welt akzeptieren und in unser eigenes Denken aufnehmen, als wenn sie streng wissenschaftlich abgeleitet wird.

Selbst wenn wir ein wissenschaftliches Ergebnis für uns selbst ableiten, folgen wir nicht demselben Weg wie der Entdecker dieser Tatsache. Die größten Wissenschaftler, die Großmeister der Wissenschaft, gewannen ihre Erkenntnisse intuitiv, während wir mit unseren Deduktionen einem vollkommen rationalen Weg folgen und dabei gewöhnlich nicht die Intuition der Großmeister brauchen. In der Regel kennen wir das Endergebnis schon, und noch wichtiger: Wir wissen auch, dass ein bestimmtes Ergebnis mit den verfügbaren Methoden auf rein logische Weise erreicht werden kann. Im Geist von Kapitel 3: Der Wissenschaftler löst ein gut gestelltes wissenschaftliches Problem, wir lösen nur ein gut gestelltes Rätsel. Obwohl wir auch dazu Intuition brauchen, weil es keine allgemein garantiert anwendbare Regel dafür gibt, welche Regel angewendet werden muss, genügt in diesen Fällen wahrscheinlich Intuition auf dem Niveau von Meisteranwärtern.

Dies erklärt jedoch nicht ganz, wie ein Gedankengang, der die Intuition eines Großmeisters braucht, auch einem Meisteranwärter zugänglich sein kann. Denn wenn uns nur das Endergebnis, die eigentliche Entdeckung, mitgeteilt wird, finden wir den Weg zur Entdeckung möglicherweise genauso schwer wie der ursprüngliche Entdecker. Vielleicht sogar noch schwerer, weil uns nicht jene intuitiven Gefühle und Gedanken helfen, die den Entdecker leiteten, denn sonst hätten wir ja das Ergebnis entdeckt.

Dies alles mag wahr sein, wenn wir die Ersten sind, die von der Entdeckung des Großmeisters erfahren, und wir uns selbst von der Gültigkeit der Entdeckung überzeugen möchten. Selbst dann, wenn wir nicht jeden Schritt des Gedankengangs des Großmeisters kennen, hilft es, wenn wir die Idee sowie ihren Entdecker als authentisch empfinden und spüren, dass es sich lohnt, seinem Weg mit unseren eigenen Gedanken zu folgen. Das Ziel ist also gegeben, und oft hilft auch der Großmeister mit seinen intuitiven Erklärungen – das alles könnte ausreichen, uns selbst zu derselben Schlussfolgerung zu führen. Inzwischen werden die Gedanken, die zuvor geniale Intuition erforderten, auch für den rationalen Verstand verständlicher. Es entwickeln sich neue, schon rein rationale Begriffe, deren Existenz durch die Entdeckung sinnvoll wird, und diese neuen Begriffe haben dann viel mehr Erklärungskraft als die vor der Entdeckung. Diese Art Entwicklung der Begriffe kann selbst zu neuen Entdeckungen führen; wie die Praxis zeigt, tun sie das oft auch.

Die Klärung der Begriffe kann lange dauern. So entdeckte beispielsweise Newton mit seiner genialen Intuition den Begriff der Infinitesimalrechnung, aber er war nur wenigen seiner Zeitgenossen verständlich, und selbst sie erfassten ihn nicht sehr klar. Von Leibniz bis Riemann waren zweihundert Jahre Arbeit der besten mathematischen Denker nötig, bis die Begriffe der Differenzial- und Integralrechnung so einsichtig waren, dass sie in den Gymnasien unterrichtet werden konnten. Newtons Originalarbeiten sind für uns genauso dunkel und schwierig zu verstehen wie für seine Zeitgenossen, obwohl das Wesentliche der in ihnen enthaltenen Gedanken mit Hilfe der heutigen Schulbücher für die gymnasiale Oberstufe leicht gelernt werden kann.

Gegen Ende des vorigen Kapitels erwähnten wir, wie schwierig die Division von MCMXVII durch LIV ist und welche große Errungenschaft die Dezimalzahlen darstellen. Das Dezimalsystem liefert ein besonders leicht verständliches Beispiel dafür, wie ein gut erdachtes Begriffssystem Aufgaben, die einmal die Intuition von Großmeistern erforderten, selbst auf das Niveau der Grundschule vereinfachen kann. Mit der Erfindung des Stellenwertsystems war das Binärsystem entdeckt, das den Gedankengängen zugrunde liegt, die beispielsweise zur Erfindung von Computern führten.

Die wichtigen intuitiv erfassten Wahrheiten der Welt stellen für das rationale Denken große Herausforderungen dar: Beweisen wir nun, dass all diese Wahrheiten, selbst wenn die Entdeckung nicht auf rein rationalem Denken beruht, doch auch durch rein rationale Überlegungen gemacht werden kann. Im

Fall der Wissenschaft führt dieser Weg gewöhnlich deshalb zum Erfolg, weil sich innerhalb des Paradigmas der Naturwissenschaft nur solche Fragen stellen, bei denen wir das Gefühl haben, dass sie mit Hilfe rein rationalen Denkens lösbar sind. Deshalb kann die Macht der Kognition rein rationalen Denkens unablässig zunehmen, und deshalb können immer höhere Errungenschaften der Wissenschaft leicht gelehrt und gelernt werden. Das liefert auch eine breitere Grundlage für das intuitive Denken.

Wir sahen, dass das Niveau der Meisteranwärter auf dem Weg zu Großmeistern eine wichtige Stufe darstellt. Dies ist das Niveau, das sich durch die einfachste und eindeutigste Methode der Kommunikation von Gedanken erreichen lässt, nämlich mit Hilfe der reinen Vernunft. Je größer die Ausdruckskraft jener wenigen tausend kognitiven Schemata ist, die zu diesem Niveau gehören, umso schwieriger werden die Aufgaben, die die Experten des gegebenen Felds lösen können, und umso breiter wird die Grundlage, auf der das intuitive Denken der Großmeister aufbauen kann. Immer kommt die Intuition vor dem rationalen Denken, weil sie die Koordination sehr viel mehr kognitiver Schemata ermöglicht. Gleichzeitig vermehren die durch intuitives Denken erreichten Ergebnisse auch die Macht des rationalen Denkens und erweitern den Anwendungsbereich der Probleme, die auf diese Weise gelöst werden können, und auch das liefert eine immer breitere Grundlage für die Entwicklung des intuitiven Denkens.

14. Kognitive Schemata höherer Stufe

Die Vernunft ist ein gutes Hilfsmittel, sie ist sogar ein wesentliches Mittel, aber sie ist ein Hilfsmittel. Wir dürfen nicht an sie glauben, wir sollten nur der Beschreibung und der Wirklichkeit vertrauen – und doch ist es unsere Pflicht, skeptisch zu sein – mit Hilfe der Vernunft. Géza Ottlik

Wir wissen mehr, als wir äußern können. Dem kann auch die Kunst nicht unbedingt abhelfen. Ein Beispiel gibt Arthur Rimbaud, der das Dichten im Alter von achtzehn Jahren für immer aufgab: «Ich schrieb das Schweigen nieder, das Nächtliche, ich zeichnete das Unsagbare auf. Ich bannte Taumel und Rausch.»[1] Die Dichtkunst ist ein Beruf, deren Großmeister früh reifen. Vielleicht hatte Rimbaud das Gefühl, er habe das Maximum der erreichbaren Komplexität erlangt, sagte aber selbst, er habe nur einen Bruchteil seiner Psyche und Gefühle ausdrücken können. Vielleicht war Mallarmé weniger glücklich, denn er gab nicht auf: Er litt bei manchen seiner Vierzeiler und wand sich und arbeitete zehn Jahre lang an ihnen, um die Worte und Klänge und die Beziehungen zwischen ihren Bedeutungen so genau wie möglich zu ordnen.

Wir können etwas Genaueres über die Naturwissenschaften sagen, die rein formal arbeiten. Wenn wir sowohl die Church-Turing-These akzeptieren als auch, dass wir mit Hilfe der Intuition eine Größenordnung an Komplexität mehr erfassen als mit rein rationalen Mitteln, folgt, dass wir den zu einer Erkenntnis führenden Weg nicht immer mit Worten beschreiben können. Wir können das Ergebnis formulieren, aber nicht den Weg, der dahin geführt hat. Er hat für die Grenzen der Erkenntnis keinerlei Konsequenzen: Wenn wir das Ergebnis kennen, lässt es sich in die rationalen Schemata der Meisteranwärter einbauen. Wir wissen jedoch etwas über den Weg des Erkennens, nämlich dass die Erkenntnis, zumindest auf höherer Stufe als derjenigen der Meisteranwärter, über weitere Mittel verfügen muss. Weiter oben nannten wir diese Mittel Intuition und sagten auch, dass sich Intuition auf hohen Stufen aus komplexen kognitiven Schemata ergibt; vielleicht ist aber sie nicht das *Ergebnis* des Wirkens der Schemata, sondern einfach der *Weg* ihres Wirkens oder einfach ihres Seins.

Wir haben nur wenig gut begründete wissenschaftliche Kenntnis von den kognitiven Schemata von Großmeistern. Das Alltagsleben jedoch ist ein guter Boden, um mehr über kognitive Schemata auf höherer Stufe zu erfahren, weil auf diesem Gebiet fast alle von uns zumindest Meister sind und deshalb unsere Intuition wirksam ist. In der Tat konnten wir mehrere kognitive Schemata oder allgemeine heuristische Methoden aufzeigen, die sich einerseits in Experimenten einfangen lassen und andererseits nicht völlig rational sind. In diesem Kapitel stellen wir einige typische Beispiele aus unterschiedlichen Bereichen der Psychologie zusammen.

Verankerung

Versuchen Sie ganz schnell, ohne zu rechnen, das Ergebnis der folgenden Multiplikation zu schätzen: 1 × 2 × 3 × 4 × 5 × 6 × 7 × 8. Ich kenne Ihre Schätzung natürlich nicht, aber wenn Sie nicht, beispielsweise durch ein Mathematikstudium, mit ähnlichen Aufgaben vertraut sind, haben Sie das Ergebnis vermutlich unterschätzt. Die amerikanischen kognitiven Psychologen Amos Tversky und Daniel Kahnemann baten Studenten unterschiedlicher Studienfächer um diese Schätzung. Die Probanden schätzten das Produkt im Mittel auf 500. Wenn sie die Aufgabe erhielten, genauso rasch 8 × 7 × 6 × 5 × 4 × 3 × 2 × 1 zu schätzen, schätzten sie es im Mittel auf 2200.

Das richtige Ergebnis ist 40 320, was zeigt, dass beide Gruppen das Ergebnis weit unterschätzt hatten. Das ist für diese Betrachtung jedoch unwichtig. Wichtiger ist, dass die Schätzung entscheidend von der Reihenfolge der Faktoren abhing. Wer zuerst die größeren Zahlen sah, schätzte ein höheres Ergebnis.

In einem anderen Experiment wurde eine Gruppe gefragt, ob der Prozentsatz afrikanischer Staaten in den Vereinten Nationen unter oder über zehn Prozent liege. Eine gleich große Gruppe wurde gefragt, ob ihr Anteil unter oder über fünfundsechzig Prozent liegt. Dann wurden beide Gruppen gebeten, den genauen Prozentsatz afrikanischer Staaten in den UN anzugeben. Die erste Gruppe (der in der ersten Frage zehn Prozent vorgegeben wurde) gab einen Mittelwert von fünfundzwanzig Prozent, die zweite Gruppe (der in der ersten Frage fünfundsechzig Prozent vorgegeben wurde) gab im Mittel fünfundvierzig Prozent an. (Die Wahrheit liegt bei dreißig Prozent.)

Die Gemeinsamkeiten der beiden Experimente sind offensichtlich: Es ist die Anpassung an die ursprünglichen Daten, die auf den ersten Bruchstücken der Information beruht, auch wenn diese Bruchstücke für die Aufgabe völlig unwichtig sind. Diese beiden Aufgaben haben Ähnlichkeit mit der Geschichte von der Erstausgabe der *Encyclopaedia Britannica* und der aus dem legendären Zeitalter der Schallplattenherstellung in Kapitel 6, bei denen wir das gleiche Schema bemerkten.

Diese Art des Denkens nennen wir Ankerheuristik. Auch wenn wir das vage Gefühl haben, die beiden Versuchsergebnisse gehörten in dieselbe Gruppe, ist damit noch lange nicht bewiesen, dass sich im Denken der meisten Menschen tatsächlich eine solche allgemeine Heuristik findet. Die beiden Ergebnisse könnten auch oberflächlich gesehen ähnlich, in Wirklichkeit aber ganz verschieden sein. Deshalb versuchten die Forscher das Gemeinsame dieser Ergebnisse genauer zu fassen und dachten sich weitere Versuche aus, in denen diese Heuristik die Ergebnisse auf gut vorhersagbare Weise verzerren könnte. Dieser Ansatz war erfolgreich: Er bewies, dass es in unserem Alltagsdenken tatsächlich eine solche allgemeine Heuristik gibt, wie die beiden oben beschriebenen Experimente vermuten ließen. Wenn wir in problematischen Situationen ein Urteil fällen müssen, gehen wir oft von einem in der Formulierung des Problems gegebenen Anfangswert oder von wenigen bruchstückhaften Rechnungen aus und passen dann unsere Entscheidung diesem Wert an.

Diese Ankerheuristik kann regelmäßig beobachtbare Phänomene erklären, beispielsweise dass wir die Dringlichkeit von Ablieferungsterminen fast immer unterschätzen, während wir die Effizienz von Technologien, die viele kleine Schritte erfordern, gern überschätzen (falls es bei jedem Schritt nur kleine Verluste gibt). Wir tun das trotz der Tatsache, dass wir im Prinzip wissen, dass auch Kleinvieh Mist macht.

Die Übereinstimmung der Ergebnisse dieser Experimente zeigt, dass die Forscher sich nicht nur im Kopf ein Schema aufgestellt hatten, das sie später Verankern nannten, sondern dass es ein solches allgemeines Schema auch tatsächlich im Kopf der meisten Menschen gibt, ob sie es wissen oder nicht. Aufgrund dieser Versuchsergebnisse können wir die Ankerheuristik als eine psychologische Gegebenheit betrachten: Dieser Begriff beschreibt fast sicherlich ein real existierendes echtes Ding: Es ist eines unserer allgemeinen und ohne unser Wissen wirkendes Denkschemata. Es ist in der Tat eine Art Heuristik, denn das Verfahren kann (sogar auf vorhersagbare Weise) zu fehlerhaften Ergebnissen führen, obwohl es in den meisten Fällen rasche und richtige Schlussfolgerungen ermöglicht.

Verfügbarkeit

Ein typisches Beispiel für diese Heuristik ist, dass wir langsamer fahren, wenn wir am Straßenrand Spuren eines Unfalls sehen. Wir empfinden Fliegen als gefährlicher denn Autofahren, obwohl die Statistik uns sagt, dass es nicht nur pro Passagierkilometer, sondern auch im Vergleich zu der Anzahl der Flüge viel weniger tödliche Flugzeug- als Autounfälle gibt. Aber wir kennen im Luftverkehr mehr denkwürdige Unfälle mit tödlichem Ausgang als im Autoverkehr und stellen uns die Anzahl der Flüge kleiner vor, als sie wirklich ist, weil wir relativ selten fliegen.

Im Folgenden führen wir ein Beispiel ganz anderer Art für die Experimente an, die die psychologische Wirklichkeit einer sich aus den beiden obigen Beispielen ergebenden Heuristik untersucht. Was ist Ihrer Meinung nach häufiger: englische Wörter, die mit dem Buchstaben *r* beginnen oder deren dritter Buchstabe *r* ist? Die meisten Menschen meinen nach kurzem Nachdenken, der Buchstabe *r* stehe häufiger am Anfang eines Wortes als an dritter Stelle. In der Tat ist es genau andersherum. Aber wenn Sie nach Beispielen für beide Fälle suchen, finden Sie viel leichter Wörter, die mit *r* anfangen, als solche, deren dritter Buchstabe *r* ist. Das liegt daran, dass wir in unserem Gedächtnis leichter nach dem ersten Buchstaben suchen, und das verfälscht unsere Schätzung.

Ein weiteres Experiment kann helfen, das Wesen des hier umrissenen Phänomens aufzudecken: Die Versuchspersonen erhielten eine Liste mit den Namen von neununddreißig berühmten Menschen und sollten sagen, ob auf der Liste mehr Männer oder Frauen waren. Die Forscher hatten zwei Listen erarbeitet. Eine nannte in zufälliger Anordnung neunzehn Frauen und zwanzig Männer, die andere zwanzig Männer und neunzehn Frauen. Der Dreh bei der Zusammenstellung war: In der Liste mit nur neunzehn Frauen waren die Frauen verhältnismäßig berühmter als die Männer, in der anderen war es umgekehrt.

Wenn die Frauen berühmter waren (aber der Zahl nach weniger), dachten fast alle Versuchspersonen, dass die Liste mehr Frauen enthielt, während sie bei der anderen Liste die Umkehrung für richtig hielten. Wir wissen, dass sich die Versuchspersonen, weil das Kurzzeitgedächtnis beschränkt ist, höchstens an einen Bruchteil der ganzen Liste erinnerten, wenn sie ihre Entscheidungen über den Anteil von Männern und Frauen fällten. Vielleicht gruppierten die Probanden die angeführten Namen auch zu komplexeren Schemata, und sie hatten auch genug Zeit, um bis zu einem gewissen Grad das Langzeitgedächtnis zu nutzen, immer aber waren die berühmteren Namen begünstigt: In einer anderen Studie blieben etwa zwölf von insgesamt neunzehn bekannten Namen im Gedächtnis, aber nur acht bis neun von zwanzig weniger berühmten. Die Entscheidung hing davon ab, wie gut ein Name im Gedächtnis haftete.

Wir wenden die Heuristik der Verfügbarkeit an, wenn wir aufgrund unserer Erinnerung und Erfahrung die Wahrscheinlichkeit eines Ereignisses, einer Tatsache, einer Konsequenz abschätzen müssen. In solchen Fällen läuft in uns unwillkürlich ein Verfahren ab, das versucht, sowohl die Beispiele als auch die Gegenbeispiele zu behalten; unsere Entscheidung hängt dann davon ab, wie leicht sich solche Beispiele finden lassen. Es gehört zu unseren kognitiven Schemata höherer Stufe, denn es bewährt sich in vielen Fällen, unabhängig von dem konkreten Problem. Es spricht für die Allgemeingültigkeit dieser Heuristik, wenn sich auf dieser Grundlage viele Arten von fehlerhaftem, nicht rationalem Verhalten vorhersagen lassen.

Wenn eine Maschine zusammenbricht, beginnen wir unsere Suche gewöhnlich dort, wo besonders häufig Probleme auftreten, selbst wenn die Anzeichen in eine andere Richtung weisen. Wir ziehen die gewöhnlich lockeren Schrauben nach und prüfen, ob der Defekt weiter besteht. Die Effizienz der Heuristik der Verfügbarkeit zeigt sich an der Tatsache, dass eine oberflächliche Behandlung sehr oft erfolgreich ist.

Dieses Schema erklärt auch, welche Bedeutung die Vorgeschichte haben kann. In seiner Theorie der begrenzten Vernunft führt Herbert Simon aus, dass sich in einer Firma in der Praxis die Regeln für das Verhalten und die Entscheidungsfindung im Verlauf eines langen Prozesses entwickeln und kaum durch die augenblickliche Situation beeinflusst sind. Ein noch charakteristischeres Beispiel ist das von Seymour Papert als QWERTY bezeichnete Problem.

Dieses seltsame Wort entsteht, wenn wir die ersten sechs Buchstaben der obersten Reihe einer englischen Schreibmaschinentastatur von links nach rechts lesen (auf einer deutschen Tastatur lesen wir QWERTZ). Die Anordnung der Buchstaben erklärt sich daraus, dass bei mechanischen Schreibmaschinen die Tasten oft bei zu raschem Anschlag verhakten und stecken blieben. Um das Problem zu lösen, ordnete man die in englischen Wörtern am häufigsten benachbarten Buchstaben möglichst weit getrennten Typenhebeln zu. Mit der Verbesserung der Technik wurde dieses Problem bald bedeutungslos, aber die

Anordnung der Buchstaben blieb gleich, obwohl seitdem viele Anordnungen der Buchstaben erdacht wurden, die die kleinen Finger beim Schreiben mit zehn Fingern entlasten können. Diese Anordnungen würden nicht nur Sehnenscheidenentzündungen, die Berufskrankheit der Typisten, wesentlich verhindern, sondern auch die Schreibgeschwindigkeit um etwa dreißig bis vierzig Prozent erhöhen. Trotzdem ist eine solche radikale Reform nicht durchführbar, weil wir uns an QWERTZ gewöhnt haben und es so weit verbreitet ist.

Das QWERTZ-Phänomen ist sehr allgemein: Die meisten technischen Geräte kommen in einer ersten primitiven, aber brauchbaren Form auf den Markt, und deshalb spielen ihre notwendigen oder auf mangelnder Erfahrung beruhenden Schwächen auch dann noch eine wichtige Rolle, wenn die Entwicklung der Technik die erste Lösung schon überholt hat. Unsere früheren Entscheidungen verfolgen uns in allen Bereichen des Lebens.

Allgemeine Mustererkennung

In Kapitel 3 sagten wir, dass das menschliche Denken holistisch ist. Wir neigen dazu, die Gesamtheit der Dinge als Ganzes wahrzunehmen, ohne die Einzelheiten zu überprüfen, und schauen hinunter auf Menschen, die vor lauter Bäumen den Wald nicht sehen. Diese Beobachtung war eine der Leitlinien, die uns zum Schema-Begriff führten, und dieses Paradigma liegt unseren Überlegungen hinsichtlich des Wirkens von Schemata, der Komplexität und des Grads des Sachverstands zugrunde.

Wir haben noch nicht ausführlich erörtert, wie sich unsere Schemata entwickeln. Ich kann hier keine großen Hoffnungen machen: Dieses Problem ist eines der schwierigsten ungelösten Rätsel der heutigen Wissenschaft. Es stellt sich jeweils ganz anders für Experten der Biologie, der künstlichen Intelligenz und der Psychologie, und selbst innerhalb dieser Gebiete für Mikrobiologen, Neurobiologen, Soziobiologen, Kognitions- oder Entwicklungspsychologen. Selbst die Mikrophysik ist auf ähnliche Probleme gestoßen. Die Formen des Problems können sich in den unterschiedlichen Bereichen radikal voneinander unterscheiden, aber im Grunde weist das Problem mehr Gemeinsamkeiten auf, als man aufgrund der unterschiedlichen Fachsprachen zunächst vermuten könnte.

Menschen verfügen über die natürliche Fähigkeit, in den unterschiedlichen Phänomenen der Welt charakteristische Merkmale wahrzunehmen, und suchen selbst in radikal unterschiedlichen Strukturen begierig nach Gemeinsamkeiten. An diesem Satz könnten kritische Leser zu Recht Anstoß nehmen: Wir sprachen über das Dekodieren von Ausdrücken wie «natürliche Fähigkeit» und «charakteristisches Merkmal» – sie bedeuten gewöhnlich, dass wir das Wesentliche nicht verstanden haben. Diese Tatsache möchte ich mit diesem Satz betonen, statt sie zu verdecken. Aber zahlreiche (oder zahllose) konkrete Versuchsergebnisse weisen darauf hin, dass eine Art Mustererkennungsschema auf hohem Niveau die Grundlage für das Wirken und die Entwicklung unserer kognitiven Schemata ist.

Hier folgt ein einfacher und spektakulärer Beweis: Bitten Sie Freunde, in Gedanken dreißigmal eine Münze zu werfen. Wir behaupten, dass man sich das nicht tatsächlich vorstellen kann. Wer meint, es doch zu können, soll die Ergebnisse dieser imaginären Serie von Würfen auf ein Stück Papier schreiben, dann eine Münze nehmen und die Ergebnisse der dreißig Würfe auf ein anderes Stück Papier schreiben. In mindestens neunzig von hundert Fällen lassen sich die Ergebnisse der gedachten und der ausgeführten Würfe voneinander unterscheiden.

Dieser Trick wird gewöhnlich von Mathematikern demonstriert, die die Regeln des Zufalls kennen und wissen, wie sie unseren alltäglichen Erwartungen widersprechen. Bei dreißig Würfen kann fünf- bis sechsmal nacheinander Kopf oder Zahl fallen, und das geschieht auch, aber wenn man sich die Würfe ausdenkt, traut man sich nicht, eine solche lange Serie zu schreiben, weil man das Gefühl hat, sie sei unwahrscheinlich. Das ist auch bei anderen charakteristischen Mustern so, die Menschen als zu regelmäßig empfinden. Trotzdem produziert der Zufall Serien wie K-Z-K-Z-K-Z-K oder Z-K-K-Z-K-K-Z-K-K, wobei K für Kopf steht und Z für Zahl. Mathematiker bereiten sich gewöhnlich auf die Demonstration dieses Tricks vor, indem sie im Voraus die Wahrscheinlichkeit für das Auftreten solcher Muster berechnen, und dann, wenn sie die Folge sehen, bestimmen, wie unwahrscheinlich sie ist. Beispielsweise ist es ziemlich unwahrscheinlich, dass unter dreißig Würfen keine Folge Z-Z-Z-Z-Z oder K-K-K-K-K vorkommt. Höchstwahrscheinlich ist die weniger wahrscheinliche Folge die ausgedachte.

Man kann natürlich nicht sicher sein: Der Zufall ist gelegentlich bösartig. Wenn jemand beispielsweise eine Folge von dreißig K aufgeschrieben hat, können Sie ziemlich sicher sein, dass er sie nicht geworfen, sondern erdacht hat, denn dies ist das andere Extrem: Es ist wahrscheinlicher, dass jemand sie sich ausdenkt als würfelt. Trotzdem kann auch der Zufall zu einer Folge von dreißig Köpfen führen. Aber selbst wenn man nicht auf Nummer Sicher gehen kann, können Sie bei dieser Demonstration doch zu achtundneunzig bis neunundneunzig Prozent erfolgreich sein.

Interessanterweise lässt sich diese Demonstration auch ohne mathematische Vorbereitung durchführen. Wenn eine vollkommen unvorbereitete Person die beiden Blätter mit den Ergebnissen der Würfe sieht und rasch entscheiden soll, welche der beiden weniger regelmäßig ist, wird sie mit achtzig- bis neunzigprozentiger Wahrscheinlichkeit die erdachte Folge nennen. Wir haben das Gefühl, dass Zufallsergebnisse in der Tat regelmäßiger sind als ausgedachte. Wenn Sie diese Demonstration also ohne vorherige Berechnungen durchführen wollen, haben Sie wahrscheinlich Erfolg, wenn sie nur flüchtig auf die beiden Ergebnisreihen schauen, spontan entscheiden, welche weniger regelmäßig oder zufälliger ist, und dann behaupten, diese sei *nicht* das Zufallsergebnis, sondern ausgedacht. Sie liegen dann mit einer Wahrscheinlichkeit von achtzig bis neunzig Prozent richtig, gewinnen also acht bis neun von zehn Wetten.

Wenn wir das Verhalten der Menschen beobachten, die diesen Trick ohne mathematische Vorbildung beherrschen, sehen wir, dass ihr Denken mehr Ähnlichkeit mit der in Kapitel 1 beschriebenen Trance-Logik hat als mit rationaler Berechnung. Im nächsten Kapitel werden wir uns mit der Beziehung zwischen der Trance-Logik und den Denkschemata höherer Stufe beschäftigen.

Diese Beweisführung macht sich die Tatsache zunutze, dass wir in allem, was uns begegnet, unwillkürlich Muster und Regelmäßigkeiten bemerken, selbst wenn sie nicht aus der Natur der Dinge folgen, sondern Launen des Zufalls sind. Deshalb versuchen Menschen, wenn sie sich Wurffolgen ausdenken, alles Regelmäßige aus der Folge auszuschließen. Und diejenigen, die – ohne vorher zu rechnen – zu raten versuchen, welche Folge kein Zufallsergebnis ist, nutzen ebenfalls unbewusst die Fähigkeit von Menschen, überall Muster wahrzunehmen, auch da, wo sie keine Ursache dazu haben. Da die Person, die sich die Würfe ausdenkt, jede Regelmäßigkeit ausschließen will, was der

Zufall ja nicht tut (sonst wäre er nicht der Zufall!), ist es fast sicher, dass der Zufall in der Folge Regelmäßigkeiten hinterlässt, und das merken auch Menschen mit geringen Mathematikkenntnissen. Man braucht nicht einmal lange nachzudenken (tatsächlich kann Denken den Erfolg verderben), sondern man kann einfach seinen allgemeinen Mustererkennungsmechanismus arbeiten lassen.

Was wir bis jetzt gesagt haben, gilt nicht für jene Menschen, die absichtlich in den erdachten Folgen zu viel Regelmäßigkeit vermeiden, um den Ratenden irrezuführen. Sie wiederum übertreiben es gewöhnlich, und die Folge wird regelmäßiger, als sie zufällig sein würde. Man entwickelt ohne Mathematik, mit einigen Stunden Übung, leicht ein Gefühl für den Grad der Regelmäßigkeit, den der Zufall lässt, und kann vermutlich deshalb Heuchler (die den Mangel an Regelmäßigkeit verstecken wollen) ertappen. Wir entscheiden richtig, wissen aber nicht, warum. Wenn wir diese Fähigkeit haben, spüren wir einfach, ob die Regelmäßigkeit einer Folge insgesamt auf den Zufall zurückgeht oder nicht. Vermutlich entwickeln sich die intuitiven Schemata von Großmeistern ähnlich.

All diesem liegt das Phänomen zugrunde, dass wir in der Tat dazu neigen, Regelmäßigkeiten selbst dann zu finden, wenn es keine gibt. Vielleicht hat dieser Grundmechanismus auch zur Entwicklung des Aberglaubens geführt, aber in den meisten Fällen ermöglicht er richtige Beobachtungen. Möglicherweise entwickeln sich unsere alltäglichen Schemata, mit deren Hilfe wir die Beziehungen in unserer Umwelt verstehen können, auf diese Weise, auch wenn ein gewisser Fehlersatz unvermeidlich ist, der auch zu irrationalem Verhalten führt.

Spezialisierte heuristische Methoden der Mustererkennung

Viele experimentelle Ergebnisse lassen vermuten, dass in unserem Denken mindestens eine Art allgemeiner Mustererkennungsschemata wirksam ist. In einem klassischen Experiment bezeichnete C. L. Hull Gruppen chinesischer Schriftzeichen mit sinnlosen Silben. Das gemeinsame Element in jeder Gruppe von Schriftzeichen war eine chinesische Silbe, die für die europäischen Versuchspersonen, die das System der chinesischen Schriftzeichen nicht kannten, durch Gekritzel vollkommen unkenntlich gemacht war. Trotzdem lernten sie relativ schnell, die neuen Schriftzeichen mit den sinnlosen Silben richtig zu benennen, konnten aber die Gründe für die Kategorisierung nicht in Worte fassen.

Im vorigen Kapitel erwähnten wir, dass Menschen gewöhnlich bemerken, wenn ihre Gedanken oder Handlungen in eine unendliche Schleife geraten. Wir sahen auch, dass ein solcher Sensor nur heuristisch sein kann, denn er kann nicht die ganze Zeit ein Signal geben. Möglicherweise geht auch diese menschliche Eigenschaft auf allgemeine Mustererkennungsmechanismen zurück, aber vielleicht verfügen wir auch über spezielle Schemata, die «Langeweile wahrnehmen».

Unser begründetes Wissen reicht nicht aus, um eine experimentell kontrollierbare Theorie über die Wirkungsweise unserer allgemeinsten Schemata höherer Stufe aufzustellen. In unserem jetzigen Paradigma verheißt die Erforschung spezialisierter Schemata, die unter ganz bestimmten Umständen gesehen werden, mehr Erfolg. Tversky und Kahnemann unternahmen es, jene allgemeinen heuristischen Methoden zu beschreiben, die wir im Falle ungewisser Daten und unzureichenden Wissens anwenden, um die Wahrscheinlichkeit möglicher Ereignisse für uns selbst abzuschätzen, beispielsweise um die wahrscheinlichen Risiken unseres Handeln zu bestimmen. Wir sprachen schon über die heuristischen Methoden der Verankerung und Verfügbarkeit. Tversky und Kahnemann schlugen eine dritte grundlegende Heuristik vor, die *Repräsentativität.*

Wir fällen Urteile auf der Grundlage der Heuristik der Repräsentativität gewöhnlich dann, wenn wir in alltäglichen Situationen eine Diagnose stellen. Nehmen wir einmal an, Sie möchten wissen, wie wahrscheinlich es ist, dass der Ihnen wenig vertraute Gesprächspartner Alkoholiker ist. In diesem Fall werden Sie Ihr Urteil vermutlich darauf gründen, wie gut diese Person zu dem Bild passt, das sie sich von einem typischen Alkoholiker gemacht haben, also davon, wie weit ihr Gesprächspartner einem typischen Alkoholiker entspricht. Sie stellen ihre Diagnose umso sicherer, je ähnlicher die beiden sind. Natürlich hängt das Ergebnis davon ab, wie realistisch und subtil Ihr Schema für Alkoholiker ist: Offensichtlich ist das Modell eines Psychiaters sinnvoller und komplexer als das eines Sportlehrers. Wahrscheinlich betont das mentale Modell eines möglichen Saufbruders noch andere Aspekte. Die Anwendung der Heuristik wird jedoch nicht durch das Wesen der zu vergleichenden Schemata beeinflusst; wir stellen nur fest, dass unsere Urteile allein auf Ähnlichkeit beruhen.

Das Verfahren ist gewöhnlich erfolgreich, aber die rein rationale Berechnung der Wahrscheinlichkeit zeigt, dass dies zur richtigen Bestimmung der Chancen nicht ausreicht. Wir müssen auch wissen, wie häufig die gedachte Diagnose gestellt wird und auf wie vielen Fällen unser Bild vom typischen Fall beruht.

In Experimenten, die die Arbeitsweise der Heuristik untersuchen, wurden Situationen geschaffen, in denen die Ergebnisse, die auf Entscheidungen beruhen, die auf der Grundlage der Repräsentativität zustande kamen, ganz anders waren als jene, die auf Entscheidungen beruhten, die sich auf die Berechnung von Wahrscheinlichkeiten beriefen. In einer Studie sollten zwei Gruppen von Versuchspersonen beispielsweise dieselbe Schulklasse beobachten; dann sollte die eine Hälfte beurteilen, wie gut die Zusammenarbeit von Lehrer und Schülern in dieser Klasse war, und die andere, welches Niveau die Zusammenarbeit zwischen Lehrer und Schülern in den nächsten fünf Jahren haben würde. Die Versuchspersonen wurden auch gebeten, anzugeben, wie sicher sie sich in ihrem Urteil fühlten. Die Urteile waren in beiden Gruppen ähnlich sicher und extrem, obwohl die Probanden alle sehr wohl wussten, dass niemand aufgrund einer einzigen Beobachtung ein sicheres Urteil über eine Situation abgeben kann, die fünf Jahre in der Zukunft liegt, wie über eine konkrete.

Hier ist ein weiteres Beispiel für das Wirken der Heuristik der Repräsentativität: Die überwältigende Mehrheit der Roulettespieler ist überzeugt, dass die Wahrscheinlichkeit für Schwarz wesentlich zunimmt, wenn mehrmals Rot gefallen ist, obwohl sie genau wissen, dass die Kugeln, die beim Roulette rollen, kein Gedächtnis haben.

Die Heuristik der Repräsentativität erweist sich als ein ausgezeichneter beschreibender Begriff, der viele unsere scheinbar irrationalen Handlungen erklären und gut vorhersagen kann. Die meisten unserer Widersprüchlichkeiten und Irrationalitäten, die sich offenbaren, wenn wir Entscheidungen fällen, lassen sich mit Hilfe der drei heuristischen Methoden (Verankern, Verfügbarkeit, Repräsentativität) von Kahnemann und Tversky gut erklären und vorhersagen.

Die psychologische Wirklichkeit der Heuristik

Die Frage nach der psychologischen Wirklichkeit all dieser heuristischen Methoden ist ein schwieriges Problem: Gibt es die von diesen heuristischen Methoden formulierten Wirkungsweisen wirklich, oder sind sie nur Folgen oder Epiphänomene unserer anderen Denkprozesse? Die Beschreibungskraft und der praktische Nutzen dieser Begriffe ist nicht geringer, wenn sie sich lediglich als Epiphänomene erweisen, aber dann müssen wir anderswo suchen, um herauszufinden, wie Schemata wirken.

Aufgrund der experimentellen Ergebnisse können wir die Heuristik der Mustererkennung für eine real existierende Schema-Form halten. Das Problem ist nur, ob in unserem Denken ein oder mehrere solche fundamentalen allgemeinen Schemata wirken und wie viele von ihnen, wenn es sie gibt, unabhängig voneinander wirken oder einander ergänzen. Die psychologische Wirklichkeit der Ankerheuristik ist ebenso recht überzeugend: Ihr Wirken konnte definitiv nachgewiesen werden, und am Horizont zeigte sich kein anderes allgemeineres Schema, dessen Epiphänomen es sein könnte. Wenn wir einmal die Realität von Schemata im Allgemeinen akzeptieren (und wir beschlossen ja am Ende von Kapitel 6, dies nicht infrage zu stellen, obwohl es Zweifel geben könnte) und auch wenn wir nicht sagen können, ob der Begriff ein oder mehrere Schemata umfasst, haben wir keinen Grund zu bezweifeln, dass dieses Konzept tatsächlich ein in unserem Denken wirklich existierendes Schema beschreibt.

Auch im Fall der Heuristik der Verfügbarkeit ist die psychologische Realität des Begriffs sehr wahrscheinlich, obwohl sie schon eher ein Epiphänomen sein könnte als die allgemeinere

Heuristik der Mustererkennung. Wir wissen einfach nichts Genaueres über dieses Problem. Man kann infrage stellen, ob das QWERTZ-Schema eine echte psychologische Realität ist oder das Epiphänomen der Verfügbarkeit-Heuristik, der allgemeinen Mustererkennung oder auch ein Spezialfall derselben. Ähnlich liegt der Fall bei der Heuristik der Repräsentativität.

Diese Probleme haben auf die beschreibende Entscheidungstheorie als eigenes Gebiet der Psychologie wenig Einfluss: Es geht eher darum, professionelle Schemata zu entwickeln, mit deren Hilfe wir die Entscheidungsmechanismen von Menschen in ungewissen Situationen besser verstehen können. Dementsprechend untersucht dieses Gebiet die Möglichkeit der Verfeinerung und Anwendung der oben beschriebenen heuristischen Methoden. So wurde als ein interessanter Spezialfall der Verfügbarkeits-Heuristik die Simulations-Heuristik eingeführt. Ein typisches Beispiel dafür ist die Situation, in der zwei Personen auf der Fahrt zum Flughafen in einen Stau geraten und beide ihren Flug verpassen, der eine um fünf Minuten, der andere um eine halbe Stunde. Natürlich ärgert sich jemand, der nur fünf Minuten zu spät gekommen ist, mehr, weil er sich gut vorstellen und auch gedanklich nachvollziehen kann, dass er sein Flugzeug erreicht hätte, wenn er den Stau vermieden hätte. Aber das Ergebnis ist für beide gleich: Es hängt nicht davon ab, um wie viel sie zu spät gekommen sind.

Aber jetzt sind wir nicht an den immer spezialisierteren beschreibenden Schemata interessiert, sondern an den allgemeinsten der hohen Stufen. Die Entscheidungstheorie war ein optimales Feld, um nach solchen Schemata zu suchen, weil sich in ihr gut das Ausmaß bestimmen lässt, in dem ein Schema zu irrationalem Verhalten führt. Wir konnten die Ergebnisse der normativen Entscheidungstheorie nutzen, der Wahrscheinlichkeitstheorie. Wir konnten auf dem Gebiet der Entscheidungstheorie tatsächlich einige kognitive Schemata höherer Stufe finden, deren psychologische Realität sehr wahrscheinlich ist. Auch in anderen Bereichen der Psychologie lassen sich Beispiele finden.

Rationalisierung und Intellektualisierung

Ein typisches Beispiel für die *Rationalisierung* gibt die Fabel von La Fontaine, in der dem Fuchs die Trauben zu hoch hängen und er behauptet, er wolle sie gar nicht, weil sie zu sauer seien. Der Fuchs verhält sich überhaupt nicht rational, sondern möchte sich von der Vernunft seines Handelns überzeugen, um sich einer schweren psychischen Last zu entledigen.

Die Rationalisierung ist ein zumeist unbewusster und unwillkürlicher Mechanismus, mit dessen Hilfe wir die Wirklichkeit verzerren, um unser Verhalten für uns selbst oder für unsere Umgebung akzeptabel und im alltäglichen Sinn vernünftig aussehen zu lassen. Dies ist ein sehr häufiges und verbreitetes Phänomen. Unter experimentellen Bedingungen lässt sich sein Wirken am besten mit Hilfe der Hypnose beobachten.

E. R. Hilgard suggerierte seinen Versuchspersonen in einem Experiment am Schluss der Sitzung, dass sie, nachdem sie aus der Trance herausgekommen seien, weiter den Hypnotiseur beobachten und dann, wenn dieser seine Brille abnehme, zum Fenster gehen und es öffnen sollten, ohne sich an diesen Auftrag erinnern zu können. «Aus der Hypnose erwacht, fühlt sich die Versuchsperson etwas benommen, geht aber gleich im Raum herum und unterhält sich normal mit den anderen im Raum, wobei sie den Hypnotiseur verstohlen beobachtet. Als dieser unauffällig seine Brille abnimmt, spürt die Versuchsperson den Impuls, das Fenster zu öffnen; sie macht einen Schritt in die Richtung, zögert aber. Unbewusst mobilisiert sie den Wunsch, vernünftig zu handeln, und sucht einen Grund für den Drang, das Fenster zu öffnen, und sagt: ‹Ist es hier nicht etwas stickig?› Nachdem die nötige Ausflucht gefunden wurde, öffnet sie das Fenster und fühlt sich wohler.»[2]

Beim Rationalisieren verzerren wir unsere Handlungen, Wünsche und Erfahrungen, um sie in Übereinstimmung mit der Alltagslogik zu bringen. Beim *Intellektualisieren* vereinbaren wir sie mit der Logik unserer professionellen Schemata. Ein typisches Beispiel für das Intellektualisieren gibt der Arzt, der seine Patienten als abstrakte, professionelle Fälle behandelt, weil es ihm unerträglich wäre, wenn er sich bei jedem Patienten mit dessen Schmerzen identifizieren müsste.

Ein anderes Beispiel findet sich, wenn man Ingenieure über den Grund der QWERTZ-Anordnung auf der Tastatur von Schreibmaschinen fragt. Viele von ihnen kennen den wirklichen Grund nicht, finden aber sekundenschnell eine Erklärung, ein objektives Kriterium, das die Exzellenz des Systems beweist. Sie sagen so etwas wie «Das macht die Dinge optimal» oder «Das minimiert alles». Tatsächlich spielten rationale Gründe eine Rolle für die Aufstellung des Systems, aber sie haben jetzt jede Bedeutung verloren, besonders seit es die Computer mit ihren Wortverarbeitungsprogrammen gibt. Und doch kommt es nur sehr wenigen Ingenieuren in den Sinn, sich der Irrationalität der Situation zu stellen: Die meisten von ihnen suchen lieber eine beruhigende Erklärung, die ihren professionellen Schemata entspricht.

Rationalisierung und Intellektualisierung lassen sich als Meta-Schemata sehen, die die nichtrationalen, unwillkürlich operierenden Schemata, Emotionen, Wünsche und Erinnerungen unserer Psyche mit den «Sprachen» unseres bewussten, rationalen Denkens verknüpfen, und zwar sowohl mit der Alltagssprache, die der Logik der Dinge folgt, als auch mit der Fachsprache, die von der Alltagssprache abstrahiert und der Logik des jeweiligen Fachbereichs folgt.

Die Schemata der formalen Logik

Wie wir im vorigen Kapitel sahen, gibt es eine Methode, die uns hilft, zwischen ganz unterschiedlichen mentalen Modellen einheitliche Brücken zu schlagen, so dass selbst bei radikal verschiedenen Modellen Schlussfolgerungen gezogen werden können. Diese Methode ist die formale Logik. Es ist verlockend, die formale Logik als eine Art Meta-Schema zu sehen, die uns hilft, im Leben Information zu sammeln und die Beziehungen zwischen Dingen herzustellen.

In Kapitel 2 lernten wir jedoch mehrere Versuchsergebnisse kennen, die infrage stellen, ob wir den Schemata der formalen Logik eine allgemeine psychologische Realität zuschreiben dürfen. Die Ergebnisse der Experimente mit den Spielkarten und Schecks widersprachen dem Wesen der formalen Logik, denn dieser Vernunftmechanismus ist ja unabhängig von der konkreten Form des Problems. Auch Untersuchungen zur männlichen und weiblichen Logik deuten in eine ähnliche Richtung. In diesem Kapitel haben wir einige (bewusste und unbewusste) kognitive Schemata höherer Stufe kennen gelernt, deren Wirkungsweise nicht unbedingt auf formaler Logik beruht.

Andererseits hat sich die formale Logik als allgemeines Ausdrucksmittel in der Wissenschaft als sehr effizient erwiesen. Es ist jedoch nicht sicher, ob wirklich die formale Logik so effizient war. Vielleicht war es auch die Strenge, mit der die Wissenschaft darauf besteht, dass sie nur solche Ergebnisse als wissenschaftlich akzeptiert, die sich in der Sprache der formalen

Logik formulieren und ableiten lassen. Die Wissenschaft hat von ihren Vertretern immer nur gefordert, dass sie ihre Ergebnisse und die Beweise dafür mitteilen, nicht auch, auf welche Weise sie auf die Beweisidee gekommen sind. Wir wissen schon, dass dies auf theoretische Schwierigkeiten (mit der Komplexität) gestoßen wäre.

Wenn wir nur sagen, dass die Naturwissenschaft objektiv ist, also darauf besteht, dass jede Aussage für jeden ihrer Gelehrten dasselbe bedeuten soll, muss sie ihre Ergebnisse in der Sprache der formalen Logik angeben. Das Wesen der wissenschaftlichen Einstellung ist die Objektivität, und die Formalisierung lässt sich als unvermeidlichen Nebeneffekt betrachten. So gesehen ist die Formalisierung der wissenschaftlichen Sprache das Epiphänomen der Objektivität.

Das formal scheinbar logische Phänomen unseres alltäglichen und professionellen Denkens könnte auch lediglich ein Epiphänomen der Tatsache sein, dass unsere Schemata ziemlich gut der Logik der Dinge folgen. Dies wird auch durch die Tatsache bestätigt, dass Experimente, die die psychologische Realität der Syllogismen der formalen Logik beweisen sollen, wenig Erfolg hatten. Es folgte zudem aus der weiteren Analyse der in Kapitel 2 erörterten experimentellen Ergebnisse, dass wir Menschen, außer beim *modus ponens*, gewöhnlich nur wissen, welche Syllogismen richtig sind und welche nicht. Auch unsere allgemeinen Mustererkennungsschemata und unsere heuristischen Methoden der Bewertung und Entscheidungsfindung sind, wie sich zeigte, viel weniger komplex strukturiert, als die formale Logik und Mathematik es erfordern würden.

Wir können uns kaum vorstellen, dass ein Phänomen von wirklich «schrecklichen» Regeln bestimmt wird, obwohl wir durch die Kombination von logischen Bedingungen verwirrende Regeln erzeugen können. Das lässt sich an Johnson-Lairds Experiment nachweisen, bei dem den Versuchspersonen drei Schalter vorgelegt werden, deren Kombination bestimmt, ob eine Lampe brennen kann oder nicht. Die Versuchspersonen konnten die Schalter in jede Stellung bringen: Ihre Aufgabe bestand darin, die Regel dafür zu bestimmen, dass die Lampe brannte. Die in das Gerät eingebaute Struktur für die Regel war unangenehm kompliziert: Praktisch ließ sich die Regel am einfachsten herausfinden, wenn man sich alle Fälle merkte, bei denen die Lampe brannte. Das geschah nur, wenn die Schalter in den Stellungen UNTEN-OBEN-UNTEN, OBEN-UNTEN-UNTEN oder OBEN-UNTEN-OBEN waren.

Die Versuchspersonen vermuteten nach einigen Versuchen relativ einfache Regeln (beispielsweise: Wenn der erste Schalter OBEN ist und der zweite UNTEN, brennt die Lampe, sonst nicht). Die Versuchspersonen betrachteten die Aufgabe schon dann als gelöst, wenn die vermutete Regel einige Kombinationen gut vorhersagte. Nur ein Bruchteil der Versuchspersonen wählte die in solchen Fällen rettende Lösung der formalen Logik, also das systematische Ausprobieren aller Möglichkeiten. Unser Grundschema höherer Stufe lenkt unser Denken nicht in diese Richtung.

All diese Ergebnisse zeigen, dass die Schemata der formalen Logik kaum als psychologische Realität betrachtet werden können, die für das Denken der Menschen ganz *allgemein* bestimmend ist. Einige Menschen jedoch halten anscheinend die Ausnahme für die Regel. In Kapitel 2 sahen wir, dass ein gewisser Prozentsatz aller Menschen das Kartenproblem selbst in seiner abstraktesten Form ohne besondere Schwierigkeiten löste. Einige Probanden lösten auch das obige Problem mit den Schaltern richtig. Anscheinend haben die Schemata der formalen Logik in diesen Menschen doch psychologische Realität. Höchstwahrscheinlich nennen wir solche Menschen Mathematiktalente – sie haben die Möglichkeit, Großmeister der Mathematik zu werden.

Wie vernünftig ist der Mensch?

Uns Menschen ist es gelungen, die Spitzenprodukte der Rationalität, also Mathematik und formale Logik, zu schaffen und zu nutzen. Zugleich aber leiden wir unter Neurosen, und unsere kognitiven Schemata höherer Stufen beruhen nicht auf reiner Vernunft. Menschen finden sich in ihrer komplexen Alltagswelt gut zurecht und können mit vernünftiger Überlegung Probleme lösen, bei denen die größten heutigen Computer versagen; zu anderen Zeiten jedoch machen sie, wie wir sahen, bei der Beurteilung sehr einfacher Ereignisse grobe Fehler.

Diese Dualität spiegelt sich auch in psychologischen Theorien. Auf der Grundlage seiner genauen und gründlichen Beobachtungen beschreibt Jean Piaget, wie und durch welche Stadien ein hilfloses Kind, das nichts von seiner Umwelt versteht, zu einem rationalen Erwachsenen wird, der unbekümmert über die Mittel des formalen Denkens verfügt und sie nutzt und der in abstrakten Operationen denkt. Freud malte ein wesentlich weniger respektables Bild des Menschen; aus seiner Sicht ist ein Erwachsener weitgehend seinen irrationalen Wünschen, Instinkten und nur scheinbar vergessenen und vergangenen Traumata der Kindheit ausgeliefert. Sprechen diese beiden großen Wissenschaftler eigentlich von demselben *Homo sapiens*?

Richard Nisbett und Lee Ross schrieben in ihrem Buch über die Inferenzmechanismen der Menschen: «Das Versagen der Menschen beim Schlussfolgern ist von derselben Art wie ihre Erfolge beim Schlussfolgern. Insbesondere behaupten wir, dass die Strategien, mit denen Menschen Schlüsse ziehen, sich gut dazu eignen, mit einem weiten Problembereich umzugehen, aber ebendiese Strategien werden eine Belastung, wenn sie außerhalb dieses Bereichs angewendet werden, besonders wenn sie auf Probleme angewendet werden, die eine Einschätzung der normativen Grundsätze voraussetzen, die die formaleren Folgerungen des professionellen Naturwissenschaftlers leiten helfen.»[3]

Unsere Schemata bestimmen, was wir in unserer Umwelt wahrnehmen können und was nicht, und die Schemata der Naturwissenschaften bestimmen, zu welchen Ergebnissen wir kommen können. Wenn wir die Stadien untersuchen, die Menschen im Verständnis ihrer physikalischen und sozialen Umwelt durchlaufen, liefert die formale Logik ausgezeichnete externe Methoden der Beobachtung. Das Ausmaß, in dem unser Verhalten der Logik der uns umgebenden Dinge entspricht, wird objektiv daran gemessen, wie weit sie den Erwartungen der formalen Logik entspricht. Wenn es jedoch unser Ziel ist, unsere irrationalen Handlungen und unsere Neurosen zu beschreiben, bringen die Regeln der formalen Logik es aufgrund ihres Wesens nicht sehr weit. Beide Arten von Beobachtungen können völlig objektiv und richtig sein, genau wie dieselben Tiere sich im Licht unterschiedlicher Beobachtungen als galant und freundlich oder aggressiv und egoistisch, hier als beruhigend monogam und dort als verhängnisvoll flüchtig erweisen können.

Wir kennen viele Anzeichen dafür, dass menschliches Denken – außer bei eindeutig mathematisch begabten Menschen – nicht durch die Schemata der formalen Logik charakterisiert ist, zumindest nicht oberhalb und unterhalb des Niveaus der Meisteranwärter. Es ist unwahrscheinlich, dass wir die Schemata der formalen Logik lernen sollten, wenn wir das Niveau der Meisteranwärter erreichen, nur um sie später wieder zu vergessen. Realistischer scheint die Annahme, dass das vernünftige Denken von Meisteranwärtern nur ein Epiphänomen der Tatsache ist, dass ihr Denken ein Niveau der Komplexität erreicht hat, das ausreicht, die relevantesten Phänomene ihres Berufs zu verstehen und allgemeine Probleme zu lösen. Auf dieser Stufe eignet sich die formale Logik zur Kontrolle der Gedanken, denn auf diese Weise können wir auch die allgemeine Richtigkeit unserer Gedanken überprüfen, die wir mit Hilfe der Intuition, also mit den heuristischen Methoden der Repräsentativität und der Verfügbarkeit, erlangt haben. Die meisten der Verfasser der Motti dieses Buchs sind auf recht unterschiedlichen Wegen der Erkenntnis zu ähnlichen Schussfolgerungen gelangt. Unterschiedliche Denkweisen, Gedankengänge, die in unterschiedlichem Maß vernünftig sind (aber ihre Mittel konsistent nutzen), können alle zu demselben Schluss führen: Die Vernunft ist eher eine koordinierende und kontrollierende Kraft als ein Grundmechanismus unseres Denkens; sie eignet sich gut zum Zweifeln, aber schlecht zum Erschaffen von Neuem.

15. Mystisches Denken

Es führen viele Wege ins Nirwana; einige davon können sogar die eine oder andere Form der reinen Vernunft sein.

Letzter Satz von László Mérö, *Logik der Unvernunft*[1]

Würde ich sagen, ich wüsste, was Mystizismus ist, zeigte diese Aussage deutlich, dass ich nichts von seinem Wesen weiß. Wenn ich den Mystizismus nicht verstehe, ist das für mich etwas anderes, als wenn ich den Satz von Gauß-Ostrogradsky aus der Differenzialgeometrie nicht verstehe. Da mir sein Stil nicht gefiel, beschloss ich, ihn erst zu lernen, falls ich an der Universität eine Nachprüfung machen müsste, aber da ich bei der ersten Prüfung nicht durchfiel, brauchte ich ihn nicht zu lernen, und ich verstehe ihn immer noch nicht. Ich weiß jedoch, dass ich ihn verstehen könnte, wenn ich das müsste, genau wie ich sicherlich die Eigenschaften der Phthalsäureanhydride verstehen könnte, aber das Thema würde mich nie reizen. Der Mystizismus dagegen stößt mich überhaupt nicht ab; sein ungewöhnliches Wesen und die Art, wie seine Weltanschauung meiner genau entgegengesetzt ist, sprechen mich sogar sehr an. Niels Bohr sagte: «Das Gegenteil einer richtigen Behauptung ist eine falsche Behauptung. Aber das Gegenteil einer tiefen Wahrheit kann wieder eine tiefe Wahrheit sein.»[2]

Wegen der konkreten Dinge, die dieses Kapitel zu sagen hat, ist es eigentlich Teil des vorigen Kapitels. Hier laufen jedoch mehrere Fäden des Buchs zusammen, und das rechtfertigt ein eigenes Kapitel. Außerdem wollte ich dem Teil einen eigenen Rahmen geben, in dem ich mir wünschte, ich verstünde das, was ich sage, besser.

Die «Omnijektivität» des Mystizismus

Mystisches Denken unterscheidet sich radikal von sowohl wissenschaftlicher als auch religiöser Erkenntnis. Gewöhnlich sind zwar Mystik und religiöse Erkenntnis verknüpft, aber das ist keine logische Notwendigkeit.

Jede Wissenschaft und die meisten Religionen bemühen sich um Objektivität, wenn auch auf jeweils andere Art und von unterschiedlichen Axiomen ausgehend. Die Wissenschaft beschränkt ihr Interesse auf Dinge, die (jedenfalls theoretisch) der Erfahrung unmittelbar zugänglich sind, während die Religion noch andere Ausgangshypothesen und Methoden der Verifizierung erlaubt. Dementsprechend befasst sich die Religionswissenschaft sogar mit Problemen wie der Frage nach Gut und Böse, Moralisch und Unmoralisch, Heil und Verdammnis. Die Naturwissenschaft kann über diese Probleme nichts sagen, die natürlich trotzdem für Naturwissenschaftler als Menschen interessant sein könnten.

Es ist eines der Hauptkennzeichen des Mystizismus, dass er sowohl die Objektivität als auch die Subjektivität ablehnt. Die Grundlage des Mystizismus ist eine einschneidende ekstatische Erfahrung, die ihrem Wesen nach gewöhnlich große Ähnlichkeit mit dem in Kapitel 4 beschriebenen *satori* hat. Vermutlich ist es für das Erlebnis der Erleuchtung wesentlich, dass der Mensch ein überwältigendes Gefühl des Eins-Seins mit dem zu erkennenden Objekt erfährt und er selbst als eigene Person aufhört zu existieren. Die Erleuchtung muss extrem intuitiv sein, denn in solchen Momenten begreift man intuitiv die Einheit aller Dinge der Welt.

Mystisches Denken kann überhaupt nicht objektiv sein, weil es die Möglichkeit der Objektivität schlichtweg verneint und sich einfach weigert, den Dingen eine von uns unabhängige Existenz zuzuschreiben. Es kann auch nicht subjektiv sein, denn es schreibt dem Beobachter keine Aufgabe und keine unabhängige Existenz zu. Vielleicht sollte man mystisches Denken allumfassend oder mit Michael Talbots Begriff *omnijektiv* nennen, denn in ihm verbinden sich Innen- und Außenwelt, Psychisches und Physisches zu einer einheitlichen, untrennbaren, nicht aufteilbaren Entität. Talbot schrieb: «Wenn wir träumen, ist die allumfassende Natur des Traums offensichtlich. Ich träume vielleicht, dass ich an einem Tisch sitze und mit meinen Freunden frühstücke und mich mit ihnen unterhalte, aber wenn ich wach bin, weiß ich, dass sowohl ich als auch meine Freunde Teil des Kontinuums des Traums sind. Es ist eine rein semantische Unterscheidung zu sagen, dass es in dem Traum mehr als ein ‹Bewusstsein› gibt. Alle Menschen, die in dem Traum vorkommen, sind Maya. Sie sind Konstruktionen des Bewusstseins.»[3]

«Maya» ist ein Grundbegriff aus der zwei- bis dreitausend Jahre alten hinduistischen Tantra-Philosophie. Aus deren Sicht ist alles in der Welt nur eine Illusion, und wir können keinen größeren Fehler machen, als wenn wir versäumen, Maya zu bemerken, und uns selbst als von unserer Umwelt getrennt wahrzunehmen. Es ist in der Tat die einzige Aussage des Tantra, die für europäisches Denken wirklich definitiv ist. Dieser Begriff harmoniert erstaunlich gut mit der neuplatonischen Schule der Philosophie (man sagt, sie sei davon beeinflusst worden), obwohl sich auch wesentliche Unterschiede finden lassen.

Bertrand Russell zeigt vier Merkmale des Mystizismus auf:

«Das erste und unmittelbarste Ergebnis der Erleuchtung ist der Glaube an die Möglichkeit eines Wegs zum Wissen, den man Offenbarung oder Einsicht oder Intuition nennen könnte, im Gegensatz zu Sinneseindruck, Vernunft und Analyse, die als blinde Führer gesehen werden und uns in den Morast der Illusion leiten … Das zweite Merkmal des Mystizismus ist ein Glaube an die Einheitlichkeit und seine Weigerung, irgendwo Gegensätze oder Aufteilung zuzulassen. […] Ein drittes Kennzeichen fast aller mystischen Metaphysik ist das Leugnen der Wirklichkeit der Zeit. Dies ist das Ergebnis des Leugnens der Aufteilung. Wenn alles eins ist, muss die Unterscheidung von Vergangenheit und Zukunft eine Illusion sein. […] Die letzte der Doktrinen des Mystizismus, die wir betrachten müssen, betrifft die Überzeugung, dass alles Böse nur Schein ist, eine Täuschung, die durch die Aufteilung und Opposition des analytischen Intellekts zustande kommt.»[4]

Wenn alles eins ist, muss dieses Eine sehr komplex sein, da es sich in so vielen Formen manifestiert. Die heutige Naturwissenschaft ist derselben Meinung: Die Welt ist komplex. In der Tat hofft die Wissenschaft zugleich, dass die Welt gar nicht so sehr komplex sei, sondern sich durch nicht allzu viele gut gewählte allgemeine Begriffe und Regeln beschreiben lasse. Auch Einstein sagte: «Das Schönste, was wir erleben können, ist das Geheimnisvolle. Es ist das Grundgefühl, das an der Wiege von wahrer Kunst und Wissenschaft steht.»[5] Aber Mystiker wollen die Einheit des Universums nicht lernen oder beschreiben: Sie wollen sie erfahren. Komplexität ist in dieser Sphäre des Denkens sinnlos. Analyse und Synthese werden durch unmittelbare Erfahrung ersetzt. Dort tritt eine Form der Erkenntnis auf, in der eine allgemeinere Einheit, die Erfahrung der totalen Einheit der Welt zum Verständnis der zu verstehenden Dinge führt.

In Kapitel 1 sahen wir, dass es wirklich nichtrationale, unvernünftige Formen der Erkenntnis gibt. Im Zustand der Trance-Logik können wir auf Ideen kommen, die uns auf nachweislich nicht rein rationale, aber sicherlich schlaue Weise reale, objektive Wahrheiten über die Außenwelt erfahren lassen. Dies veranlasste uns, die Trance-Logik für eine reale Denkweise zu halten und nicht nur für einen besonderen Geisteszustand in einem veränderten Bewusstseinszustand. Der Zustand der Erleuchtung ist womöglich ein noch extremerer veränderter Bewusstseinszustand als der hypnotische Trance-Zustand, aber die Erforschung der Wirkungsweise der Trance-Logik – die im Zusammenhang mit der Hypnose entdeckt wurde – könnte helfen, das Denken und Erkennen mit den Mitteln der Wissenschaft zu verstehen, selbst in diesem Trance-Zustand.

Die trancelogischen Gedankengänge, die wir in Kapitel 1 kennen lernten, lassen sich gewissermaßen als omnijektiv sehen. Weder sind sie objektiv, da sie nicht auf direkter Erfahrung aufbauen, die von jedem jederzeit wahrgenommen werden kann, noch beruhen sie auf bestimmten logischen Schritten, aber sie sind auch nicht subjektiv, da sie auf der Einheit der jeweiligen Person und dem (halluzinierten oder realen) Wesen der Außenwelt gründen. Die Gedankengänge, die zur Unterscheidung von realen und halluzinierten Assistentinnen führten, waren aber auch nicht extrem omnijektiv – und das konnten sie auch gar nicht sein, denn das ausdrückliche Ziel war in dieser Situation eine Unterscheidungsaufgabe. Trotzdem bestand der Weg zur Erkenntnis in diesen Fällen aus der Erfahrung der Einheit von Individuum und Außenwelt (also diesem Trance-Zustand) und der Untersuchung dieser Überprüfung der nichtrationalen, aber intelligenten Einheit. Das ist der Weg der Omnijektivität.

Ich behaupte nicht, dass der Weg des Mystizismus immer zu tiefer Weisheit führt, aber ich sage auch nicht, dass der Weg der Wissenschaft notwendigerweise dorthin führt. Oft begegnen uns einfach *dumme*, wenn auch völlig logische Gedankengänge – es kommt gar nicht darauf an, wie logisch sie sind, solange sie nicht zu einem interessanten und wichtigen Ergebnis führen. Dabei meinen wir gar nicht Gedankengänge, die scheinbar formal logisch, tatsächlich aber falsch sind; in solchen Fällen lässt sich der falsche Schritt oft nicht leicht aufzeigen. Um die Logik gut anzuwenden und mit ihrer Hilfe interessante und gültige Ergebnisse zu erhalten, muss man *allgemein* klug und begabt sein, jedenfalls in dem betreffenden Gebiet. So ist es auch beim Mystizismus. Natürlich gibt es schlechten, dummen Mystizismus, genau wie es schlechte, dumme Wissenschaft gibt. Man muss *allgemein* klug und talentiert sein, um die Verfahren der Omnijektivität gut nutzen zu können und mit ihrer Hilfe zu interessanten, gültigen Ergebnisse zu kommen. Für uns ist es wichtig, dass authentische, intelligente Formen des Mystizismus *existieren* und dass unsere jetzigen Methoden Gelegenheit bieten, ihr Wirken mit den Methoden der Naturwissenschaft zu untersuchen und zu verstehen.

Das höchste Meta-Niveau

Vielleicht lässt sich das Gefühl der Erleuchtung auch als die Aktivierung eines kognitiven Schemas wahrnehmen, das gleichzeitig das Meta-Niveau all unserer kognitiven Schemata ist, *selbst* aber kein Meta-Niveau hat. Leider kenne ich kein Laborexperiment, das auch nur den leisesten Aspekt einer solchen Aussage beweisen könnte, und ich kann mir auch keines ausdenken. Meister der Mystik, die schon Erleuchtung erfahren haben, finden den Schema-Begriff wahrscheinlich überhaupt sinnlos, aber nicht weil er möglicherweise das Epiphänomen allgemeinerer Prinzipien ist, sondern weil er ein Begriff ist. Die meisten Meister lassen uns ihre Erfahrungen in einer Art Bericht nachlesen, aber für unseren rationalen Verstand bleiben die Berichte ungeheuer dunkel, als ob sie aus einer anderen Welt kämen. «Als ob» ist dabei überflüssig: Sie sprechen aus einer anderen Welt, aus einem ganz anderen Zustand des Bewusstseins, und das Dekodieren ist hoffnungslos.

Verheißungsvoller ist der Ansatz der Dichtkunst und der Kunst überhaupt. Meister der Mystik sprechen gewöhnlich in Bildern, beispielsweise so: «Jeder Zweig einer Koralle enthält den glänzenden leuchtenden Mond.» Aber die Kunst zielt auf Ausdruck (obwohl sie, wie wir gesehen haben, auf einem Meta-Niveau wirkt und auch einen veränderten Bewusstseinszustand herbeiführen kann), deshalb hat sie notwendigerweise weitere Meta-Niveaus, so beispielsweise die schon existierenden Schemata der Empfänger oder auch die Ästhetik. Die Schriften der Mystiker fallen aus der Kategorie der Kunst heraus und zielen nur darauf ab, eine Vorstellung von der Unmöglichkeit des Ausdrucks zu geben. Ohne das wäre ihr Bericht über die Trance-Erfahrung überhaupt nicht echt. Trotz ihrer Absichten empfinden wir diese Berichte als poetisch, was vermutlich daran liegt, dass wir unwillkürlich und unvermeidlich, vielleicht mit Hilfe eines allgemeinen Schemas der Mustererkennung, die authentische Gegenwart des Meta-Niveaus wahrnehmen. Womöglich gibt es exakt aus diesem Grund in der östlichen Welt offenbar niemals irgendwelchen Zweifel darüber, ob jemand erleuchtet ist oder nicht. Diese Art von Authentizität lässt sich anscheinend nicht vortäuschen, wie ja auch die viel einfachere Trance-Logik der Hypnose nicht auf Dauer von Simulatoren imitiert werden kann.

Mehrere Zen-Meister haben gesagt, sie hätten durch die Erleuchtung nichts Neues gewonnen. Sie erlebten einfach das Wirken einer Fähigkeit, die sie immer besessen hätten. Wir sind alle in dem Zustand der Erleuchtung, auch wenn wir es nicht wissen: Das ist der Grund unseres Leidens. Ich möchte diesen Gedanken mit einem höchst absurd scheinenden, aber zutiefst rationalen Beispiel von Raymond Smullyan erläutern. Ursprünglich benutzte Smullyan dieses Beispiel, um eine mögliche Ursache für die Unlösbarkeit der Unterschiede zwischen dualistischen, idealistischen und materialistischen Philosophen zu veranschaulichen.

Nehmen wir an, es gäbe einen Planeten, auf dem nach einem seltsamen Naturgesetz die Formen der Objekte ihre Farben bestimmen. Beispielsweise sind alle Würfel grün, Kugeln rot usw. Wenn jemand ein Brötchen aufschneidet, ändert es seine Farbe. Einige Lebewesen auf diesem Planeten sind farbenblind, andere nicht. Aber sie wissen nichts von ihrer Farbenblindheit, weil sich diese Tatsache auf keine Weise beweisen lässt. Wenn sie beispielsweise zur Erde reisten, wären jene, die Farben sehen, sehr überrascht, dass es dort beispielsweise rote Würfel gibt, Farbenblinde dagegen sagten lediglich, es gebe dort Würfel. Diejenigen, die nicht farbenblind sind, sind jedoch sprachlos. Wie können sie ausdrücken, dass sie einen Würfel sehen, der irgendwie eine Kugel ist? Und wie sollten sie den Farbenblinden erklären, dass sie nicht ihren Verstand verloren haben, sondern wirklich solche Dinge sehen? Im Lauf der Zeit können sie sich natürlich ein eigenes Vokabular für Formen und Farben erstellen und die reichen Variationen der beiden unabhängigen Erfahrungen genießen. Trotzdem haben sie keine neue Fähigkeit erworben, sondern sind sich einfach einer schon immer vorhandenen eigenen Fähigkeit bewusst geworden.

Die Geschichte lässt sich unendlich weiterspinnen. Es ist vorstellbar, dass jene, die Farben sehen können, die Farbpalette auf ihrem Planeten unbewusst wahrgenommen haben und nicht verstehen, warum andere die wunderbare Harmonie in gewissen (beispielsweise kubistischen) Kunstwerken nicht sehen. Möglicherweise gab es auf dem Planeten vorher schon «Mystiker», die – zur Verblüffung aller – behaupteten, Würfel hätten eine Qualität höherer Ordnung, und die sich an imaginären Objekten erfreuten, die einerseits Croissants und andererseits Brezeln waren. Ich will Ihnen nicht die Freude nehmen, sich selbst die seltsamen Situationen und erhitzten philosophischen Debatten auf diesem seltsamen Planeten auszumalen, wenn dort nur wenige Menschen Farben sehen oder auch wenn fast jeder es könnte usw.

Talent zum mystischen Denken

Im vorigen Kapitel konnten wir nicht zufrieden stellend entscheiden, ob der formalen Logik eine psychologische Realität zugeschrieben werden soll oder nicht. Die Situation erinnert an die der nicht Farbenblinden im angeführten Beispiel: Die Mehrheit der Menschen könnte «matheblind» sein, aber eine Minderheit (jene, die für Mathematik begabt sind) hat mehr oder weniger eine «Mathe-Vision»: Bei ihnen kann sich die Sprache der Mathematiker zu richtigen und echten Schemata entwickeln. Die anderen können sich bestenfalls unter großen Schwierigkeiten gewisse mathematische Verfahren und Gedankengänge als vollständige unabhängig zu nutzende Einheiten aneignen. Aber die Komponenten dieser Einheiten haben für sie nicht an sich Sinn, genau wie für einige Grabwespenarten die unterschiedlichen Phasen des Eierlegens nicht unabhängig voneinander sinnvoll sind. Für mathematische Talente stellen mathematische Gedankengänge und Verfahren komplexe kognitive Schemata dar, deren Details ebenfalls sinnvolle, unabhängige Schemata sind, die auf viele Weisen mit anderen Schemata zusammenhängen. Für «Mathe-Blinde» sind dies einfach unabhängige Daten, Gedächtnisspuren, die sich nicht zu kognitiven Schemata zusammenfügen. Deshalb verstehen jene, die für Mathematik begabt sind, so schwer, warum andere Mathematik nicht verstehen oder ihre Schönheit nicht sehen. Vielleicht ist die Lage in anderen esoterischen Wissenschaften und Künsten (beispielsweise in der Philosophie, Musik, abstrakten Malerei) ähnlich.

Wahrscheinlich ist das Schema der perfekten Omnijektivität – die sich im Augenblick der Erleuchtung einstellt oder jedenfalls dann, wenn die Omnijektivität ein wirklich aktives Schema wird – für erleuchtete Mystiker eine psychologische Wirklichkeit. Folglich können sich erleuchtete Mystiker bei bestimmten Gelegenheiten, etwa bei der Meditation, in den angenehmen Zustand des *satori* bringen. Offensichtlich ist das Vorhandensein dieses Schemas irgendwie für ihre alltägliche Lebensweise bestimmend. In unserer kulturellen Umwelt können wir kaum hoffen, herauszufinden, wie viele Menschen das Potenzial haben, mystisches Denken zu entwickeln; wir können also nicht sagen, ob mystisches Denken eine allgemeine psychologische Realität oder nur eine Gabe ist, über die nur wenige verfügen.

Hinweise jedoch verdanken wir den Erfahrungen der Forscher auf dem Gebiet eines anderen veränderten Bewusstseinszustands, der Hypnose. Manche Menschen werden sehr leicht hypnotisiert, andere dagegen reagieren auf die üblichen Verfahren wenig oder nie. Die meisten Menschen sind der Hypnose einigermaßen zugänglich. Man hat exakte Methoden entwickelt, um den Effekt der üblichen Hypnoseverfahren zu testen, die zu recht stabilen Ergebnissen führten: Die so gemessene hypnotische Suszeptibilität ändert sich im Lauf des Lebens nur wenig, wir können daher erwarten, dass wir nach zehn Jahren immer noch auf demselben Punkt der Skala sind. Diese Fähigkeit ist also genauso stabil wie die Intelligenz oder ein feines Ohr für Musik. Hypnoseforscher stimmen jedoch darin überein, dass selbst die am wenigsten zugänglichen Menschen mit Hilfe spezieller, individualisierter Methoden in tiefe Hypnose versetzt werden können. Ehrlich gesagt gibt es aber nicht viele Daten, die zeigen, wie sehr diese Hypnose mit der übereinstimmt, die leicht hypnotisierbare Menschen erfahren.

In Bezug auf den Grad der erreichbaren radikalen Entwicklung in anderen Bereichen sind die Meinungen der Spezialisten geteilt. So hat beispielsweise der Schulmusikunterricht des Komponisten und Musikwissenschaftlers Zoltán Kodály bewiesen, dass sich die Fähigkeit zum Musikgenuss wesentlich verbessern lässt, aber wirklich unmusikalische Menschen werden wohl nie Musikkenner. Diejenigen, zu deren Stärke die Mathematik nicht gehört, freuen sich vielleicht darüber, wenn ihnen ein Beweis klar wird, besonders wenn ein sympathischer und fachlich kompetenter Mathematiklehrer ihnen dabei hilft, aber die Schönheit der Mathematik wird ihnen immer fremd bleiben, auch wenn sie in anderen Bereichen zu ausgezeichneten Ergebnissen kommen.

Viele Wege führen zur mystischen Erleuchtung. Gelegentlich sagt ein Zen-Meister, sein Schüler könne sehr wohl den Zustand des *satori* erreichen, aber nicht bei ihm, und empfiehlt ihm einen anderen Lehrer; wir kennen mehrere Beispiele für die Weisheit dieses Ratschlags. Natürlich kann man nicht sagen, was passiert wäre, wenn der Schüler bei dem ersten Meister geblieben wäre, aber das Verfahren selbst deutet darauf hin, dass es ein Talent zum mystischen Denken (oder, mit anderen Worten, die Neigung der natürlichen Kräfte, ein Meta-Schema auf möglichst hohem Niveau zu entwickeln) gibt und Meister es auch erkennen können.

Östliche und westliche Wege

Die östlichen und westlichen Formen des Mystizismus haben ähnliche Grundlagen, weisen aber auch Unterschiede auf. Wir zitieren wieder Bertrand Russell, der sich vor allem mit den westlichen Formen des Mystizismus befasste: «Der Glaube an eine ganz andere Wirklichkeit als die den Sinnen zugängliche, entsteht mit unwiderstehlicher Kraft in den Stimmungen, die die Quelle des meisten Mystizismus und der meisten Metaphysik sind. Während eine solche Stimmung vorherrscht, wird Logik nicht als notwendig empfunden und deshalb verwenden kompromisslose Mystiker keine Logik, sondern vermitteln ihre Einsicht unmittelbar. Aber ein solcher voll ausgeprägter Mystizismus ist im Westen selten. Wenn die Intensität der emotionalen Überzeugung nachlässt, sucht ein an vernünftiges Denken gewöhnter Mann nach logischen Gründen, die für die gewonnene Überzeugung sprechen.»[6]

Das ist natürlich die Quadratur des Kreises. Die Wege, auf denen das mystische Denken zur Vollkommenheit gelangt, sind in den westlichen Kulturen nicht eben. Die Entwicklung des logischen Denkens wird durch einen sorgfältig ausgearbeiteten Syllabus gefördert, aber die Syllogismen der formalen Logik werden, wie wir sahen, trotzdem für nur wenige Menschen wirklich aktive Schemata. Auch die westlichen Religionen akzeptieren die objektive Einstellung und die Differenzierung und betrachten die irdische Existenz als eine Art Übergangsstadium.

Der westliche Mensch ist vor allem am Endergebnis interessiert. Er möchte von seiner Richtigkeit überzeugt sein und empfindet die Wege, die zu dem Endergebnis führen, oft als nebensächlich. Die Vernunft ist ein ausgezeichneter Grund für diese Mentalität. Natürlich braucht man Intuition, um immer tiefere Ergebnisse zu erhalten, aber wir spüren, dass eine Entdeckung nur dann wirklich gültig ist, wenn wir selbst ihre Richtigkeit beweisen können. Der sicherste Weg zu diesem Ziel ist die reine Vernunft. Wie wir in Kapitel 13 sahen, kann die Intuition der Vernunft immer voraus sein, und die Vernunft kann die Grundlagen der Intuition erweitern. Außerdem sahen wir, dass schon der Gödel'sche Satz die Naturwissenschaft dazu verdammt, unablässig von einem Bezugssystem zu einem anderen zu wechseln. Diese beiden Beobachtungen bedeuten zugleich, dass die Entwicklung der Naturwissenschaften ungebrochen verlaufen kann. Dies ist das erste Anzeichen dafür, dass der Gödel'sche Satz vielleicht doch kein so negatives Ergebnis ist, wie er es allein aufgrund seiner Form zu sein scheint.

Der östliche Mensch ist vor allem an dem Weg interessiert, der zum vollen Verständnis der Einheit der Welt führt. Das Endergebnis ist (zumindest in diesem Aspekt des Lebens) für ihn ein sinnloser Begriff, weil er fest von der Einheit der Welt überzeugt ist, selbst wenn er sie nicht in voller Tiefe wahrnehmen kann, weil es ihm nicht gelingt, Erleuchtung zu erfahren. Östliche Religionen, besonders der Buddhismus, akzeptieren keine objektiven Einstellungen und Unterscheidungen: Sie sehen unsere irdische Existenz als allem anderen gleich.

Man könnte den wirklich hoch entwickelten Mystizismus für die extremste Form holistischen Denkens halten. Vielleicht ist eine seiner klarsten Variationen der Zen-Buddhismus. Eine Grundthese des Zen besagt, dass es ganz unmöglich ist, zu definieren, was Zen ist. Aber auch das kann Zen nicht definieren, denn sonst könnte er ja doch definiert werden. Es ist eine typisch Gödel'sche Situation. Auf diese Weise erhalten Zen-Koans eine Art neue Deutung. Jeder Koan lässt sich als etwas ansehen, das das Gödel'sche Wesen eines bestimmten Problems mit unserem jetzigen noch nicht erleuchteten Denksystem erhellt. Im Buddhismus wird gewöhnlich die Lernfrage gestellt: «Ist Buddha tot?» Der entscheidende Punkt ist, dass weder Ja noch Nein eine falsche Antwort ist. Besser lässt sich nicht beweisen, dass die Grundfrage Gödel'scher Art ist. Aber der Weg dahin, wo man das Problem zutiefst empfindet und endlich erleuchtet wird, ist noch sehr, sehr lang.

Der Gödel'sche Satz versetzte der westlichen Naturwissenschaft einen schweren Schock. Für östliche Menschen war die Entdeckung des Gödel'schen Phänomens kaum schockierend, denn sie haben den Weg immer schon als einen gesehen, auf dem die Erfahrung der Irrationalität von Fragen und Unterscheidungen immer tiefer erfahrbar wird. Deshalb könnte das Zen-Koan in Kapitel 4 auch als eine Art Moralgeschichte angesehen werden. Auf dem Weg zur Erleuchtung gibt es wichtigere und persönlichere Verfahren des Lernens; sie reichen von der Meditation über die täglichen Rituale der Klöster zu den vom Meister versetzten Stockschlägen. Jedes zielt irgendwie auf Transzendenz und die Erfahrung des Gödel'schen Wesens der Welt. Und irgendwo auf diesem Weg kann das große Geheimnis aufleuchten, wenn wir intuitiv auf jeder Stufe des Weges das gemeinsame Wesen aller Transzendenz spüren.

Im Augenblick der Erleuchtung geschieht wahrscheinlich dasselbe wie bei der Entwicklung eines neuen Schemas. Betrachten wir zum Beispiel die Entstehung des Zahlbegriffs in einem Kind. Zunächst zählt ein Kind bis zwei, dann bis drei, dann bis vier; später fragt es vielleicht, ob es Zahlen gibt, die größer sind als hundert, aber irgendwann gibt es einen Punkt, nach dem keine solchen Fragen mehr kommen. Dann ist dem Kind die Unendlichkeit der Zahlenfolge klar, sein Zahlen-Schema ist entwickelt und kann arbeiten. Dies ist jedoch keine sehr ekstatische Erfahrung, vielleicht weil dieses Meta-Schema ein Meta-Niveau nur weniger anderer Schemata ist. Das Schema der Erleuchtung ist jedoch das Meta-Niveau jeder unserer Zellen, jedes unserer Organe und, was für unser jetziges Thema noch wichtiger ist, jedes unserer bewussten und unbewussten Schemata: Es deutet und modifiziert jedes von ihnen zugleich. Deshalb kann es eine tiefe und ekstatische Erfahrung sein. Aber selbst die poetischste Beschreibung kann die Erfahrung nicht wiedergeben, genau wie jemand, der nie verliebt war, auch aus allen Liebesgeschichten der Welt nicht lernt, wie es ist, verliebt zu sein.

Um Erleuchtung zu erlangen, genügt es nicht, das Meta-Schema der höchsten Stufe zu entwickeln. Man muss vielmehr alle Schemata auf ein möglichst gleichförmiges Meta-Niveau bringen. Das ist keine einfache Aufgabe. Alle Neugeborenen verfügen im Alter von wenigen Tagen über Fähigkeiten der Unterscheidung oder allgemeine Schemata, so die zur Anordnung von Dingen, zur Unterscheidung eines Objekts vom Hintergrund, zur Wahrnehmung von Bewegung. Im Lauf unseres Lebens entwickeln sich komplexe Meta-Schemata der Differenzierung, und wer den Weg zur Erleuchtung beschreitet, muss sie alle dem Dienst an dem zu entwickelnden Meta-Schema höchster Stufe unterordnen. Das erfordert, genau wie das Erreichen des Niveaus des Großmeisters in jedem anderen Gebiet, mindestens zehn Jahre intensiven Trainings. Anders geht es nicht. Deshalb ist es gerechtfertigt, jeden, der erleuchtet ist, einen Meister zu nennen. Archimedes sagte zu König Hieron II. (nach anderen Quellen sagte es Euklid zu Ptolemäus I.), der um rasche und mühelose Einführung in die Geheimnisse der Kunst der Mathematik bat: «Es gibt keinen Königsweg zur Mathematik.» Genau wie es keinen Königsweg zur Mathematik gibt, so gibt es auch keinen Königsweg zur mystischen Erleuchtung.

Noch einmal: Holismus versus Reduktionismus

Nachdem der Jesuitenpater Enomiya-Lassalle sich in Japan mehrere Jahre lang mit dem Buddhismus beschäftigt hatte, schlug er vor, gewisse Verfahren des Umgangs mit Körper und Geist in die katholische Ausbildung zu übernehmen, denn einige Meditationspraktiken des Zen sind sehr effizient und lassen sich auch leicht an katholische Prinzipien anpassen. Aber auch wenn sich manche Verfahren womöglich leicht anpassen lassen, zeigt sich der radikale Unterschied zwischen den beiden Weltanschauungen in den Eingangssätzen der Bibel: «Am Anfang schuf Gott Himmel und Erde.» – «Gott sah, dass das Licht gut war. Gott schied das Licht von der Finsternis.» Alles beginnt mit einer Unterscheidung, einem Unterschied zwischen Gut und Böse, etwas, das der buddhistische Weltbegriff für irdische Zufälle hält, ohne deren Transzendenz die Erfahrung des *satori* unerreichbar ist.

Vielleicht ist dies einer der Gründe, warum das europäische Denken in die Richtung von Kategorisierung und Reduktionismus ging. Es könnte auch andere Gründe geben, so beispielsweise die Trennung der weltlichen und geistlichen Macht in Europa, während der Kaiser im Osten als Gott angesehen wurde. Wie bereits erörtert, unterscheiden sich auch die Denkweisen der europäischen Völker voneinander. Offensichtlich unterscheidet sich das Denken westlicher Völker von dem östlicher. Letztere haben eine andere Geschichte und machten andere bestimmende Erfahrungen. Der erste Satz in einem japanischen Lesebuch für Erstklässler lautet: «China ist ein großes Land, Japan ein kleines.» Das ist der erste Lesestoff einiger japanischer Kinder; Chinesen aber lesen etwas anderes. Trotzdem sind die Unterschiede zwischen den östlichen und westlichen Denkweisen viel tiefer als jene zwischen den europäischen Nationen.

Das östliche Denken ist holistischer. Wenn in einem chinesischen Geschichtsbuch ein Kampf beschrieben wird, ist nicht vor allem von den militärischen Möglichkeiten der Partner die Rede. Auch das Wetter, die unterschiedlichen Vorzeichen und andere gleichzeitige Ereignisse – selbst die Hochzeit von zwei gewöhnlichen Menschen, die gut zueinander passen – finden Erwähnung. Das europäische Denken beginnt mit der Logik der Dinge, das östliche dagegen geht, wenn irgend möglich, von der Logik der Dinge (also der einheitlichen Weltordnung) aus. Das veranschaulicht die folgende Geschichte eines chinesischen Regenmachers:

In einem chinesischen Dorf hatte es lange nicht geregnet, und man holte den Regenmacher. Der Regenmacher zog in seine Wohnung und tat nichts Besonderes, vollführte keinen Zauber, bewegte sich nicht einmal vom Platz. Dann begann es schließlich zu regnen. Als die Dorfbewohner ihn fragten, wie er es bewerkstelligt habe, sagte er, er mache solche Dinge nicht. Der Regen komme, wenn die Dinge in natürlicher Harmonie sind. Er habe bei seiner Ankunft im Dorf bemerkt, dass in dem Dorf Zwietracht herrschte, deshalb konnten die Prozesse der Natur nicht normal ablaufen. Aber er habe auch bemerkt, dass die Unstimmigkeit in dem Dorf in ihm Unstimmigkeit auslöste, deshalb habe er sich in seine Behausung zurückgezogen, um in sich selbst Harmonie zu finden. Als seine eigene innere Harmonie wiederhergestellt war, begann es zu regnen, wie es sich nach der Harmonie der Welt gehört.

Die Geschichte ist zweifellos unrealistisch, aber die Legenden unserer eigenen Kultur sind nicht weniger unrealistisch. Unsere Legenden erzählen von wundervollen Taten Einzelner. Sie spiegeln das Bemühen und die Bedeutung wider, die in unserer Kultur dem Einzelnen zukommt, wie die Geschichte vom Regenmacher die untrennbare Einheit des Individuums und der Natur, von Innen- und Außenwelt betont. Die beiden Kulturen beruhen auf radikal unterschiedlichen Erfahrungen und denken deshalb radikal anders.

Die Spitzenleistung des reduktionistischen europäischen Denkens zeigt sich in den Errungenschaften der Naturwissenschaften, von der Kernenergie zur Gentechnologie. Die Spitzenleistung östlichen Denkens ist wahrscheinlich das Erreichen des *satori*: Dies ist vermutlich eine ungeheuer sensationelle Erfahrung (ich kann da natürlich nicht sicher sein). Aber in den westlichen Kulturen haben nur wenige das Glück, an den Spitzenleistungen der Wissenschaft mitzuwirken, genau wie das *satori* der östlichen Kulturen nur von wenigen erreicht wird. Die treibende Kraft der westlichen Denkweise ist der Fortschritt, und die Annehmlichkeiten, die die technischen Errungenschaften ermöglichen, werden an alle weitergegeben. Östliches Denken bringt dem Individuum innere Harmonie und Harmonie mit dem Universum.

Diese Erkenntnis lenkte die Aufmerksamkeit der westlichen Kulturen in den Jahren nach 1960 auf die Philosophie des Ostens (gleichzeitig mit dem Minirock, den Hippies, LSD, Bionahrung und den Beatles). Ich sollte erläutern, warum ich in einem Atemzug mit *I Ching* und dem Zen-Buddhismus auch die Blumenkinder erwähne (ich könnte das wohl nicht überzeugend begründen). Rein zeitliches Zusammentreffen, auch wenn es möglicherweise bedeutungsvoll ist, reicht in unserer Sphäre als Begründung nicht aus. Diese Mentalität hat zu unseren wissenschaftlichen Errungenschaften geführt, aber das ist auch der Grund, warum wir nicht einmal hoffen sollten, dass östliche Philosophien jemals in unserem Denken tiefe Wurzeln fassen. Für konkrete Ziele können konkrete Verfahren übernommen werden – wie der Osten unsere technischen Errungenschaften übernommen hat. Aber das westliche Denken muss seinen Weg zur inneren Harmonie in Übereinstimmung mit seiner eigenen Logik und Denkweise finden.

16. Der Ursprung der Ideen

Wie kunstvoll sind die Karten gemischt! Blut!

Michail Bulgakow[1]

Womöglich begann das 20. Jahrhundert im Jahr 1859 mit der Veröffentlichung von Darwins *Über den Ursprung der Arten*. Die Wissenschaft hatte schon früher Vorstellungen von den Regeln des Zufalls gehabt, aber dieser Wissensbereich war lediglich eine Art Ersatz, solange es nichts Besseres gab, was das unzureichende Wissen durch Anwendung der Regeln des Zufalls ergänzen konnte. Laplace hatte mit Hilfe von Wahrscheinlichkeitsüberlegungen gezeigt, dass die Kometen zum Sonnensystem gehören, und aus den vorhandenen Daten berechnet, dass die Gewinnchancen seiner Theorie bei einer Wette mehrere Milliarden zu eins stünden. Darwins brillante Intuition jedoch eröffnete dem Zufall ganz andere Chancen: Es wurde denkbar, dass selbst die Entwicklung so komplexer und sinnvoller Vorgänge, wie es das Leben ist, auf blindem Zufall beruhen könnte.

Dieser Gedanke wurde in den wissenschaftlichen Revolutionen des 20. Jahrhunderts zu einem vorherrschenden Motiv. Der Zufall ist ein wesentlicher Faktor auch bei quantenmechanischen Prozessen, in der Genetik und nach John von Neumanns Spieltheorie sogar in gewissen Zweigen der Wirtschaftswissenschaften. Ich habe diese Idee in meinem Buch *Logik der Unvernunft* aus der Sicht mehrerer Wissenschaftszweige gründlich erörtert. Für uns ist hier wichtig, was Darwins Auffassungen zu unserem Thema, also zur Erforschung des Wirkens kognitiver Schemata und unterschiedlicher Denkweisen, sagen und beitragen können.

Darwins Intuition

Darwins Theorie war wirklich ein Ergebnis der Intuition: Weder definierte er genau, wofür die natürliche Auslese gilt, noch wusste er etwas über die Mechanismen der Vererbung oder die Grundlagen der Genetik. Außerdem erwies sich ein großer Teil seiner Überlegungen und Gedanken in ihren Einzelheiten als falsch, als sie mit den verbesserten Methoden des 20. Jahrhunderts überprüft wurden. Die starke Ablehnung, die seiner Theorie zu seinen Lebzeiten begegnete, richtete sich jedoch nicht gegen solche Einzelheiten und nicht einmal gegen die erschreckende Möglichkeit, dass der Mensch vom Affen abstammen könnte. Sie war vielmehr eine Reaktion auf billigen Journalismus und engstirnige Religiosität; ernsthafte, auch tief religiöse Wissenschaftler der Zeit hätten sie mit einer Geste des Bedauerns übergangen, denn die wissenschaftliche Meinung hatte sich damals schon gut etabliert.

Aber auch für die größten Zeitgenossen Darwins war fast undenkbar, dass zum Gedankengefüge der natürlichen Auslese nicht auch Begriffe wie «Ziel» (ob von Gott oder der Natur gesteckt), «Fortschritt» und «Entwicklung» gehören sollten. Nach dem Prinzip von Occams Rasiermesser hätten sie, wie wir es heute tun, den enormen Gewinn begrüßen und sich freuen können, dass so viele Annahmen überflüssig wurden. Seinerzeit jedoch war das Vermeiden solcher Begriffe gleichbedeutend mit der Infragestellung letzter Ziele oder des Sinns der Wissenschaft überhaupt. Auch in dieser Hinsicht kann Darwins Werk als

Beginn des 20. Jahrhunderts angesehen werden. Heute können wir uns sehr wohl vorstellen, dass wir manche Grundfragen in einem bestimmten Rahmen nicht beantworten können, und das nicht, weil wir nicht klug genug sind, sondern weil die Fragen Gödel'scher Art und deshalb unbeantwortbar sind. Diesen Gedankengang werden wir im nächsten Kapitel fortführen.

Heute bezweifeln nur sehr wenige Menschen, dass Darwins Evolutionslehre den Mechanismus der Entwicklung der Arten beschreibt. Selbst der Papst erklärte 1996, Darwins Lehre könne mit dem Dogma der katholischen Kirche in Einklang gebracht werden.

Zu Beginn des 21. Jahrhunderts besteht eine der größten Herausforderungen darin, der Evolution auf die Schliche zu kommen. Auf den ersten Blick erscheint die Formulierung dieser Herausforderung vielleicht gar nicht mehrdeutig. In dem Satz «Der Beschuss des Schiffes verursachte keine Verluste» ist die Mehrdeutigkeit klarer: Feuerte das Kanonenboot oder wurde es beschossen?

Wenn die Evolution der Grundmechanismus der Natur bei der Entwicklung der Arten (und, wie wir bald sehen werden, auch von anderem, etwa der Gedanken) ist, dann müssen wir die Tricks der Evolution durchschauen, um die Ursachen der Vielfalt unserer lebendigen Umwelt zu finden. Darum geht es bei Darwins Intuition.

Sobald wir jedoch eine Idee davon haben, wie die Evolution wirkt, können wir die so gelernten Tricks entweder für die Zwecke der künstlichen Intelligenz einsetzen oder als ein Modell benutzen, um weitere wissenschaftliche Beziehungen zu entdecken. In diesem Sinn ist die Idee der Evolution der Trick, auf dessen Grundlage wir ein Modell bauen können, das uns zu beobachten erlaubt, wie es funktioniert und sich bewährt, unabhängig davon, wie genau unsere Ideen mit den realen biologischen Mechanismen der Natur übereinstimmen. Wir ziehen diese Dualität in der gleichen Weise in Betracht, wie wir die kognitive Psychologie, die sich mit den Mechanismen des menschlichen Denkens befasst, und die Kognitionswissenschaft, die die Modelle als unabhängige Einheiten untersucht, berücksichtigt haben.

Die Theorie des egoistischen Gens

Der Name der Theorie ist der Titel des berühmten Buchs von Richard Dawkins. In Darwins ursprünglicher Theorie waren die Einheiten der natürlichen Auslese ungenau definiert und nur durch eher vage Merkmale der Vererbung charakterisiert, nämlich Variation und Kampf ums Überleben. Die Evolutionsforschung identifizierte diese Einheiten zunächst mit den einzelnen Lebewesen, aber als sich Darwins Konzept der Evolution als immer grundlegender erwies, wurde es immer fraglicher, ob sich überhaupt eine widerspruchsfreie Theorie der Evolution aufstellen lässt, deren Grundeinheiten Einzelwesen sind. Mit der Zunahme des genauen Wissens über die Mechanismen der Vererbung und des Verhaltens erforderte die innere Logik der Theorien die Einführung von entweder kleineren oder größeren Einheiten.

Verallgemeinerungen zu größeren Einheiten (die Annahme der Selektion von Gruppen oder Arten) sind ansprechend, weil wir auf diese Weise die selbstlosen, gelegentlich sogar opferbereiten Verhaltensweisen gewisser Individuen gut erklären können. Auch die Zoogamie lässt sich auf diese Weise besser interpretieren. Aber gleichzeitig wurden gelegentlich recht erzwungene künstliche Annahmen nötig, um die klassischen Darwin'schen Prinzipien streng einzuhalten.

Die andere Richtung der Verallgemeinerung ist die Theorie des egoistischen Gens. Sie geht von der Hypothese aus, dass die Einheiten der natürlichen Selektion viel kleiner sind als Lebewesen: Sie sind im Wesentlichen die Gene selbst. Um zu überleben, finden sich Gene zu großen Komplexen zusammen; sie bauen «Überlebensmaschinen», wie Dawkins sagt, versuchen also, ihr Überleben zu sichern. Auch wenn die Selektion Einzelwesen betrifft, hat doch das Gen die besten Überlebensmöglichkeiten, dem es gelingt, in die überlebensfähigsten Einzelwesen eingebaut zu werden. Zugleich kann das Gen natürlich zum Überleben des Individuums beitragen, aber das ist für das Gen unwichtig – ihm ist nur wichtig, dass es zur gewinnenden Mannschaft gehört. Das gilt insbesondere für unsere mehr oder weniger komplizierten Gen-Komplexe – die uns charakterisierenden körperlichen Eigenschaften und Verhaltensweisen. Je größer ein Genkomplex, umso weniger kann das Gen als Grundeinheit der Selektion gelten, und je stabiler Gene zu Komplexen verbunden sind, umso größer ist die Gewissheit, dass sie gemeinsam überleben oder untergehen.

Die Theorie des egoistischen Gens verkörpert Darwins ursprüngliche Gedanken sehr folgerichtig und kann überraschenderweise auch das Phänomen des Altruismus und sogar der Opferbereitschaft erklären: Das Gen für Opferbereitschaft kann sein eigenes Überleben (*als Gen*) fördern, falls sich ein Individuum mit diesem Gen für andere Individuen opfert, in dem Kopien des Gens überleben. Wenn durch das Opfer mehr Gene gerettet werden, als mit dem Tod des Individuums zugrunde gehen, lohnt es sich für die anderen Gene, das überlebende Gen in die Mannschaft aufzunehmen – vorausgesetzt, das Gen ist «schlau» genug, das Selbstopfer des Individuums nur in berechtigten Fällen zu erzwingen.

Die Theorie des egoistischen Gens setzt voraus, dass die Natur viele immer neue Versionen der Gene erzeugen (man könnte auch sagen: testen) kann. So entstehen beispielsweise immer neue Varianten der Gene, die das Selbstopfer erzwingen. Der Gewinner ist das Gen, das am besten merkt, wann es wirklich viele seiner eigenen Kopien retten kann und wann nicht. Es könnte sogar fähig sein, in Betracht zu ziehen, mit welcher Wahrscheinlichkeit das dem Individuum aufgezwungene Selbstopfer wirklich zum Tode führt.

Die Natur erzeugt tatsächlich mittels unterschiedlicher genetischer Mechanismen (Mutationen, Crossing-over, Inversion, Gensplitting usw.) Unmengen neuer Genvarianten, und dann führt die natürliche Auslese ohne weitere Nachfrage den «Eignungstest» durch. Dadurch gewinnen jene Gene an Einfluss, die Träger immer besserer körperlicher und geistiger Eigenschaften sind, Gene also, die der Logik der Dinge immer besser folgen, ohne dass irgendeines der Gene irgendetwas davon versteht.

Die wirkliche Leistungsfähigkeit der Theorie des egoistischen Gens zeigte sich, als John Maynard Smith Anfang der 1970er Jahre bemerkte, dass die Wirkungsweise eines Gens auch als etwas angesehen werden kann, das einem Träger eine Verhaltensstrategie oder sogar eine *Spielstrategie* auferlegt. Das ist ganz allgemein zu verstehen: Dazu gehören beispielsweise die Farbe der Augen, die Gezacktheit der Blätter oder der Grad der Aggression in einem territorialen Kampf. So gesehen ist der Kampf ums Überleben der Wettbewerb der durch die Gene bestimmten Spielstrategien. Die Überlebenschancen der einzelnen Gene (also die Spielstrategien) hängen von der Häufigkeit ab, mit der die Gene in der Population vorkommen. Der Zweig der Evolutionsbiologie, der das Verhalten von Lebewesen auf der Grundlage der Theorie des egoistischen Gens untersucht, ist die Soziobiologie – jetzt sind wir in der Lage, das Paradigma dieses Wissenschaftszweigs genauer zu definieren, statt es nur wie in Kapitel 3 zu umschreiben.

In Kapitel 3 sahen wir an zwei Beispielen, wie sich diese Idee auswirken kann: nämlich am Werbeverhalten und am Rätsellösen. Beim Rätsellösen können wir uns ein Gen für das Rätsellösen vorstellen und eines für das Nicht-Rätsellösen. Wenn niemand Rätsel löst, es aber viele schwierige Probleme gibt, deren Lösung einen hohen Überlebenswert hat, können sich die Rätsellöser-Gene vermehren, bis es pro Rätsellöser nur so wenige schwere Aufgaben gibt, dass jene, die ihre Energie nicht auf das Üben verschwenden wollen, besser dran sind, wenn sie ihr Überleben durch das Lösen vieler einfacher Probleme sicherstellen. Je nach der Umwelt kann sich ein optimales Gleichgewicht zwischen Rätsellösern und Nicht-Rätsellösern einstellen, und dann lohnt es sich für keines der Gene, von diesem Gleichgewicht abzuweichen, weil das die Chancen für das Überleben vermindern würde. Die Situation ist ähnlich bei den Genen, die den Weibchen vorschreiben, ob sie lange oder nur kurz umworben werden wollen. In diesem Fall ist das Modell viel komplexer, weil es auch in der Strategie des Männchens zwei Gene gibt (eins für den «treuen Ehemann» und eins für den «Herzensbrecher»), aber wieder kann sich zwischen den vier Genen ein Gleichgewicht einstellen, von dem abzuweichen sich für keines der Gene lohnt, denn die Vermehrung ginge auf Kosten ihrer eigenen Überlebenschancen.

Maynard Smith nannte diese Strategie evolutionär stabil (ESS), denn wenn sich einmal das Verhältnis der Gene in einer Population entsprechend dieser Strategie entwickelt, kann es lange gleich bleiben, solange sich die Umweltbedingungen nicht ändern, weil eine Störung des Gleichgewichts durch übermäßige Vermehrung keinem der Gene etwas bringt. Dawkins sagt: «Ich habe den Verdacht, dass wir eines Tages vielleicht auf die Erfindung der ESS als auf einen der bedeutendsten Fortschritte in der Evolutionstheorie seit Darwin zurückblicken werden. Dieser Begriff ist überall dort anwendbar, wo wir einen Interessenkonflikt vorfinden, das heißt fast überall. [...] Maynard Smiths Begriff der ESS versetzt uns zum ersten Mal in die Lage, deutlich zu erkennen, auf welche Weise eine Ansammlung unabhängiger egoistischer Organismen wie ein einziges organisiertes Ganzes aussehen kann. Ich meine, dies gilt nicht nur für die gesellschaftlichen Organisationen innerhalb der Arten, sondern auch für ‹Ökosysteme› sowie ‹Gemeinschaften›, die aus vielen Arten bestehen.»[2] Wie wir jetzt sehen werden, könnte all dies auch für solche Ordnungsstrukturen wie die menschlichen Gedanken zutreffen.

Kulturgene, Meme

Wir erwähnten schon, wie doppelsinnig der Titel dieses Kapitels ist. In ihrer ursprünglichen Form wollte die Theorie des egoistischen Gens lediglich herausfinden, wie der Mechanismus des Naturtricks funktioniert, den wir Evolution nennen. Dazu fand sie heraus, dass dieser Mechanismus auf Einheiten (also die Gene) anwendbar ist, die lange unverändert bleiben und sich selbst reproduzieren können. Im Lauf der Entwicklung der Theorie wurde eine Reihe von Hilfsmitteln entwickelt, die das Wesen der Evolution offen legen; der Begriff der ESS ist einer davon. Vielleicht erweisen sich diese Begriffe allmählich als die fundamentalen Mechanismen der natürlichen Evolution.

Andererseits sind die im Lauf der Ausarbeitung der Theorien entdeckten Hilfsmittel *unsere* Tricks, und wir können versuchen, sie auf andere Dinge anzuwenden als die, für die sie entwickelt wurden. So bemerkten beispielsweise Ch. J. Lumdsen und E. O. Wilson, dass auch unsere Alltagskultur in den meisten Fällen aus austauschbaren Einheiten besteht. Jeder kann sich aussuchen, welche Kleidung er trägt, welche Märchen seine Kinder hören, welche Verfahren der Problemlösung in bestimmten Situationen gewählt werden sollen. Das ist fast so, als ob jeder selbst entscheiden könnte, welche Gene er haben will, also selbst bestimmen könnte, welche Farbe seine Augen haben, wie lockig das Haar ist oder wie schnell er läuft. Lumdsen und Wilson gaben solchen Charakteristika den Namen *kulturelle Gene* und versuchten, die zur Untersuchung der Gene entwickelten mathematischen Methoden auf sie anzuwenden. Natürlich waren einige Veränderungen nötig, denn wir wählen unsere Gene nicht, sondern erben sie von unseren Eltern, während die Mechanismen, mit denen wir die kulturellen Gene wählen, in eine geeignete und speziell auf sie anwendbare mathematische Form gebracht werden mussten.

Der Versuch war erfolgreich: Die Gleichungen der Evolutionsbiologie waren selbst unter solchen Bedingungen anwendbar. Die sich so ergebende Theorie der Kulturgene führte zu ähnlich evolutionären Bewegungen wie die Modelle für wirkliche Gene. Auch die Ausbreitung der Kulturgene führte zu einem Gleichgewicht, das einige Zeit Bestand hatte. Einige Kulturgene verbreiteten sich mit der stürmischen Geschwindigkeit von Modeerscheinungen und starben plötzlich aus, wenn sich die Existenzbedingungen geändert hatten. Andere Kulturgene blühten lange oder vergingen langsam. Das Modell von Lumdsen und Wilson erklärt auch, welche Wechselwirkungen sich in der gemeinsamen Evolution der wirklichen, biologischen Gene und der kulturellen Gene ergeben. Das schönste Ergebnis des

Modells ist wohl, dass es die Geschwindigkeit der Evolution in Abhängigkeit von der Vielfalt der Umweltbedingungen und der biologischen und kulturellen Gene ziemlich genau abzuschätzen ermöglicht. Das Modell gibt eine sehr gute Erklärung für unsere alltägliche Erfahrung, dass die genetische Evolution ein ziemlich langsamer Prozess ist, während die kulturelle Evolution sehr rasch verlaufen kann und die beiden Prozesse einander keineswegs ausschließen.

Dawkins betont einen anderen Aspekt der Ähnlichkeit zwischen Genen und kulturellen Elementen: Im Kulturleben taucht durch Nachahmung oder mehr oder weniger genaues Kopieren immer wieder Neues auf, das sich reproduzieren und den Kampf ums Überleben aufnehmen kann. Diese neuen Replikatoren nannte Dawkins Meme. Er leitete den Namen von dem griechischen Wort *mimeme* ab und freute sich über die Anklänge des neuen Wortes an das Wort Gen, an das lateinische Wort *memoria*, Gedächtnis, Gedenken, und an das französische *même* (dasselbe). Dawkins sagt:

«Beispiele für Meme sind Melodien, Gedanken, Schlagworte, Kleidermode, die Art, Töpfe zu machen oder Bögen zu bauen. So wie Gene sich im Genpool vermehren, indem sie sich mit Hilfe von Spermien oder Eiern von Körper zu Körper fortbewegen, so verbreiten sich Meme im Mempool, indem sie von Gehirn zu Gehirn überspringen mit Hilfe eines Prozesses, den man in einem allgemeinen Sinn als Imitation bezeichnen kann. Wenn ein Wissenschaftler einen guten Gedanken hört oder liest, so gibt er ihn an seine Kollegen und Studenten weiter. Er erwähnt ihn in seinen Aufsätzen und Vorlesungen. Kommt der Gedanke an, so kann man sagen, dass er sich vermehrt, indem er sich von einem Gehirn zum anderen ausbreitet.[…] Wenn jemand ein fruchtbares Mem in meinem Geist einpflanzt, so setzt er mir im wahrsten Sinne des Wortes einen Parasiten ins Gehirn und macht es auf genau die gleiche Weise zu einem Vehikel für die Verbreitung des Mems, wie ein Virus dies mit dem genetischen Mechanismus einer Wirtszelle tut.»[3]

Die Begriffe kulturelle Gene und Meme können sich auf dieselben Einheiten in unserem Gehirn beziehen oder nicht. Die Situation ist der ähnlich, die wir in Kapitel 6 angesichts der Fülle der psychologischen Schema-Begriffe vorfanden. Diese beiden Begriffe erfassen unterschiedliche Aspekte desselben Dings. Sie wurden jeweils innerhalb des Bereichs definiert, für den sie geplant und in dem sie interpretiert wurden, deshalb lässt sich praktisch nicht entscheiden, ob sie dieselbe Größe meinen, auch wenn das wahrscheinlich der Fall ist.

Wir können sogar noch weiter gehen: Diese beiden Begriffe haben erstaunlich viele Kennzeichen des Schema-Begriffs. Dem scheint die oben festgestellte Tatsache zu widersprechen, dass sich kognitive Schemata fortwährend verändern. Unsere alltäglichen Überlegungen sind Ausdruck unseres persönlichen Stils, unserer Art, bildhafte Vergleiche zu ziehen oder Fernliegendes zu assoziieren, wenn wir nicht gerade eine wissenschaftliche Arbeit schreiben. Und doch können wir ganz sicher sein, verstanden zu werden, denn Verstehen ist ein aktiver Prozess, nämlich die Rekonstruktion der mitgeteilten Information mit Hilfe existierender Schemata.

Einerseits gibt es keine zwei Menschen, die dasselbe Ding auf dieselbe Weise sehen, weil im Kopf eines jeden Menschen unterschiedliche Schemata auf unterschiedlich hohen Stufen miteinander rivalisieren. Auch wir selbst könnten dasselbe nicht zweimal auf genau dieselbe Weise ausdrücken, weil sich die Grundlage unserer Botschaft, unsere Schemata, fortwährend verändern. Genauso wie wir nicht zweimal in denselben Fluss steigen können, können wir auch nicht zweimal denselben Gedanken denken.

Andererseits bedeutet das Überleben von Schemata, dass sie einen festen Kern oder ein unveränderliches Wesen haben, das im Lauf der ungenauen Reproduktionen und fortwährenden Modifikationen stabil bleibt. Darum verstehen andere Menschen, was wir zu sagen haben. Deshalb gehören die Begriffe kulturelles Gen und Mem in das Füllhorn der in Kapitel 6 erwähnten unterschiedlichen Schema-Begriffe. Der Unterschied zwischen Mem und Schema ist anscheinend nicht radikaler als der zwischen Schema und mentalem Modell, obwohl der Ursprung, die Methoden des Umgangs mit ihnen und die in diesem Zusammenhang gestellten Fragen völlig anders sind, denn der Begriff des Schemas gehört in die Psychologie, der des Mems aber in die Biologie.

Evolution und Vernunft

Im Prinzip haben Evolution und Vernunft nichts miteinander zu tun. Die größte Neuigkeit in Darwins genialem Gedanken war die Tatsache, dass er solche Konzepte wie Absicht, Rationalität und Ursache aus der Biologie verbannte und zeigte, dass die Entwicklung der Spezies allein aufgrund der natürlichen Auslese erklärt werden kann. Es gibt mehrere Anzeichen dafür, dass hinter der Ausbreitung von Gedanken, Schemata oder Memen ähnliche Grundmechanismen am Werk sind.

Andererseits haben diejenigen Meme die besten Überlebenschancen, deren Träger der Logik der Dinge am besten folgen können. In Kapitel 13 sahen wir, dass dies genügt, damit vernünftiges Verhalten auftreten kann, dessen Epiphänomen dann formale Vernunft sein kann. Viele Ökonomen (beispielsweise

Milton Friedman) sehen den Menschen in ihren Theorien als rationales Wesen an, weil es das Phänomen des «Als-ob» gibt. Wer überlebt, muss sich verhalten, als ob er rationale Entscheidungen fällt; nur so ist das Überleben möglich. In der Tat können in den komplizierten Mem-Komplexen auf sehr hohem Niveau Meme vorkommen, deren Überleben ausgerechnet durch die Tatsache garantiert ist, dass sie die Wirkung anderer nützlicher Meme besonders gut koordinieren. Vielleicht sind die Meme der formalen Logik und selbst der Vernunft genau solche Meme auf dem Meta-Niveau.

Hofstadter geht noch weiter:

> «Die meisten Philosophen und Logiker sind vom ‹analytischen› oder *apriorischen* Charakter logischer Wahrheiten überzeugt; sie wollen nicht glauben, dass solche Grundbegriffe bis in profane, willkürliche Dinge, wie es das Überleben ist, hinunterreichen. Sie würden vielleicht zugeben, dass die natürliche Auslese dazu tendiert, die gute Logik zu *begünstigen* – aber gegen die Idee, dass natürliche Auswahl die gute Logik *definiert, würden sie sich mit Händen und Füßen sträuben!* Und dennoch! Wahrheit und Überleben *sind* miteinander verflochten. Zivilisationen, die überleben, *haben* ganz gewiss höhere Wahrheiten erfasst als solche, die untergehen.»[4]

Die Evolution der Logik geht auch heute weiter: In den Fällen komplexer Fragen, die mit Notwendigkeit, Möglichkeit und zeitlichen Beziehungen zu tun haben, ist weder die schon zweieinhalb Jahrtausende alte Debatte darüber beigelegt, welche Syllogismen als unbedingt wahre Formen des Denkens in Betracht gezogen werden sollten, noch hat sich eine Spezies Mensch entwickelt, die die Fähigkeit hat, die Syllogismen der formalen Logik als allgemeine psychologische Realität zu akzeptieren.

Künstliche Evolution?

Vielleicht können wir künstliche Intelligenz erschaffen, indem wir den großartigen Trick der Evolution nachahmen und versuchen, wirkliche Meme zu programmieren. Diese Meme können dann um ihr Überleben kämpfen, während sie Mutationen und anderen Modifikationen ausgesetzt sind, ähnlich wie sich im EURISKO-Programm, das in Kapitel 5 vorgestellt wurde, normale heuristische Methoden unter dem Einfluss der Meta-Heuristik fortwährend verändern. Wir sahen, dass die Rolle der Meta-Heuristik in EURISKO in gewisser Weise dem Mechanismus der natürlichen Auslese ähnelt: Sie schließt erbarmungslos alle heuristischen Methoden aus (oder verändert sie zumindest), die sich nicht als lebenstauglich erweisen und nicht zu interessanten mathematischen Begriffen führen. Im EURISKO-Programm erwies sich dieses Verfahren als viel versprechend, wenn auch nicht völlig erfolgreich. Andere, eindeutig evolutionäre Programme jedoch waren sogar noch weniger erfolgreich; die künstliche Evolution führte meistens zu unsinnigen Verschränkungen. Das Problem ist dabei nicht die Verschränkung, sondern der Unsinn, denn auch unser Verstand beruht auf verschränkten Hierarchien.

Die relative Effizienz von EURISKOs Meta-Heuristik beruht nicht auf ihrer Ähnlichkeit mit der Methode der Evolution. Diese Ähnlichkeit geht vor allem auf den Urheber des Programms zurück, der einige Phänomene genannt hat, deren Heuristik er gern verändert hätte, als sie in dem schon laufenden Programm vorkamen, falls er hätte eingreifen können. Genau das leistet auf ihre eigene strenge Weise die Meta-Heuristik. Heuristische Verfahren sind völlig passiv. Sie sind entweder lebendig oder veränderlich oder sterben aus, aber im Gegensatz zu wirklichen Genen oder kognitiven Schemata tun sie nichts für ihr Überleben, sie bauen sich keine komplexen Überlebensmaschinen.

Experimente mit der künstlichen Evolution simulieren unwissentlich die meisten fundamentalen Mechanismen der natürlichen Evolution, indem sie unsere eigenen Intentionen betrachten. Unser eigener Intellekt spielt eine Rolle bei der Erschaffung der Umwelt der Simulation; irgendwie kommen unsere Ziele, Pläne oder Ideen über die Richtung der Selektion oder über die Struktur der Mutationen (wie im Fall der Meta-Heuristik von EURISKO) darin vor. Wir können die inhärente Ziellosigkeit der evolutionären Systeme durch unsere zweckdienlichen Methoden weder erfassen noch simulieren. Wir können ja nicht sagen, was in dem System Simulation und was Simulation der Simulation usw. ist. Die Lage ist derjenigen der Militärübung ähnlich, bei der die Truppen an einen Fluss kommen und auf der Brücke ein Plakat vorfinden, auf dem steht: «Diese Brücke ist zerstört.» Da aber das Wasser kalt war, gingen die Soldaten trotzdem über die Brücke. Als der kommandierende Offizier wütend zur Brücke lief, las er auf dem großen Banner, das die marschierenden Soldaten vor sich herführten: «Wir schwimmen.»

Der evolutionäre Prozess läuft völlig automatisch ab, ohne spezielle Ziele oder Motivationen. Das sich selbst reproduzierende Individuum braucht nichts anderes zu tun, als in der nächsten Generation wieder zu erscheinen – falls es das kann. Deshalb hat die ganze Theorie an Glaubwürdigkeit gewonnen, als das Gen als Einheit der Selektion gesehen wurde: Ein Gen stellt keine Überlegungen an wie die, es müsse jetzt essen oder sich einen Partner suchen; das einzige Merkmal seiner Existenz ist, möglichst in der nächsten Generation wieder da zu sein. Wir könnten auch sagen, dies sei der einzige Sinn seiner Existenz;

aber das gilt nur insoweit, wie es wahr ist, dass der einzige Sinn der Existenz des Mondes darin besteht, dass er in jedem Monat einmal der Vollmond ist. Er kann nicht anders, wenn es ihn einmal gibt, und nichts verhindert seinen Lauf. Die Gene haben sich tatsächlich Wesen oder Überlebensmaschinen gebaut, die Nahrung und Partner suchen, denken können und nach dem Sinn des Lebens suchen. All das ist nur eine Folge der Tatsache, dass vor allem jene Gene überlebt haben, die sich beim Erschaffen solcher Wesen auszeichneten, denn dadurch hatten sie die beste Chance, in der nächsten Generation vertreten zu sein.

Es entstehen fortwährend Unmengen neuer Versionen der Gene, aber wieder ist wesentlich, dass das ohne irgendein spezielles Ziel oder einen besonderen Grund geschieht. Die neuen Varianten sind auch Gene, aber der Sinn ihrer Existenz besteht lediglich darin, dass sie an der Selbstreproduktion teilhaben. Wenn es sie einmal gibt, wollen sie überleben. Auch den neuen Varianten fehlt jedes Ziel und jede Absicht, die einzige treibende Kraft ist der Zufall. Wenn einmal eine gut funktionierende Überlebensmaschine existiert, lassen sich in sie kaum neue Teile einfügen, selbst wenn sie (an sich) besser sind als die früheren. Das QWERTZ-Phänomen (vgl. Kapitel 14) gibt es schon auf der Stufe der Biologie. Damit ein neues, besseres Gen seinen Platz in einer früher entwickelten Überlebensmaschine findet (ohne sie hat es kaum eine Überlebenschance), muss es die Überlebenschancen des ganzen komplexen Systems verbessern. Der Begriff der Entwicklung und auch die Begriffe Ziel und Absicht sind also Epiphänomene des gesamten Evolutionsvorgangs.

Dieser Mechanismus scheidet in den stabilen Gen-Komplexen, die sich glücklicherweise zusammengefunden haben, unabsichtlich das Wesentliche vom Unwesentlichen. Genau das lässt sich in der auf einem evolutionären Ansatz beruhenden künstlichen Intelligenz nicht verwirklichen. Wir schaffen mit Hilfe unserer existierenden Meme künstliche Meme, deshalb ermöglichen sie das Überleben *unserer eigenen* Meme, sind also nicht nur ziellose Bildungen.

Kognitive Schemata überleben mittels menschlicher Gehirne und des Langzeitgedächtnisses. Vielleicht findet sich ein neuer Lebensraum für Schemata, wenn einmal künstliche Gehirne entwickelt sind, deren Langzeitgedächtnis Raum für reale, lebende kognitive Schemata hat, nicht nur für reine Daten und Regeln wie die heutigen Computer. Zurzeit jedoch sind wir sehr weit davon entfernt, und selbst wenn das verwirklicht werden könnte, garantiert es, wie wir am Ende von Kapitel 12 sahen, keineswegs, dass diese kognitiven Schemata jenen ähneln, die unseren Verstand ausmachen.

Egoistische kognitive Schemata

Das Langzeitgedächtnis ist der Lebensraum kognitiver Schemata. Damit ein Schema im LZG überleben kann, muss es auch im Kurzzeitgedächtnis vorkommen. Dazu müssen kognitive Schemata ihre eigenen Überlebensmaschinen bauen, die dann immer komplexere und immer leistungsfähigere Schemata sind. Im nächsten Abschnitt werden wir auf diese Idee zurückkommen. Aber zuerst wollen wir untersuchen, warum und wie das KZG eine entscheidende Rolle für den Selbstreproduktionsmechanismus der kognitiven Schemata spielt.

Wenn ein kognitives Schema in den Mittelpunkt unserer Aufmerksamkeit rückt, bestimmen die Verbindungen dieses Schemas mit anderen Schemata, was uns am ehesten in den Sinn kommt. Gewöhnlich findet nicht nur ein Schema seinen Weg in unser KZG, sondern zugleich mehrere, wenn auch nicht

Beliebte optische Täuschung von E. G. Borings: Alte Frau oder junge Dame mit Federhut?

zu viele: etwa sieben. Das Überleben eines Schemas ist besser gesichert, wenn es häufiger in Betracht gezogen wird, also häufiger ins KZG gelangt. Mehrere Modelle der kognitiven Psychologie beruhen auf dem Gedanken, dass Schemata fortwährend miteinander um unsere Aufmerksamkeit rivalisieren. Im Rahmen solcher Theorien lassen sich viele scheinbar paradoxe Phänomene unseres Denkens einheitlich interpretieren. So können wir beispielsweise mit Hilfe solcher Modelle das wohl bekannte Phänomen erklären, dass wir bei diesem Bild oft zwischen zwei Deutungen schwanken, wir uns aber, wenn wir das Bild auf die eine Art sehen, kaum vorstellen können, wie wir es kurz davor anders sehen konnten.

Optische Täuschungen des Op-Art-Künstlers Victor de Vasarély

Die obigen Abbildungen veranschaulichen die Rivalität von Schemata. Beim Betrachten des ersten Bildes sagen etwa fünfundsechzig Prozent der Menschen, sie sähen eine hübsche junge Frau, während fünfunddreißig Prozent eine hässliche alte Frau sehen. Wenn wir jedoch unseren Probanden zuerst ein eindeutiges Bild einer alten Frau zeigen und dann das mehrdeutige Bild, sehen die meisten von ihnen darin zunächst eine alte Frau. Wenn zuerst Bilder junger Frauen gezeigt werden, sieht fast jeder in dem mehrdeutigen Bild zuerst die junge Dame.

Das Motiv der zweiten Zeichnung findet sich in vielen Bildern des Op-Art-Künstlers Victor de Vasarély. Wieder ändern wir fortwährend unsere Meinung darüber, welche Teile konkave und welche konvexe Oberflächen zeigen. Das dritte Beispiel zeigt, wie bestimmend Schemata höherer Stufe sind: Die Mitte der Abbildung lässt sich entweder als Buchstabe B oder als die

Zahl 13 lesen, je nachdem, ob wir sie im Zusammenhang der Reihen (von links nach rechts) oder der Spalten (von oben nach unten) anschauen.

In Anbetracht der Tatsache, dass dem unbarmherzigen Kampf ums Überleben der Schema-Meme jeder tiefere Sinn fehlt, gibt es wohl kaum jemanden, der nicht fragen würde: «Und wo bin ich?» Ja, wo ist der Mensch mit seinem bewussten und angemessenen problemlösenden Denken? Wie passen unsere Gefühle, Wünsche, Freuden und Sorgen in diese entmenschlichte Theorie? Es fällt uns schwer, unsere Lieblingsgedichte, die altbekannten Aussprüche unserer Lieben, die Streitereien mit unseren Nachbarn und die Weihnachtsgrüße als egoistische Handlungen von Memen anzusehen, die überleben wollen.

Niemand sagt, dass sie alle nur so gesehen werden sollten, weil die Wissenschaft sie nun einmal so sieht. Mehrere Wege führen zur Erkenntnis, und die Naturwissenschaft geht nur einen davon. Auf der alltäglichen Stufe der Erkenntnis bleiben Gedichte und Weihnachtsgrüße, was sie sind, nämlich Ausdrucksmöglichkeiten, die unser Leben bereichern und bunt machen. Die Rivalität der Schemata lässt sich in fast jedem Konflikt und bei fast jedem nachdenklichen Helden der Weltliteratur aufzeigen. Und doch wäre es seltsam, wenn wir Hamlets Monolog als Widerstreit der Gene sehen würden, die um das Überleben kämpfen: Sein oder Nichtsein … Es geht lediglich darum, dass Meme auch im wissenschaftlichen Denken ums Überleben kämpfen. Sie brauchen einen Platz an der Sonne, und deshalb versuchen sie zu beweisen, dass sie mit vereinter Kraft eine Weltanschauung (also eine Überlebensmaschine) erzeugen können, die geeignet ist, die Welt in größerer Tiefe zu ergründen als ihre Rivalen.

Die Überlebensmaschinen der Meme

Wir haben den Begriff Mem nicht genau definiert, sondern nur seine Analogie zum Gen betont. Wir wissen sehr viel über die Bestandteile und den Bau der Gene, können aber den Begriff Gen noch nicht so definieren, dass sich die genetischen Phänomene der Mikro- und Makrowelt einheitlich betrachten lassen. Gewöhnlich definieren Wissenschaftler ein Gen als Teil des DNA-Strangs, der ein Eiweißmolekül kodiert. Diese Definition hilft jedoch der klassischen Genetik nicht viel bei der Erforschung der Entwicklung und Vererbung physischer (und vielleicht auch psychologischer) Kennzeichen. Außerdem ist selbst diese Definition nicht völlig eindeutig. Gelegentlich kommt es auf dem DNA-Strang zum Überlappen von Genen: Das Ende eines Gens kann zugleich der Beginn eines anderen Gens sein; bei einigen Viren enthält sogar ein Gen ein anderes. Dieses so genannte Phänomen des «Gens im Gen» bedeutet, dass das «innere» Gen in einer anderen Phase abgelesen wird als das andere, und deshalb enthält derselbe DNA-Abschnitt gelegentlich zwei vollständig verschiedene Proteine gleichzeitig.

Biologen, die die Phänomene höherer Stufe erforschen wollen, benutzen eine andere, schwächere Definition von Gen. Dawkins sagt zum Beispiel: «Ein Gen ist definiert als jedes beliebige Stück Chromosomenmaterial, welches potentiell so viele Generationen überdauert, dass es als eine Einheit der natürlichen Auslese dienen kann.»[5] Mit anderen Worten: Es ist ein Replikator, der mit großer Genauigkeit, aber mit gelegentlichen Variationen Duplikate von sich selbst herstellen kann. Auf dieser Ebene lassen selbst Biologen die Tatsachen der Molekularbiologie außer Acht, auch wenn sie nur solche Theorien hoher Stufe in Erwägung ziehen, die diesen Tatsachen nicht widersprechen. Die Soziobiologie ist nicht das Meta-Niveau der Mikrobiologie; ihre Forschungsobjekte sind die Überlebensmaschinen, die die Gene bauen, und ihre als unabhängige Einheiten gesehenen Eigenschaften.

So wie man einzelne Lebewesen als komplexe Überlebensmaschinen ansehen kann, lässt sich auch das Bezugssystem des menschlichen Denkens, also die menschlichen kognitiven Schemata höherer Stufe, als Überlebensmaschine von Memen ansehen. Diese Meme erweisen sich dann als besonders tauglich, wenn sie zu gut funktionierenden Systemen organisiert sind. So wie komplizierte Gen-Komplexe unsere Organe gestalten, um bessere Überlebenschancen zu haben, so entwickeln die komplizierten Mem-Komplexe, denen Susan J. Blackmore vor kurzem den Namen *Mem-Plexe* gab, allgemeine Schemata höherer Stufe.

Wir haben betont, dass die Begriffe Mem und Gen ähnlich sind. Aber sie unterscheiden sich auch. Wir halten Schemata für sehr allgemeine Dinge, die jede Einheit unseres Denkens umfassen, von den einfachsten Begriffen bis zu den heuristischen Methoden höchster Stufe. Wenn einige Schemata schon bei der Geburt vorhanden sind, können sie kaum als Meme betrachtet werden, denn solche Schemata sind unentbehrliche Elemente unseres Denkens, das zur Umwelt der Meme gehört; sie sind also keine Replikatoren. Je mehr ein Schema höherer Stufe als allgemeine psychologische Realität angesehen werden kann, umso weniger lässt es sich als Mem oder Mem-Komplex betrachten: Vermutlich entwickeln die Meme nicht die Instinkte und die *allgemeinen* Mustererkennungsschemata, wohl aber das allgemeine Schema des wissenschaftlichen Paradigmas oder das Meta-Schema der Vernunft oder das der mystischen Omnijektivität. Die letzten beiden allgemeinen Meta-Schemata hoher Stufe lassen sich in demselben Sinn wie Lebewesen als Überlebensmaschine mehrerer spezieller kognitiver Schemata ansehen; so betrachtet sind Menschen die Überlebensmaschinen ihrer eigenen Gene. Wenn mehrere einfache, spezielle Schemata im Rahmen dieser Meta-Schemata organisiert sind, ist ihr Wirken besser koordiniert und effektiver. So kommt jedes von ihnen vielleicht besser zum Zug, als wenn jedes für sich um unsere Aufmerksamkeit zu kämpfen hätte.

Die Meta-Schemata der Vernunft oder mystischen Omnijektivität haben sich als sehr stabil und lebensfähig erwiesen. Sie können so lebensfähig sein, weil sie vielleicht nur wenige und sehr eng verknüpfte Meme enthalten, während sie mit vielen anderen Memen extrem gut zusammenarbeiten können. Für jene, die das Stadium der Erleuchtung erreicht haben, kooperiert dieses Schema perfekt mit nicht nur vielen, sondern wahrscheinlich allen anderen Schemata (zumindest mit jenen, die nach der Entwicklung des Meta-Schemas der mystischen Omnijektivität überlebt haben). Ähnlich koordiniert das Schema der Vernunft die Funktionsweise vieler anderer Schemata, oft unwillentlich und unbewusst, so beispielsweise bei den Mechanismen der Rationalisierung oder Intellektualisierung (vgl. Kapitel 14).

Das Meta-Schema der Rationalität filtert aus den Bedeutungen der einzelnen Schemata logische Widersprüche heraus. Mit unserem jetzigen Wissen lässt sich kaum entscheiden, ob der zugrunde liegende Mechanismus auf der formalen Logik oder auf einem Mechanismus beruht, welcher der Logik der Dinge folgt. Selbst wenn dieser Mechanismus auf formaler Logik basiert, nutzt er vermutlich nicht alle Mittel der formalen Logik: Entweder empfinden wir die meisten Syllogismen nicht als natürlich, oder wir nutzen sie nicht richtig. Aber es ist auch vorstellbar, dass unser rationales Denken überhaupt nicht auf den

Grundsätzen der formalen Logik beruht, sondern auf etwas anderem, so etwa auf Formen der Heuristik der Repräsentativität oder Verfügbarkeit. Auf der Grundlage der in Kapitel 2 erwähnten Ergebnisse und der Versuche zu mentalen Modellen und der Zufalls-Heuristik der Zufallswahrnehmung lässt sich auch diese Möglichkeit nicht ausschließen. Aber selbst wenn alle grundlegenden Syllogismen der formalen Logik das Meta Schema der Rationalität darstellten, könnte dieses Schema höherer Stufe aus nur etwa einem halben Dutzend Meme bestehen.

Was bestimmt eigentlich, dass Meme ihre Überlebensmaschinen höherer Stufe auf mystische, rationale oder auch andere (etwa künstlerische) Formen der Meta-Schemata aufbauen? Möglicherweise sind diese Schemata höherer Stufe einfach selbst Meme: Sie kämpfen ums Überleben, damit sie Meta-Schemata der Meme möglichst vieler Menschen werden können. Die Vitalität des Mems (oder Mem-Komplexes) der Vernunft könnte auf seiner Einfachheit und allgemeinen Gültigkeit beruhen: Vernünftiges Denken bietet gerade wegen seines formalen Charakters weniger Möglichkeiten der Deutung als andere Denkweisen, deshalb ist dieses Mem seinen eigenen Variationen und Mutationen, die seine wirklichen Rivalen werden können, nicht unterlegen. Das Mem der Vernunft kann besonders stabil sein. Aber im Vergleich zu anderen nicht rationalen Prinzipien, wie dem der Omnijektivität oder den Schemata der Großmeister mancher Fachgebiete, koordiniert dieses Mem nur ein Zehntel der Schemata. Vielleicht koordinieren andere Arten kognitiver Schemata höherer Stufe sogar Zehntausende kognitive Schemata – in der Tat leistet das jedes Paradigma (wissenschaftlich oder nicht, darauf kommt es hier nicht an), über das ein Großmeister verfügt. So ermöglicht beispielsweise die Kunst eine Koordination auf sehr hohem Niveau – kein Wunder, dass sie nicht auf der Grundlage der reinen Vernunft operiert.

Die Rivalität von Weltanschauungen

Die Kunst, das mystische Denken und die Naturwissenschaft sind alle hohe, konsistente Meta-Schemata, die es ermöglichen, die größte erreichbare Komplexität zu koordinieren, nämlich die Zehntausende komplexe Schemata des Niveaus der Großmeister. Da es lange dauert, bis jemand das Niveau eines Großmeisters erreicht, und diese Stufe die höchste erreichbare Komplexität darstellt, schließen sich diese Wege der Kognition jedenfalls auf der Ebene der Großmeister gegenseitig aus. Diese Mem-Komplexe kämpfen gegeneinander ums Überleben. Auf dem Niveau der Meisteranwärter jedoch können alle von ihnen in unserem Denken gegenwärtig sein, und ihre besonderen Schemata können im Gehirn von Einzelnen und im gesamten Mem-Vorrat der Menschheit ihren unablässigen Kampf ums Überleben fortsetzen.

Die wissenschaftliche Weltanschauung hat in den letzten Jahrhunderten in der europäischen Kultur zu einer spektakulären Entwicklung geführt; darum hat diese Denkweise ausgezeichnete Überlebenschancen. Wir lernen sie in erster Linie in der Schule kennen, und wir verlassen uns vor allem auf sie, wenn wir argumentieren und andere Menschen von unserer Meinung überzeugen wollen. Der überwältigende Erfolg der Naturwissenschaften hat die Überlebenschancen der Schemata hoher Stufe verändert, und noch können wir nicht wissen, in welchen evolutionären stabilen Strategien (ESS) die unterschiedlichen Weltanschauungen ins Gleichgewicht kommen werden. Viele Zeichen deuten darauf hin, dass es in dem sich neu entwickelnden ESS eine große Vielfalt von Bezugssystemen, also viele Weltanschauungen, geben wird.

Es gehört wohl zu den größten Errungenschaften der wissenschaftlichen Weltanschauung, dass sie sogar ihre eigenen Grenzen erkennen kann. Die Wissenschaft hat sich als fähig erwiesen, die irrationalen Charakteristika menschlichen Denkens in ihrem eigenen rationalen Rahmen erfolgreich zu erforschen. In seinem Buch *Mental Models* schrieb Johnson-Laird: «Natürlich könnte es Aspekte der Spiritualität, Moral und Fantasie geben, für die es keine Computerprogramme geben kann. Aber diese Bereiche bleiben immer unerklärlich. Jede wissenschaftliche Theorie muss den Geist als Automaton behandeln.»[6] Mit dieser Einstellung stellt sich die Naturwissenschaft möglicherweise dort taub, wo sie eine Menge interessanter, existierender Dinge lernen könnte, aber sie kann nicht anders: Radikal unterschiedliche Wege des Denkens lassen sich nicht vermischen – wir fanden die ersten Hinweise darauf am Ende von Kapitel 10, aber jetzt wissen wir schon, dass die Grenzen der Kapazität einen weiteren Grund liefern.

Außerdem schließt die wissenschaftliche Weltanschauung eine Überzeugung ein, die sich nicht in ihrem eigenen Rahmen beweisen lässt, nämlich dass sie nicht wirklich von allem Existierenden getrennt werden kann. Wie Heisenberg berichtet, erzählte Niels Bohr anlässlich einer solchen Debatte folgende Geschichte: «In der Nähe unseres Ferienhauses in Tisvilde wohnt ein Mann, der über der Eingangstür seines Hauses ein Hufeisen angebracht hat, das nach einem alten Volksglauben Glück bringen soll. Als ein Bekannter ihn fragte: ‹Aber bist du denn so abergläubisch? Glaubst du wirklich, dass das Hufeisen dir Glück bringt?›, antwortete er: ‹Natürlich nicht; aber man sagt doch, dass es auch dann hilft, wenn man nicht daran glaubt.›»[7]

Da in der Natur die Überlebensmaschinen (also die Lebewesen) heftig um das Überleben kämpfen, bestreiten auch kognitive Schemata hoher Stufe erbitterte Überlebenskämpfe. Eines der Mittel dieses Kampfes ist die Debatte. Deshalb sind Debatten zwischen unterschiedlichen Weltanschauungen, zwischen unterschiedlichen Denkweisen unvermeidlich. Andererseits sind sie endlos, weil ihre Themen meistens Gödel'scher Art (also garantiert unentscheidbar) sind und in einem gemeinsamen, engen gedanklichen Rahmen bleiben, den alle Teilnehmer an der Debatte akzeptieren und auf dessen Grundlage ein Übereinkommen erzielt werden kann. In diesen Fällen kann keines der kognitiven Schemata höherer Stufe auf Kosten eines anderen Lebensraum gewinnen. Kognitive Schemata niedrigerer Stufe jedoch können im Rahmen einer anderen Art Weltanschauung ausgezeichnete Lebensbedingungen vorfinden. Weisheit, die aus anderen Denkweisen stammt, kann auch die Intuition unserer eigenen Denkweisen verstärken. Oft kann die Debatte unmöglich zum Sieg eines der Partner führen, aber die Debatte selbst hilft uns, die wichtigen und schwierigen Fragen unserer eigenen Weltanschauung zu klären.

17. Es gibt viele Formen der Klugheit

Oft brauchen wir Kreativität, um unsere natürliche Kreativität in Schach zu halten.

Aus der Physik wissen wir, dass jeder Körper eine so genannte Eigenfrequenz hat, es also einen Wellenlängenbereich gibt, mit dem er in Resonanz ist, und dass sich diese Resonanz verstärken kann. Deshalb dürfen Soldaten nicht im Gleichschritt über eine Brücke marschieren: Die Brücke könnte mit den rhythmischen Schritten in Resonanz kommen und zerbersten, weil ihre Eigenschwingungen zu groß werden.

Hofstadter veranschaulicht Gödels Satz in seinem Buch *Gödel, Escher, Bach* mit mehreren Vergleichen. Einer hat mit einem Plattenspieler zu tun. Stellen wir uns vor, ein listenreicher, zerstörerischer Mensch stelle eine Schallplatte her, die in dem Plattenspieler so starke Schwingungen erzeugt, dass sich der Plattenspieler zerstört, bevor er die Platte ganz abgespielt hat. Die Naturgesetze lassen eine solche Platte theoretisch zu. Diese Platte wäre für diesen Plattenspieler eine Gödel'sche Schallplatte, aber darauf kommt es beim Gödel'schen Satz nicht an.

Im nächsten logischen Schritt entwickelt der über die ständigen Klagen verärgerte Hersteller des Plattenspielers ohne Rücksicht auf die Kosten einen Super-Plattenspieler, der sich selbst vor Unheil schützt und gründlich prüft, ob er Schwingungen erzeugt, die das Instrument zerstören könnten. Falls der Plattenspieler welche findet, passt er sich so an sie an, dass er die empfindlichen Frequenzen verändert oder einige seiner Teile umordnet. Dieser Super-Plattenspieler sollte dann hoffentlich wirklich jede Schallplatte von Anfang bis Ende wie beabsichtigt spielen.

Der Gödel'sche Satz besagt, dass unsere Hoffnungen notwendigerweise enttäuscht werden müssen: Wenn jemand Plan und Bauweise des Plattenspielers kennt und weiß, aus welchem Material er besteht, und wenn er schlau genug ist, kann er eine Platte herstellen, die selbst dieser Plattenspieler nicht spielen kann, und wenn er sich noch so sehr bemüht. Der Gödel'sche Satz garantiert praktisch, dass zu jedem Plattenspieler eine allen Standards entsprechende und wirkliche Töne kodierende Platte hergestellt werden kann, die die Klage rechtfertigt, der Plattenspieler sei nicht in Ordnung. Zugleich jedoch könnte ein herkömmlicher Plattenspieler diese Super-Platte möglicherweise ohne Schwierigkeiten abspielen und uns in den Genuss der in ihrer Schallrille kodierten Melodien bringen.

Der Sinn Gödel'scher Fragen

Das Unterfangen, Schallplatten herzustellen, die Plattenspieler überlisten, kommt uns esoterisch vor. Die Herstellungsverfahren sind durch das Beweisverfahren des Gödel'schen Satzes bestimmt, aber da die zerstörerische Platte wenig praktische Bedeutung hat, ist auch die durch diesen Satz bewiesene Aussage an sich nicht besonders interessant. (Es kommt nicht darauf an, ob wir über eine Aussage oder eine Frage sprechen, denn wir können den Gödel'schen Satz entweder als eine Aussage betrachten, die in dem System weder bewiesen noch widerlegt werden kann, oder als eine Frage formulieren, die in dem System keine Antwort hat. Wir werden beide Ausdrücke verwenden, je nachdem, wie sich der Gedanke flüssiger darstellen lässt.)

Der einzige Sinn der konkreten formalen Aussage, die der Gödel'sche Satz beweist, ist: «Ich kann in dem fraglichen System nicht bewiesen werden.» Wenn eine Super-Platte von einem anderen Grammophon abgespielt wird, wiederholt sie vielleicht nur einen einzigen Ton, der besagt: «Ich kann auf diesem Plattenspieler nicht abgespielt werden.» Aber die Platte könnte auch eine große Harmonie enthalten, wirklich gute Musik. Das können wir nur wissen, wenn wir sie auf einem anderen Plattenspieler abspielen. Es gibt keine andere Möglichkeit. Wie wir in Kapitel 13 sahen, gibt es kein formales Verfahren, mit dessen Hilfe wir mit Sicherheit entscheiden können, ob eine bestimmte Frage gödelsch ist oder nicht. Selbst wenn wir die Platte mit einem anderen Plattenspieler abspielen, sind wir nicht sicher, ob die Musik für den ersten Plattenspieler gödelsch war oder nicht – wir erfahren höchstens, welche Musik es ist. Gödel'sche Fragen können viele Formen haben. Vielleicht ist eine Aussage nicht nur zufällig gödelsch, sondern auch Ausdruck einer Wahrheit, die aus anderer Sicht wichtig ist; eine Schallplatte, die auf einem Plattenspieler zufällig nicht abgespielt werden kann, könnte doch sehr gute Musik enthalten.

Seit wir den Gödel'schen Satz kennen, sollten wir auf das Vorkommen solcher Platten vorbereitet sein. Tatsächlich haben sich mehrere mathematische Probleme als unlösbar erwiesen, die Mathematiker interessant und mathematisch wichtig fanden. Das berühmteste von ihnen ist das so genannte Kontinuum-Problem. Es geht davon aus, dass es auf einer Geraden mehr Punkte gibt als ganze Zahlen, was bedeutet, dass die Punkte einer Geraden den ganzen Zahlen nicht umkehrbar eindeutig zugeordnet werden können. Die Frage ist, ob es zwischen diesen beiden Unendlichkeiten andere Arten von Unendlich gibt oder nicht. Diese Frage hat sich als gödelsch erwiesen: Weder die Annahme, es gäbe dazwischen liegende Unendlichkeiten, noch die Annahme, es gäbe sie nicht, führt zu einem logischen Widerspruch. Genauer: Entweder führt jede der beiden Annahmen (und damit unsere gesamte Mathematik) zum Widerspruch oder keine.

Die Tatsache, dass sich das Kontinuum-Problem als gödelsch erwiesen hat, hat die Mathematiker sehr überrascht, weil ihre Intuition sie zuvor hatte vermuten lassen, dieses Problem müsse im Rahmen der Mathematik eine Antwort haben. Es schien ihnen ein gut gestelltes mathematisches wissenschaftliches Rätsel zu sein, dessen Antwort – Ja oder Nein – jeder hören konnte, der einen Sinn für Mathematik hat. Hier haben wir eine wirklich Gödel'sche Frage, die nicht nur zum Ausdruck bringt: «Ich kann nicht hergeleitet werden», sondern auch sagt, wie die Welt der Unendlichkeiten beschaffen ist. Zum größten Kummer der Mathematiker können wir, da diese Frage gödelsch ist, nie mit mathematischen Methoden herausfinden, wie die Welt der Unendlichkeit wirklich beschaffen ist. Vielleicht entdecken die Physik oder ein anderer Wissenschaftszweig einmal eine Unendlichkeit zwischen der Unendlichkeit der ganzen Zahlen und der Unendlichkeit der Punkte einer Geraden, die Mathematik aber kann das nicht. Die Frage ist zutiefst sinnvoll, hat aber keine Antwort. Sie bleibt nicht unbeantwortet, weil wir nicht klug genug sind, um die Antwort zu finden, sondern weil sie im Rahmen der Mathematik keine Antwort haben kann.

Vielleicht trösten sich Mathematiker damit, dass die Mathematik die Unbeantwortbarkeit der Frage selbst herauszufinden vermochte. Das ist kein geringer Trost: Die genaue Kenntnis der Grenzen von Denkweisen ist wertvolles Wissen und kann helfen, enorm viel nutz- und hoffnungslose Arbeit zu vermeiden und Wege zu anderen, vielleicht radikal neuen Denkweisen zu eröffnen.

Gödel'sche Fragen im wirklichen Leben

In der Geschichte der Mathematik haben sich nur wenige zehntausend Probleme gestellt, die genauerer Überprüfung wert befunden wurden. (Das lässt sich aufgrund der Gesamtmenge mathematischer Bücher und Zeitschriften abschätzen.) Die Probleme der Mathematik bauen gewöhnlich streng aufeinander auf, und ihre Behandlung ist zumeist durch die Tatsache gerechtfertigt, dass unsere Intuition uns ihre Lösbarkeit vermuten lässt. Wenn auch nur wenige Dutzend von ihnen sich als gödelsch erweisen, sind also Gödel'sche Fragen gar nicht selten: Es besteht wirklich Gefahr, dass unser Intellekt überall und jederzeit auf solche Fragen stößt.

Wie viele Gödel'sche Fragen könnte die Natur hervorgebracht haben, wenn sie mit ihren erfolgreichen genetischen Tricks (Mutationen, Crossing-over, Inversion usw.) in einer wirklich gigantischen Fabrik Millionen immer neuer möglicher Versionen des Lebens hervorbringt? Auf den ersten Blick erscheint die Frage absurd, selbst wenn sie auf Meme bezogen wird, die Gedanken verkörpern, aber sie erweist sich im Rahmen der meisten Gebiete der klassischen Biologie als sinnvoll.

Hofstadter konnte das Beispiel des Plattenspielers fast Wort für Wort auf die Grundmechanismen der Molekularbiologie übertragen. Der Plattenspieler entspricht der Zelle, die theoretisch mit ihren raffinierten Mechanismen unterschiedliche DNA-Stränge erzeugen kann. Die Rolle der Schallplatten wird von den DNA-Strängen übernommen, die des Schalls (der Luftschwingungen) von den Proteinen, die auf der Grundlage der DNA synthetisiert werden. Gelegentlich können diese Proteine die Zellen selbst ähnlich zerstören wie die Schallschwingungen der Platten den Plattenspieler. Der Vergleich passt zu den etwas idealisierten Mechanismen der Molekularbiologie, aber die sind von den realen Vorgängen so weit entfernt wie der idealisierte Plattenspieler unseres Beispiels von realen, gebräuchlichen Plattenspielern. Tatsächlich enthält der reale Prozess der biologischen Selbstreproduktion mit großer Wahrscheinlichkeit jene abstrakten Phänomene, die es erlauben, Gödels Satz zu beweisen. Hofstadter beweist also ganz richtig den «Gödel'schen Satz der Molekularbiologie»:

«Es ist immer möglich, einen DNA-Strang zu entwerfen, der, in eine Zelle injiziert, die Herstellung von Proteinen veranlassen würde, welche die Zelle (oder die DNA) zerstören würden, und deshalb in der Nicht-Reproduktion dieser DNA resultieren würde.»[1]

Das Ergebnis ist zweifellos verblüffend, aber es macht die Molekularbiologie nicht sprachlos. Molekularbiologen wissen sehr wohl, dass es solche DNA-Stränge gibt; sie bereiten gerade in der Form solcher Retroviren, wie die Aids verursachenden HIV-Viren, große Sorgen. Das einzige Neue daran könnte sein, dass die Existenz solcher Phänomene nichts mit Pech oder Bosheit der Natur zu tun hat, sondern untrennbar zu selbst reproduzierenden Mechanismen gehört. Aber das bringt nicht weiter, wenn man nach Möglichkeiten der Vorbeugung sucht. Für uns ist es interessant, dass die Natur fortwährend Wesen erzeugt, die Gödel'sche Mechanismen verkörpern und auch dann lebenstauglich sind, wenn wir Menschen darüber wenig beglückt sind, denn auch das zeigt, dass Gödels Satz nicht nur eine Art theoretischer Wunderlichkeit ist, eine Ausgeburt unserer Gedanken, sondern dass er auch mit praktischen Phänomenen zu tun hat, die in der Natur vorkommen.

In der mathematisch exakten Formulierung des Gödel'schen Satzes stecken einige fachspezifische Voraussetzungen: Er gilt nicht, wenn die Axiomensysteme allzu einfach sind. Die Voraussetzungen fordern im Wesentlichen, dass das Axiomensystem Ausdruck der Unendlichkeit der Folge der ganzen Zahlen sein muss, also garantiert, dass auf jede ganze Zahl eine andere folgt als die vorhergehende. Wie aus Gödels Deduktion klar hervorgeht, lassen sich im Rahmen des Axiomensystems Aussagen über die Wahrheit oder Falschheit anderer Aussagen formulieren, die sich weder beweisen noch widerlegen lassen.

Informell gesagt: Die Gültigkeit von Gödels Satz setzt voraus, dass das Axiomensystem «sinnvoll» und «stark» genug ist, um über sich selbst sprechen zu können. Deshalb können wir Plattenspieler und Molekularbiologie vergleichen. Der Plattenspieler (die Zelle) erzeugt Töne (Proteine) auf eine Weise, die sich theoretisch mit formalisierten Methoden beschreiben lässt, während die Töne (Proteine) auf den Plattenspieler (die Zelle) einwirken und gelegentlich sogar zerstören können. Die immer komplexeren Plattenspieler und die Platten, die sie zerstören, sind mit einem Rüstungswettkampf vergleichbar: Für immer undurchdringlichere Schutzschilde werden immer wieder neue Geschosse entwickelt, die sie leicht durchdringen. Der Mechanismus ist im Grunde gleich.

In *Kyberiade*, Stanislaw Lems phantasievollen Fabeln, baut der großartige Konstrukteur Trurl für den verschlagenen König Mandrillion einen «Perfekten Ratgeber», den der sofort dazu benutzt, den Ingenieur ganz legal ohne Bezahlung zu entlassen. Trurl gerät dadurch in eine hoffnungslose Lage: Er muss erreichen, dass der König ihm seinen Lohn zahlt, und dazu gegen einen von ihm selbst gebauten vollkommenen Intellekt argumentieren. Der Ratgeber durchschaut jeden Trick und begünstigt den König. Aber schließlich hat Trurl doch Erfolg. Er schreibt dem Ratgeber eine harmlose Postkarte, ohne jeden Code oder Hinterhältigkeit. Nach mühsamer Arbeit erkennt der «Perfekte Ratgeber», dass die Intrige dieser Grüße gerade darin liegt, dass sie keine verborgene Botschaft enthalten, aber das will der König nicht glauben, der eine Verschwörung wittert und – um sicherzugehen – den Ratgeber bis auf die letzte Schraube demontieren lässt. Dadurch ist er Trurls Argumenten hilflos ausgesetzt und muss schließlich zahlen. Trurl fasst das Geschehen wie folgt zusammen. »Es ist einmal gesagt worden, dass man nur einen festen Punkt benötigt, um die Welt aus den Angeln zu heben, und so musste auch ich bei meinen Bemühungen, einen Verstand zu überlisten, der perfekt war, einen festen Punkt finden, ich fand, ihn in der Dummheit.»[2] Es ist ein Zeichen für die Brillanz von Trurl, dass er einen *konkreten* Punkt außerhalb des Systems fand, dessen *Existenz* ihm aufgrund von Gödels Satz bekannt war. Er konnte eine Gödel'sche Frage stellen, die – außer gödelsch zu sein – für ihn große (jetzt ganz praktische) Bedeutung hatte.

Der Gödel'sche Satz ist inzwischen zu einer allgemeinen Metapher geworden, die häufig in unserem Alltagsdenken auftaucht und dabei vielen anderen grundlegenden Ergebnissen der Wissenschaft folgt, von der Energieerhaltung bis zur Relativitätstheorie, von der Evolution bis zum genetischen Code. Der Begriff Gödel'sche Frage könnte sich auch deshalb als lebensfähiges Mem erweisen, weil er die Wahrheiten der Welt allgemeiner erfasst als frühere Begriffe. Natürlich würde er sich als Mem fortwährend verändern und könnte modifiziert werden. Dabei könnte er etwas von seiner wissenschaftlichen Exaktheit verlieren, unser Alltagsleben jedoch würde um neue Möglichkeiten der Kognition und des Denkens bereichert werden. Das würde uns ermöglichen, besser zu verstehen, warum der Wechsel zwischen Bezugssystemen ein fundamentales Merkmal unseres Denkens ist.

Der Wechsel zwischen Bezugssystemen

In Kapitel 5 stellten wir fest, dass wir den Gödel'schen Satz auch wie folgt formulieren können: Wenn wir mit unserer Logik für jede Wahrheit offen bleiben wollen, müssen wir bereit sein, Bezugssysteme zu verändern. Beim Vergleich mit dem Plattenspieler können wir sagen, dass wir je nach der Musik, die wir hören wollen, einen passenden Plattenspieler wählen müssen. Auch unsere Umwelt zwingt uns dazu, die Fähigkeit zur Veränderung zu bewahren. Wenn es einen Aspekt unserer Umwelt gäbe, für den wir immer völlig unempfindlich wären, würde die Natur mit ihren Tricks der großräumigen Versuche früher oder später eine neue Spezies erzeugen, die genau diese unsere Unempfindlichkeit als ihren Lebensraum nutzte. Mit etwas Glück wäre uns das nur ein wenig unangenehm, wie Flöhe für einen Hund, unter weniger glücklichen Umständen könnte es sogar unser Überleben gefährden.

Zusätzlich zu der ungeheuren Anzahl der Schemabegriffe haben wir fast unmerklich den Begriff des Bezugssystems eingeführt. Dieser Ausdruck verändert nichts Wesentliches. Er betont nur einen anderen Aspekt der Schemata: Die schon existierenden Schemata bestimmen auch den Rahmen unseres Denkens, die Schlüsse, die wir möglicherweise ziehen können, die Gedanken, die wir denken, und die neuen Schemata, die wir bilden können.

Wir müssen das Bezugssystem verändern, um auf die Probleme und Herausforderungen der Welt reagieren zu können. Glücklicherweise werden die Veränderungen sehr durch die Tatsache erleichtert, dass jedes unserer kognitiven Schemata fortwährend verzweifelt um unsere Aufmerksamkeit ringt, damit es gelegentlich in unser KZG eintreten kann. Dem Schema ist es einerlei, ob sein Entstehen zur Lösung des vorliegenden Problems beiträgt oder nicht. Es will einfach ins KZG hinein. Wenn ein Schema oder ein entstehendes Schema auch nur ein wenig mit dem zu tun hat, was uns beschäftigt, taucht es, wenn irgend möglich, dort auf.

Die Schemata schränken diese spontane Geschäftigkeit ein, indem sie sich raffinierte Überlebensmaschinen bauen – dies sind Schemata höherer Stufe oder Bezugssysteme, die strenge Grenzen dafür setzen, welche Schemata zu einer bestimmten Zeit in unser KZG eintreten können –, und sie begünstigen vorzugsweise die Schemata, aus denen sie bestehen. Wir haben gesehen, dass der Begriff der Intuition im Wesentlichen derselbe ist wie der Operationsmechanismus kognitiver Begriffe, und wir vertreten sogar die Ansicht, dass die Intuition möglicherweise nichts anderes ist als die reine Seinsweise kognitiver Schemata. Jetzt können wir diesen Gedanken einen Schritt weiterführen.

Intuition ist das Ergebnis der verschränkten Hierarchien (siehe Kapitel 5) unserer Schemata und ihres unablässigen Wettkampfs ums Überleben. Der Überlebenskampf der Schemata geht auch dann unablässig weiter, wenn wir es nicht bemerken. In der Tat ist Intuition das Ergebnis von Prozessen, die zumeist unbewusst bleiben. In jedem Menschen sind andere Schemata am Werk, die sich fortwährend verändern: Neue Schemata werden geboren, andere werden vergessen oder verwandelt. Aber die verschränkten Hierarchien unserer Schemata und ihre widersprüchlichen Gruppierungen können auf einer höheren Stufe sinnvolle Einheiten bilden. Vielleicht ist diese spontane Organisation auf höherer Stufe die höchste Überlebensmaschine der Schemata, das, was wir «Denkweise» nennen.

Da jedes Schema auch ein Bezugssystem ist, verändern wir unser Bezugssystem jedes Mal ein wenig, wenn wir ein Schema in unser KZG rufen. So gesehen ist es kein Wunder, dass wir oft die Meinung ändern; es ist eher überraschend, dass wir manchmal über längere Zeiten hin folgerichtig dieselbe Meinung vertreten. Aber die raffinierten Überlebensmaschinen unserer Schemata überwachen genau, welche Art von Schemata uns in den Sinn kommt: Sie lassen nicht jedes Schema in unser KZG hinein. Das erschwert es uns andererseits, unsere Meinung zu ändern. In den nächsten beiden Abschnitten betrachten wir die beiden Seiten dieser Münze.

Die Schwierigkeiten des Veränderns und die Kreativität

Neun Punkte sind so angeordnet, wie die Abbildung auf S. 409 zeigt. Sie sollen mit vier Geraden verbunden werden, ohne dass der Stift vom Papier genommen wird. (Bitte vermeiden Sie Tricks, wie dass sich parallele Geraden im Unendlichen schneiden.)

Eine solche Aufgabe ist typisch für gewisse Arten von Kreativitätstests und ein gutes Beispiel dafür, wie schwer es fallen kann, das Bezugssystem zu verändern. Die meisten Menschen suchen die Lösung zuerst innerhalb des durch die neun Punkte bestimmten Quadrats, aber die gibt es nicht. Dieses Rätsel ist gerade deshalb gut gestellt, weil es fast unmerklich ein falsches Bezugssystem nahe legt. Die Lösung ist jenen bald klar, die merken, dass niemand je sagte, die Geraden dürfen nicht über das Quadrat hinausgehen; sie erweitern das Bezugssystem der Aufgabe auf das ganze Blatt.

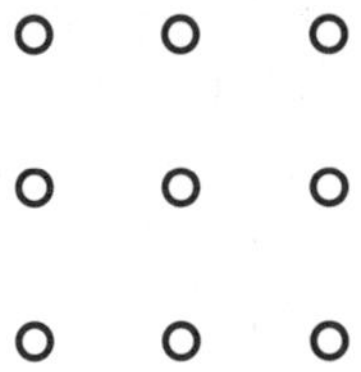

Kreativität ist die Fähigkeit, neue originelle, wertvolle Produkte zu erzeugen. Wir erleben jeden Tag, dass diese Fähigkeit in manchen Menschen mehr vorhanden ist als in anderen. Und doch ist Kreativität ein besonders schwer zu fassendes Prinzip. In Kapitel 10 wurde gezeigt, wie der Begriff der Intelligenz definiert und gemessen werden kann. Es liegt nahe, sich dem Kreativitätsbegriff ähnlich zu nähern. Leider ist dieser Vorschlag unpraktisch: Wir bleiben schon beim ersten Schritt stecken. Wenn wir eine Gruppe von Menschen, die einander gut kennen, fragen, für wie kreativ sie die anderen halten, erhalten wir viel weniger eindeutige Urteile, als wenn wir sie bitten, die Intelligenz zu beurteilen. Obwohl sich niemand beschwert, die Frage nicht verstanden zu haben, halten unterschiedliche Menschen völlig verschiedene Personen für sehr oder wenig kreativ. In den Köpfen der Menschen gibt es also keinen relativ definitiven und einheitlichen Begriff der Kreativität.

Darum blieb den Forschern nichts anderes übrig, als den Begriff der Kreativität auf ihre Art zu definieren und dann Möglichkeiten zu entwickeln, diese Kreativität zu testen, damit sie messbar wird. Dieses Verfahren birgt zwei Schwierigkeiten. Erstens können wir nicht sicher sein, ob die auf diese Weise geschaffenen Tests wirklich etwas mit der von den Forschern definierten Kreativität zu tun haben oder ob die Items der Tests dem abstrakten Begriff nur oberflächlich, einfach aufgrund verbaler Ähnlichkeiten, entsprechen. Zweitens zeigt die Erfahrung, dass diese Tests gewiss nicht einen einzigen, gut definierbaren Begriff messen, sondern gleichzeitig mehr als einen (auch wenn wir nicht wissen, welche das sind), denn dieselben Probanden erreichten die besten Ergebnisse nicht immer bei denselben Items.

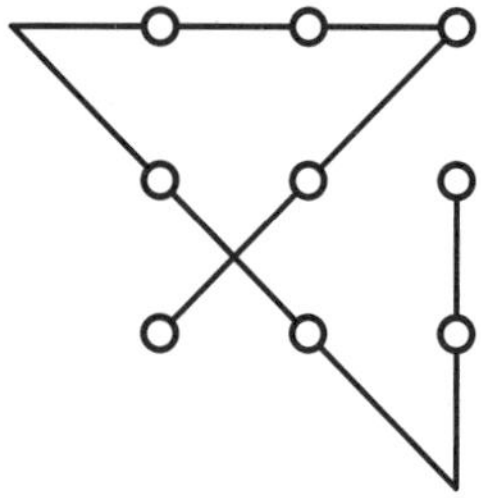

Auch für die Kreativität gilt eines von Murphys Gesetzen, nämlich jenes, wonach Menschen, die eine Uhr haben, immer genau wissen, wie spät es ist, nicht jedoch jene, die zwei Uhren haben. Ganz gleich, wie viele Möglichkeiten zur Messung der Kreativität erwogen wurden, immer unterschieden sich die Ergebnisse: Jeder Kreativitätstest bezeichnete andere Menschen als besonders kreativ. Deshalb betonten wir, als wir die obige Rätselaufgabe stellten, dass sie für «gewisse Arten» von Kreativitätstests typisch ist. Andere Arten von Tests stellen andere Arten von Aufgaben. Beispielsweise fordert ein Test dazu auf, für einen gewöhnlichen Gegenstand (etwa einen Ziegelstein oder eine einzelne Blume) so viele Verwendungszwecke wie nur möglich zu nennen oder eine unvollendete Zeichnung auf möglichst viele Weisen zu vollenden.

Die Ergebnisse der Kreativitätsforschung sind umstrittener

als die der Intelligenzforschung. Viele und mit vielen Methoden durchgeführte Untersuchungen haben gezeigt, dass der flexible Übergang von einem Bezugssystem zu einem anderen nur ein Element der Kreativität ist – und vielleicht nicht einmal das wichtigste. Auch die Fähigkeit, konsequent in einem gegebenen Bezugssystem zu bleiben, erweist sich als eine sehr wichtige Komponente.

Die Leichtigkeit des Veränderns und die Intelligenz

Stellen wir uns ein Land vor, in dem zwei Arten von Menschen leben, die Blonden und die Dunkelhaarigen. Die Blonden nehmen die Welt immer so wahr, wie sie ist, und sagen immer die Wahrheit. Die Dunkelhaarigen nehmen von allem immer das Gegenteil wahr, lügen aber immer. Wenn man beispielsweise einen Blonden fragt, ob das Gras grün ist, schaut er hin, sieht, dass das Gras grün ist, und sagt die Wahrheit, antwortet also: «Ja.» Wenn Sie einen Dunkelhaarigen dasselbe fragen, sieht er nicht, dass das Gras grün ist, lügt aber und sagt: «Ja.» Es ist klar, dass die Blonden auf Ja-Nein-Fragen immer dieselbe Antwort geben wie die Dunkelhaarigen. Deshalb lässt sich *unmöglich* herausfinden, welche Personen in diesem Land blond sind und welche dunkelhaarig.

Was aber passiert, wenn man jemanden fragt, ob er selbst blond ist? Wenn er ein Blonder ist, sieht er sich selbst richtig und antwortet wahrheitsgetreu: «Ja.» Wenn er jedoch ein Dunkelhaariger ist, sieht er sich selbst als blond, weil er immer das Gegenteil wahrnimmt, und weil er lügt, antwortet er: «Nein.» Deshalb ist es mit Hilfe dieser Frage doch *möglich*, die Blonden und die Dunkelhaarigen zu unterscheiden. Aber wo ist dann der Fehler der früheren Überlegung?

Die Schwierigkeit liegt genau darin, dass wir von einem Bezugssystem so leicht zu einem anderen übergehen können, genauso unmerklich, wie sich die Vögel in Eschers Bildern in Fische oder Lurche verwandeln. Beide Überlegungen erscheinen uns als sehr überzeugend. Tatsächlich beantworten ja beide, die Blonden und die Dunkelhaarigen, alle Fragen gleich, und sie beantworten die Frage «Was bist du?» wirklich anders. In der Tat sind beide Überlegungen fehlerlos. Aber wo ist dann der Trick? Unser jahrtausendealter Glauben an die Widerspruchsfreiheit der Logik kann doch unmöglich wegen eines solchen kleinen Rätsels über den Haufen geworfen werden! Die meisten Menschen suchen nach einem Ausweg und sogar nach «kreativen» Tricks, die die ganze Aufgabe sinnlos machen können, wobei sie das Gefühl haben, nicht besonders überzeugend zu sein. Zweifellos ist dies ein gut gestelltes Rätsel.

Die Lösung lässt sich jedoch auch rein logisch finden, denn im Lauf einer methodischen Überprüfung aller Möglichkeiten und der sorgfältigen Musterung eines jeden Wortes in dem Rätsel bleibt nur eine Möglichkeit, den Widerspruch zu lösen. Die meisten Menschen kommen aber nicht so zur Lösung, sondern finden sie blitzartig, wenn sie ihre Aufmerksamkeit zwischen den beiden widersprüchlichen, aber gleich logischen Gedankengängen hin und her wandern lassen: *«Ist die Frage überhaupt dieselbe Frage, wenn sie zwei Personen gestellt wird?»* Natürlich nicht: Wenn ein Dunkelhaariger gefragt wird: «Sind Sie ein Blonder?», bezieht sich die Frage auf ihn, den Dunkelhaarigen. Wenn ein Blonder dasselbe gefragt wird, bezieht sich die Frage auf ihn, den Blonden. Deshalb sind die beiden Fragen nicht gleich, denn sie beziehen sich nicht auf dieselbe Person – kein Wunder, wenn sich die Antworten unterscheiden.

Die Lösung ist verblüffend einfach, aber das Rätsel ist schwierig. Es ist wohl das schwierigste der in diesem Buch erwähnten

Rätsel. Wir gehen in unserem alltäglichen Denken so leicht von einem Bezugssystem zu einem anderen über, dass es uns gar nicht auffällt. In den verschränkten Hierarchien unserer Begriffe bemerken wir es nicht, wenn wir auf einem Meta-Niveau denken oder zu einer tieferen oder auch höheren Stufe übergehen. Das Rätsel legt uns zunächst nahe, es auf dem Meta-Niveau zu betrachten, das wir Logik nennen. Dann aber wechselt es vor unseren Augen von einem Bezugssystem zu einem anderen, ohne dass wir es bemerken: Wenn wir zwei gleich intelligenten, logisch denkenden Personen dieselbe Frage stellen: «Sind Sie Blutgruppe AB?», wundern wir uns nicht, wenn sich die Antworten unterscheiden.

Hier ist das Bezugssystem nicht mehr die Universalität der Logik, sondern die Vielfalt der alltäglichen Dinge. Um das Rätsel zu lösen, mussten wir unsere Kreativität zurückhalten und unser Denken auf die Bezugssysteme eines genau vorgegebenen Systems beschränken, um zu bemerken, dass es das Rätsel selbst war, das die beiden unterschiedlichen Bezugssysteme vermischte. Es ist einfach so, wie das Motto dieses Kapitels sagt. Oft brauchen wir Kreativität, um unsere natürliche Kreativität in Schach zu halten.

Der Wettkampf der kognitiven Schemata führt zu großer natürlicher Kreativität, da jedes Schema bereit ist, aktiviert zu werden, in unser KZG zu gelangen, uns also einfällt und unserem Denken das Bezugssystem aufdrückt, das es für unser Denken darstellt. Der Begriff der Intelligenz scheint genau entgegengesetzt zu sein. Wir sahen in Kapitel 10, dass Intelligenz zunächst einmal die Fähigkeit ist, sich selbst in der gegebenen kulturellen und menschlichen Umwelt zu orientieren. Mit anderen Worten: Es ist die Fähigkeit, in dem gegebenen Bezugsrahmen zu bleiben. Noch anders gesagt: Es ist die Fähigkeit, unsere natürliche Kreativität in Schach zu halten.

Ein Vergleich der Ergebnisse der Kreativitätstests mit denen der Intelligenztests brachte jedoch unerwartete Dinge an den Tag. Zwischen den Ergebnissen der beiden Arten von Tests ließen sich einfache Beziehungen nachweisen, die unabhängig sind von der Art der benutzten Kreativitätstests. In mancher Hinsicht war die Beziehung ziemlich eng. Bis zu einem IQ von 110 bis 115 (also bei ungefähr achtzig Prozent der Bevölkerung) sagte das Ergebnis in einem Test das beim anderen ziemlich gut vorher; wer also in einem Test ein gutes Ergebnis erhielt, schnitt im anderen ähnlich gut ab. Oberhalb dieses Bereichs jedoch fand man keinerlei Beziehung zwischen den beiden Tests: Der eine brachte bei einer Gruppe bessere Ergebnisse, der andere bei einer anderen, und beide ergaben bei vielen anderen Menschen gleich hohe Werte.

Diese Ergebnisse zeigen, dass wir vergeblich versuchen, Intelligenz als die Fähigkeit zu definieren, das Bezugssystem folgerichtig zu verwenden, Kreativität aber als die Fähigkeit, das Bezugssystem flexibel zu wechseln, denn diese beiden Fähigkeiten lassen sich nicht deutlich unterschieden. Damit eine der beiden eine hohe Stufe erreicht, sollte auch die andere eine relativ hohe Stufe erreichen; denn nur dann sind sie gegebenenfalls unterscheidbar. Dieses Phänomen lässt sich durch die Tatsache erklären, dass Kreativität als Fähigkeit zur *sinnvollen und gerechtfertigten* Änderung des Bezugssystems definiert wird. Wir nennen jemanden nicht dann kreativ, wenn er eine Menge Unsinn redet, sondern nur dann, wenn der Unsinn in Intelligentes eingebettet ist. Um sinnvoll zwischen Bezugssystemen wechseln zu können, müssen wir das gegebene System auf einem bestimmten Niveau verstanden haben – und das setzt Intelligenz voraus.

Aber gleichzeitig setzt allgemeine Intelligenz auch die Fähigkeit voraus, falls nötig von einem Bezugssystem zu einem anderen überzugehen. Der Wechsel zwischen Niveaus ist in unserem Denken kein Ziel an sich: Diese Methode ist notwendig, damit wir der Logik der Dinge folgen können. Betrachten wir die folgende alltägliche Situation: Jemand hat das Brillengestell zerbrochen und sieht glücklicherweise in einem Schaufenster das Schild: «Wir reparieren Ihre Brille sofort, Sie können darauf warten!» Erleichtert betritt er das Geschäft und gibt seine Brille dem Verkäufer, der sich weigert, sie anzunehmen, und sagt, das sei nicht seine Sache. Daraufhin verweist der Mann auf das Schild im Fenster und erhält die Antwort: «Oh, wir sind Plakatmaler.» Wenn die Natur selbst auf den grundlegendsten biologischen Schichten Gödel'sche Mechanismen erzeugen und selbst innerhalb eines einzelnen DNA-Strangs von einem Bezugssystem zu einem anderen übergehen kann, wie bei dem in Kapitel 16 erwähnten Gen-im-Gen-Phänomen, verwundert es einen nicht, wenn unsere Umwelt komplizierte, verschränkte Hierarchien aufweist. Wenn Intelligenz die Fähigkeit ist, sich innerhalb der jeweiligen kulturellen und menschlichen Umwelt zurechtzufinden, muss sie auch in der Lage sein, «alltägliche Gödel-Fragen» zu beantworten, die sich aus solchen verschränkten Hierarchien ergeben. Das ist nur dann möglich, wenn wir, falls nötig, von einem Bezugssystem zu einem anderen wechseln können.

In einer Kurzgeschichte von Jorge Luis Borges sind die Bezugssysteme hoffnungslos verschränkt. In der *Lotterie in Babylon* kann das Los, mit dem man «gewinnt», nicht nur Gewinne, sondern auch schwere Verluste bringen. «Ein Sklave stahl ein scharlachrotes Los, das ihm bei der Ziehung Anspruch darauf gab, die Zunge verbrannt zu bekommen. Eben dies wurde dann als Strafmaß für Losdiebstahl im Gesetz verankert. Es gab Babylonier, die die Ansicht vertraten, er hätte in seiner Eigenschaft als Dieb das weißglühende Eisen verdient; andere wollten aus Großmut dem Henker die Vollstreckung überlassen, weil es der Zufall so gefügt hatte.»[3] Diese babylonische Debatte lässt sich nicht durch einen Wechsel des Bezugssystems lösen. Sie ist eine letzte, hoffnungslose Gödel'sche Situation.

Letzte Gödel'sche Fragen

Wenn eine Debatte um Gödel'sche Fragen geht, kann sie nicht durch logische Überlegungen beigelegt werden. Unabhängig voneinander kann eine der Parteien eine wahre Einsicht über die Welt gewinnen, während sich die andere irrt. Wie Bronislaw Malinowski berichtete, glaubten die Eingeborenen der Trobriand-Inseln, Kinder würden von der Gottheit Baloma gebracht. Sie haben absolut keine Kenntnis von der physiologischen Vaterschaft:

> «Die Wechselbeziehung zwischen mystischen und physiologischen Vorgängen im Verlauf der Schwangerschaft [...] all dies bildet eine geordnete, in sich geschlossene, wenn auch nicht immer ganz einhellige Theorie vom Ursprung des menschlichen Lebens. [...] Um die Festigkeit ihrer Überzeugungen zu prüfen, verteidigte ich häufig in sehr entschiedener und aggressiver Art die richtige physiologische Lehre von der Zeugung. Bei solchen Erörterungen führten die Eingeborenen nicht nur positive Beispiele an wie die oben erwähnten Frauen, die Kinder bekommen, ohne je Geschlechtsverkehr genossen zu haben; es wird vielmehr auch die gleichermaßen überzeugende negative Seite hervorgehoben, nämlich die vielen Fälle, dass eine unverheiratete Frau reichlich Geschlechtsverkehr und doch keine Kinder hat.»[4]

Weder konnte Malinowski die Eingeborenen davon überzeugen, dass es eine physiologische Vaterschaft gibt, noch die Eingeborenen Malinowski davon, dass Baloma die Kinder bringt. Zweifellos hatte in diesem Fall Malinowski Recht, aber in dem von beiden Parteien akzeptierten engen Bezugssystem lag hier eine Gödel'sche Frage vor. Die Intuition legte andere Schlussfolgerungen nahe: Die Eingeborenen führten Beispiele von anerkannt hässlichen Frauen an, mit denen offensichtlich nie ein Mann schlafen würde und die doch Kinder bekamen, während Malinowski sein Wissen der Wissenschaft verdankte. Er hatte keine Mittel, die Debatte beizulegen. Das wirft jedoch nicht unbedingt ein schlechtes Licht auf das intellektuelle Niveau der Trobriander. Sie verfügten über ein sehr ausgeklügeltes und folgerichtiges System des Glaubens an die Gottheit Baloma, mit dessen Hilfe sie ihr Alltagsleben ausgezeichnet organisieren und extrem intelligente Antworten auf die Herausforderungen der Umwelt (beispielsweise des Meeres) geben konnten.

In unserer Kultur besitzt die Naturwissenschaft große Autorität, und wir anerkennen die durch ihre Methoden bewiesenen Ergebnisse selbst dann, wenn sie unserer alltäglichen Intuition widersprechen. Die Ergebnisse der Naturwissenschaft dringen in Form von Analogien und Metaphern in unser Alltagsdenken ein, und die so entstandenen Schemata bewähren sich hervorragend im Kampf ums Überleben. Aber die Naturwissenschaft kann nicht alle Fragen der Welt beantworten.

Der Vergleich mit dem Plattenspieler kann das, was ich sagen will, verdeutlichen. Stellen wir uns die wahren Aussagen über die Welt (materiell, spirituell oder transzendental) als Musik vor: Die Naturwissenschaft ist davon überzeugt, dass es möglich ist, für jede Komposition einen Plattenspieler und eine entsprechende Schallplatte herzustellen, sodass jeder solche Musik hören kann. Unser Verständnis der Wissenschaft garantiert uns, dass wir für die Musik, also die Wahrheit, einen solchen Plattenspieler und die entsprechende Schallplatte finden können. Wir wissen, wie Plattenspieler gebaut werden. Ein Plattenspieler ist seinem Wesen nach ein Apparat, eine Art Automat, der aus Komponenten gebaut werden muss, die den Regeln der Logik entsprechen, sodass er in beliebig vielen Kopien erzeugt werden kann, die genau gleich funktionieren. Die Frage ist, ob es Musik gibt – etwa Sphärenmusik oder Engelschöre oder das Lied der Sirenen –, für die sich weder Plattenspieler noch die entsprechende Platte herstellen lassen, die es ermöglichen, diese Musik jederzeit zu spielen.

Unter den obigen Beispielen ist die Sphärenmusik besonders interessant. Dieser Begriff gehört zu den Ideen des Pythagoras oder, man könnte auch sagen, zu seinen Memen, die sich über Jahrtausende als lebensfähig erwiesen haben, auch wenn sich der Sinn gewandelt hat. Er passt zum Weltbild des Pythagoras: Aus seiner Sicht sind die Sterne an Kristallkugeln befestigt, und die Kugeln drehen sich um ihre Achsen, wodurch sich die Sterne bewegen. Die rasch bewegten Himmelskörper machen Geräusche, deren Stärke, Höhe und Klang von der Geschwindigkeit ihrer Bewegung, der Qualität der Körper und dem sie umgebenden Medium abhängen. Pythagoras zufolge verschmelzen diese Klänge zu einer einheitlichen tiefen Harmonie. Das ist die Sphärenmusik. Könnten nun, wenn es sie wirklich gibt, ein Plattenspieler und eine Schallplatte hergestellt werden, die das Abspielen dieser Melodie erlauben?

Die wissenschaftliche Weltanschauung beruht auf der Überzeugung, dass es möglich ist, für jede existierende musikalische Komposition einen Plattenspieler und eine Platte herzustellen, die diese Musik jederzeit spielen können. Falls sich herausstellen sollte, dass es nicht so ist, verlören die Methoden und Ergebnisse der Naturwissenschaft oder, um bei unserem Bild zu bleiben, die Plattenspieler und die schöne, wahre auf Schallplatten aufgezeichnete Musik jedoch nichts von ihrem Wert.

Wenn die Bauweise eines Plattenspielers bekannt ist, garantiert der Gödel'sche Satz, dass es Musik gibt, die sich nicht auf eine Platte bannen lässt: Entweder macht jede Platte andere Musik, oder das Gerät kann sie nicht spielen. Die Wissenschaft ist also auf ewig zum Auswechseln von Plattenspielern verdammt, aber das bedeutet nicht, dass sie nicht früher oder später den geeigneten Plattenspieler und die entsprechende Platte finden kann. Doch diese Möglichkeit wird auch durch nichts gewährleistet. Wir sind bei letzten Gödel'schen Fragen angekommen, solchen, die sich nicht mit den Methoden der Naturwissenschaft, der Beobachtung oder mit Hilfe der Logik entscheiden lassen.

Die Macht menschlichen Denkens

Im Rahmen rein mystischen Denkens ist es sinnlos, letzte Gödel'sche Fragen zu erörtern: Sie sind Nichtfragen. Wenn es nur ein Musikstück gibt, sind Plattenspieler sinnlos. Diese Musik kann nur von innen gehört werden, in einem extrem veränderten Zustand des Bewusstseins, in dem man empfindlich wird für das ganze Musikerlebnis. Selbst das Wort «Hören» wäre hier irreführend: Vielmehr sind all unsere Sinne, unser ganzes Inneres mit dieser Melodie durchtränkt, unser ganzes Sein wird eins mit der Melodie.

Das rationale Denken kann uns solche Erfahrungen nicht vermitteln. Menschen im Zustand der Trance-Logik finden daran nichts, was sie irritiert. Wenn der Hypnotiseur ihnen diese Situation einmal dargestellt hat, hören sie sich die Schallplatte ruhig an. Wenn die Versuchsperson hinreichend klug, erfahren und kreativ ist, gelingt es ihr vielleicht, eine wirklich nie gehörte Tonfolge zu hören, und dann kann sie mit Recht sagen, sie sei durch schöne Musik bereichert worden. Natürlich ist diese Erfahrung noch lange nicht dieselbe wie die, die ein Mystiker nach einem langen, anstrengenden Weg in den Augenblicken der Erleuchtung spürt, aber die psychologischen Mechanismen, die der Erfahrung zugrunde liegen, sind sehr ähnlich.

Rationales Denken kann jedoch ziemlich viele Wirkungsweisen der Natur erklären (und sie sogar künstlich beeinflussen), die im Rahmen einer anderen, beispielsweise mystischen oder künstlerischen Weltanschauung nicht zu verstehen sind. Die Ergebnisse der Wissenschaft haben auch nichtwissenschaftliche Weltanschauungen verändert. Mit Hilfe der Naturwissenschaft können wir verstehen, warum in der evolutionär stabilen Strategie, die sich im Lauf des Wettstreits der unterschiedlichen Weltanschauungen entwickelte, Raum ist für so viele Denkweisen. Meme haben Ähnlichkeit mit Genen und sind außerordentlich einfallsreich beim Entdecken des Lebensraums, der ihr Überleben sicherstellt, und beim Bau der entsprechenden Überlebensmaschinen. Für das Überleben der Menschheit reicht die Kognition der Welt nicht aus. Auch andere Aspekte müssen bedacht werden, beispielsweise müssen wir unsere eigene innere Harmonie schaffen, und dabei können andere Arten der Kognition wirksamere Hilfe leisten.

Kognitive Schemata erschaffen sich Überlebensmaschinen auf hohem Niveau. Mit ihrer Hilfe kann die sich entwickelnde Intuition auf hohem Niveau die letzten Gödel'schen Fragen zwar nicht beantworten, aber sie lässt sich durch sie doch auch nicht ernsthaft behindern. Für das rationale Denken ist die Erkenntnis, dass es keine Lösung gibt, eine befriedigende Lösung, und es befriedigt auch, dass es nachweislich keine Lösung geben kann. Das mystische Denken zielt darauf ab, einen Bewusstseinszustand zu entwickeln, in dem diese Fragen von Beginn an keine Fragen sind – beispielsweise erklären alle Zen-Koans irgendwie das Wesen dieses Bewusstseinszustands, deshalb konnten wir sie in Kapitel 4 sozusagen als «warnende Erzählungen» ansehen. Die Paradigmen der unterschiedlichen Wissenschaftszweige setzen dem Interessengebiet des jeweiligen Zweigs deutliche Grenzen, die sicherstellen, dass Gödel'sche Fragen ausgeschlossen bleiben – deshalb beschäftigt sich ein Biologe nicht mit Vorgängen auf der Ebene der Atome von Lebewesen.

Die Überlebensfähigkeit der sehr komplexen Schemata hoher Stufen wird dadurch sichergestellt, dass sie eine stabile Grundlage für Intelligenz und Kreativität bilden. Alle hochrangigen Gedankensysteme des menschlichen Denkens, die stabil überleben und kollektiv sicherlich eine evolutionär stabile Strategie darstellen, können unser Denken dauerhaft leiten: Sie koordinieren das Wirken der einzelnen kognitiven Schemata, die um das Überleben kämpfen, und sie lassen, wenn nötig, anderen Schemata freien Raum, wobei sie unter berechtigten Umständen einen Wechsel des Bezugssystems ermöglichen.

Es gibt keinen Königsweg

Klugheit ist gleichzusetzen mit der Komplexität kognitiver Schemata. Das gilt sowohl im quantitativen als auch im qualitativen Sinn, das heißt, kluge Menschen haben einerseits viele kognitive Schemata, und andererseits sind die kognitiven Schemata kluger Menschen komplex.

Wir haben gesehen, dass Intuition im Wesentlichen auf das Wirken kognitiver Schemata hinausläuft. Einen klugen Menschen erkennt man, so könnte man sagen, vor allem daran, dass seine Intuition besonders effektiv und folgerichtig ist und er der Logik der Dinge genauer folgt als ein weniger kluger Mensch. Dabei kommt es nicht darauf an, welche Organisationsprinzipien diese kognitiven Schemata auf höchstem Niveau bestimmen, solange der Mensch koordiniert denkt und sein Denken hauptsächlich durch reine Vernunft oder durch die Trance-Logik oder aufgrund eines anderen geeigneten Organisationsprinzips (wie Kunst oder Mystizismus) zutiefst folgerichtig ist.

Dummheit ist genau das Gegenteil von Klugheit, nicht nur in der Alltagssprache, sondern auch in einem kognitiv psychologischen Sinn. Dummheit ist gleichbedeutend mit der geringen Komplexität kognitiver Schemata im quantitativen sowie im qualitativen Sinn. Quantitative und qualitative Komplexität gehen nicht nur auf hohen, sondern auch auf niedrigen Stufen der Komplexität einher. Dies folgt aus der Überlegung aus Kapitel 9, auch wenn wir dort den Gewinn des Klügerwerdens analysierten. In jedem Bereich sind mindestens zwei bis drei Jahre erforderlich, um einige hundert relativ einfache (also geradezu «lächerliche») kognitive Schemata zu entwickeln; diese Menge kann in weiteren zwei bis drei Jahren auf das Zehnfache anwachsen und in fünf weiteren Jahren noch einmal, bis die Komplexität von 0Großmeistern erreicht ist – vorausgesetzt, der Mensch ist begabt genug, um immer weiter zu wachsen.

In dieser Zeit nimmt auch die Komplexität der einzelnen Schemata zu. Der quantitative Zuwachs wird durch die Komplexität der Schemata betont, die in dem Moment auf der höchsten Stufe stehen. Wenn es Schemata nur auf dem Niveau der Anfänger oder Fortgeschrittenen gäbe, benötigte man einige hundert Jahre, um die quantitative Komplexität des Niveaus der Großmeister zu erreichen – die Zeit reichte nicht, selbst wenn der Zunahme einfacher Schemata keine solchen festen Grenzen gesetzt wären, wie wir sie in Kapitel 14 im Fall der reinen Vernunft fanden. Schemata können sich effektiv nur dann immer rascher vermehren, wenn sie gute Überlebensmaschinen bauen können, wenn es uns also gelingt, immer komplexere Meta-Schemata immer höherer Stufen zu entwickeln. Dazu brauchen wir einen allgemeinen Leitfaden, eine allgemeine Folgerichtigkeit des Denkens. Sie fehlt dem Denken von weniger klugen Menschen auch dann, wenn sie mit den Syllogismen der Naturwissenschaft oder mit den Aussagen der Meister der Mystik umzugehen wissen.

Unabhängig davon, welchem Kognitionskurs wir folgen, wir können nur dann etwas erreichen, wenn wir ihn konsequent verfolgen. Das gilt selbst für unbegangene Pfade. Die höchste Stufe der Komplexität der kognitiven Schemata (das Niveau der Großmeister) lässt sich nur durch die Entwicklung einer Art folgerichtiger Intuition erreichen. Selbst die Talentiertesten brauchen dafür auf den unterschiedlichsten Gebieten mindestens zehn Jahre. Es gibt viele Formen der Klugheit, aber zu keiner von ihnen führt ein Königsweg.

Es ist das wohl erstaunlichste Kennzeichen rein rationalen Denkens, dass es trotz der Grenzen seiner Komplexität mittels seiner unerbittlichen Folgerichtigkeit einen Leitfaden liefert, dem man leicht folgen kann, eine stabile Grundlage selbst für intuitives Denken, das wiederum eine um eine Größenordnung höhere Komplexität zu erfassen in der Lage ist. Oberhalb eines bestimmten Niveaus (etwa dem der Meisteranwärter) denkt selbst der rationale Verstand intuitiv. Die Macht der Vernunft lässt uns die Grenzen der Vernunft erkennen. Und wir können erhobenen Hauptes die Existenz anderer intelligenter Wege zur Erkenntnis wahrnehmen.

Anmerkungen

Vorwort

1. Platon, *Symposion*, XXII, übersetzt von Rudolf Rufener, Sammlung Tusculum, Düsseldorf/Zürich 2002, S. 148 f.

Die Vielfalt des Denkens

1. Trance-Logik

1. Franz Kafka, *Der Prozeß*, Fischer Taschenbuch Verlag, Frankfurt a. M. 1994, S. 241
2. Antoine de Saint-Exupéry, *Der kleine Prinz*, übers. von Grete und Josef Leitgeb, Düsseldorf 1998, S. 70

2. Formale Logik

1. Zitiert in: Werner Heisenberg, *Der Teil und das Ganze*, München 1996, S. 164
2. Immanuel Kant, *Kritik der reinen Vernunft*, Vorrede zur zweiten Auflage von 1787 (B IX), Hamburg 1965, S. 15

3. Rätsel der Naturwissenschaften

1. S. L. Rubinstein, zitiert in Lénárd Ferenc: *A problémamegoldò gondolkodás.* Akadémiai Kiadó 1978, S. 178
2. Thomas S. Kuhn, *Die Struktur wissenschaftlicher Revolutionen*, übers. v. K. Simon, rev. v. H. Vetter, Frankfurt a. M. ^{9}1967, S. 52

4. Gegensätze verwandeln sich ineinander

1. Sigmund Freud, *Einführende Vorlesungen zur Einführung in die Psychoanalyse*, Frankfurt a. M. 1982, S. 182
2. Zitiert in: Douglas R. Hofstadter, *Gödel, Escher, Bach. Ein Endloses Geflochtenes Band*, München 1991, S. 268
3. Mumonkan, *Die torlose Schranke*, übersetzt von L. Fabian und P. Lengsfeld, Kösel, München: Kösel 1989, S. 155

Die Bausteine des Denkens

5. Die Ebenen des Denkens

1. Boris Pasternak, *Doktor Schiwago,* übers. v. Rolf-Dietrich Keil, Frankfurt a. M. 1958, S. 197

6. Kognitive Schemata

1. Bertrand Russell, *Philosophie – Die Entwicklung meines Denkens,* übers. v. E. Bubser, München 1973, S. 131
2. Immanuel Kant, *Kritik der reinen Vernunft*, Transzendentale Elementarlehre, II. Teil, I. Abt., II. Buch, I. Hauptstück (Von dem Schematismus der reinen Verstandesbegriffe), B 179 f., Hamburg 1965, S. 199
3. F. C. Bartlett, *Remembering,* Cambridge University Press 1932, S. 200 f.
4. Zitiert in: Thomas S. Kuhn, *Die Struktur wissenschaftlicher Revolutionen,* übers. v. K. Simon, rev. v. H. Vetter, Frankfurt a. M. ^{9}1967, S. 76
5. György Horváth, *A tartalmas gondolkodás*, Tankönyvkiadó 1994, S. 227
6. Bertrand Russell, *Philosophie – Die Entwicklung meines Denkens,* a. a. O., S. 131

8. Kognitive Schemata am Werk

1. A. L. Luria, *The mind of a mnemomist*, Penguin Books 1975, S. 19
2. Däniken, Erich von, *Erinnerungen an die Zukunft,* München 1971, S. 133

Das Wesen der Fachkompetenz

9. Vom Anfänger zum Großmeister

1. John J. Plomp, zitiert in G. Salamon und M. Zalotay, Hg., *Olyan kicsi krumplik vagyunk*, Biograf, 1992, S. 166
2. Lajos Fülep, *Müvészet és vilaágnézet*, Magvetö Kiadó, 1976, S. 624 f.

10. Der Anwendungsbereich des Fachwissens

1. Sören Kierkegaard, *Entweder/Oder* 1. Teil, übers. v. E. Hirsch, Düsseldorf 1956, S. 107
2. Eric Berne, *Spiele der Erwachsenen*, übers. v. W. Wagmuth, Reinbek 1970, S. 147
3. Stanislaw Macim Ulam, *Adventures of a mathematician*, New York 1976, S. 275

4. Robert Kanigel, *Der das Unendliche kannte. Das Leben des genialen Mathematikers Srinivasa Ramanujan,* übers. v. Albrecht Beutelspacher, Braunschweig 1993, S. 251

12. Die Entwicklung der künstlichen Intelligenz

1. Ferenc Jánossy, *A gazdasági feijlödés trendvonaláról*, Magvetö Kiadó 1975, S. 139
2. Zitiert nach: G. L. Simons, *Expert systems and micros,* The National Computing Centre, London 1985, S. 12, 15, 23
3. Marvin Minsky, zitiert in: G. Lolata, «How can computers get common sense», *Science* 217/1982, S. 1238
4. Douglas R. Hofstadter, *Gödel, Escher, Bach. Ein Endloses Geflochtenes Band,* München 1991, S. 722

Jenseits der reinen Vernunft

13. Die Grenzen der Vernunft

1. Rejtö Jenö: Pipacs, a fenegyerek, in Rejtö J. (P. Howard): *Az elsikkasztott pénztáros,* Albatrosz könyvek, 1970, S. 244
2. H. Simon, *Reason in human affairs.* Stanford University Press 1983, S. 173

14. Kognitive Schemata höherer Stufe

1. Arthur Rimbaud, «Delirien II, Alchimie des Wortes», in: *Sämtliche Dichtungen,* übers. v. Thomas Eichhorn, München 1997, S. 239
2. R. L. Atkinson/R. C. Atkinson/E. E.Smith/D. J. Bem (1993), *Introduction to psychology,* New York 1983, S. 436
3. R. Nisbett/L. Ross, *Human Inference.* Prentice-Hall 1980, S. XII

15. Mystisches Denken

1. László Mérö, *Die Logik der Unvernunft. Spieltheorie und die Psychologie des Handelns,* Reinbek 2000, S. 337
2. Zitiert in: Werner Heisenberg, *Der Teil und das Ganze,* München 1996, S. 124
3. Michael Talbot, *Mystik und neue Physik. Die Entwicklung des kosmischen Bewusstseins,* übers. v. Ursula Fassbender, München 1989, S. 10
4. Bertrand Russell, *Mystik und Logik,* übers. v. Erwin Heinzel, Wien 1952, S. 17 ff.

5. Albert Einstein, *Mein Weltbild*, Frankfurt a. M. 1955, S. 9
6. Bertrand Russell, a. a. O., S. 32 f.

16. Der Ursprung der Ideen

1. Michail Bulgakow, *Der Meister und Margarita*. übers. v. Thomas Reschke, Neuwied 1968, S. 418
2. Richard Dawkins, *Das egoistische Gen*, übers. von K. de Sousa Ferreira, Heidelberg 1978, S. 100
3. Ebd., S. 227
4. Douglas R. Hofstadter, *Metamagikum*, übers. v. Thomas Niehaus, Stuttgart 1988, S. 835
5. Richard Dawkins, *Das egoistische Gen*, a. a. O., S. 34
6. Philip N. Johnson-Laird, *Mental Models. Towards a cognitive science of language, inference, and consciousness*, Cambridge/Mass. 1983, S. 477
7. Werner Heisenberg, *Der Teil und das Ganze*, München 1996, S. 113

17. Es gibt viele Formen der Klugheit

1. Douglas R. Hofstadter, *Gödel, Escher, Bach*, a. a. O., S. 572
2. Stanislav Lem, *Kyberiade*, übers. v. Jens Reuter, Frankfurt a. M. 1983, S. 209
3. Josef Borges, *Blaue Tiger und andere Geschichten*, übers. v. K. A. Horst und G. Haefs, München 1988, S. 65
4. Bronislaw Malinowski, *Das Geschlechtsleben der Wilden in Nordwest-Melanesien*, übers. v. Eva Schumann, Frankfurt a. M. 1979, S. 134 und 138

Literatur

Albin, P. S., Foley, D. K. (1998): *Barriers and Bounds to Rationality: Essays on Economic Complexity and Dynamics in Interactive Systems*, Princeton

Anderson, J. R. (1983): *The architecture of cognition*, Cambridge/Mass.

– (1995): *Cognitive Psychology*, New York; deutsch: *Kognitive Psychologie*, Heidelberg ³2001

Atkinson, R. L./Atkinson, R. C./Smith, E. E./Bern, D. J. (1993): *Introduction to psychology*, New York

Axelrod, R. (1997): *The complexity of cooperation*. Princeton; deutsch: *Die Evolution der Kooperation*, München ³1995

Bancroft, A. (1979): *Zen: direct pointing to reality*, New York

Barash, D. P. (1978): *Sociobiology and behavior*, New York

Barkow, J. H./Cosmides, C./Tooby, J. (1988): *The adapted mind: Evolutionary psychology and the generation of culture*, Oxford

Bartlett, F. C. (1932, 1977): *Remembering*, Cambridge

Benjafield, J. G. (1992): *Cognition*. Upper Saddle River/NJ

Berne, E. (1968): *Games people play*, London; deutsch: *Spiele der Erwachsenen*, Reinbek 1967

Blackmore, S. J./Dawkins, R. (1999): *The Meme Machine*, Oxford

Block, N. (1974): «Why do mirrors reverse right/left and not up/down?», in: *Journal of Philosophy* 71, S. 259–277

Bobrow, D. G./Collins, A. (Hg., 1975): *Representation and understanding – Studies in cognitive science*, San Diego

Boden, M. A. (1990): *The Creative Mind. Myths & Mechanisms*, London; deutsch: *Die Flügel des Geistes. Kreativität und künstliche Intelligenz*, München 1992

– (1996): *Dimensions of Creativity*, MIT Press, Cambridge/Mass.

Brodie, R. (1995): *Virus of the Mind: The New Science of the Meme*, Seattle

Buchanan, B./Shortliffe, E. (Hg., 1984): *Rule-based expert systems: The MYCIN experiments of the Stanford heuristic programming project*, Reading/Mass.

Capra, F. (1975): *The Tao of physics*. Boston; deutsch: *Das Tao der Physik,* München 1977

Cavalli-Sforza, L. L./Feldman, M. W. (1981): *Cultural transmission and evolution. A quantitative approach*, Princeton

Chamess, N. (1981): «Search in chess: Age and skill differences», in: *Journal of Experimental Psychology* 7, S. 467–476

Cherniak, C. (1986): *Minimal rationality*, Cambridge/Mass.

Cleary, T. (1992): *Rational Zen. The mind of Dogen Zenji*, Boston

Colman, A. M. (1995): *Game theory and its applications in social and biological sciences*, Oxford

Copi, I. M./Gould, J. A. (1972): *Contemporary readings in logical theory*, Macmillan, London

Crick, F./Koch, Christof (1993): «The problem of consciousness», in: *Brain and mind*, New York

Csänyi, V. (1982): *General theory of evolution*, Budapest

Davies, P. (1992): *The mind of God*, New York; deutsch: *Der Plan Gottes*, Frankfurt a. M. 1995

Dawkins, R. (1976): *The selfish gene*, Oxford; deutsch: *Das egoistische Gen*, Berlin 1978

– (1982): *The extended phenotype*, Oxford

De Groot, A. (1965): *Thought and choice in chess*, Den Haag

Dennett, D. C. (1995): *Darwin's dangerous idea. Evolution and the meanings of life*, New York; deutsch: *Darwins gefährliches Erbe. Die Evolution und der Sinn des Lebens*, Hamburg 1997

– (1998): *Brainchildren: Essays on Designing Minds, 1984–1996*, Cambridge/Mass.

Dreyfus, H. L. (1972): *What computers can't do*, New York; deutsch: *Die Grenzen künstlicher Intelligenz. Was Computer nicht können*, Königstein/Ts. 1985

– (1992): *What Computers Still Can't Do: A Critique of Artificial Reason*, Cambridge/Mass.

Dreyfus, H. L./Dreyfus, S. E. (1986): *Mind over machine*, New York; deutsch: *Künstliche Intelligenz*, Reinbek 1987

Elo, A. E. (1978): *The rating of chessplayers*, New York

Enomiya-Lassalle, H. M., (1960): *Zen – Weg zur Erleuchtung*, Wien

Ericsson, K. A./Chase, W. G./Faloon, S. (1980): «Acquisition of a memory skill», in: *Science* 208, S. 181 f.

Eysenck, H. J. (1998): *Intelligence: A New Look*, New Brunswick/NJ
Eysenck, M. W. (1984): *Handbook of cognitive psychology*, Mahwah/NJ
– (1990): *Cognitive Psychology: An International Review*, New York
Franklin, S. (1997): *Artificial Minds*, Cambridge/Mass.
Freud, S. (1917): *Vorlesungen zur Einführung in die Psychoanalyse,* Gesammelte Schriften in 12 Bänden, Bd. 7, Wien1924–1934
Frey, P. W. (1978): *Chess skill in man and machine*, New York
Goldstein, W. M./Hogarth, R. M. (Hg., 1997): *Research on Judgment and Decision Making: Currents, Connections, and Controversies*, Cambridge
Goleman, D. P. (1997): *Emotional Intelligence*, New York
Gould, S. J. (1992): *Ever Since Darwin: Reflections in Natural History*, London
Gregory, R. L. (1970): *The intelligent eye*, London
– (1981): *Mind in Science*, Cambridge
Hadamard, J. (1945): *The psychology of invention in the mathematical field*, Mineola, NY
Hilgard, E. R. (1968): *The experience of hypnosis*, New York
Hofstadter, D. R. (1979): *Gödel, Escher, Bach*, Basic Books, New York; deutsch: *Gödel, Escher, Bach*, Stuttgart 1985; München 1991, [8]2001
– (1985): *Metamagical themas*, New York; deutsch: *Metamagicum*, Stuttgart 1988
– (1996): *Fluid Concepts & Creative Analogies: Computer Models of the Fundamental Mechanisms of Thought*, New York
Hogarth, R. M. (1980): *Judgement and choice*, New York
Holding, D. H. (1985): *The psychology of chess skill*, Hillsdale/NJ
Hookway, C. (Hg., 1985): *Mind, machine and evolution*, Cambridge
Johnson-Laird, P. N. (1983): *Mental models*, Cambridge/Mass.
Johnson-Laird, P. N./Byrne, R. M. J. (1991): *Deduction*, Hove
Johnson-Laird, P. N./Wason, P. C. (Hg., 1977): *Thinking: Readings in cognitive science*, Cambridge/Mass.
Jones, R. H. (1987): «Rationality and mysticism», in: *International Philosophical Quarterly* XXVII, 263–279
Kahneman, D./Slovic, P./Tversky, A. (Hg., 1982): *Judgement under uncertainty: Heuristics and biases*, Cambridge
Kanigel, R. (1991): *The Man who knew Infinity*, New York; deutsch: *Der das Unendliche kannte. Das Leben des genialen Mathematikers Srinivasa Ramanujan*, Braunschweig 1993

Kaufman, S. A. (1993): *The origins of order. Self-organization and selection in evolution*, Oxford

Kuhn, T. S. (1962): *The structure of scientific revolutions*, Chicago; deutsch: *Die Struktur wissenschaftlicher Revolutionen*, Frankfurt a. M. 1973

Landauer, T. K. (1986): «How much do people remember? Some estimates of the quantity of learned information in long term memory», in: *Cognitive Science* 10. S. 477–493

Lenat, D. B./Brown, J. S. (1984): «Why AM and EURISKO appear to work», in: *Artificial Intelligence* 25, S. 269–294

Lenat, D. B./Guha, R. V. (1990): *Building Large Knowledge-Based Systems: Representation and Inference in the Cyc Project*, Reading/Mass.

Lewin, R. (1992): *Complexity*, New York

Loftus, E. F. (1980): *Memory*, Reading/Mass.

Lumsden, C. J./Wilson, E. O. (1981): *Genes, mind and culture*, Cambridge/Mass.

Luria, A. R. (1975): *The mind of a mnemonist*, London; deutsch: *Das Gehirn in Aktion*, Reinbek 1998

Lynn, S./Rhue, J. (Hg. 1991): *Theories of Hypnosis: Current Models and Perspectives*, Hove, East Sussex

Maynard-Smith, J. (1982): *Evolution and the theory of games*, Cambridge

Meehan, J. R. (1978): *The metanovel: Writing stories by computer*, Phil. Diss. Yale University

Mérö, L. (1984): «A heuristic search algorithm with modifiable estimate», in: *Artificial intelligence* 23. S. 13–27

– (1990): *Ways of thinking*, Singapore

– (1996): *Mindenki Másképp Egyforma*, Budapest; deutsch: *Die Logik der Unvernunft. Spieltheorie und die Psychologie des Handelns*, Reinbek 2000

– (1998): *Moral calculations. Game theory, Logic, and Human frailty*. New York

Miller, G. A. (1956): «The magic number seven – plus or minus two», in: *Psychological Review* 63, S. 81–98

Minsky, M. (1988): *The Society of Mind*, New York; deutsch: *Mentopolis*, Stuttgart 1990

Monod, J. (1971): *Chance and necessity*. New York; deutsch: *Zufall und Notwendigkeit*, München 1973

Moser, P. K. (Hg., 1992): *Rationality in action*, Cambridge

Motley, M. T. (1985): «Slips of the tongue», in: *Scientific American*, S. 114 bis 119

Nagel, E./Newman, J. R. (1963): *Gödel's Proof*, New York; deutsch: *Der Gödel'sche Beweis*, München 1963, 2001

Neisser, U. (1976): *Cognition and reality*, New York

Neumann, J. v. (1959): *The computer and the brain*, London; deutsch: *Die Rechenmaschine und das Gehirn*, München 1960

Newell, A. (1994): *Unified Theories of Cognition (The William James Lectures)*, Cambridge/Mass.

Nilsson, N. J. (1980): *Principles of artificial intelligence*, Palo Alto; unter demselben Titel Berlin 1982

– (1998): *Artificial Intelligence: A New Synthesis*, San Francisco

Nisbett, R./Ross, L. (1980): *Human Inference*, Upper Saddle River/NJ

Nørretranders, T. (1998): *The User Illusion: Cutting Consciousness Down to Size*, London

Orne, M. T. (1959): «The nature of hypnosis: Artifact and essence», in: *The Journal of Abnormal and Social Psychology* S. 277–299

Osherson, D. N./Smith, E. E. (1990): *An invitation to cognitive science*, Bd. 3: *Thinking*, Cambridge/Mass.

Papert, S. (1981): *Mindstorms*, New York

Pearl, J. (1984): *Heuristics*, Reading/Mass.

Peat, F. D. (1987): *Synchronicity: The bridge between matter and mind*, New York

Penrose, R. (1994): *Shadows of the mind. A search for the missing science of consciousness*, Oxford; deutsch: *Schatten des Geistes. Wege zu einer neuen Physik des Bewusstseins*, Heidelberg 1995

Piaget, J. (1968): *La formation du symbole chez l'enfant*, Lausanne

Piattelli-Palmarini, M. (1996): *Inevitable Illusions: How Mistakes of Reason Rule Our Minds*, New York

Plous, S. (1993): *The Psychology of Judgment and Decision Making*, New York

Poincaré, H.(1914): *Wissenschaft und Hypothese*. Stuttgart 1974, Reprint der 3. verb. Aufl. Leipzig 1914

Polya, G. (1957): *How to solve it*, Princeton

Pylyshyn, Z. (1984): *Computation and cognition: Toward a foundation for cognitive science*, Cambridge/Mass.

Rao, K. R. (1993): «Consciousness, awareness, and first-person perspective», in: *Behavioral and Brain Sciences* 16, S. 415 f.
Reitman, J. S. (1976): «Skilled perception in GO: Deducing memory structures from inter-response times», in: *Cognitive Psychology* 8, S. 336–356
Resnick, L. B. (1976): *The nature of intelligence*, Hillsdale/NJ
Reynolds, R. I. (1982): «Search heuristics of chess players of different calibers», in: *American Journal of Psychology* 95, S. 383–392
Robertson, R. (1995): *Jungian Archetypes: Jung, Gödel, and the History of Archetypes*, York Beach
Russell, B. (1918): *Mysticism and logic*, London; deutsch: *Mystik und Logik*, Wien 1952
Russell, S. J./Peter Norvig, P. (1995): *Artificial Intelligence: A Modern Approach*, Upper Saddle River/NJ
Sharkey, N. E. (Hg., 1986): *Advances in cognitive science*, Chichester
Searle, J. R. (1992): *The rediscovery of the mind*, Cambridge/Mass.; deutsch: *Die Wiederentdeckung des Geistes*, München 1993
Simon, H. A. (1974): «How big is a chunk?», in: *Science* 183, S. 482–488
– (1983): *Reason in human affairs*, Stanford
– (1996): *The Sciences of the Artificial*, Cambridge/Mass.
– (1997): *Models of Bounded Rationality: Empirically Grounded Economic Reason*, Cambridge/Mass.
Simon, H. A./Chase, W. G. (1973): «Perception in chess», in: *Cognitive Psychology* 4, S. 55–81
Simon, H. A./Gilmartin, K. J. (1973): «A simulation of memory for chess positions», in: *Cognitive Psychology* 5, S. 29–46
Slobodkin, L. B. (1992): *Simplicity & complexity in the games of intellect*, Cambridge/Mass.
Smullyan, R. (1982): *The lady or the tiger and other logic puzzles*, New York
– (1982): *The Tao is silent*, New York; deutsch: *Das Tao ist Stille*, Frankfurt a. M. 1994
Spanos, N. P./Chaves, J. F. (Hg., 1989): *Hypnosis: The Cognitive-Behavioral Perspective*, Headington (Oxford)
Sternberg, R. J. (Hg., 1982): *Handbook of human intelligence*, Cambridge/Mass.
– (Hg., 1999): *The Nature of Cognition*, Cambridge/Mass.
– (Hg., 1999): *Handbook of Creativity*, Cambridge/Mass.

Sutherland, S. (1994): *Irrationality: Why We Don't Think Straight!*, New Brunswick/NJ

Suzuki, D. T. (1957): *Mysticism – Christian and Buddhist*, New York; deutsch: *Der westliche und der östliche Weg. Essays über christliche und buddhistische Mystik*, Frankfurt a. M. 1960

Suzuki, D. T./Fromm, E./de Martino, R. (1960): *Zen Buddhism and psychoanalysis*, New York; dt: *Zen-Buddhismus und Psychoanalyse*, München 1963

Talbot, M. (198 1): *Mysticism and the new physics*, New York; deutsch: *Mystik und neue Physik. Die Entwicklung des kosmischen Bewusstseins*, München 1989

Tart, C. T. (Hg., 1972): *Altered States of Consciousness*, New York

– (1975): *States of Consciousness*, New York

Tart, C. T./Rinpoche, S. (1994): *Living the Mindful Life*, Boston

Thagard, P. (1996): *Mind: Introduction to Cognitive Science*, Cambridge/Mass.; deutsch: *Kognitionswissenschaft*, Stuttgart 1999

– (Hg., 1998): *Mind Readings: Introductory Selections on Cognitive Science*, Cambridge/Mass.

Thaler, R. H.(1991): *Quasi Rational Economics*, New York

Tversky, A./Kahneman, D. (1988): *Risk and Rationality: Can Normative and Descriptive Analysis Be Reconciled?*, Institute of Philosophy & Public Policy

Varela, F. J./Thompson, E./Rosch, E. (1993): *The embodied mind*, Cambridge/Mass.

Vemon, P. E. (1970): *Creativity*, New York

Watson, J. D. (1965): *Molecularbiology of the gene*, New York; deutsch: *Molekularbiologie des Gens*, Amsterdam 1975

Weizenbaum, J. (1966, 1983): «ELIZA – a computer program for the study of natural language communication between man and machine», in: *Communications of the ACM* 9, S. 36–45; Nachdruck in: Communications of the ACM 26, S. 23–27

– (1976): *Computer power and human reason,* New York; deutsch: *Die Macht der Computer und die Ohnmacht der Vernunft*, Frankfurt a. M. 1977

Winston, P. H. (1992): *Artificial Intelligence*, Reading/Mass.

Woodworth, R. S./Schlossberg, H. (1961): *Experimentalpsychology*, London

Zajonc, R. B. (1980): «Feeling and thinking: Preferences need no inferences», in: *American Psychologist* 35, S. 151–175

Register